# 스케치업&
# V-RAY
# 트레이닝 북

강석창 지음

한빛미디어
Hanbit Media, Inc.

지은이 **강석창**

광운대학교 건축공학과를 졸업하고 동 대학원에서 가상현실 건축을 연구했습니다. ㈜다다월드 교육팀 및 ㈜G.I.D 인테리어팀에서 근무했으며 현재 현대건축디자인학원에서 건축 CG를 가르치고 있습니다. 《회사에서 바로 통하는 3ds Max+V-Ray》(한빛미디어, 2020), 《오토캐드 트레이닝 북》(한빛미디어, 2018) 등 건축 및 인테리어 관련 도서를 집필했습니다.

# 스케치업 & V-Ray 트레이닝 북(개정판)

**초판 1쇄 발행** 2021년 08월 09일
**초판 5쇄 발행** 2024년 08월 05일

**지은이** 강석창 / **펴낸이** 전태호
**펴낸곳** 한빛미디어(주) / **주소** 서울시 서대문구 연희로2길 62 한빛미디어(주) IT출판1부
**전화** 02-325-5544 / **팩스** 02-336-7124
**등록** 1999년 6월 24일 제 25100-2017-000058호 / **ISBN** 979-11-6224-461-6  13000

**총괄** 배윤미 / **책임편집** 장용희 / **기획** 유희현 / **교정** 이혜린 / **진행** 박지수
**디자인** 박정우 / **전산편집** 오정화
**영업** 김형진, 장경환, 조유미 / **마케팅** 박상용, 한종진, 이행은, 김선아, 고광일, 성화정, 김한솔 / **제작** 박성우, 김정우

이 책에 대한 의견이나 오탈자 및 잘못된 내용은 출판사 홈페이지나 아래 이메일로 알려주십시오.
파본은 구매처에서 교환하실 수 있습니다. 책값은 뒤표지에 표시되어 있습니다.

**한빛미디어 홈페이지** www.hanbit.co.kr / **이메일** ask@hanbit.co.kr
**자료실** www.hanbit.co.kr/src/10461

지금 하지 않으면 할 수 없는 일이 있습니다.
책으로 펴내고 싶은 아이디어나 원고를 메일(**writer@hanbit.co.kr**)로 보내주세요.
한빛미디어(주)는 여러분의 소중한 경험과 지식을 기다리고 있습니다.

### 초보자도 쉽게 배우는 스케치업 & V-Ray!

스케치업은 건축, 인테리어, 가구 등 다양한 분야에서 널리 활용되고 있는 3D 그래픽 프로그램입니다. 인터페이스가 간단하며 모델링 명령의 개수가 적고, 모델링 기법도 직관적이어서 3D 그래픽을 처음 접하는 사용자라도 쉽게 배울 수 있는 프로그램입니다. 하지만 아무리 쉬운 프로그램이라도 처음 스케치업을 접하는 사용자라면 무엇부터 시작해야 할지 막막하기만 할 것입니다. 또 대부분의 학습 채널에서 제공하는 학습 예제들은 초보자들이 따라 진행하기 어려운 경우가 많습니다. 스케치업을 다룰 때 반드시 알아야 하는 기본적인 부분을 간과하고 설명하는 경우가 많기 때문입니다.

이 책은 스케치업을 제대로 배우고 싶은 초보 입문자를 위해 쓰였습니다. 간단한 예제를 실습하면서 모델링 명령을 이해하고, 다양한 모델링 과제를 해결하면서 스케치업의 모델링 원리를 스스로 익힐 수 있도록 구성하였습니다. 또한 스케치업을 더욱 자유롭게 사용할 수 있도록 도와주는 각종 확장 프로그램과 현실처럼 조명을 계산하고 반사 등의 질감을 표현하는 V-Ray까지 학습할 수 있도록 구성하였습니다.

### 꾸준히 연습하면서 자유롭게 만들어보세요!

3D 그래픽 프로그램은 기능만 배우거나 특정 모델 몇 개를 따라서 만드는 것만으로는 제대로 활용할 수 없습니다. 반복해서 연습하고 다양한 예제를 직접 만들면서 스스로 무엇이든지 만들어낼 수 있는 수준이 되어야 합니다. 이 책에서 단계별로 제시하는 실습 예제와 혼자 스스로 학습할 수 있는 다양한 Self Training 예제를 여러 차례 만들면서 연습해보세요. 스케치업을 자유롭게 활용할 수 있는 단계까지 빠르게 도달할 수 있을 것입니다. 끝까지 꾸준히 연습해 원하는 성과를 꼭 얻기를 바랍니다.

2021년 8월

강석창

# 이 책의 구성

## LESSON

실무에 꼭 필요한 스케치업의 기능을 다양한
방법으로 학습합니다.

## Warm Up

스케치업에서 모델을 만들기 위해 필요한
기본 이론과 원리를 학습합니다.

### LESSON 14 파이프 형태의 입체 모델링하기

건축이나 인테리어와 관련된 모델 중에는 난간이나 몰딩처럼 단면의 형태가 일정하게 긴 형태가 많습니다. 이런
형태를 모델링할 때도 따라가기(Follow Me)가 활용됩니다. 이외에도 원이나 사각형 같은 단면을 갖는 파이프는
플러그인을 활용해 좀 더 쉽게 만들 수도 있습니다. 이번 학습에서는 플러그인과 따라가기를 활용해 파이프 형태
의 입체를 어떻게 만드는지 알아보겠습니다.

#### Warm Up  JHS Powerbar의 명령으로 파이프 모델링하기

JHS Powerbar는 모델링에 도움이 되는 다양한 명령이 포함된 확장 프로그램입니다. 48쪽을 참
고해 ExtensionStore에서 설치합니다. [JHS Powerbar] 도구바에는 파이프 형태의 모델링을 위
한 세 가지 명령이 들어 있습니다. [Follow Me]를 실행해 파이프 형태를 만들기 위해서는 단면과
경로로 두 가지의 객체가 필요하지만, 다음 세 가지 명령에는 각각 단면(사각형, 원, 도넛)이 미리 정
해져 있으므로 경로만 만들면 해당 단면 형태의 파이프를 쉽게 만들 수 있습니다.

**❶ Extrude Along Path** : 사각형 단면을 갖는 파이프를 만듭니다.

**❷ ...long Path** : 속이 빈 원형 파이프를 만듭니다. 이 명령은 파이프에 두께가 생기는 명령
...이 보이는 유리관 등의 형태에만 사용하는 것이 좋습니다. 내부가 보이지않는 파이프의
...명령으로 안쪽 면까지 만들어 데이터 용량을 늘릴 필요가 없기 때문입니다.

**❸ ...to Tubes** : 원형 파이프를 만들 때는 이 명령을 주로 활용하며 명령을 사용하려면 경로
...(Curve)로 연결되어 있어야 합니다. 따라서 경로 객체를 모두 선택한 후 [JHS Power
...Super Weld]를 실행해 떨어진 곳에 연결한 다음 파이프를 만들어야 합니다.

 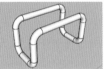

...ld]를 적용하지 않은 상태로 [Lines to Tubes]를 실행한 경우

---

#### Basic Training  Emissive 머티리얼로 외부 환경 표현하기

예제 파일 | PART04\실내 외부환경 표현.skp, 아파트배경.jpg

실습을 통해 Emissive 머티리얼을 만들고 머티리얼을 지정할 배경판을 카메라에 맞게 정렬해보
겠습니다. 이미지를 장면으로 불러오고 컴포넌트를 활용하여 카메라를 향해 모델을 정렬시키는
과정입니다. 여기서 다루는 기능은 단순히 창밖의 환경을 만드는 작업 이외에도 활용할 수 있는 작
업이 많은 기능이니 잘 알아두기 바랍니다.

**01** ❶ 예제 파일을 불러옵니다. ❷ 뷰포트를 정면에 가깝게 조정한 후 예제 파일 중 **아파트배
경.jpg** 파일을 뷰포트로 드래그해 불러옵니다. ❸ 불러온 이미지에 마우스 오른쪽 버튼을 클릭한
후 ❹ [Explode] Shift + X 를 클릭합니다.

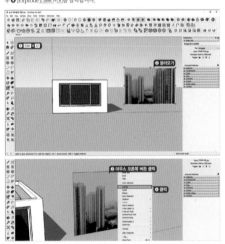

## Basic Training

예제를 직접 실습하면서 모델링과 렌더링의
기본기를 훈련합니다.

## 예제 파일/완성 파일

학습에 필요한 예제 파일이나 완성 파일을
제공합니다. 완성 파일로 미리 결과물을
확인한 후 학습할 수 있습니다.

## Power Up Note

꼭 알아두어야 하는 정보와 옵션의 상세한
내용 등을 확인할 수 있습니다.

## CORE TIP

학습 중 놓치기 쉬운 부분, 헷갈릴 수
있는 부분, 유용한 참고 사항 등을 함께
알려줍니다.

---

인터랙티브 렌더(Interactive Render)는 모델이나 렌더링 옵션의 수정 내용이 바로 적용되고 지속적으로 렌
더링이 업데이트되는 실시간 렌더링 방식입니다. 수정 사항이 생길 때마다 새롭게 결과물을 렌더링하고 확
인하는 번거로움을 덜어주어 주로 조명을 설정할 때 사용합니다. 하지만 이 명령은 CPU와 그래픽카드를 최
대 성능으로 지속 활용하므로 연산이 필요한 다른 프로그램이나 명령의 실행이 느려지며 전력을 많이 소모
합니다. 또 인터랙티브 렌더는 [Auto Exposure]와 [Auto White Balance] 옵션을 사용하지 못하므로 카메
라 노출 등의 설정을 직접 해야 합니다. [Viewport Render ▣]는 인터랙티브 렌더를 뷰포트에 바로 실행하
는 명령으로 프리젠테이션용으로 활용하기 좋습니다.

**02** ❶ [V-Ray Objects]-[Infinite Plane ▩]을 실행하고 ❷ 건물 앞의 적당한 곳을 클릭해 인피
니트 플레인을 설치합니다. ❸ Esc 를 눌러 완료합니다.

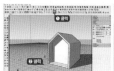 

CORE TIP 인피니트 플레인(Infinite Plane)은 끝이 없는 평면을 만들어 지반이나 바다처럼 끝이 보이지 않는 넓은 평면을 표현
합니다.

피니트 플레인이 선택된 상태에서 단축키 F10 을 눌러 [V-Ray Asset Editor ▣]를 불러
머티리얼 프리셋에서 [Ground]를 클릭합니다. ❸ [Asphalt A01 100cm]에서 마우스
을 클릭한 후 ❹ [Apply to Selection]을 클릭합니다.

---

예제 폴더에서 **MultiplexHousing.skp** 파일을 열고 계단실에 **U자형** 계단과 난간을 넣어 그림처럼 완성하세요. 계단의 크
기는 계단의 개수와 층고에 따라 달라지며 난간의 크기도 앞의 학습을 참고해 자유롭게 모델링하세요.

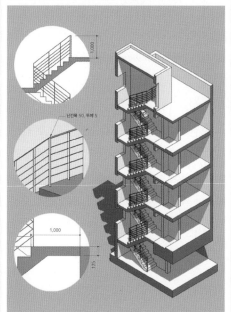

## Self Training

앞서 배운 학습을 내용을 바탕으로 치수가
제공되는 다양한 모델을 만들면서 스케치업
모델링과 렌더링을 훈련할 수 있습니다.

# 스케치업 & V-Ray 트레이닝 북
# 학습 전에 알아두어야 하는 사항!

이 책을 학습하기 전 꼭 알아야 하는 사항들이 있습니다. 3D 프로그램은 매우 까다롭고 배우기 어려운 분야이므로 아래의 사항을 꼼꼼하게 확인하여 문제가 발생하지 않도록 주의하세요!

### 01 스케치업 버전을 확인해주세요!

이 책은 스케치업 2021 버전, V-Ray 5.1 버전을 기준으로 내용을 설명하고 있습니다. 스케치업과 V-Ray는 매년 새로운 버전으로 업데이트됩니다. 버전별로 기능에 큰 차이는 없지만, 인터페이스가 변경되거나 몇 가지 기능은 변화할 수 있어서 설명대로 실행되지 않을 수 있습니다. 가급적이면 이 책의 버전과 같은 버전으로 학습하기를 권장합니다.

### 02 스케치업은 영문 버전으로 설치해주세요!

이 책에서 설명하는 스케치업 확장 프로그램 중 일부는 스케치업 한글 버전에서 정상적으로 작동하지 않습니다. 꼭 영문 버전의 스케치업을 설치한 후 학습을 진행하기 바랍니다. 38쪽에서 스케치업 설치 시 한국어를 제외하는 방법을 확인할 수 있습니다.

### 03 스케치업 확장 프로그램을 설치해주세요!

스케치업은 프로그램 특성상 기본 기능으로 진행할 수 있는 모델링에 한계가 있습니다. 따라서 실무에서는 확장 프로그램의 활용이 필수입니다. 이 책에서는 가장 쉽게 활용할 수 있는 여러 가지 확장 프로그램을 설치한 상태에서 학습을 진행합니다. 45쪽을 참고하여 확장 프로그램의 설치 방법을 제대로 익혀보세요. 실습 중 확장 프로그램을 찾을 수 없을 때는 12쪽의 확장 프로그램 목록을 참고하여 확장 프로그램을 설치하기 바랍니다.

### 04 예제 파일과 완성 파일을 활용해주세요!

이 책은 학습을 시작하기 위한 예제 파일과 학습 내용이 완성된 형태의 참고용 완성 파일을 제공합니다. 예제 파일이 없는 경우에는 처음부터 모델링을 진행하도록 설명하고 있으니 두 가지 파일을 참고하여 학습을 진행해보세요.

### 05 이 책은 스케치업 입문자를 대상으로 설명합니다!

이 책은 스케치업을 처음 다루는 독자를 위해 스케치업의 설치부터 프로그램의 설정, 기본적인 조작법 등 매우 기초적인 부분을 설명합니다. 스케치업에 대한 어떤 준비도 되어 있지 않거나 사전 지식이 없어도 충분히 학습을 진행할 수 있습니다. PART 03부터는 건축, 인테리어 분야 실무를 진행할 때 어려움이 없을 정도의 고급 모델링 기법이나 각종 확장 프로그램에 대한 학습도 포함하고 있습니다. 앞의 내용을 충분히 연습하지 않은 상태로 중반 이후의 학습을 진행하면 매우 어렵게 느껴질 수 있으니 모든 내용을 여러 차례 반복해 완벽하게 숙지한 상태에서 학습 진도를 나가기 바랍니다.

### 06 저자의 도움이 필요하다면 카페를 활용해보세요!

저자가 운영하는 네이버 카페(cafe.naver.com/sktedu)에서 도서 학습 중 궁금한 사항을 질문하고 업데이트된 확장 프로그램 자료 등을 다운로드할 수 있습니다. 학습 중 답답한 상황이 생긴다면 활용해보세요!

# 스케치업 & V-Ray 트레이닝 북을
# 제대로 활용하는 방법

이 책은 단순히 명령어를 사용하는 방법을 설명하거나 프로젝트 진행 과정을 보여주기만 하는 책이 아닌, 스스로 모델링 예제를 실습하면서 제대로 배우는 것을 목적으로 만들었습니다. 이 책을 효과적으로 공부하려면 다음의 내용대로 학습을 진행해야 합니다.

### 반복 학습 | 모델링 예제를 여러 번 반복해서 실습하세요!

모델링 예제를 한 번 따라 하고 다음 단계로 넘어가지 마세요. 처음 시작하는 사람에게는 각각의 모델링 명령어보다 화면을 이동, 확대, 축소하거나 객체를 선택하는 과정 자체가 더 중요한 훈련입니다. 이 훈련을 바탕으로 빠르고 자유롭게 화면을 조작하고 객체를 선택하면서 모델링할 수 있어야 합니다. 예제를 반복해서 연습해야 한다는 점을 꼭 기억하세요.

### 단계별 학습 | 막히는 부분이 있으면 앞의 예제를 다시 연습하세요!

앞서 다룬 모델링 과정을 점차적으로 생략하고 진행할 때가 있습니다. 학습을 충실히 따라왔다면 충분히 할 수 있지만, 생략된 부분을 스스로 모델링할 수 없다면 다시 앞부분으로 돌아가 이전 예제를 연습하세요.

### 복습 | 이 책을 모두 학습했다면 다시 처음부터 모델링해보세요!

예제를 따라 하다 보면 '어! 너무 쉬운데?'라고 생각하면서 하루만에 여러 학습을 진행할 수도 있을 것입니다. 하지만 단순히 따라 해보는 것만으로 그 기능을 모두 익혔다고 생각하지 마세요. 학습한 내용을 다시 복습하지 않는다면 며칠만 지나도 모두 잊어버리게 됩니다. 책의 모든 내용을 완벽하게 외우고 활용할 수 있을 때까지 처음부터 계속 반복해야 합니다.

# Warm Up과 Basic Training으로 훈련하고 Self Training으로 실력을 쌓는다!

Self Training의 모델 예제는 앞의 내용을 복습하고 여러 가지 방법으로 직접 모델링을 진행하면서 응용력을 키우는 데 목적이 있습니다. 예제를 만드는 방법에 정답이 있다고 생각하지 말고 앞에서 학습한 다양한 기능들을 모두 동원해 여러 차례 만들어보기 바랍니다. 이 과정을 거쳐야만 스스로 무엇이든 만들 수 있는 실력을 쌓을 수 있습니다. '이게 앞에서 배운 것만으로 되는 거야?'하는 의문은 버리세요. 분명히 할 수 있을 것입니다.

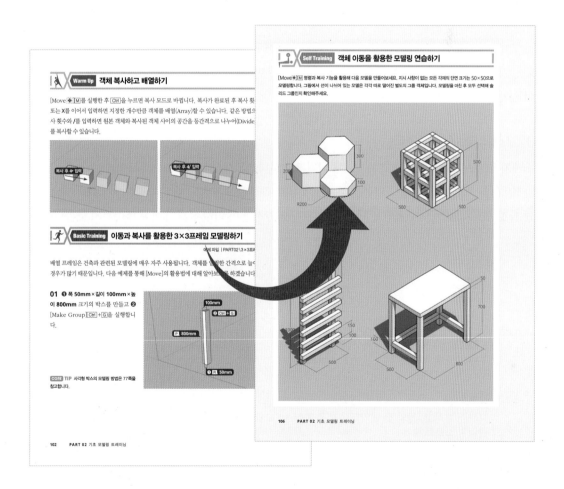

# 건축·인테리어 CG
# 왜 스케치업으로 배워야 할까요?

스케치업은 트림블의 3D 모델링 및 설계 프로그램입니다. 건축, 인테리어, 가구 디자인 등의 분야에서 주로 활용되는 프로그램으로, 배우기 쉽다고 알려져 있어 초보자도 접근하기 쉬운 프로그램입니다. 스케치업이 어떤 프로그램인지 간단히 알아보면서 스케치업의 특징을 살펴보겠습니다.

## 01 스케치업은 배우기 쉽다.

스케치업의 가장 주요한 장점은 모델링에 필요한 명령의 양이 매우 적어 배우기 쉽다는 것입니다. 모델링 기법이 현실의 감각과 닮아 있어 이해하기도 쉬우며 다양한 추론 시스템과 객체 스냅이 모델링을 더 쉽게 하도록 도와줍니다.

## 02 스케치업은 저렴하다.

스케치업의 가격은 3ds Max의 1/5도 채 되지 않습니다. 대부분의 사용자나 회사에게 가장 결정적인 장점입니다. 확장 프로그램도 대부분 무료이며 유료 확장 프로그램도 매우 저렴한 편입니다. 가장 비싼 확장 프로그램인 V-Ray의 경우 스케치업보다 비싸지만 이 역시 다른 대안은 얼마든지 있습니다.

## 03 모델링 자료를 찾기 쉽다.

스케치업은 3D Warehouse라는 플랫폼을 통해 스케치업에서 바로 모델 자료를 다운로드하거나 자신이 만든 모델 자료를 업로드하고 공유할 수 있어 편리합니다. 3D Warehouse에서 공유하는 모든 모델 자료는 무료이기 때문에 별도의 비용이 들지도 않습니다.

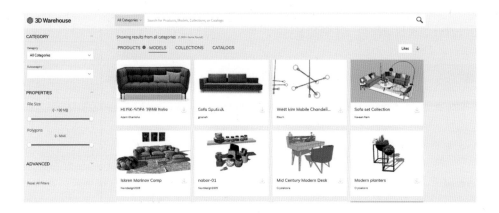

스케치업에서 만든 모델은 평면도나 단면도, 입면도 등의 도면으로 출력할 수 있으며 오토캐드용 파일(.dwg)로 바로 내보내기할 수도 있습니다. 또한 스케치업과 함께 설치되는 LayOut으로 모델을 바로 불러오고 주석을 달아 도면으로 활용할 수 있습니다.

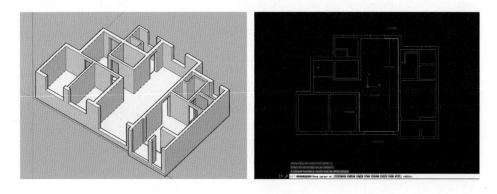

그 외에도 프로그램의 설치 용량이 작고 구동되는 데 걸리는 시간도 짧으며, 다양한 스타일 효과를 활용할 수 있는 점 등 많은 장점이 있습니다.

# 실무에서 활용하는 확장 프로그램을
# 한눈에 확인해보세요!

이 책에서 활용하는 확장 프로그램을 소개합니다. 실습 중 설치되지 않은 확장 프로그램이 있거나 한 번에 모든 확장 프로그램을 설치하고 싶다면 아래 목록을 참고하여 활용해보세요. 45쪽에서 확장 프로그램의 여러 가지 설치 방법을 학습할 수 있습니다.

| 확장 프로그램 | 설치 방법 | 확장 프로그램 | 설치 방법 |
|---|---|---|---|
| Solid Inspector[2] | Extension Warehouse | 1001bit-toos | Extension Warehouse |
| ExtensionStore | SketchUcation | Selection Toys | Extension Warehouse |
| Hide All Unselected | Smustard, 파일 설치 | CleanUp[3] | Extension Warehouse |
| Unhide All Entities | Extension Warehouse | Roof by TIG | ExtensionStore |
| Curic Mirror | Extension Warehouse | CLF Shape Bender | Extension Warehouse |
| Quick Lathe | ExtensionStore | CurviShear | Extension Warehouse |
| JHS Powerbar | ExtensionStore | Helix along curve | ExtensionStore |
| QuadFace Tools | Extension Warehouse | Curic Axes Tool | ExtensionStore |
| Round Corner | ExtensionStore | Texture Positioning Tools | Extension Warehouse |
| Joint Push Pull | Extension Warehouse | SketchUV | Extension Warehouse |
| TT Library | Extension Warehouse | Fredo Tools | ExtensionStore |
| Toolbar Editor | Extension Warehouse | Split Tools | ExtensionStore |
| LaunchUp | Extension Warehouse | Floor Generator | 예제 폴더 파일 설치 |
| Fredo Scale | ExtensionStore | | |

## 스케치업 & V-Ray 트레이닝 북
## 예제 파일 다운로드하기

이 책의 모든 예제 파일 및 완성 파일은 한빛출판네트워크 홈페이지에서 다운로드할 수 있습니다. 검색 사이트에서 **한빛출판네트워크**로 검색하거나 www.hanbit.co.kr로 접속합니다.

**01** 한빛출판네트워크 홈페이지에 접속한 후 오른쪽 아래의 [자료실]을 클릭합니다.

**02** ❶ 검색란에 도서명을 입력하고 ❷ 검색 버튼을 클릭합니다. ❸ 《스케치업 & V-Ray 트레이닝 북(개정판)》이 나타나면 [예제 소스(From CDN)] 또는 [예제 소스(from GDrive)]를 클릭합니다. 다운로드가 완료되면 예제 파일의 압축을 해제해 사용합니다.

▶ 단축 주소 www.hanbit.co.kr/src/10461로 접속하면 바로 예제 파일 다운로드 페이지로 이동합니다.

# Self Training 예제 미리 보기

각 LESSON의 이론과 예제를 실습하여 기본 훈련을 마치면 Self Training으로 실력을 쌓을 수 있습니다.

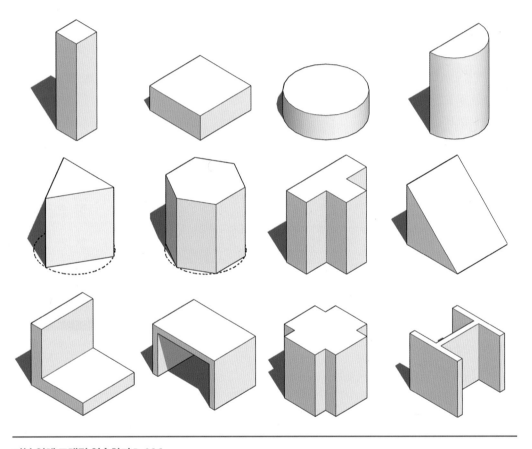

---

**기본 입체 모델링 연습하기 P. 086**
기본 도형을 활용해 여러 가지 형태의 입체를 만들어봅니다.

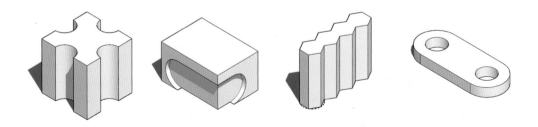

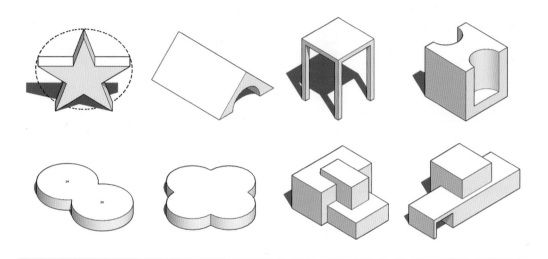

**복잡한 입체 모델링 연습하기** P. 099
다양한 도형을 조합하고 돌출하거나 삭제해 복잡한 입체를 만들어봅니다.

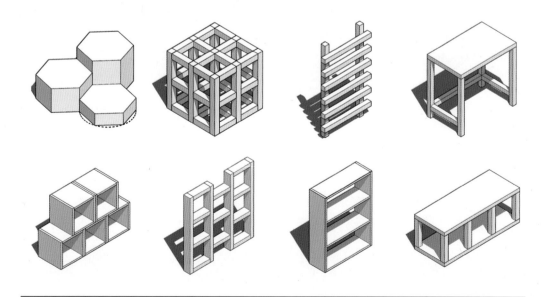

**객체 이동을 활용한 모델링 연습하기** P. 106
객체를 이동하고, 배치하고, 복사하는 방법으로 모델을 만들어봅니다.

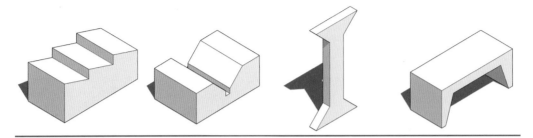

**좌표를 활용한 모델링 연습하기** P. 115
좌표를 활용해 단면을 자유자재로 그리고 돌출하여 모델을 만들어봅니다.

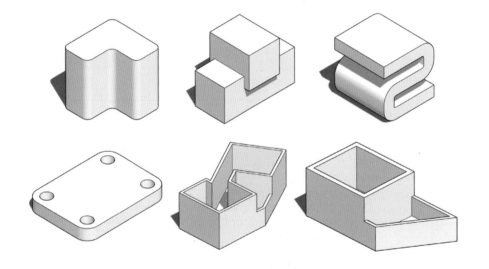

**가이드라인을 활용한 모델링 연습하기** P. 128
가이드라인을 활용하여 모서리를 깎거나 원하는 위치에 자유롭게 도형을 그려봅니다.

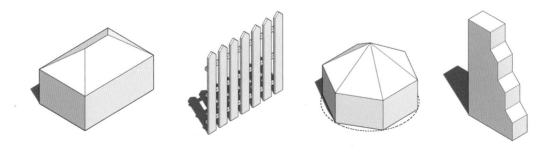

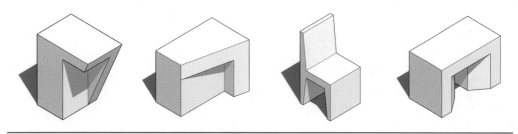

**엣지와 버텍스를 이동하는 방법으로 모델링 연습하기 P. 135**
입체의 엣지나 버텍스를 이동하여 모델의 형태를 다양하게 만들어봅니다.

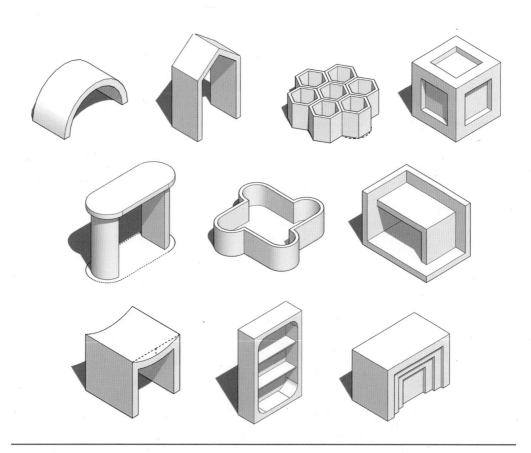

**오프셋(Offset)을 활용한 모델링 연습하기 P. 143**
모델의 면을 오프셋하며 일정한 비율로 복사하고 이를 응용한 모델을 만들어봅니다.

**회전, 축척, 정렬을 활용한 모델링 연습하기** P. 151
모델을 회전하거나 크기를 조절하고 정렬하면서 복잡한 모델링을 연습해봅니다.

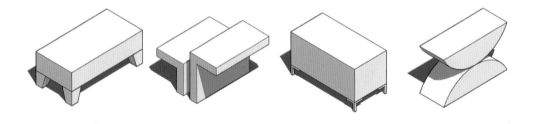

**대칭 복사를 활용한 모델링 연습하기** P. 160
같은 모양의 모델을 대칭으로 복사하고 크기나 위치를 조절하여 다른 모델을 만들어봅니다.

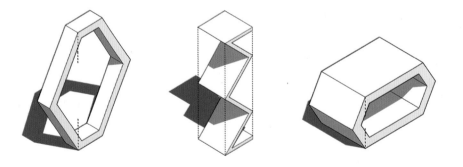

**각도기(Protractor)를 활용한 모델링 연습하기** P. 166
각도기를 활용하여 원하는 각도로 가이드라인을 만들고 모델링해봅니다.

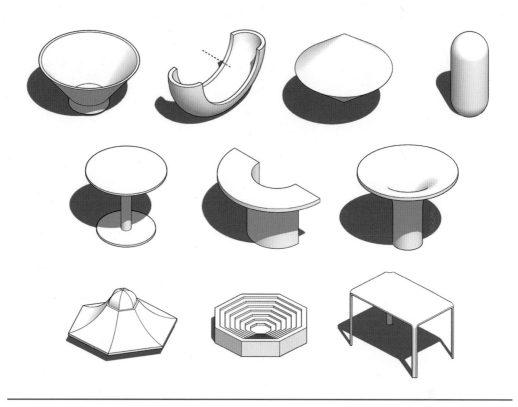

**회전형 입체 모델링 연습하기** P. 175
단면을 회전하여 회전형 입체를 만들어봅니다.

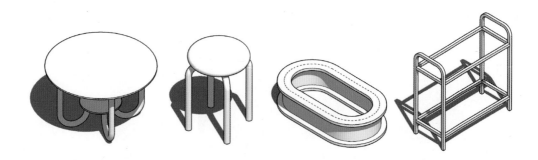

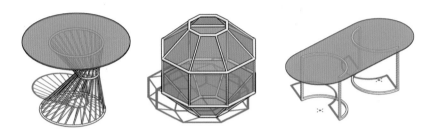

**경로와 단면을 활용한 모델링 연습하기  P. 191**
단면의 형태에 따라 다른 방법을 활용하여 모델링을 연습해봅니다.

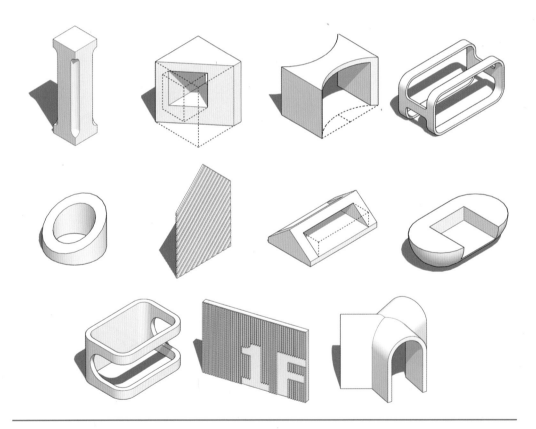

**솔리드 도구(Solid Tools)를 활용한 모델링 연습하기 P. 200**
솔리드 도구로 객체를 합치고 분리하면서 모델링해봅니다.

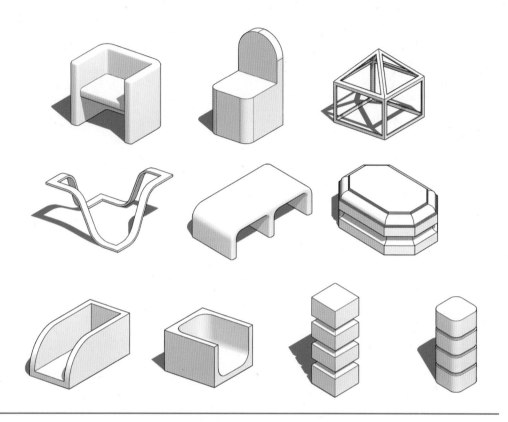

**모서리 다듬고 홈 파는 모델링 연습하기 P. 221**
모서리를 다듬어 둥글리거나 면에 홈을 파면서 모델링을 연습해봅니다.

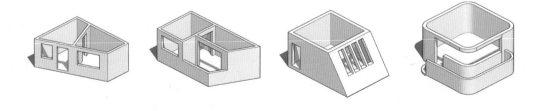

**건축물의 기본 구조 모델링 연습하기 P. 250**
단면으로부터 바닥과 벽, 개구부가 있는 건축물의 기본 구조를 만들어봅니다.

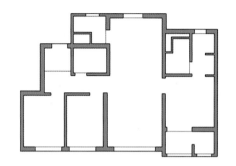 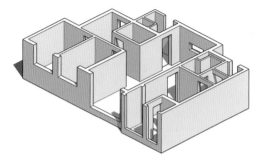

**아파트 평면도 모델링 연습하기** P. 264

아파트 평면도를 활용해 본격적인 건축물의 모델링을 연습해봅니다.

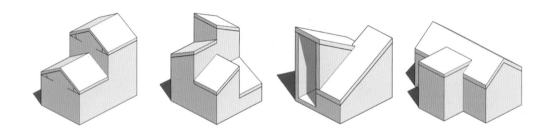

**다양한 형태의 지붕 모델링 연습하기** P. 277

솔리드 도구를 활용하여 다양한 형태의 지붕을 만들어봅니다.

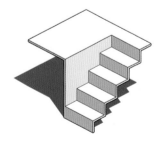  

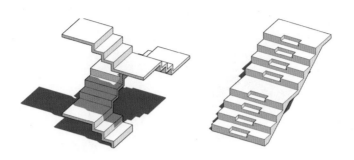

**다양한 형태의 계단 모델링 연습하기 P. 297**
솔리드 도구를 활용하여 다양한 형태의 계단을 만들어봅니다.

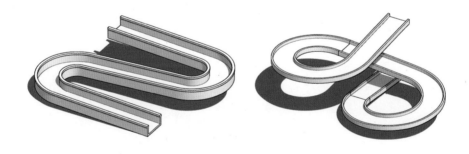

**CruviShear를 활용한 경사로 모델링 연습하기 P. 309**
CurviShear 확장 프로그램으로 경사로를 만들어봅니다.

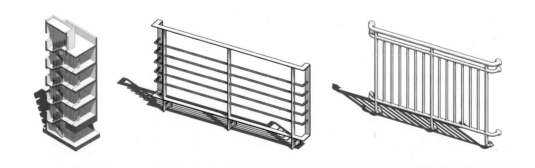

**계단과 난간 모델링 연습하기 P. 324**
예제 파일을 활용해 계단실에 계단을 넣고 난간을 만들어봅니다.

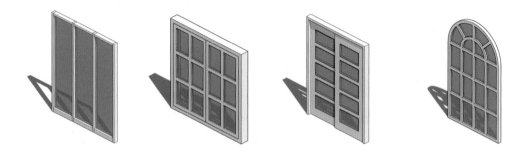

**다양한 형태의 창호 모델링 연습하기** P. 339
유리의 크기에 주의하면서 다양한 형태의 창호를 만들어봅니다.

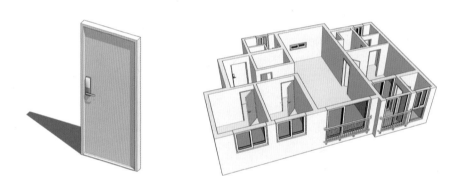

**현관문 모델링하고 아파트 구조체에 창호 넣기** P. 353
현관문과 도어락을 모델링하고 아파트 구조체에 넣어 완성합니다.

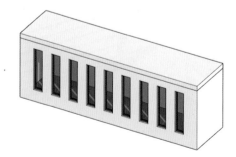

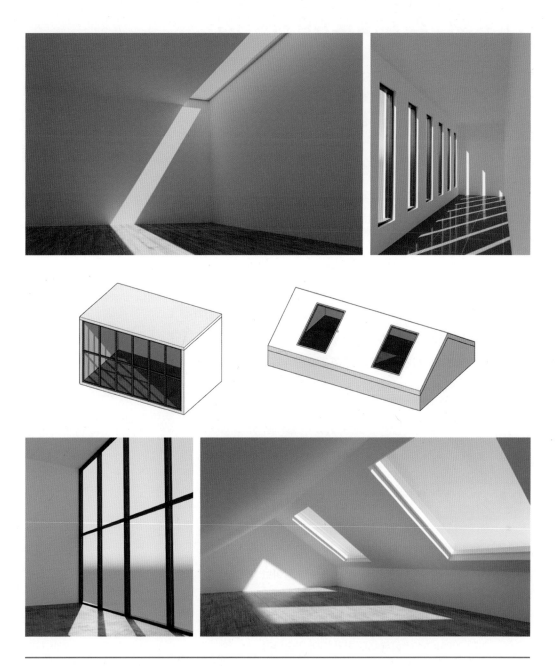

**실내 공간 모델링과 렌더링 연습하기**  P. 382
다양한 형태의 실내 공간과 유리, 프레임을 모델링하고 재질을 매핑하여 렌더링해봅니다.

# 목차

# 목차

## 목차

## PART 03   고급 모델링 트레이닝

# 목차

## PART 04   V-Ray를 활용한 렌더링하기

# 목차

# PART 01

# 스케치업
# 준비하기

PART 01에서는 스케치업을 설치하는 방법을 알아보고 스케치업 화면을 정리하면서 필요한 플러그인을 설치해 보겠습니다. 이번 PART는 본격적인 학습을 시작하기 위한 기초 준비 단계로 초보자에게는 어렵거나 귀찮게 느껴질 수 있어요. 하지만 프로그램을 자신에게 맞게 커스터마이징해 작업하기 쉬운 상태를 만들고 학습을 진행해야 단축키도 빠르게 익히고 플러그인을 활용해 더 쉽게 모델링하는 방법도 익힐 수 있답니다. 기본 기능만으로 스케치업을 배우면 같은 것을 만들 때도 매우 어렵게 만드는 방법을 배우게 됩니다.

또 프로그램을 설치하고 관리하는 것은 작업자에게는 가장 기본적인 일인데, 이를 못하거나 외부에 맡겨 처리하려는 것은 작업자의 전문성을 포기하는 일과 같습니다. 마치 군인이 총을 다른 사람이 관리해주고 총알도 장전해주면 쏘는 것만 잘 쏘겠다고 말하는 것과 같습니다. 누가 그런 사람을 전문가라고 부를 수 있을까요?

# 스케치업 2021 설치하기

스케치업으로 무엇을 할 수 있는지 알아보기 위해서는 먼저 스케치업을 설치해야 합니다. 여기서는 스케치업 설치 시 주의해야 할 점과 설치하는 방법을 알아보겠습니다. 이미 기존에 스케치업을 설치했더라도 주의 사항을 잘 살펴보고 학습에 문제가 없는지 다시 한번 확인해보세요.

## Basic Training 스케치업 2021 설치하기

스케치업은 시험판을 통해 1개월간 기능 제한 없이 사용할 수 있으며 이후에는 연 단위 결제 방식으로 구독해야 합니다. 스케치업은 웹 전용의 SketchUp Shop, 일반적인 용도의 SketchUp Pro, 에너지 분석과 일광 분석 등의 설계 기능이 추가된 SketchUp Studio 버전으로 나뉘어 있습니다.

버전마다 구독료의 차이가 있으며 일반적인 건축, 인테리어 분야의 모델링 및 렌더링 용도로 사용하는 경우에는 SketchUp Pro 버전을 선택하면 됩니다. 학생이나 교사는 별도의 교육용 버전을 보다 저렴한 구독료로 사용할 수 있습니다.

**01** ❶ 스케치업 웹사이트(sketchup.com)에 접속합니다. ❷ [Sign In]을 클릭하고 ❸ 로그인 페이지에서 계정을 생성하거나 로그인합니다.

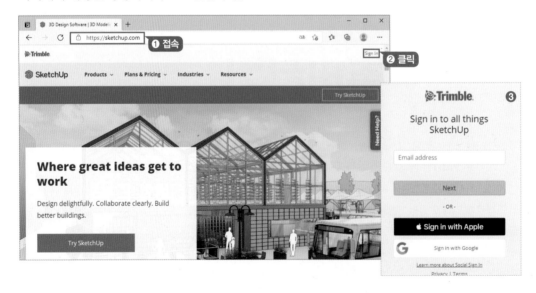

**02** ❶ [Try Sketchup]을 클릭하고 ❷ 다음 화면에서 [Start free trial of SketchUp Studio]를 클릭합니다.

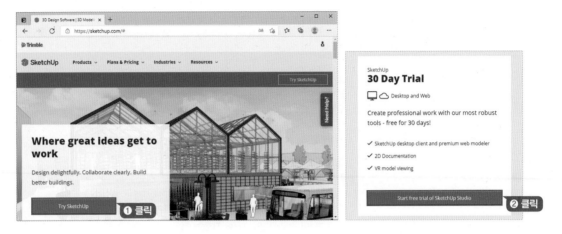

**03** ❶ 계속해서 단계별로 필요한 정보를 선택한 후 [Continue]를 클릭해 진행합니다. ❷ 3단계의 정보를 입력한 후 ❸ [Start My Trial]을 클릭하면 설치 프로그램이 다운로드됩니다.

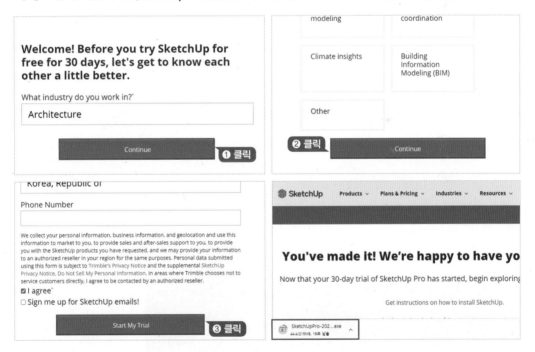

Power Up Note **스케치업 설치 전 주의 사항**

스케치업을 설치하기 전 윈도우 계정이 영문인지 반드시 확인합니다. 한글이 포함된 계정을 사용할 경우 소프트웨어의 동작이 불안정해지거나 시스템에 문제가 발생하기 쉽습니다. 윈도우 계정이 한글이라면 영문 계정을 새로 생성한 후 스케치업을 설치합니다.

**04** ❶ 다운로드한 설치 프로그램을 실행하면 언어 선택 화면이 표시됩니다. ❷ [변경]을 클릭한 후 ❸ [한국어]의 체크를 해제합니다. ❹ [확인]을 클릭하고 ❺ [설치]를 클릭해 설치를 진행합니다.

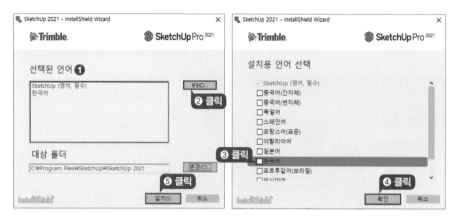

**CORE TIP** 윈도우 계정과 마찬가지로 확장 프로그램이 한글 버전을 지원하지 않는 경우가 있습니다. 반드시 영문 버전으로만 설치하세요.

**05** 설치가 완료되면 [마침]을 클릭합니다.

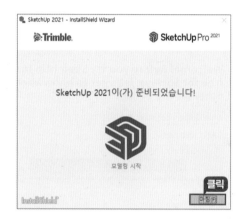

**06** ❶ [SketchUp Pro 2021], [LayOut 2021], [Style Builder 2021] 세 개의 프로그램 실행 아이콘이 생성됩니다. ❷ [SketchUp Pro 2021]을 더블클릭해 실행합니다.

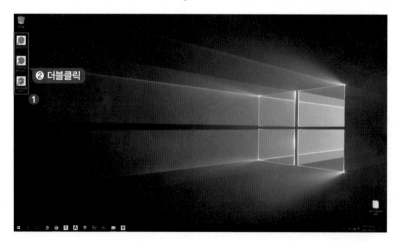

**07** [Sign In]을 클릭해 가입한 계정으로 로그인합니다.

**08** 스케치업이 실행되면 템플릿을 선택하는 웰컴 스크린이 표시됩니다. [Architectural-Milli meters]를 클릭해 스케치업을 시작합니다.

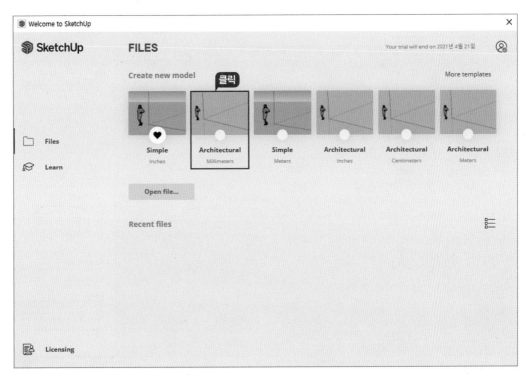

# LESSON 02

# 화면 구성하고 도구바 정리하기

스케치업을 설치했으니 스케치업이 어떻게 생겼는지 확인하고 기본적인 화면 구성을 알아볼 차례입니다. 스케치업 인터페이스 각각의 이름을 아는 것은 스케치업을 다루는 데 있어 매우 중요합니다. 메뉴가 무엇인지, 도구바가 무엇인지, 여러 명칭들을 알아야 무엇이든 하지 않겠어요? 자주 보고, 소리 내어 말하면서 외워보세요.

## Warm Up 스케치업 기본 화면 살펴보기

스케치업의 화면은 다음과 같이 다섯 개의 영역으로 구분되어 있습니다. 최상단에는 메뉴가 있고, 그 아래에 자주 사용하는 명령들을 아이콘으로 정리해놓은 도구바가 있습니다. 작업 영역에는 X축, Y축, Z축을 의미하는 세 가지 색상의 선이 있으며 중앙에는 캐릭터가 있습니다. 이 캐릭터를 휴먼 피겨(Human Figure)라고 부르는데, 스케치업 개발사와 관련된 사람을 캐릭터화한 것으로 매 버전마다 바뀌어 왔습니다. 이 캐릭터의 크기 즉, 휴먼 스케일(Human Scale)을 통해 공간의 실제 크기를 쉽게 인지할 수 있습니다.

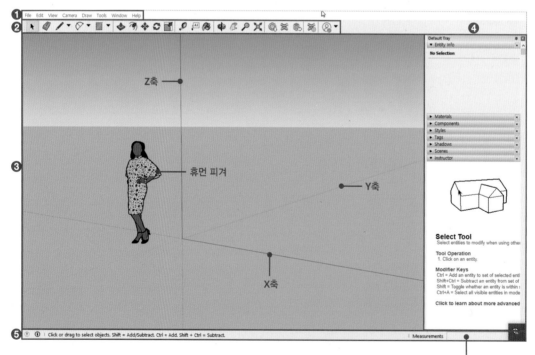

**Measurements Box**

**❶ 메뉴** : 스케치업의 모든 명령과 옵션이 카테고리로 분류되어 있습니다.

**❷ 도구바(도구 모음)** : 자주 사용하는 명령을 메뉴에서 선택하지 않고 도구바에서 클릭하여 바로 실행할 수 있습니다. 첫 인터페이스에서 보이는 도구바 외에도 많은 도구바가 있습니다.

**❸ 뷰포트** : 작업을 진행하는 화면을 말하며 빨강 선은 X축, 초록 선은 Y축, 파랑 선은 Z축을 의미합니다.

**❹ 트레이** : 객체에 대한 정보나 자주 변경해야 하는 옵션을 표시하여 사용합니다.

**❺ 상태 표시줄** : 현재 사용하고 있는 명령의 옵션이나 활용 방법이 표시됩니다. 오른쪽의 [Measurements Box]에서는 작업 중 입력하는 다양한 값을 표시합니다.

---

### 🏃 Basic Training  사용하기 편리하게 도구바 정리하기

도구바는 스케치업의 명령을 실행하는 도구 버튼을 종류별로 모아놓은 묶음을 말합니다. 스케치업을 처음 실행하면 [Getting Started] 도구바 하나만 표시되어 있는데, 이외에도 작업에 필요한 다양한 도구바가 있습니다. 작업에 꼭 필요한 도구바를 꺼내어 사용하기 편리하게 배치해보겠습니다.

**01** 도구바를 표시하기 위해서는 [View]-[Toolbars] 메뉴를 클릭한 후 설정할 수도 있지만 여기서는 ❶ 도구바 영역의 빈 곳에서 마우스 오른쪽 버튼을 클릭한 후 나타나는 팝업 메뉴를 활용합니다. ❷ 팝업 메뉴에서 [Large Tool Set] 도구바를 클릭합니다.

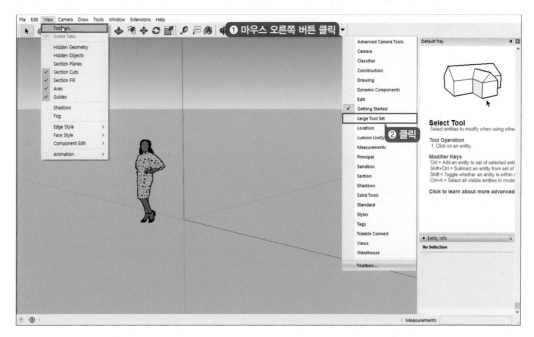

**02** 도구바의 이름 부분을 화면 왼쪽 영역으로 드래그해 고정합니다. [Large Tool Set] 도구바는 스케치업 작업 시 가장 중요한 명령을 모두 모아놓은 도구바입니다.

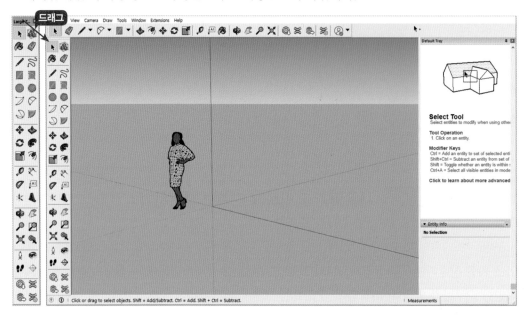

**03** ❶ 같은 방법으로 [Standard] 도구바를 표시하고 메뉴 아래에 고정합니다. [Standard] 도구 바에는 새로운 파일을 만들거나 기존 파일 불러오기, 저장하기 등 프로그램 운용과 관련된 도구가 모여 있습니다. ❷ [Getting Started] 도구바는 제거합니다.

**04** 계속해서 다음 표의 도구바를 표시하고 메뉴 아래에 고정합니다.

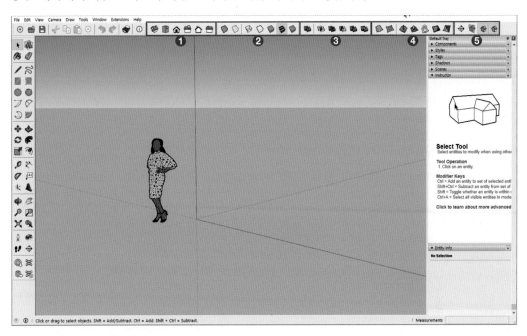

| 기본 도구바 | 설명 |
|---|---|
| **Views** ❌ | ① Views ┃ 화면을 정면이나 측면, 후면 등으로 정확하게 돌려서 볼 때 사용합니다. |
| **Styles** ❌ | ② Styles ┃ 모델을 투명하게 보이게 하거나 윤곽선만 보이게 하는 등의 가시성을 조절합니다. |
| **Solid Tools** ❌ | ③ Solid Tools ┃ 모델을 합치거나 빼내는 등의 교차 연산 작업을 할 때 사용합니다. 이 도구바는 스케치업 Pro 버전에서만 사용할 수 있습니다. |
| **Sandbox** ❌ | ④ Sandbox ┃ 지형도나 그리드 형태의 모델을 변형해 굴곡진 지형을 만들 때 사용합니다. |
| **Section** ❌ | ⑤ Section ┃ 건축물의 평면이나 단면을 잘라 내부를 보여줄 때 사용합니다. |

 **Basic Training** 불필요한 트레이 정리하기

화면의 오른쪽에는 트레이가 표시되어 있습니다. 이 트레이에는 작업 중 선택한 객체의 정보를 확인하거나 재질을 지정하고 그림자의 위치를 조절하는 등의 다양한 옵션들이 포함되어 있습니다. 기본 트레이 중 자주 사용되는 트레이를 추가하고 불필요한 트레이를 제거해보겠습니다.

**01** 트레이는 [Window]-[Default Tray] 메뉴에서 표시하거나 해제할 수 있습니다. ❶ [Soften Edges]와 ❷ [Outliner]에 추가로 체크하고 ❸ [Instructor]의 체크는 해제합니다.

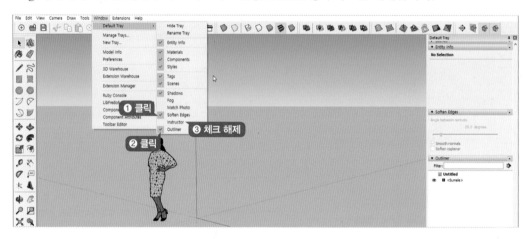

**02** ❶ 트레이의 이름 부분을 드래그해 빼내면 화면에서 분리할 수 있으며 뷰에 표시되는 각 방향의 아이콘 위로 드래그해 원하는 위치에 고정할 수 있습니다. ❷ 핀을 클릭하면 트레이를 숨기거나 표시할 수도 있습니다.

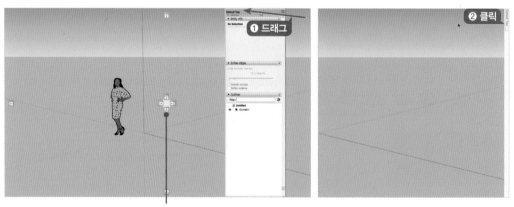

상하좌우 방향 아이콘 위로 드래그하여
원하는 위치에 고정합니다.

**CORE TIP** 트레이는 작업 영역이 부족할 때 숨겨 사용하며, 일반적인 작업 환경이라면 핀을 고정해 항상 트레이가 열려 있는 상태로 작업을 진행합니다.

# LESSON 03 확장 프로그램 설치하기

스케치업의 기본 기능만으로는 형태를 만드는 작업 과정이 너무 번거롭습니다. 심지어는 아예 만들지 못하는 형태도 있습니다. 이때는 다양한 확장 프로그램(Extension)을 활용해 스케치업의 부족한 기능을 보완합니다. 확장 프로그램을 먼저 설명하면 더 어렵게 느낄 수도 있지만, 미리 꼭 필요한 확장 프로그램을 설치해두고 필요한 기능을 바로 학습하기 위한 것이니 어렵거나 지루하더라도 꼭 따라 해보세요. 확장 프로그램이 잘 설치되어 있는 스케치업을 사용해야 스케치업을 다루는 실력도 빨리 늘게 됩니다.

 **Warm Up** 작업이 쉬워지는 확장 프로그램(Extension) 알아보기

확장 프로그램(Extension)이란 스케치업에 추가로 설치해 원래 없던 기능을 추가하거나 기존의 기능을 보완하는 프로그램을 말합니다. 프로그래밍 언어 중 주로 루비 스크립트(Ruby Script)를 이용해 만들어지기 때문에 이런 확장 프로그램을 스케치업에서는 흔히 '루비'라고도 부릅니다.

확장 프로그램은 작업을 편리하게 해주는 기능을 추가하는 데 주로 사용됩니다. 예를 들어 스케치업에는 대칭 복사 명령이 없기 때문에 ❶ 이동하여 복사, ❷ 대칭으로 변환, ❸ 다시 이동이라는 복잡한 과정을 거쳐야 합니다. 이때 Curric Mirror라는 확장 프로그램을 추가하면 아이콘을 클릭하는 것만으로 대칭 복사를 한번에 실행할 수 있습니다.

확장 프로그램은 Extension Warehouse 웹사이트나 SketchUcation 등의 커뮤니티 웹사이트, 그밖의 개인적인 채널 등을 통해 쉽게 다운로드해 활용할 수 있습니다. Extension Warehouse 웹사이트나 SketchUcation 웹사이트는 도구바를 통해 쉽게 확장 프로그램을 검색하고 설치할 수 있지만 개인이 배포하는 확장 프로그램은 직접 다운로드한 후 설치해 사용해야 합니다. 따라서 확장 프로그램을 자유롭게 설치하려면 다양한 설치 방법을 알고 있어야 합니다. 앞으로 스케치업을 다루기 위해 필수적인 확장 프로그램을 계속 학습할 것입니다. 이번 학습을 통해 확장 프로그램을 설치하고 관리하는 방법을 익혀 필요한 확장 프로그램을 그때그때 설치해 사용하기 바랍니다.

**CORE TIP** 46쪽에서 Extension Warehouse를 활용한 확장 프로그램 설치 방법을, 48쪽에서 SketchUcation을 활용한 확장 프로그램 설치 방법을 확인할 수 있습니다. 이 책에서 사용된 전체 확장 프로그램의 목록은 12쪽에서 확인할 수 있습니다.

Extension Warehouse는 스케치업에서 제공하는 확장 프로그램 배포 웹사이트입니다. 이 웹사이트는 웹브라우저를 별도로 실행할 필요 없이 스케치업에서 바로 접속할 수 있으며 설치 후 바로 사용할 수 있어 편리합니다. Extension Warehouse를 활용한 확장 프로그램 설치 방법을 알아보겠습니다.

**01** [Large Tool Set] 도구바에서 [Extension Warehouse ※]를 클릭합니다.

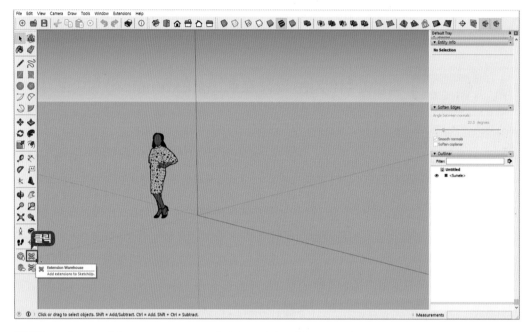

**CORE** TIP [Window]–[Extension Warehouse] 메뉴를 클릭하여 실행할 수도 있습니다.

**02** ❶ 스케치업에 로그인된 상태가 아니라면 다음과 같은 대화상자가 나타납니다. [Sign In]을 클릭합니다. ❷ 로그인 화면이 나타나면 로그인합니다.

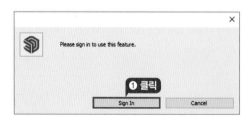

**CORE** TIP 이미 로그인된 상태라면 다음 단계로 넘어갑니다.

**03** ❶ 검색란에 **solid inspector**를 입력한 후 Enter 를 누릅니다. ❷ 검색된 [Solid Inspector²]를 클릭한 후 ❸ [Install]을 클릭합니다.

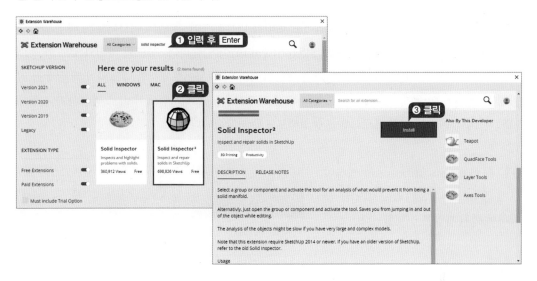

**04** ❶ 다음과 같은 경고가 표시되면 [예(Y)]를 클릭합니다. ❷ 설치가 끝나면 다음과 같은 도구바가 표시되는 것을 확인할 수 있습니다.

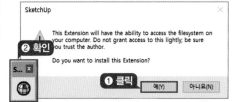

CORE TIP 스케치업 최신 버전과의 호환성이 검증되지 않은 확장 프로그램이라면 경고가 표시될 수 있습니다. 대부분은 버전 호환에 큰 문제가 없기 때문에 [예(Y)]를 클릭하여 계속 진행해도 괜찮습니다.

**05** [Solid Inspector²]는 모델에 생긴 오류를 찾아내 자동으로 수정해줍니다. 명령을 실행하면 현재 화면에 있는 모델의 오류를 찾아내 수정할 수 있습니다. 또는 [Fix All]을 클릭해 모든 오류를 한번에 해결합니다.

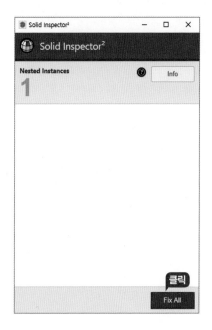

Extension Warehouse 웹사이트 이외에도 루비를 다운로드할 수 있는 웹사이트는 매우 많습니다. 그중 가장 큰 커뮤니티 웹사이트로 SketchUcation이 있습니다. 별도의 가입과 로그인 등의 과정이 있어 불편하지만 매우 유용한 확장 프로그램이 이 웹사이트에서만 배포되기 때문에 꼭 가입해야 합니다. 이 웹사이트에서 배포하는 확장 프로그램을 스케치업에서 바로 검색하거나 업데이트, 관리할 수 있는 확장 프로그램을 설치해보도록 하겠습니다.

**01** ❶ sketchucation.com 웹사이트에 접속합니다. ❷ [Register]를 클릭하여 회원 가입을 진행합니다.

**02** 무료 계정으로도 필요한 확장 프로그램을 모두 다운로드할 수 있습니다. ❶ [Sign Up Here]를 클릭하고 ❷ 필요한 정보를 입력해 가입합니다.

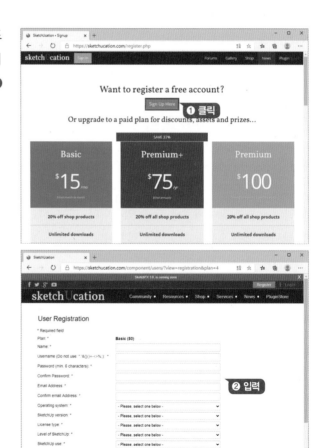

**03** ❶ [Resources]−[Plugin Store Download]를 클릭하고 ❷ [Download Now]를 클릭해 확장 프로그램을 다운로드합니다.

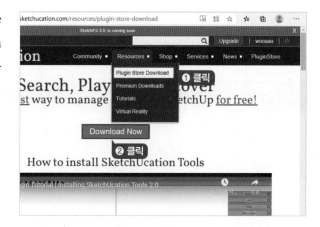

**04** ❶ 다운로드한 확장 프로그램을 설치하려면 [Window]−[Extension Manager] 메뉴를 클릭합니다. ❷ 맨 아래의 [Install Extension]을 클릭해 ❸ 다운로드한 **SketchUcationTools.rbz** 파일을 찾아 설치합니다.

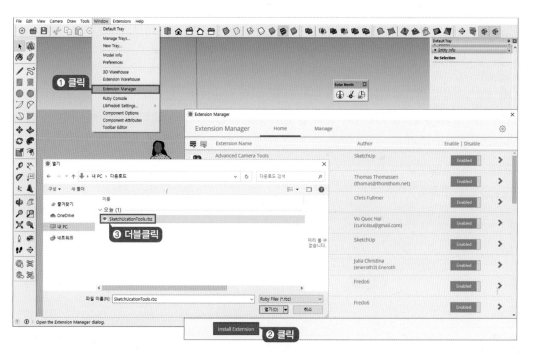

**CORE TIP** 도구바에서 [Extension Manager ⚒]를 클릭해 실행할 수도 있습니다.

**05** [ExtensionStore] 도구바가 표시되면 ❶ [ExtensionStore ▮]를 클릭합니다. ❷ 🔍을 클릭한 후 ❸ 검색란에 **unhide all**을 입력해 검색합니다. ❹ [Unhide All]의 ▮를 클릭합니다.

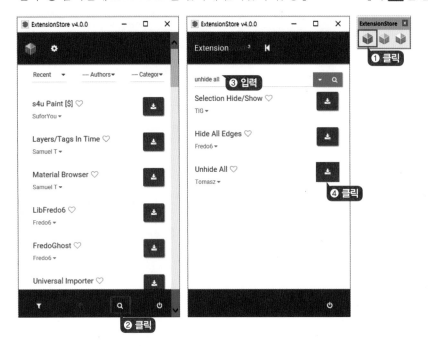

**06** ❶ 설치를 진행할 폴더는 현재 선택된 경로를 그대로 유지하고 [Choose AutoInstall Folder]를 클릭해 설치를 계속합니다. ❷ [예(Y)]를 클릭합니다. ❸ 설치가 완료되었다는 메시지가 나타나면 [확인]을 클릭합니다.

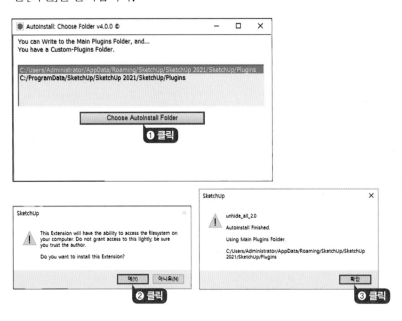

직접 다운로드한 확장 프로그램의 확장자는 *.rbz 또는 *.rb입니다. *.rbz는 *.rb 및 해당 플러그인에 포함된 데이터 폴더를 압축한 파일입니다. 만약 다운로드한 확장 프로그램의 확장자가 *.rbz가 아닌 *.rb 형태일 때는 압축한 후 파일 확장자를 *.rbz로 변경해서 Extension Manager를 통해 설치하거나 스케치업 설치 경로에 직접 복사하여 설치할 수 있습니다. 웹사이트에서 확장 프로그램을 직접 다운로드해 설치하는 방법을 알아보겠습니다.

**01** ❶ www.smustard.com 웹사이트에 접속합니다. ❷ [Products] 카테고리에서 ❸ [Hide All]을 클릭한 후 ❹ 다운로드 페이지가 나타나면 [download]를 클릭해 다운로드합니다.

**02** ❶ 다운로드한 **hideall.rb** 파일에서 마우스 오른쪽 버튼을 클릭합니다. ❷ 압축 프로그램을 활용해 압축합니다.

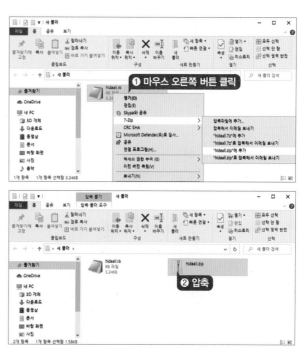

**03** ❶ 확장자가 표시되지 않는다면 폴더의 [보기] 탭을 클릭하고 ❷ [표시/숨기기] 그룹–[파일 확장명]에 체크합니다. ❸ 압축한 **hideall.zip** 파일의 이름과 확장자를 **hideall.rbz**로 수정합니다. ❹ 경고 메시지가 표시되면 [예(Y)]를 클릭합니다.

**04** ❶ 스케치업에서 [Extension Manager ✂]를 실행합니다. ❷ [Install Extension]을 클릭한 후 **hideall.rbz** 파일을 찾아 설치합니다.

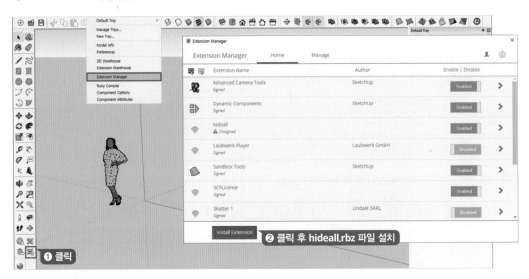

**05** [Extensions] 메뉴를 확인해보면 [Hide All Unselected]가 설치된 것을 확인할 수 있습니다. 이 확장 프로그램은 선택한 모델 이외의 다른 모든 모델을 화면에서 감추는 데 사용됩니다.

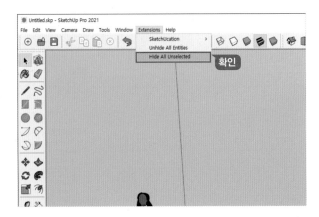

[Plugins] 폴더의 위치를 알아두면 확장 프로그램을 바로 설치하거나, 설치된 확장 프로그램을 따로 백업하거나, 복구할 수 있습니다.

❶ 파일 탐색기 주소창에 **%appdata%**를 입력한 후 Enter 를 누르면 [AppData] 폴더가 나타납니다. ❷ AppData\Roaming\SketchUp\SketchUp 2021\SketchUp\Plugins 경로에 다운로드한 *.rb 파일을 바로 복사해 넣거나 *.rbz 파일의 압축을 해제하여 확장 프로그램을 설치할 수 있습니다. 필요하다면 이 폴더 전체를 백업해 다른 컴퓨터로 붙여 넣어 사용할 수도 있습니다.

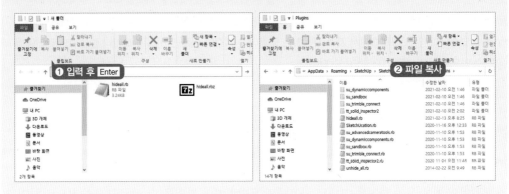

❸ SketchUcation의 [ExtensionStore]를 설치했다면 [Extensions]-[SketchUcation]-[Open Plugins Folder] 메뉴를 클릭해 [Plugins] 폴더를 찾을 수 있습니다.

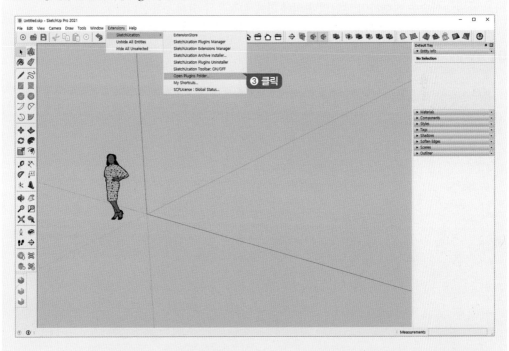

직접 [Plugins] 폴더에 확장 프로그램을 복사해 설치한 경우에는 스케치업을 종료한 후 다시 실행해야 설치한 확장 프로그램을 사용할 수 있습니다.

# LESSON 04
# 단축키 설정하고 템플릿 만들기

어떤 명령을 실행할 때 해당 명령의 아이콘을 클릭하거나 메뉴에서 명령을 하나씩 찾아 선택해 사용할 수도 있지만 매우 번거롭고 시간도 많이 걸립니다. 자주 쓰는 명령에 단축키를 설정하면 손에 익을 때까지는 시간이 걸릴지모르지만, 익숙해지면 작업 속도를 엄청나게 향상시킬 수 있습니다. 또 작업을 시작할 때마다 반복해야 하는 설정들이 있다면 미리 설정을 수정한 후 템플릿으로 만듭니다. 그러면 다음 작업을 시작할 때는 같은 작업을 반복하지않을 수 있습니다. 앞으로 학습에서 자주 사용하는 명령이나 설정이 있다면 미리 단축키나 템플릿으로 만들어 사용할 수 있도록 이 부분을 먼저 학습하겠습니다.

 **Warm Up** 사용이 편리한 환경과 단축키 설정하기

스케치업의 기본 환경 설정을 그대로 사용해도 무방하지만 작업을 더 빠르고 효율적으로 하기 위해서는 작업자의 스타일에 맞게 고쳐서 쓰는 것이 좋습니다. 다음을 참고해 초기 환경 설정을 진행하고 앞으로 학습을 진행하며 본인의 편의에 맞게 설정을 수정해 사용합니다.

**01** [Window]–[Preferences] 메뉴를 클릭합니다.

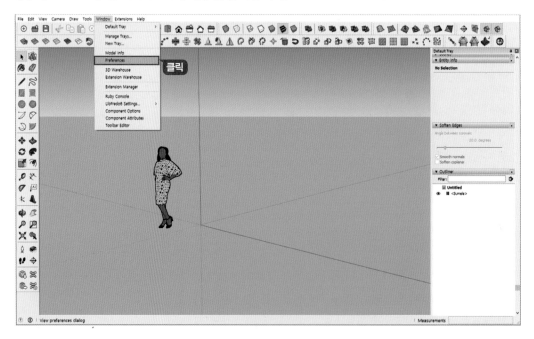

**02** [SketchUp Preferences] 대화상자가 나타납니다. ❶ 두 번째 카테고리인 [Applications]를 클릭합니다. 여기서는 오브젝트의 표면에 재질을 넣었을 때 해당 재질 이미지를 편집하는 프로그램의 경로를 설정합니다. ❷ [Choose]를 클릭한 후 ❸ [Image Editor Browser] 대화상자가 나타나면 포토샵 등의 이미지 편집기 실행 파일을 선택하여 설정합니다.

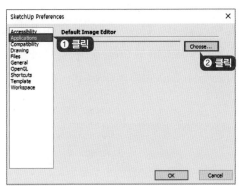 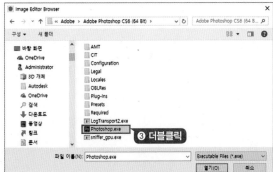

**CORE TIP** 포토샵이 없다면 우선 그림판 등으로 설정해둡니다. 그림판 실행 프로그램은 Windows\System32\mspaint.exe 경로에 있습니다.

**03** ❶ [General] 카테고리를 클릭합니다. ❷ [Auto-save]에 체크하여 파일을 자동으로 저장할 수 있습니다. ❸ [Allow checking for updates]의 체크를 해제해 스케치업 업데이트 확인을 해제합니다. 추후 업데이트가 필요할 때는 [Help] 메뉴를 활용합니다.

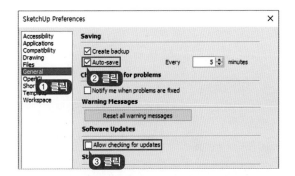

**CORE TIP** [Auto-save]에 체크하면 예기치 않은 오류로 프로그램이 종료될 경우 작업 파일을 보호합니다. 하지만 작업 파일의 용량이 클 경우 너무 잦은 자동 저장은 작업의 흐름을 끊을 수 있으므로 필요에 따라 15~30분 정도로 설정해 사용합니다.

**04** ❶ [Shortcuts] 카테고리를 클릭해 단축키를 지정합니다. ❷ [Filter]에서 **hide**를 입력한 후 ❸ 아래에 표시되는 명령 중 [Edit/Hide]를 클릭하고 ❹ [Add Shortcut]에 **H**를 입력합니다. ❺ [+]를 클릭합니다.

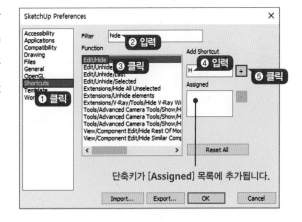

**05** 설정한 단축키와 기존 단축키가 중복될 경우 다음과 같은 대화상자가 나타납니다. [예(Y)]를 클릭합니다.

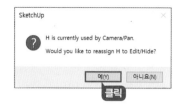

**06** 단축키 중 일부는 객체의 면이 선택되어야 지정할 수 있습니다. ❶ 작업 영역의 휴먼 피겨를 더블클릭해 열고 ❷ 옷 부분을 클릭하여 면을 선택합니다. ❸ [SketchUp Preferences] 대화상자에서 [Filter]에 **Reverse**를 입력한 후 ❹ [Edit/Item/Reverse Faces]를 클릭합니다. ❺ 단축키 Shift + R 을 추가합니다.

**07** ❶ 이어서 [Filter]에 **zoom**을 입력한 후 ❷ [Edit/Item/Zoom Selection]을 클릭하고 ❸ 단축키 Z 를 추가합니다. ❹ 단축키 추가 중 대화상자가 나타나면 [예(Y)]를 클릭합니다.

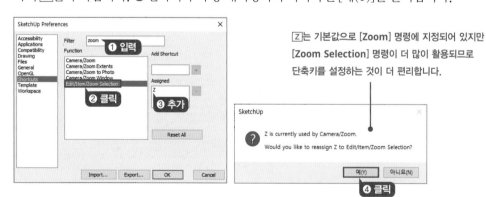

Z 는 기본값으로 [Zoom] 명령에 지정되어 있지만 [Zoom Selection] 명령이 더 많이 활용되므로 단축키를 설정하는 것이 더 편리합니다.

**07** 다음은 이 책에서 수정해 사용하는 단축키 목록입니다. 명령을 검색해 단축키를 지정한 후 다음 학습을 진행합니다. 자주 사용하는 단축키가 있다면 추가해서 사용하세요.

| 플러그인 | 단축키 | 설명 |
|---|---|---|
| View/Face Style/Wireframe | F3 | 객체의 엣지만 보이게 합니다. |
| View/Face Style/Shaded With Textures | F4 | 객체의 면과 재질을 모두 보이게 합니다. |
| Camera/Standard View/Top | F5 | [Top] 뷰로 전환합니다. |
| Camera/Standard View/Front | F6 | [Front] 뷰로 전환합니다. |
| Camera/Standard View/Left | F7 | [Left] 뷰로 전환합니다. |
| Camera/Standard View/Iso | F8 | [Isometric] 뷰로 전환합니다. |
| Camera/Parallel Projection | O | 원근감이 없는 투상도 뷰로 전환합니다. |
| View/Face Style/X–Ray | X | 객체를 모두 반투명하게 보이도록 합니다. |
| Edit/Delete Guides | Shift + D | 화면의 모든 가이드라인과 가이드 포인트를 삭제합니다. |
| Edit/Item/Explode | Shift + X | 그룹이나 솔리드를 분해합니다. |
| Camera/Zoom Selection | Z | 선택한 객체를 화면에 가득 차 보이게 합니다. |
| Camera/Zoom Extents | Shift + Z | 모든 객체를 화면에 가득 차 보이게 합니다. |
| Edit/Item/Make Group | Ctrl + G | 선택한 객체를 그룹으로 만듭니다. |
| Edit/Paste in Place | Ctrl + Shift + V | 클립보드에 복사한 객체를 같은 위치에 붙여넣기합니다. |
| Extensions/Unhide All Entities | U | 숨겨진 객체와 하위 구성 요소를 모두 보이게 합니다. |
| Extensions/Hide All Unselected | I | 선택한 객체를 제외한 나머지 객체를 모두 숨깁니다. |
| Reverse Faces | Shift + R | 면의 앞/뒤 방향을 반대로 돌립니다. |
| Follow Me | Shift + F | 선택한 경로를 따라 단면을 이동해 모델을 만듭니다. |

**CORE TIP** 목록에서 명령을 찾을 수 없을 때는 객체를 선택한 후 [Preferences] 대화상자를 불러옵니다.

**Power Up Note** 단축키를 저장하고 불러오기

수정된 단축키를 저장해 다른 컴퓨터에 사용하거나 백업하려면 [Export]를 클릭합니다. 이때 대화상자의 [Options]를 클릭하여 [File locations]의 체크를 해제해 파일 경로가 함께 저장되지 않도록 합니다. 단축키를 불러오려면 [Import]를 활용합니다.

템플릿은 자주 사용하는 설정을 저장해 새로운 작업을 시작할 때 같은 설정을 반복하지 않도록 하는 기능입니다. 템플릿에 저장되는 것은 Model Info의 내용과 뷰포트 설정, 뷰포트 오른쪽에 있는 트레이의 설정입니다. 예를 들어 기본 화면의 휴먼 피겨나 그와 관련된 재질들은 실제 작업에서는 전혀 쓰이지 않는 것들입니다. 이런 데이터를 모두 삭제한 후 템플릿으로 저장해두면 다시 작업을 시작할 때 휴먼 피겨와 관련된 데이터가 나타나지 않습니다.

**01** 뷰포트의 휴먼 피겨를 클릭한 후 [Delete]를 눌러 삭제합니다.

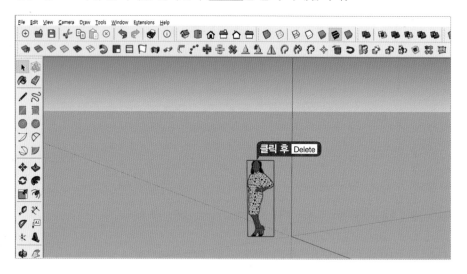

**02** ❶ 메뉴에서 [Window]-[Model Info]를 클릭합니다. ❷ [Model Info] 대화상자가 나타나면 [Statistics] 카테고리를 클릭하고 ❸ [Purge Unused]를 클릭합니다. 더 이상 쓰지 않는 휴먼 피겨와 관련된 데이터를 삭제하는 것입니다.

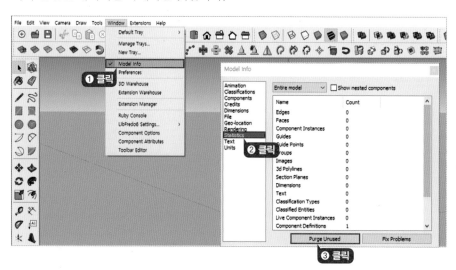

**03** ❶ 메뉴에서 [File]-[Save as Template]를 클릭합니다. ❷ [Save As Template] 대화상자에서 템플릿의 이름을 지정한 후 ❸ [Description]을 클릭하면 [Save]가 활성화됩니다. ❹ [Save]를 클릭해 템플릿을 저장합니다.

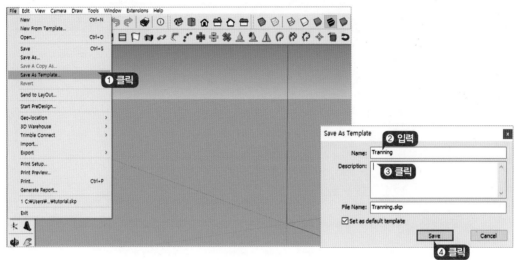

CORE TIP [Description]에 해당 템플릿의 설명을 입력할 수 있지만 생략해도 됩니다.

**04** 스케치업을 종료한 후 다시 실행하면 웰컴 스크린에서 다음과 같이 새로운 템플릿을 사용할 수 있습니다. 추가된 [Tranning] 템플릿을 클릭합니다.

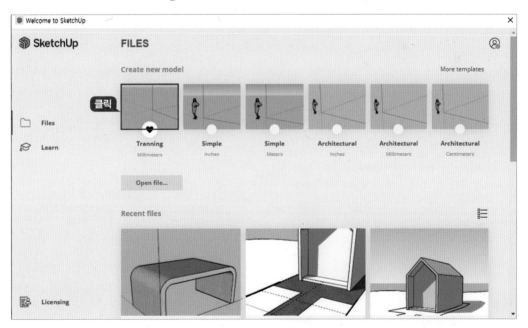

**05** 다음과 같이 뷰포트에 아무것도 없는 상태로 작업을 시작할 수 있습니다.

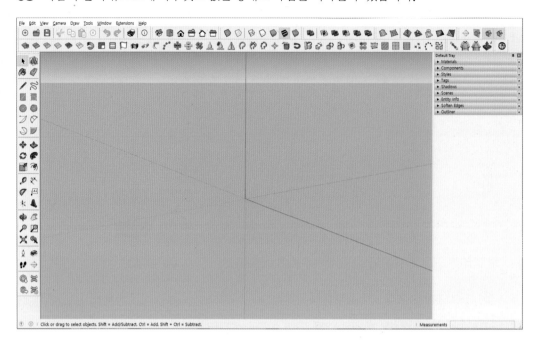

SKETCHUP & V - RAY
TRAINING BOOK

# PART 02

# 기초 모델링
# 트레이닝

이번 PART부터 본격적인 모델링의 시작입니다. PART 02는 기본적인 화면 조작법과 기본 형태 모델링, 모델 수정 등 스케치업 모델링의 기본기를 다지는 과정입니다. 모든 일이 그렇듯이 모델링도 기초가 튼튼하지 않으면 다양한 대상에 응용할 수 없습니다. 이 과정을 그저 한 번 따라 해본 후 넘어가지 말고 수차례 반복하면서 해당 모델링 과정의 의미를 완벽하게 이해해야 합니다. 또 학습 후 확인할 수 있는 Self Training 예제를 앞서 배운 방법 외의 여러 가지 방법을 생각해서 만들어보세요.

# LESSON 01

# 기본 조작법 익히기

본격적인 모델링을 위해 가장 먼저 익혀야 할 일은 화면을 확대하거나 축소하고 이리저리 돌려보면서 대상 객체를 빠르게 확인할 수 있도록 화면을 제어하는 일입니다. 화면을 제어하는 일은 어떤 3D 프로그램을 다루더라도 가장 먼저, 그리고 가장 중요하게 생각해야 하는 일입니다. 무한대에 가까운 넓은 공간에서 건물이나 그 속의 작은 가구까지 자유롭게 오가며 작업을 진행하려면 무엇보다 빠르고 정확하게 원하는 장면을 볼 수 있어야 하죠. 다음 학습부터는 화면 제어나 객체 가시성 조절을 하나하나 보여주지 않을 때도 있습니다. 이때는 더 쉽게 작업하기 위해 어떻게 화면을 보아야 할지, 객체를 어떻게 보이게 할지를 스스로 생각하며 작업을 진행해보세요.

 **Warm Up** 화면을 제어하는 도구바 알아보기

화면을 제어하는 도구나 명령은 [Camera] 도구바에서 확인할 수 있습니다. 이 기능들은 매우 자주 사용해야 하므로 일일이 클릭하며 사용하기보다 마우스나 단축키를 활용합니다. 여기서는 각각의 기능에 대해 간략히 확인해보고 활용 방법은 실습을 통해 하나씩 알아보겠습니다.

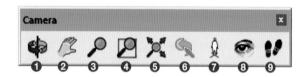

❶ **Orbit(궤도)** : 뷰포트를 드래그해 뷰를 회전시킵니다. 가장 자주 사용하는 기능으로 아이콘 대신 마우스 휠 버튼을 클릭해 사용합니다.

❷ **Pan(화면 이동)** : 뷰포트를 드래그해 뷰를 이동합니다. 자주 사용하는 기능으로 아이콘을 클릭하지 않고 Shift +마우스 휠 버튼 클릭으로 사용합니다.

❸ **Zoom(확대/축소)** : 뷰포트를 드래그해 뷰를 확대/축소합니다. 아이콘 대신 마우스 휠 버튼을 스크롤하여 실행하며, 마우스 포인터를 중심으로 확대/축소가 실행됩니다. 이 기능은 카메라를 앞/뒤로 이동해 대상을 확대/축소하는 것과 같은 역할을 합니다. 카메라의 위치를 고정한 채 렌즈의 화각만을 조절하는 기능을 사용하려면 아이콘을 클릭해 명령을 실행한 후 Shift 를 누른 채로 드래그하거나 직접 화각을 입력합니다.

❹ **Zoom Window(창 확대)** : 화면을 드래그해 사각형 영역을 지정하면 지정한 영역이 화면에 가득 차게 확대됩니다. 이 기능은 57쪽에서 단축키 Z 를 할당한 [Zoom Selection]을 활용하는 것이 더 효율적이므로 확대하고자 하는 객체를 선택한 후 Z 를 눌러 확대하도록 합니다.

**❺ Zoom Extents(범위 확대)** : 아이콘을 클릭하면 뷰포트 안의 모든 객체를 화면에 가득 차게 보여
줍니다. 단축키 Shift + Z 를 더 많이 활용합니다.

**❻ Previous(이전 시점)** : 이전의 화면 상태로 돌아갑니다.

**❼ Position Camera(카메라 배치)** : 카메라의 위치와 바라보는 방향을 드래그해 뷰를 회전시키는
명령으로 최종 렌더링을 위해 카메라를 정확한 위치에 배치할 때 주로 사용합니다. 바닥을 드래
그해 카메라의 위치를 지정한 후 카메라의 높이를 입력할 수 있습니다.

**❽ Look Around(둘러보기)** : 현재 위치에서 바라보는 방향을 조정합니다. 카메라의 위치는 그대로
있는 상태에서 주변을 둘러보는 것과 같습니다.

**❾ Walk(걷기)** : 화면을 드래그해서 걸어가듯이 화면을 이동합니다. 명령을 실행한 후 키보드의 방
향키를 이용할 수도 있습니다.

 **Warm Up** ┃ **상태 표시줄에서 기능 설명 확인하기**

도구나 명령을 사용할 때 상태 표시줄을 확인하면 간단한 사용법과 추가 기능에 대한 설명이 표시
됩니다. 예를 들어 도구바에서 [Walk]를 클릭하면 상태 표시줄에서 다음과 같은 메시지를 확인할
수 있습니다.

Click and drag to walk,　Ctrl = run,　Shift = move vertically or sideways,　Alt = disable collision detection
❶　　　　　　　　❷　　　　　　　　❸　　　　　　　　❹

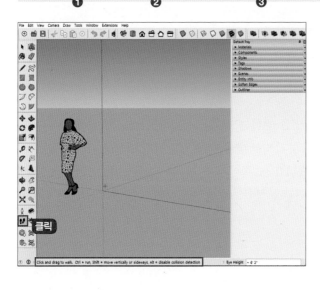

❶ [Walk]로 화면을 걸어가듯 조작하
려면 클릭한 후 드래그하고 ❷ Ctrl 을
누른 채 드래그하면 뛰는 것처럼 더 빠
르게 움직일 수 있다는 의미입니다. 또
❸ Shift 를 누른 채 드래그하면 상하좌
우로 이동할 수 있고 ❹ Alt 를 누른 채
드래그하면 충돌을 검출하지 않는다는
의미입니다. 이처럼 대부분의 도구 및
명령을 사용할 때 상태 표시줄에서 사
용법과 옵션에 대한 설명을 확인할 수
있으므로 사용법이 익숙하지 않을 때
는 상태 표시줄을 확인해보세요.

뷰포트에서 세 가지 색상의 선을 확인할 수 있습니다. 이 선은 각각 X축(Red), Y축(Green), Z축(Blue)을 의미합니다. 이때 실선은 양(+)의 방향, 점선은 음(−)의 방향을 의미합니다. 각 축은 방위를 뜻하기도 하는데 붉은색 실선은 동쪽을, 붉은색 점선은 서쪽을 의미합니다. 초록색 실선은 북쪽, 초록색 점선은 남쪽입니다. 처음으로 3D 모델링 프로그램을 다루는 독자라면 아무것도 없는 뷰포트에서 방향을 찾기 어렵습니다. 이때 축의 색상으로 공간의 방향을 확인하며 모델링하는 습관을 길러보세요.

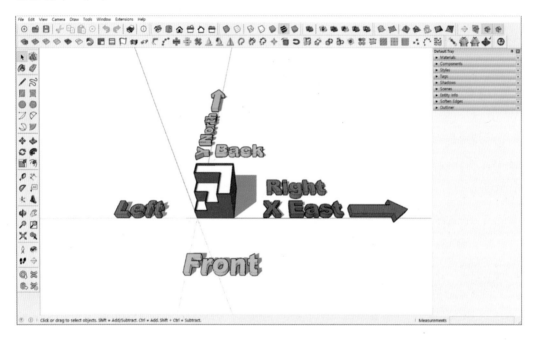

[Views] 도구바의 아이콘을 클릭해서 화면을 원하는 방향으로 한번에 정렬할 수도 있습니다. [Views] 도구바에는 평면, 전, 후, 좌, 우 다섯 가지 방향을 볼 수 있는 뷰와 대상을 45° 대각선 방향으로 비스듬하게 볼 수 있는 [Iso] 뷰가 있습니다. 57쪽에서 [Top] 뷰, [Front] 뷰, [Left] 뷰, [Iso] 뷰에 단축키를 각각 지정해두었으므로 아이콘을 클릭하지 않고 단축키를 통해 뷰를 바꿔 사용할 수 있습니다.

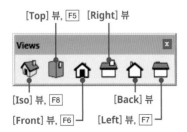

Power Up Note **스케치업에서 드래그하기**

'드래그'라는 표현은 보통 마우스 왼쪽 버튼을 클릭한 채로 움직이는 것을 의미합니다. 하지만 스케치업에서는 한 번 클릭한 다음 마우스 포인터를 이동한 후 다시 클릭하는 것도 드래그와 동일하게 작동하도록 설정되어 있습니다. 이 책에서도 이러한 의미로 '드래그'라는 표현을 사용합니다. [Window]-[Preferences] 메뉴를 클릭한 후 [Drawing] 카테고리의 [Click Style]에서 설정을 바꿀 수도 있습니다.

---

 **Basic Training** **뷰포트 화면 제어 연습하기**

예제 파일 | PART02\화면제어.skp

다음 예제는 좁은 공간 안에 배치된 테이블 셋을 다양한 각도로 바라보고 원하는 뷰로 빠르게 이동하는 연습을 위한 것입니다. 예제 파일을 열고 다음 설명을 따라 하며 화면 제어와 관련된 기능을 익혀보세요. 단축키가 설정되어 있지 않으면 설명과 같이 학습이 진행되지 않기 때문에 57쪽을 참고하여 반드시 단축키를 먼저 설정한 후 학습을 진행하세요.

**01** 화면을 회전하는 [Orbit ✥]은 마우스 휠 버튼을 클릭한 채로 드래그해 사용할 수 있습니다. 화면을 여러 방향으로 돌려보세요.

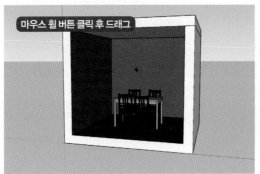
마우스 휠 버튼 클릭 후 드래그
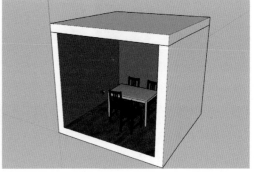

**02** 화면을 확대/축소하는 [Zoom 🔍]은 마우스 휠 버튼을 스크롤해 사용할 수 있습니다. 마우스 휠 버튼을 위/아래로 스크롤해 화면을 확대/축소해보세요.

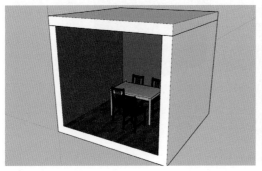
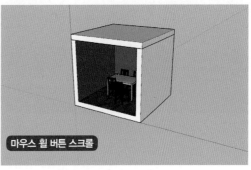
마우스 휠 버튼 스크롤

**03** 화면을 이동하는 [Pan 🔍]을 사용하려면 Shift 를 누른 채 마우스 휠 버튼을 클릭하고 화면을 드래그해보세요.

**04** 선택한 객체를 화면에 가득 채워 보여주는 [Zoom Selection]을 사용하려면 ❶ 의자를 선택한 후 ❷ 단축키 Z 를 누릅니다. 객체를 화면에 가득 채워보세요.

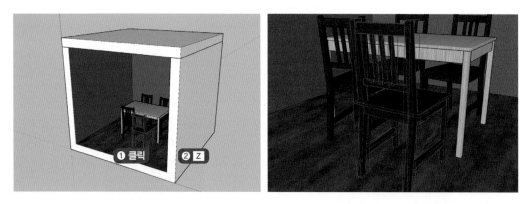

**05** Shift + Z 를 눌러 [Zoom Extents ✖]를 실행하여 모든 객체를 화면에 가득 채워보세요. 객체를 선택한 후 Z 를 누르고 이어서 Shift + Z 를 눌러 전체를 보이게 하는 두 과정을 반복해 단축키를 자연스럽게 쓸 수 있도록 연습하세요.

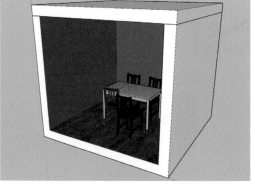

**06** 단축키 ⓞ를 이용해 원근감이 없는 평행 투상도(Parallel Projection)로 바꾸거나 다시 원근감이 있는 [Perspective] 뷰로 바꿀 수 있습니다.

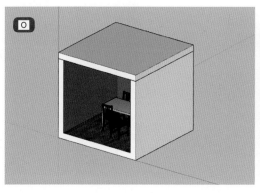
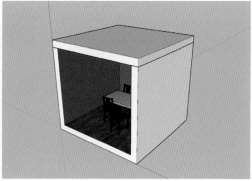

**07** ❶ 단축키 F6을 눌러 [Front] 뷰로 바꿔보세요. 평행 투상도 모드에서는 원근감이 없어지기 때문에 도면을 그리는 느낌으로 이미지를 만들 수 있습니다. ❷ 이어서 F8을 눌러 [Iso] 뷰로 바꿔보세요. [Iso] 뷰는 현재 화면과 비슷한 방향의 아이소매트릭으로 설정되어 보는 방향이 달라질 수 있습니다.

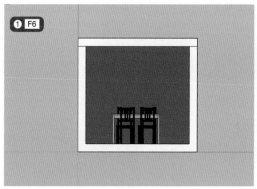
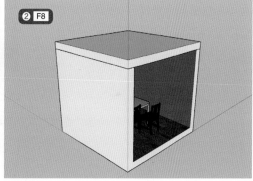

**08** ❶ 도구바에서 [Zoom 🔍]을 클릭한 후 ❷ Shift를 누른 채 화면을 아래쪽으로 드래그해보세요. 이 기능은 화각(Field of View)을 바꾸는 기능으로 실제 카메라의 줌 기능을 활용하는 것과 같습니다.

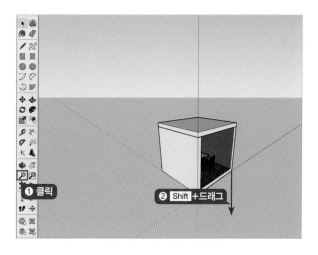

**09** ❶ 이어서 마우스 휠 버튼을 스크롤하여 개체에 가깝게 접근한 후 ❷ [Shift]를 누른 채 화면을 아래로 드래그하면 원근감을 더 강조할 수 있습니다.

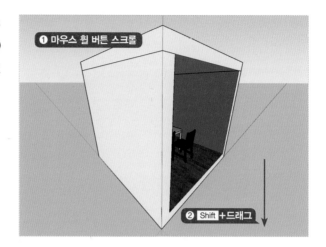

**10** 화각은 직접 입력할 수도 있습니다. ❶ 현재 상태에서 **35**를 입력하면 ❷ 화면 오른쪽 아래의 [Measurements Box]에 값이 입력되는 것을 확인할 수 있습니다. [Enter]를 누르면 입력한 화각으로 화면이 변경됩니다. ❸ 화각을 변경한 후 [Shift]+[Z]를 눌러 모든 객체를 화면에 가득 차게 바꿔보세요.

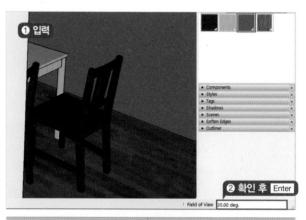

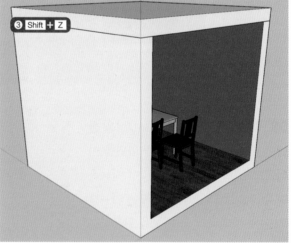

# LESSON 02
# 객체의 가시성 조절하기

앞으로 만들 공간 안에는 아주 많은 객체들이 들어가게 될 거예요. 실내 공간이라면 문이나 창문, 가구나 손잡이와 같은 다양한 객체들이 모여 하나의 이미지가 완성되죠. 이렇게 수많은 객체가 하나의 화면에 모여 있으면 특정 객체를 수정하기가 매우 어려워져요. 이때 특정 객체만 보이게 하고 나머지는 모두 보이지 않도록 하거나, 반투명하게 처리해 내부에 보이지 않는 객체를 확인하는 등의 작업을 가시성 조절이라고 합니다. 앞에서 학습한 화면 제어와 함께 작업을 하는 데 있어 가장 중요한 기본 기능을 익히는 거예요. 중요한 단축키가 많이 나오니 꼭 모두 외워주세요.

 **Warm Up** **객체를 표시하는 도구바 알아보기**

[Styles] 도구바에는 객체를 어떻게 화면에 표시할지 선택할 수 있는 여러 가지 옵션이 있습니다. 그중 자주 쓰이는 명령에는 단축키가 지정되어 있어 도구바를 직접 클릭해 사용할 일은 없습니다. 대부분 기본 설정 상태인 [Shaded With Textures]가 활성화된 상태에서 작업을 진행하는데, 종종 그 옆에 있는 [Shaded]나 [Monochrome]이 활성화된 상태에서 객체에 재질이 표시되지 않아 당황하는 경우가 있으니 주의하기 바랍니다.

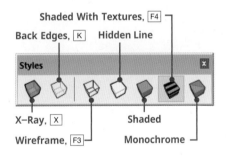

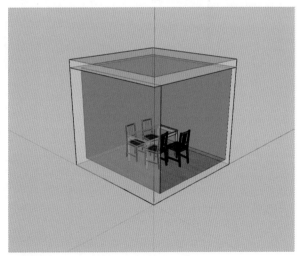

▲ X-Ray

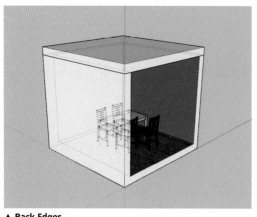

▲ Back Edges

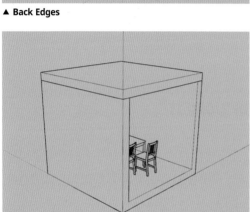

▲ Hidden Line

▲ Wireframe

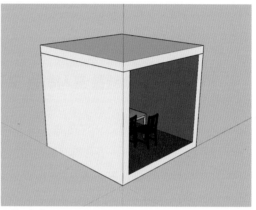

▲ Shaded

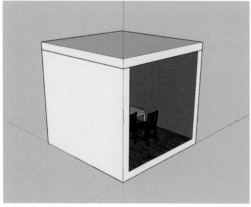

▲ Shaded With Textures

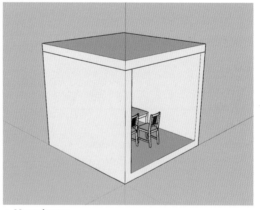

▲ Monochrome

선택한 객체를 숨기거나 다시 보이게 하는 명령은 [Hide]와 [Unhide]입니다. [Hide] 명령은 기본 명령을 그대로 사용하지만 [Unhide] 명령은 확장 프로그램인 Unhide All Entities로 대체해 사용 하는 것이 편리합니다. 이 확장 프로그램을 사용하면 뒤에서 학습할 그룹(Group)이나 컴포넌트 (Component) 내부의 숨겨진 면과 엣지도 한번에 보이게 할 수 있기 때문입니다.

또 51쪽에서 추가한 Hide All Unselected는 선택한 객체만을 남기고 나머지 모든 객체를 숨기는 격리(Isolate)를 적용하는 확장 프로그램입니다. 매우 유용한 확장 프로그램이므로 반드시 설치하 고 단축키를 지정해 사용하도록 합니다.

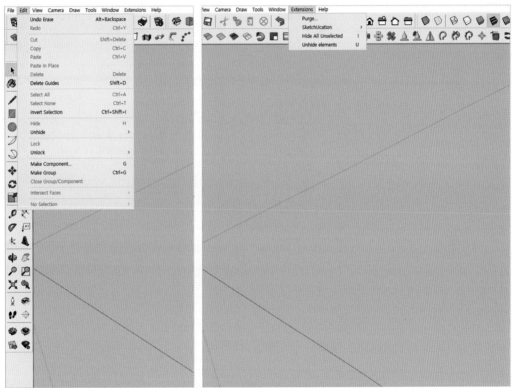

▲ 기본 명령은 [**Edit**] 메뉴에서 활용　　　▲ 확장 프로그램은 [**Extensions**] 메뉴에서 활용

**CORE TIP** 57쪽을 참고하여 [Unhide All Entities] 명령의 단축키는 Ｕ, [Hide All Unselected] 명령의 단축키는 Ｉ로 설정 합니다.

예제 파일 | PART02\가시성조절.skp

예제를 활용해 객체의 가시성을 조절하는 방법을 알아보겠습니다. 화면 제어와 함께 앞으로 학습하는 모든 과정에서 별다른 지시가 없더라도 설명 이미지와 같은 상태를 만들 수 있도록 여러 차례 반복해 단축키를 완벽하게 숙지하기 바랍니다.

**01** ❶ 예제 파일을 열고 ❷ 단축키 F7을 눌러 [Left] 뷰로 바꿔보세요. 벽에 가려져 내부가 보이지 않습니다. ❸ 이때 F3을 누르면 [Wireframe] 모드가 활성화되어 내부의 객체를 확인할 수 있습니다.

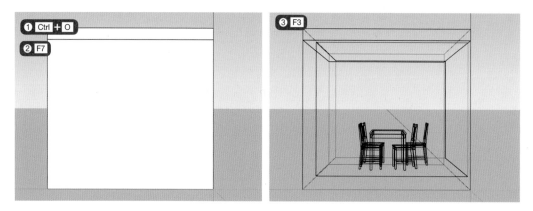

**02** ❶ 단축키 F4를 누르면 다시 원래 상태로 보이게 됩니다. ❷ 단축키 X를 누르면 모든 객체가 반투명한 상태인 [X-Ray] 모드가 활성화되어 내부를 확인할 수 있습니다. ❸ 다시 X를 눌러 원래 상태를 표시한 후 ❹ 단축키 K를 누르면 [Back Edges] 모드가 활성화되어 가려져 보이지 않는 부분의 엣지가 점선으로 표시됩니다.

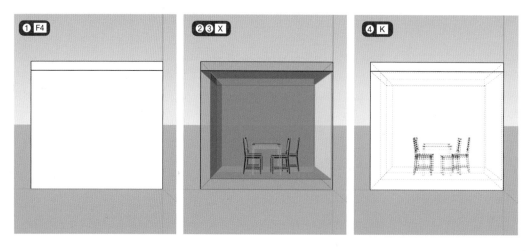

**03** ❶ 다시 단축키 K를 눌러 [Back Edges] 모드를 해제합니다. ❷ 이어서 단축키 Spacebar 를 눌러 [Select ▸]를 실행합니다. ❸ 천장을 클릭한 후 단축키 H를 눌러 [Hide]를 실행하여 숨겨보세요.

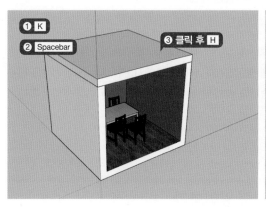 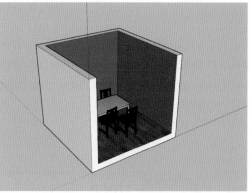

**04** ❶ 테이블을 클릭한 후 단축키 ❷ I를 누르면 테이블만 남기고 다른 객체를 모두 숨길 수 있습니다.

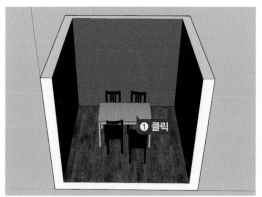 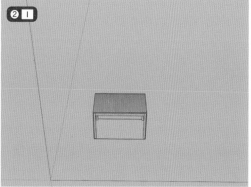

**05** 단축키 U를 누르면 [Unhide All Entities]가 실행되며 숨겨놓은 모든 객체가 다시 보입니다.

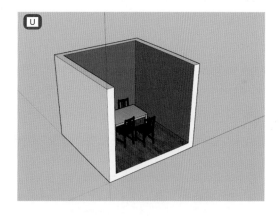

# LESSON 03 기본 입체 모델링하기

스케치업에서 입체를 만들 때는 [Push/Pull] 명령을 주로 사용합니다. 이 명령은 기본 입체를 만들고 일부를 돌출시키거나 밀어 넣어 다양한 형태로 변형하는 아주 중요한 명령입니다. 이번 학습에서는 [Push/Pull] 명령을 활용해 기본적인 형태의 입체를 만드는 과정을 연습해보겠습니다. 여러 번 반복해서 단축키 활용이나 모델링 과정이 자연스럽게 이루어질 수 있도록 연습하세요.

##  Warm Up 그리기 명령과 편집 명령 알아보기

[Drawing] 도구바는 [Large Tool Set] 도구바의 상단에 포함되어 있으며, 그리기 명령을 모아놓은 도구바입니다. 스케치업에서 도형을 그리는 방법은 선, 프리 핸드, 사각형, 원, 다각형, 호 이렇게 여섯 가지 명령을 활용하는 방법밖에 없습니다. 이 여섯 가지 명령을 활용해 다양한 형태의 단면과 경로를 그려야 합니다. 이 명령 중에서는 선(Line), 사각형(Rectangle), 원(Circle)을 특히 자주 활용하며, 이 명령들은 스펠링의 첫 번째 알파벳이 단축키로 지정되어 있어 쉽게 기억할 수 있습니다.

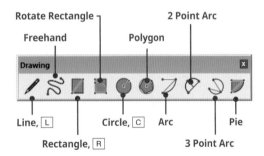

다음 [Edit] 도구바는 [Large Tool Set] 도구바의 하단에 포함되어 있으며, 편집 명령을 모아놓은 도구바입니다. 여기서 입체를 만드는 명령은 [Push/Pull]과 [Follow Me] 두 가지이며 나머지 명령은 만들어놓은 객체나 객체의 일부를 변형하고 편집하는 용도로 사용하는 명령입니다. 특히 [Push/Pull]은 거의 대부분의 모델링을 만드는 데 사용되는 매우 중요한 명령입니다.

> **CORE TIP** 스케치업에서는 별, 자유 곡선, 나선과 같은 도형의 작도를 기본적으로 지원하지 않습니다. 이러한 도형을 그리려면 위의 기본 도형을 조합하거나, 변형하거나, 별도의 플러그인을 이용해야 합니다.

 **Warm Up** 그룹(Group)과 컴포넌트(Component) 알아보기

모델링이 끝나면 반드시 모델 전체를 선택해 그룹이나 컴포넌트를 만들어야 합니다. 다른 프로그램의 경우 모델을 만들면 그 자체로 완성된 상태가 되고 모델을 수정할 때 별도의 명령을 사용하는 반면, 스케치업은 모델링이 끝나면 그룹이나 컴포넌트를 만들어야 모델이 완성됩니다. 그룹이나 컴포넌트로 만들지 않은 모델은 계속해서 수정 가능한 상태이므로 다른 모델과 닿으면 하나의 모델로 붙어버리게 됩니다.

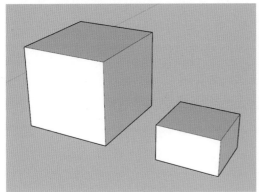 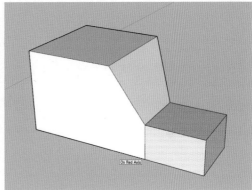

▲ 별개의 모델을 그룹이나 컴포넌트로 만들지 않은 상태에서 모델끼리 붙은 경우

[Make Group]과 [Make Component]는 모델을 모두 선택한 후 [Edit]-[Make Group] 메뉴나 [Make Component] 메뉴를 클릭해 실행하거나, 마우스 오른쪽 버튼을 클릭하면 나타나는 메뉴를 통해 실행할 수 있습니다. 모델링 중 매우 자주 사용되므로 각각 단축키를 지정해 사용하도록 합니다. [Make Group]은 Ctrl + G, [Make Component]는 G로 지정합니다.

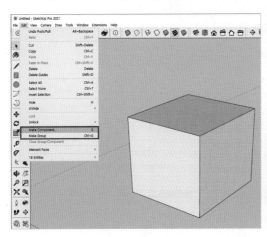 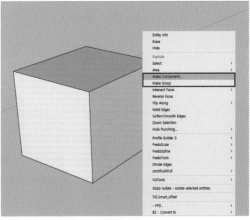

**CORE TIP** 단축키 지정은 54쪽을 참고합니다.

그룹과 컴포넌트는 모델이 완성된 상태로 만들기도 하지만 이렇게 완성된 그룹이나 컴포넌트를 모아 다시 그룹이나 컴포넌트로 만들어 여러 개의 모델을 한번에 선택하는 데도 사용됩니다. 두 가지모두 같은 기능을 하므로 외관상에는 차이가 없어 보이지만 그룹으로 만든 모델은 해당 모델을 여러 개 복사했을 때 각각의 모델이 별개의 모델이 됩니다. 반대로 컴포넌트로 만든 모델은 모두 같은 상태가 되므로 컴포넌트 중 하나를 수정하면 나머지 컴포넌트도 모두 같이 수정됩니다.

컴포넌트는 작업에서 반복적으로 사용되는 부품과 같습니다. [Components] 트레이를 통해 쉽게 재활용할 수 있으며 여러 가지 속성을 추가하여 다이나믹 컴포넌트를 만들어 사용할 수 있다는 장점이 있습니다. 그룹에 비해 장점이 많지만 그렇다고 모든 모델을 컴포넌트로 만들어서는 안 됩니다. 반복해 쓰이는 객체만 컴포넌트로 만드는 것이 좋으며 컴포넌트를 너무 많이 만들면 필요한 컴포넌트를 바로 찾아 쓸 수 없게 되거나, 컴포넌트 상태인 줄 모르고 하나를 수정했다가 다른 모델이 모두 수정되어버리는 등의 문제가 생길 수 있습니다.

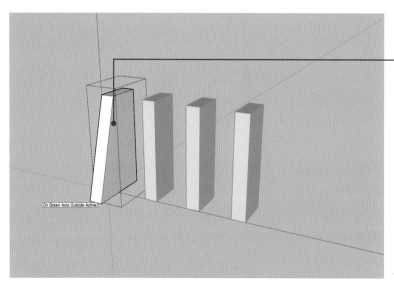

그룹 중 하나를 수정해도
다른 모델에 영향을
미치지 않습니다.

◀ 그룹으로 복사한 상태

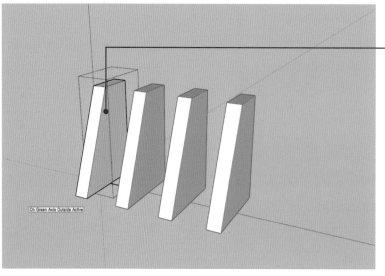

컴포넌트 중 하나를 수정하면
다른 모델도 함께 수정됩니다.

◀ 컴포넌트로 복사한 상태

**01** ❶ 단축키 R을 눌러 [Rectangle ▣]을 실행하고 ❷ 시작점을 클릭합니다. ❸ 사각형을 그리고자 하는 방향으로 마우스 포인터를 이동해 사각형 영역을 표시합니다. ❹ 그 상태에서 **500,500**을 입력합니다. ❺ 화면 오른쪽 하단의 MB(Measurements Box)에 입력한 값이 표시되는 것을 확인한 후 Enter 를 누릅니다.

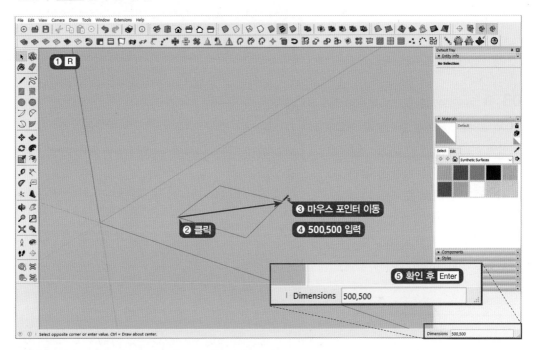

**CORE TIP** 치수를 입력할 때 숫자 사이에 쉼표(,)가 빠지지 않도록 주의하세요. 쉼표까지 꼭 입력해야 합니다.

**Power Up Note** MB(Measurements Box) 알아보기

치수나 거리, 반지름 등을 입력하면 해당 값이 표시되는 상태 표시줄 오른쪽 하단의 상자를 [Measurements Box]라고 합니다. 과거 버전에서는 VCB(Value Control Box)라고 표현하기도 했습니다. [Measurements Box]는 상황에 맞게 이름이 자동으로 바뀌면서 무엇을 입력했는지 알려줍니다. 값을 입력할 때는 빈칸을 클릭하지 않고 키보드로 값만 입력합니다.

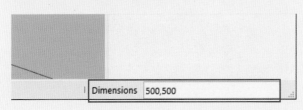

**02** ❶ 단축기 P를 눌러 [Push/Pull ◈]을 실행합니다. ❷ 사각형을 위로 드래그하면서 ❸ 500을 입력하고 Enter를 누르면 높이가 500mm인 박스가 만들어집니다.

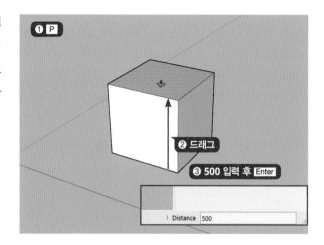

**03** ❶ Spacebar를 눌러 [Select ▹]를 실행하고 ❷ 오브젝트를 트리플클릭하여 모든 면을 선택합니다. ❸ 마우스 오른쪽 버튼을 클릭한 후 ❹ [Make Group]을 클릭해 모델을 완성합니다. ❺ 모델이 완성되면 오른쪽 [Entity Info] 트레이에서 [Solid Group]으로 표시되는지 확인합니다.

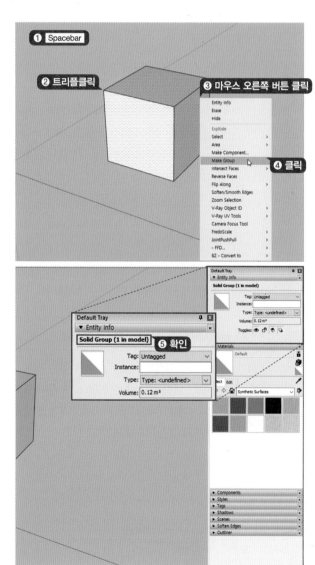

**04** ❶ 완성된 모델을 수정하려면 박스를 더블클릭해서 그룹을 엽니다. ❷ P를 눌러 [Push/Pull 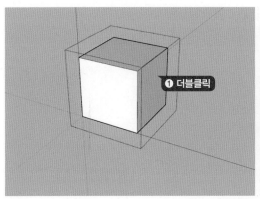]을 실행합니다. ❸ 오른쪽 면을 왼쪽으로 드래그하면서 ❹ 250을 입력하고 Enter를 누릅니다.

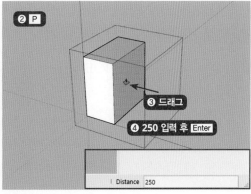

**05** 수정이 끝나면 화면의 빈 곳을 클릭하거나 Esc를 눌러 그룹 편집을 종료할 수 있습니다.

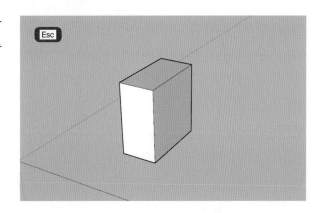

---

🏃 **Basic Training** 원(Circle)을 활용해 원기둥 만들기

**01** ❶ 단축키 C를 눌러 [Circle ◉]을 실행하고 ❷ 적당한 곳을 클릭해 중심을 지정합니다. ❸ 빨간색 X축 방향으로 마우스 포인터를 이동한 후 ❹ 300을 입력하고 Enter를 누릅니다.

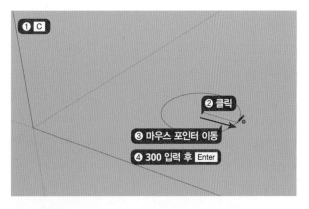

**CORE TIP** 원의 중심점을 클릭하기 전에 300을 입력하고 Enter를 누르면 세그먼트가 300개인 원이 그려집니다. 원을 그리기 전에 숫자를 입력하거나 중심점을 클릭한 후 세그먼트 개수와 S를 입력하고 Enter를 누르면 원의 반지름이 아닌 세그먼트 개수가 변경됩니다. 기본 세그먼트 개수는 24개입니다.

스케치업에서는 원도 다각형이며 단지 세그먼트의 개수가 많을 뿐입니다. 다각형의 꼭짓점이 X축이나 Y축 방향과 일치해야 다른 도형과 결합해 복잡한 형태를 만들 때 편리하며 지름의 위치를 쉽게 알 수 있습니다.

**02** ❶ P를 눌러 [Push/Pull ◈]을 실행합니다. ❷ 원을 위로 드래그하면서 ❸ **700**을 입력하고 Enter 를 누릅니다.

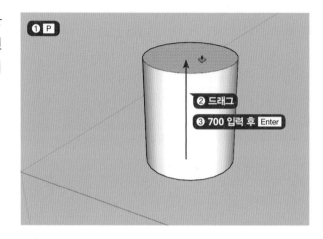

**03** ❶ Spacebar 를 눌러 [Select ▶]를 실행하고 ❷ 원기둥을 트리플클릭해 모든 면을 선택합니다. ❸ Ctrl + G 를 눌러 그룹을 만들고 원기둥을 완성합니다.

**CORE TIP** [Entity Info] 트레이에서 솔리드 (Solid) 상태를 꼭 확인합니다.

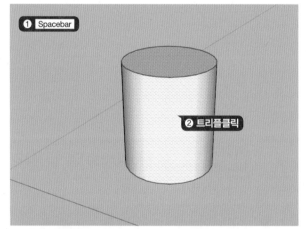

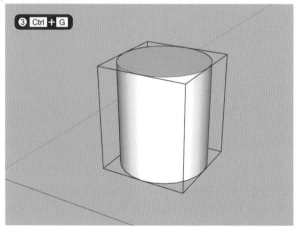

**01** ❶ 도구바에서 [Polygon ◉]을 클릭해 명령을 실행합니다. ❷ 8을 입력한 후 Enter 를 누릅니다. ❸ 마우스 포인터를 확인하면 다각형이 팔각형으로 바뀐 것을 확인할 수 있습니다.

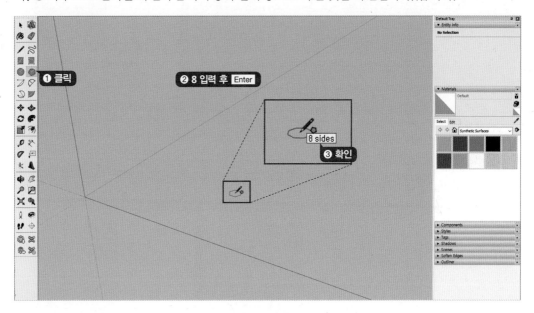

**02** ❶ 적당한 위치를 클릭해 중심을 지정하고 ❷ 빨간색 X축 방향으로 마우스 포인터를 이동합니다. ❸ 이때 Ctrl 을 한 번 누르면 원에 외접하는 다각형을 그릴 수 있습니다.

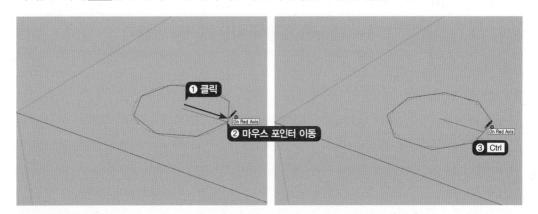

**CORE TIP** 중심점을 클릭한 후 Ctrl 을 누르면 내접(Inscribed)과 외접(Circumscribed)이 번갈아 바뀝니다. 이런 옵션은 하단의 상태 표시줄에 설명이 나오니 참고하세요. 이때 Ctrl 은 계속 누르는 것이 아니라 한 번만 눌러야 합니다.

**03** ❶ **300**을 입력한 후 Enter 를 눌러 팔각형을 그립니다. ❷ 단축키 P 를 눌러 [Push/Pull ◆]을 실행합니다. ❸ 위로 드래그하면서 ❹ **700**을 입력하고 Enter 를 누릅니다.

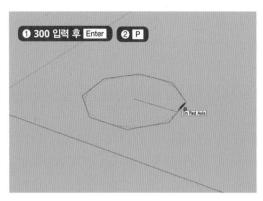

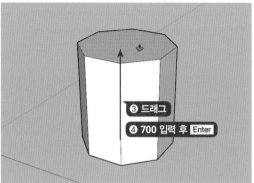

**04** ❶ Spacebar 를 눌러 [Select ▶]를 실행하고 ❷ 객체를 트리플클릭해 모든 면을 선택합니다. ❸ Ctrl + G 를 눌러 그룹을 만들고 팔각 기둥을 완성합니다.

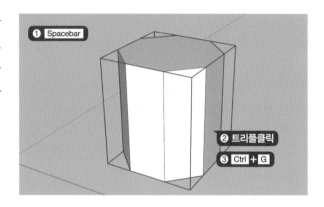

---

🏃 **Basic Training** **파이(Pie)를 활용해 사분원기둥 만들기**

---

**01** ❶ 도구바에서 [Pie ◢]를 클릭해 명령을 실행합니다. ❷ 적당한 곳을 클릭해 중심점을 지정합니다. ❸ 빨간색 X축 방향으로 마우스 포인터를 이동합니다. ❹ 반지름 **400**을 입력한 후 Enter 를 누릅니다.

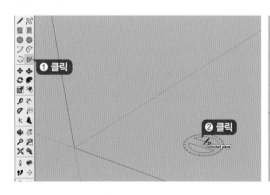

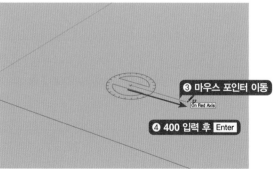

**02** ❶ 이어서 마우스 포인터를 초록색 Y축 방향으로 이동해 가이드라인이 표시되면 ❷ 클릭해 부채꼴을 그립니다. ❸ [Push/Pull ◆] P을 실행하고 ❹ 부채꼴을 위로 드래그합니다. ❺ **500**을 입력한 후 Enter를 누릅니다.

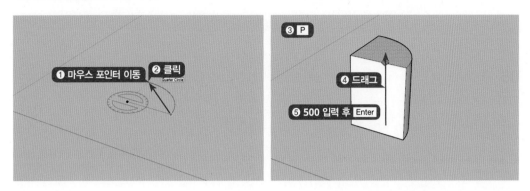

**03** 중심각이 180° 이상인 부채꼴을 그리려면 ❶ 마우스 포인터를 180° 이상 이동한 상태에서 ❷ **270**을 입력한 후 Enter를 누릅니다.

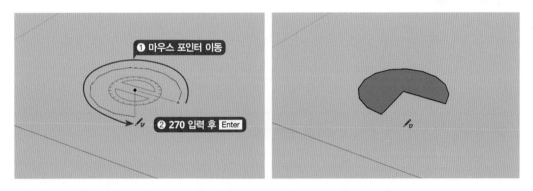

**04** 부채꼴의 호를 이루는 직선의 개수를 늘리려면 ❶ Spacebar를 누르고 ❷ 호를 클릭한 후 ❸ [Entity Info] 트레이의 [Segments]에 **24**를 입력합니다.

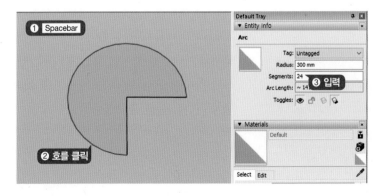

세그먼트는 곡면이나 곡선을 이루는 작은 면의 조각 혹은 선분을 말합니다. 이 세그먼트의 수가 많을수록 곡면이나 곡선은 더 부드럽게 표현됩니다. 하지만 불필요하게 많은 세그먼트는 파일의 용량을 늘리고 모델링 속도를 저하시키는 원인이 됩니다. 곡면이나 곡선을 너무 확대하지 않도록 하며, 세그먼트 수를 가급적 적게 유지해야 합니다.

**05** ❶ 단축키 P를 눌러 [Push/Pull ♦]을 실행합니다. ❷ 부채꼴을 위로 드래그하면서 ❸ 높이 **700**을 입력한 후 Enter를 누릅니다. ❹ Spacebar를 누르고 ❺ 부채꼴 기둥을 트리플클릭해 모든 면을 선택합니다. ❻ Ctrl + G를 눌러 그룹을 만들고 완성합니다.

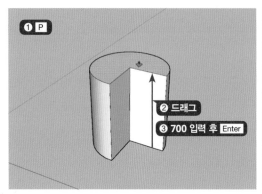
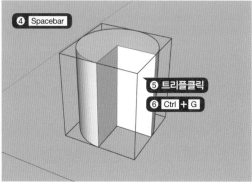

---

## Basic Training 선(Line)을 활용해 입체 만들기

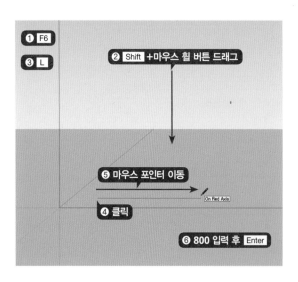

**01** ❶ 단축키 F6을 눌러 화면을 [Front] 뷰로 바꿉니다. ❷ Shift를 누른 채로 마우스 휠 버튼을 클릭하고 아래로 드래그해 화면 위치를 조정합니다. ❸ L을 눌러 [Line ✏]을 실행한 후 ❹ 임의의 위치를 클릭해 시작점을 지정합니다. ❺ X축 방향으로 마우스 포인터를 이동하면서 ❻ **800**을 입력하고 Enter를 누릅니다.

**02** ❶ 마우스 포인터를 Z축 방향으로 이동하면서 ❷ **100**을 입력하고 `Enter`를 누릅니다. ❸ 이어서 마우스 포인터를 X축 역방향으로 이동하면서 ❹ **200**을 입력하고 `Enter`를 누릅니다.

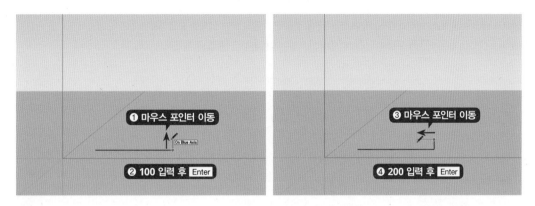

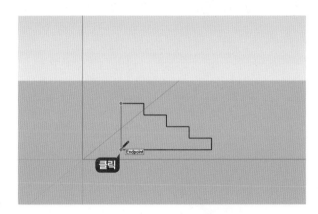

**03** 같은 방법으로 계속해서 선을 그리고 끝부분에서 아래의 시작점을 클릭해 단면을 완성합니다.

**04** ❶ 단축키 `P`를 눌러 [Push/Pull ⬩]을 실행합니다. ❷ 단면을 Y축 방향으로 드래그하면서 ❸ **600**을 입력하고 `Enter`를 누릅니다. ❹ 완성된 모델을 트리플클릭해 모두 선택하고 ❺ `Ctrl`+`G`를 눌러 그룹으로 만듭니다.

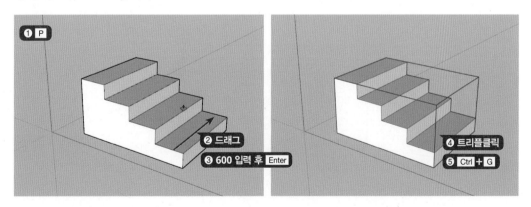

앞에서 배운 기본 도형 명령과 [Push/Pull ◆ P]을 활용해 다음의 기본 입체를 모델링해보세요. 모델링이 끝나면 반드시 [Make Group] Ctrl + G 을 실행하고 [Entity Info] 트레이에서 솔리드 상태인지 확인해보세요.

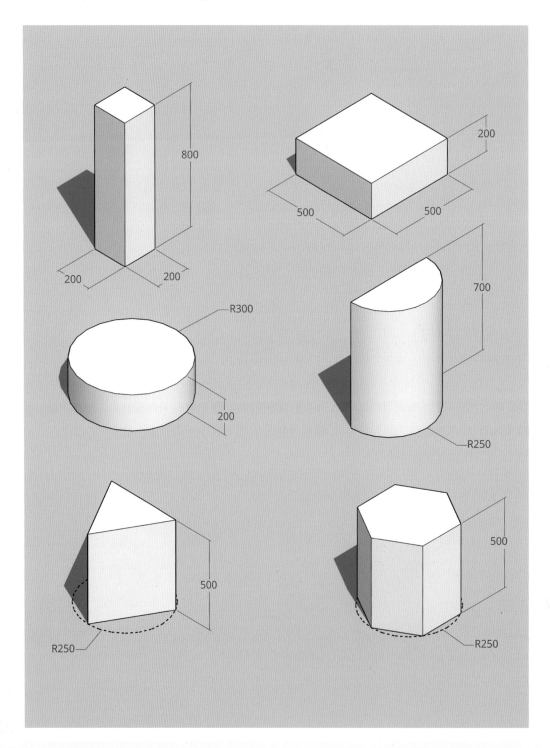

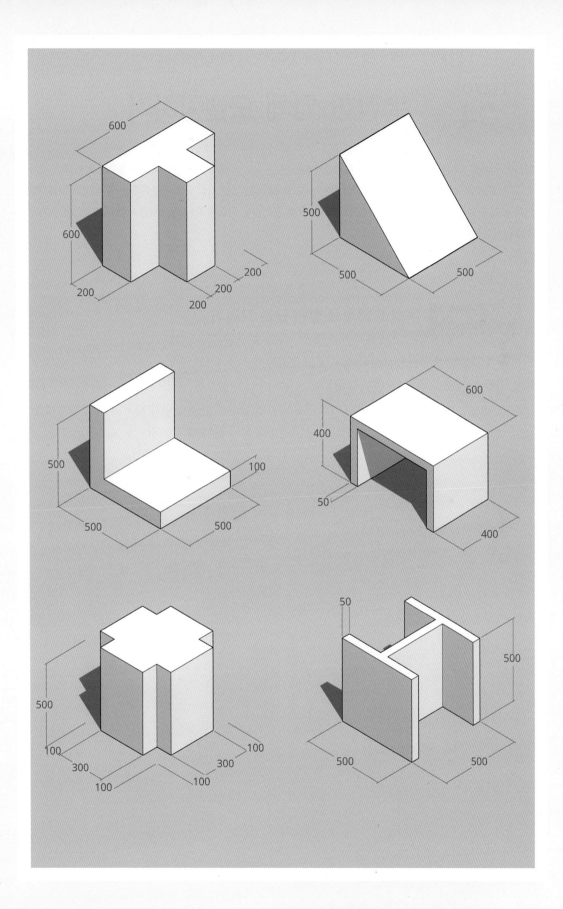

# LESSON 04

# 복잡한 입체 모델링하기

복잡한 형태의 입체를 만드는 방법과 그 과정에서 발생할 수 있는 오류의 수정 방법에 대해 알아보겠습니다. 문제가 있는 모델의 오류를 찾아 고치는 방법을 아는 것도 중요하지만 스케치업 모델링의 특징을 잘 파악해 처음부터 오류 없이 모델을 만드는 습관을 들이는 것이 더 중요합니다. 다음 학습을 통해 스케치업 모델링의 특징을 정확히 이해하기 바랍니다.

## Warm Up 여러 도형을 조합한 단면 그리기

여러 도형을 조합해 단면을 그리고 필요 없는 부분의 엣지를 삭제한 후 돌출시켜 복잡한 형태의 모델을 만들 수 있습니다. 이때 단면의 내부에는 엣지가 남아 있으면 안 됩니다. 내부에 엣지가 남아 있는 상태에서 각각의 나뉘어진 면을 따로 돌출시키면 밑면이 없는 상태가 되거나 면의 방향이 뒤집힌 상태가 되어 모델을 완성하기 위해 여러 차례 수정해야 하기 때문입니다.

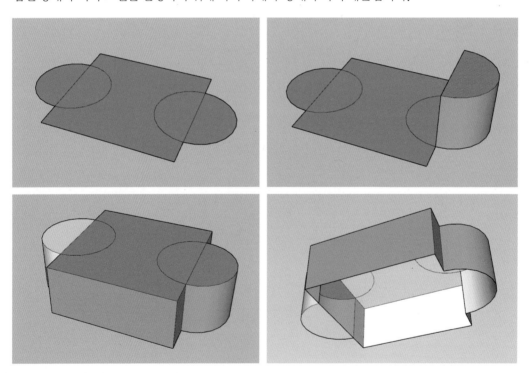

엣지는 하나씩 클릭해 제거할 수도 있고 클릭한 채로 여러 개의 엣지 위를 드래그해 한번에 삭제할수도 있습니다. 다음과 같이 내부의 엣지를 모두 제거한 후 단면을 돌출시켜야 정상적인 상태의 모델을 한번에 완성할 수 있습니다.

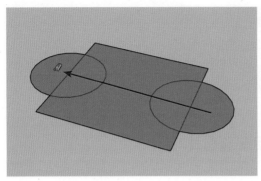
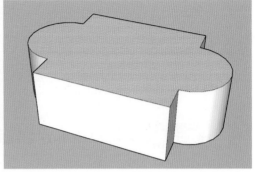

##  Warm Up 모델 일부에 도형을 추가해 형태 변형하기

기본적인 형태의 모델을 만든 후 다양한 방법으로 면을 나누어 일부를 돌출시키는 방식으로 모델을 수정해 가는 모델링 기법은 스케치업에서 가장 많이 사용됩니다. 모델의 면 위에 그림을 그리듯 자유롭게 선을 그려 면을 나누고 나뉘어진 면의 일부를 바깥 방향이나 안쪽 방향으로 밀어서 넣듯이 모델링할 수 있습니다.

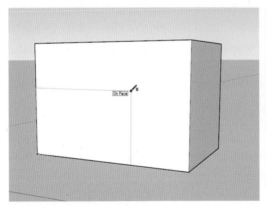
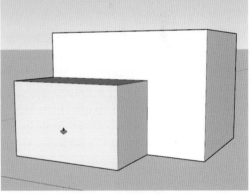

[Push/Pull ◆ P]을 실행하고 면의 일부를 반대편까지 밀어 넣으면 모델의 일부를 제거할 수 있습니다. 이때는 반드시 양쪽의 면이 평행이어야 하며 면의 내부에 숨겨진 엣지가 없어야 합니다. 하지만 양쪽면이 평행하고 숨겨진 엣지가 없는 상태의 모델이라 하더라도 이 기능이 정상적으로 실행되지 않는 경우도 있습니다. 이때는 뚫리지 않은 면을 선택하고 Delete 를 눌러 삭제하도록 합니다.

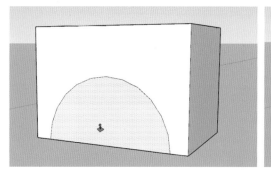
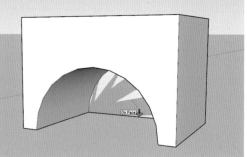

 **Warm Up** 솔리드(Solid) 상태로 모델링하기

스케치업에서 만드는 모든 모델은 속이 빈 껍데기뿐인 모델입니다. 하지만 모델을 이루는 모든 면이 닫혀 있고 모델 내부에 다른 그룹이나 버텍스, 엣지 등의 요소가 쓸모 없이 떨어져 있는 것이 없다면 스케치업은 이것을 속이 꽉 차 있는 상태로 인식합니다. 솔리드(Solid) 상태라는 것은 모델 내부에 아무 문제가 없다는 뜻이며 뒤에서 학습할 Solid Tools나 다양한 확장 프로그램을 사용할 때 모델링의 안정성을 보장할 수 있다는 뜻입니다.

반대로 모델이 솔리드 상태가 아니라는 것은 Solid Tools를 사용할 수 없고 확장프로그램을 통해 모델링을 진행할 때 알 수 없는 오류를 일으키거나 프로그램이 크래시(Crash)를 일으키는 원인이 된다는 뜻입니다. 물론 지형과 같이 단면으로만 모델링을 진행하거나 모델이 너무 얇은 천이나 철판 같은 것일 경우처럼 솔리드 상태가 될 수 없는 경우도 있습니다. 이런 몇 가지 특수한 상황을 제외한 모든 모델은 항상 솔리드 상태가 유지될 수 있도록 모델링을 진행해야 합니다.

솔리드 상태인 모델은 [Entity Info] 트레이에 [Solid Group] 또는 [Solid Component]로 표시됩니다. 여러 개의 Solid Group이나 Solid Component를 다시 그룹이나 컴포넌트로 만들면 솔리드가 아닌 상태가 됩니다. 이것은 모델의 내부에 여러 모델이 포함된 경우로 자체로는 솔리드가 아닌 상태이지만 그렇다고 해서 모델에 문제가 있다는 것은 아닙니다. 다만 이 경우에도 모델을 서로 겹쳐 파내거나 합치는 등의 Solid Tools는 사용할 수 없습니다.

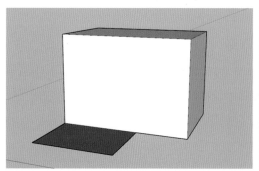
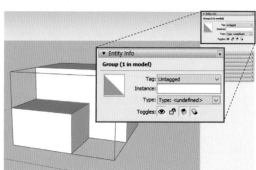

▲ 모델의 바깥에 도형을 그린 후 돌출시킨 상태. 솔리드 상태가 아님

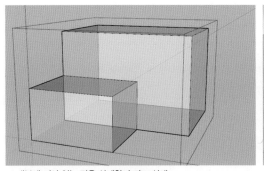
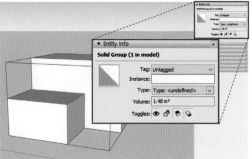

▲ 내부에 끼어 있는 면을 삭제한 솔리드 상태

## Warm Up 프런트 페이스(Front Face)와 백 페이스(Back Face)

모델링 프로그램에서 만들어내는 면은 프런트 페이스(Front Face)와 백 페이스(Back Face)라는 방향성을 가지고 있습니다. 면의 방향성을 구분하는 이유는 재질을 넣거나 모델의 면 위에 다른 모델을 위치시킬 때 정확한 방향을 지정할 수 있기 때문입니다. 면의 방향이 뒤집힌 백 페이스가 보이는 상태에서는 재질의 요철감이나 털, 잔디 등의 객체도 반대로 뒤집힌 상태로 표현되고 일부 재질은 정상적으로 렌더링되지도 않습니다.

스케치업에서는 기본적으로 프런트 페이스(Front Face)는 흰색, 백 페이스(Back Face)는 청회색으로 표현됩니다. 단면 또는 모델의 일부를 돌출시키는 작업을 할 경우 모든 면은 프런트 페이스가 바깥을 향하는 것이 정상입니다. 하지만 상황에 따라 정상적인 모델링 과정을 거치더라도 백 페이스가 바깥을 향할 수도 있고, 모델링 순서에 문제가 있을 경우 백 페이스가 바깥을 향할 수 있습니다. 백 페이스가 바깥을 향한 경우에는 스케치업 명령 중 선택한 면의 방향을 뒤집어주는 [Reverse Faces] Shift + R 나 선택한 면의 방향과 일치하도록 연결된 모든 면의 방향을 맞춰주는 [Orient Faces]를 실행해 뒤집힌 면을 쉽게 바로잡을 수 있습니다. 하지만 이보다 먼저 모델 자체에 오류가 없는지, 모델링 순서에는 문제가 없었는지 확인해야 합니다.

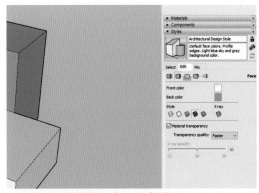

▲ 각 페이스의 색상은 [Styles] 트레이-[Edit] 탭에서 변경함

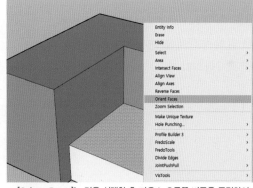

▲ [Orient Faces]는 면을 선택한 후 마우스 오른쪽 버튼을 클릭하여 실행함

여러 개의 도형을 조합한 평면을 활용해 모델을 만들고 면의 방향성을 올바르게 설정하는 방법을
연습해보겠습니다.

**01** 폭 **500mm** × 길이 **500mm** 크기
의 사각형을 그립니다.

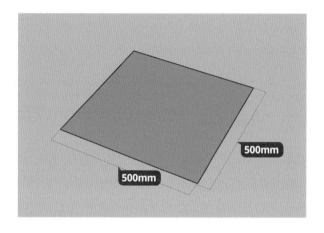

**02** ❶ [Circle ◉][C]을 실행한 후 ❷
❸ 사각형 양쪽의 엣지 중간점을 중심
으로 반지름 **150mm** 크기의 원을 각
각 그립니다.

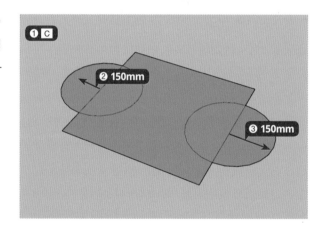

**03** ❶ [Eraser ◢][E]를 실행하고 ❷
❸ 원의 중간에 있는 엣지를 각각 클릭
해 삭제합니다.

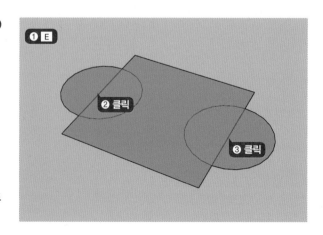

CORE TIP 엣지를 선택한 후 [Delete]를 눌러도
됩니다.

**04** ❶ [Push/Pull ◆] P 을 실행하고
❷ 가운데 면을 위로 **200mm** 끌어올
립니다.

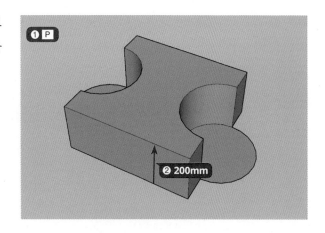

**05** ❶ 한쪽 원을 **100mm** 끌어올립니다. ❷ 반대쪽 원을 더블클릭하면 같은 높이로 올라옵니다.

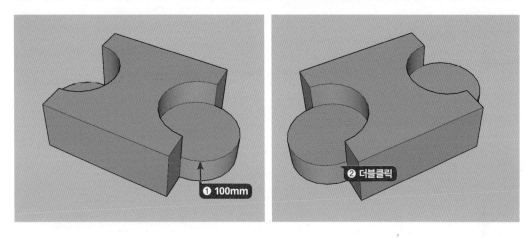

**06** ❶ Spacebar 를 누른 후 ❷ 모델을 트리플클릭해 모두 선택하고 ❸ [Reverse Faces] Shift + R
를 실행해 방향을 정상화합니다.

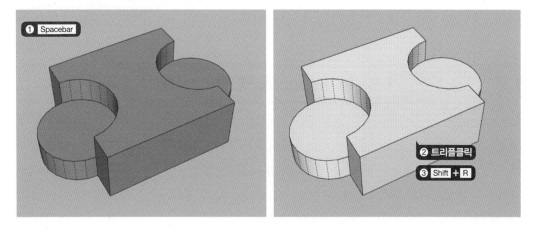

**07** ❶ Ctrl + G 를 눌러 그룹으로 만들고 ❷ [Entity Info] 트레이를 확인해보면 [Solid Group]이 아닌 [Group]인 것을 확인할 수 있습니다. 나뉘어진 평면을 따로 돌출시켰기 때문에 아랫면이 채 워지지 않아 완전히 닫힌 모델로 만들어지지 않았습니다.

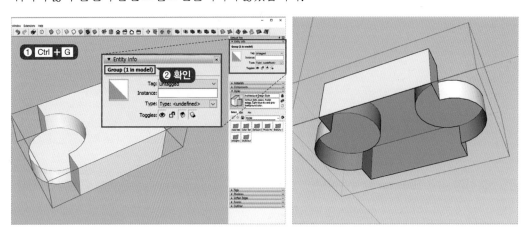

**08** ❶ 모델을 더블클릭해 열고 ❷ [Line ✏️ L]을 실행한 다음 ❸ 밑면의 엣지 중 아무 곳에나 선을 한 번 덧그립니다. ❹ 빈 곳을 클릭해 그룹을 닫은 후 ❺ 다시 그룹을 클릭해 ❻ [Entity Info] 트레 이를 확인해보면 [Solid Group]인 것을 확인할 수 있습니다.

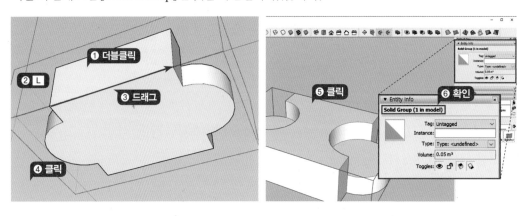

 **Basic Training** **Solid Inspector²를 활용한 모델의 오류 수정하기**

예제 파일 | PART02\Solid만들기.skp

모델링을 진행하다 보면 면이 뒤집히거나 모델의 내부에 끼어 있는 엣지 등으로 인해 솔리드 상태 가 되지 않을 때가 있습니다. 이럴 때에는 Solid Inspector²를 활용해 모델을 수정할 수 있습니다. 실습을 통해 모델의 오류를 수정하는 방법과 Solid Inspector²를 활용하는 방법을 알아보겠습니 다. 이 학습은 Solid Inspector²가 설치되어 있어야 합니다. 확장 프로그램의 설치는 45쪽을 참고 하세요.

**01** ❶ 예제 파일을 불러옵니다. ❷ 모델을 클릭하면 ❸ [Entity Info] 트레이에서 솔리드 상태가 아닌 것을 확인할 수 있습니다.

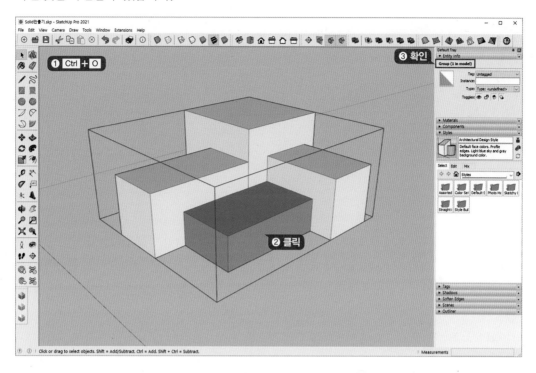

**02** 모델의 밑면을 보면 일부 면이 열린 것을 확인할 수 있습니다. ❶ 모델을 더블클릭해 열고 ❷ [Line ✏][L]을 실행한 후 ❸ 임의의 엣지 위에 선을 덧그려 면을 만들어주세요.

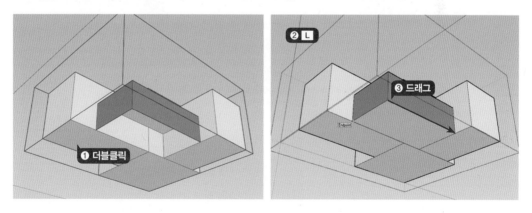

**03** 평면 위에 있는 엣지는 내부에 면을 만들 수 있기 때문에 모두 삭제하는 것이 좋습니다. ❶ [Eraser ✐ E]를 실행하고 ❷ 엣지 위를 드래그해 모두 제거합니다.

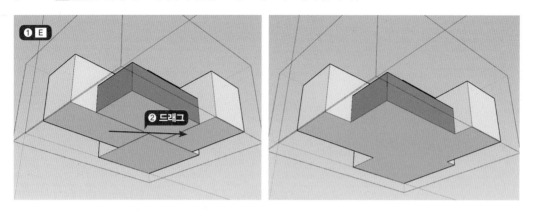

**04** 면의 일부가 뒤집힌 상태입니다. ❶ Spacebar 를 누르고 정상적인 면을 선택한 후 ❷ 마우스 오른쪽 버튼을 클릭합니다. ❸ [Orient Faces]를 클릭해 실행하면 연결된 면을 모두 같은 방향으로 설정할 수 있습니다.

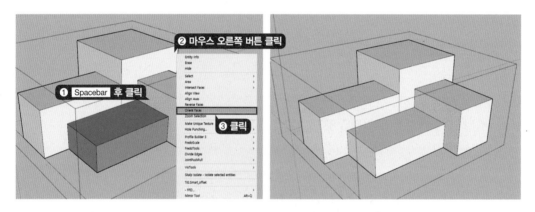

**CORE TIP** 뒤집힌 면을 선택한 후 [Reverse Faces] Shift + R 를 실행해 면을 뒤집을 수도 있습니다.

**05** 모델을 다시 선택해보면 여전히 솔리드 상태가 아닌 것을 확인할 수 있습니다.

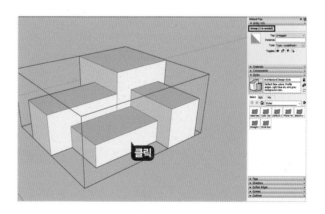

**06** ❶ 다시 모델을 더블클릭해 열고 ❷ 평면 위에 남아 있는 엣지를 선택해 삭제합니다. ❸ [X-Ray]⍇를 실행해서 내부에 남아 있는 엣지가 없는지 살펴보세요.

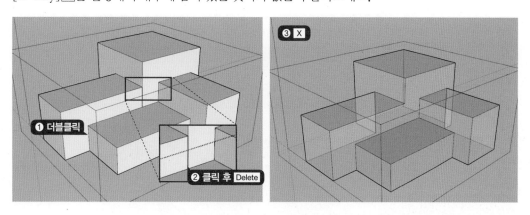

**07** ❶ 다시 모델을 클릭해 솔리드 상태를 확인해봅니다. ❷ 모델이 여전히 솔리드 상태가 아닌 것을 확인할 수 있습니다. 이렇게 모델링을 진행하다 보면 모델의 오류를 찾을 수 없는 경우가 종종 있습니다. 이때는 Solid Inspector[2]를 활용해 오류를 수정할 수 있습니다. ❸ [Solid Inspector[2]]를 실행하고 ❹ 대화상자가 나타나면 [Fix]를 클릭합니다.

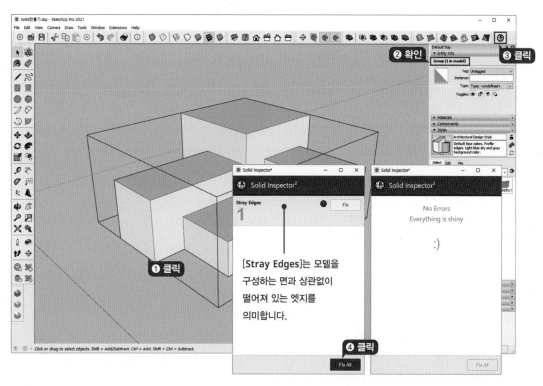

**CORE TIP** 도구바가 보이지 않는다면 42쪽을 참고하여 도구바의 빈 곳에 마우스 오른쪽 버튼을 클릭하고 [Solid Inspector[2]]에 체크합니다.

**08** ❶ 모델을 다시 클릭해보면 ❷ 솔리드 상태가 된 것을 확인할 수 있습니다.

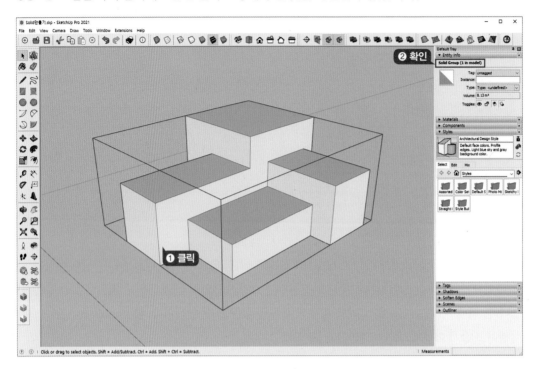

**CORE TIP** 위의 모델을 처음부터 솔리드 상태가 되도록 다시 만들어보세요. 크기는 상관없이 형태만 같도록 만들면 됩니다. 솔리드 상태가 되지 않는 경우와 솔리드 상태가 되는 경우를 정확히 이해할 수 있도록 반복해서 만들어보세요.

여러 도형을 조합해 단면을 그려 돌출시키거나 기본 형태의 입체를 만들고 그 위에 도형을 그린 후 돌출시켜 모델을 완성해보세요. 이 연습에서도 솔리드 상태를 만드는 것이 중요합니다. 그룹을 만들어도 솔리드 상태가 아니라면 앞의 학습을 다시 참고해 문제가 있는 부분을 수정하고 솔리드 상태로 만들어주세요.

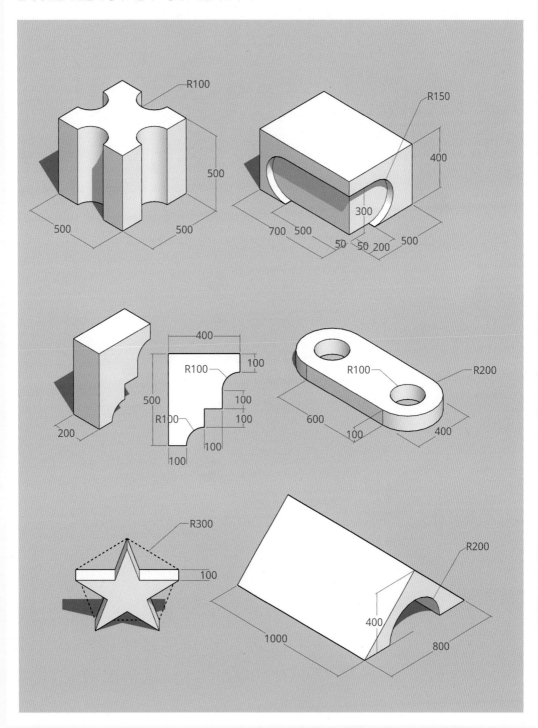

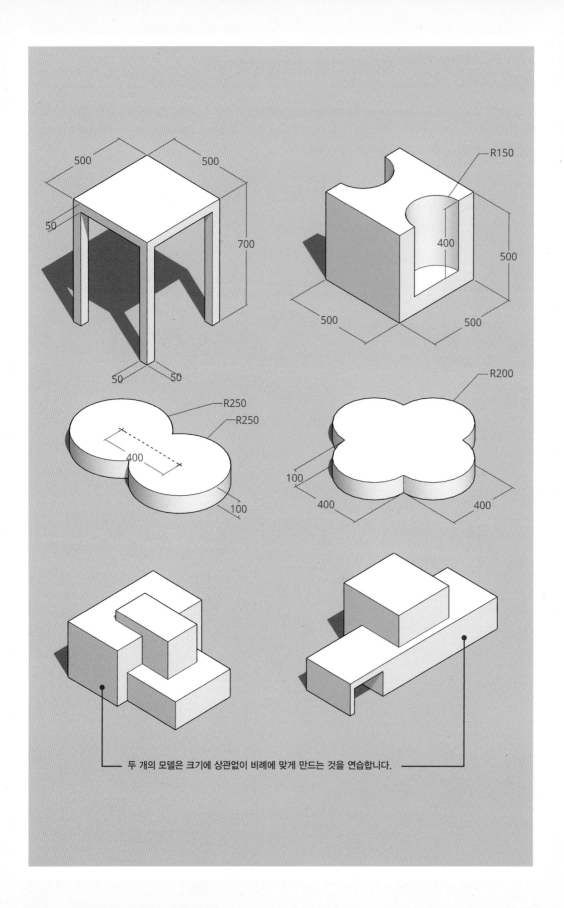

두 개의 모델은 크기에 상관없이 비례에 맞게 만드는 것을 연습합니다.

# LESSON 05

# 객체 이동, 복사, 배열하기

객체의 이동은 모델링에서 가장 기본이 되는 중요한 편집 기술입니다. 이 기능을 잘 쓰려면 축(Axis)을 정확히 이해해야 하고, 객체 스냅을 잘 쓸 줄 알아야 합니다. 처음에는 다소 어색해서 기준점이나 목표점을 정확히 클릭하지 못해 엉뚱한 위치로 이동하거나 미세하게 위치가 안 맞게 되는 경우가 있어요. 이 편집 명령은 복사나 배열의 기능도 함께 가지고 있어 옵션의 사용법도 정확히 숙지해야 합니다.

 **Warm Up** 객체를 움직이는 명령 알아보기

[Move ✛ Ⓜ]는 객체를 이동하거나 복사, 배열하는 명령입니다. 객체가 그룹이나 컴포넌트일 경우 명령을 실행하면 모서리에 인퍼런스 그립(Inference Grip)이 점으로 표시됩니다. 이 점을 클릭해 기준점으로 삼거나 내부의 빨간색 십자 표시를 선택해 회전(Rotate)시킬 수 있습니다. 인퍼런스 그립은 Alt 를 누를 때마다 모서리 중간점, 면의 중심, 객체의 중심으로 이동해 원하는 기준점을 선택할 수 있습니다. 하지만 객체를 이동할 때 반드시 이 인퍼런스 그립을 선택해야 하는 것은 아닙니다. 거리를 입력해 이동할 경우에는 화면의 어떤 곳을 기준으로 삼아도 상관없습니다.

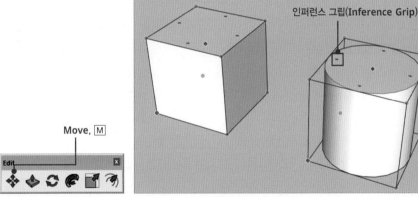

인퍼런스 그립(Inference Grip)

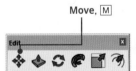

Move, Ⓜ

**CORE TIP** 인퍼런스 그립(Inference Grip)은 스케치업 2020 버전부터 사용할 수 있으며 Alt 를 이용한 인퍼런스 그립의 위치 이동은 스케치업 2020.1 업데이트 버전부터 사용할 수 있습니다. 인퍼런스 그립이 보이지 않거나 Alt 를 눌러 인퍼런스 그립의 위치를 바꿀 수 없다면 스케치업을 최신 버전으로 업데이트하세요.

**Warm Up** 객체 복사하고 배열하기

[Move ✛ M]를 실행한 후 Ctrl을 누르면 복사 모드로 바뀝니다. 복사가 완료된 후 복사 횟수와 *
또는 X를 이어서 입력하면 지정한 개수만큼 객체를 배열(Array)할 수 있습니다. 같은 방법으로 복
사 횟수와 /를 입력하면 원본 객체와 복사된 객체 사이의 공간을 등간격으로 나누어(Divide) 객체
를 복사할 수 있습니다.

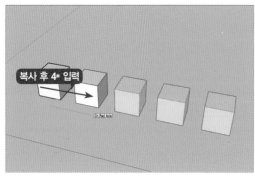
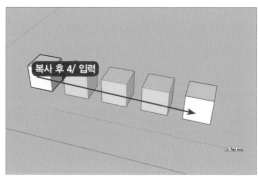

**Basic Training** 이동과 복사를 활용한 3×3프레임 모델링하기

완성 파일 | PART02\3×3프레임.skp

배열 프레임은 건축과 관련된 모델링에 매우 자주 사용됩니다. 객체를 일정한 간격으로 늘어놓는
경우가 많기 때문입니다. 다음 예제를 통해 [Move]의 활용법에 대해 알아보도록 하겠습니다.

**01** ❶ 폭 50mm×길이 100mm×높
이 800mm 크기의 박스를 만들고 ❷
[Make Group] Ctrl + G 을 실행합니
다.

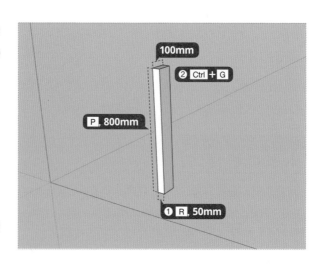

**CORE TIP** 사각형 박스의 모델링 방법은 77쪽을
참고합니다.

**02** ❶ 단축키 M을 눌러 [Move ✛] 를 실행하고 ❷ 임의의 지점을 클릭해 기준점을 지정합니다. ❸ X축 방향으로 마우스 포인터를 움직이면 박스가 마우스 포인터를 따라 이동하며 ❹ 이때 Ctrl을 누르면 복사 모드로 바뀝니다. ❺ 그 상태로 거리 **500**을 입력하고 Enter를 누르면 500mm 떨어진 곳에 박스가 복사됩니다.

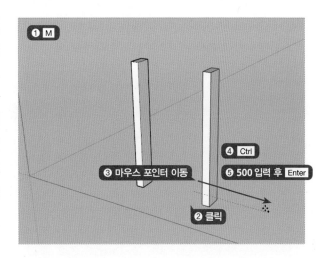

**03** 객체 하나가 복사된 상태에서 **3*** 를 입력하고 Enter를 누르면 박스 세 개가 같은 간격으로 복사됩니다.

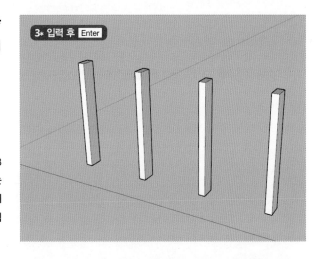

**CORE TIP** 다중 복사를 하려면 3*, *3, 3x, x3 중 아무거나 입력해도 됩니다. 하지만 이 책에서는 X를 [X-Ray]의 단축키로 활용하고 있기 때문에 x3은 사용할 수 없습니다. 본인에게 가장 편한 방식을 선택해 사용하세요.

**04** ❶ [Rectangle ▨] R을 실행하고 ❷ 첫 번째 박스와 ❸ 두 번째 박스의 대각선 끝점을 각각 클릭해 두 박스 사이에 직사각형을 그립니다.

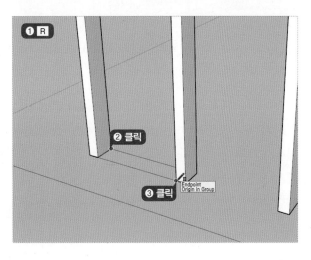

**05** ❶ [Push/Pull ✛ P]을 실행한 후 ❷ 사각형을 위로 **50mm** 끌어올립니다. ❸ 완성된 박스를 트리플클릭한 후 ❹ Ctrl + G 를 눌러 그룹으로 만듭니다.

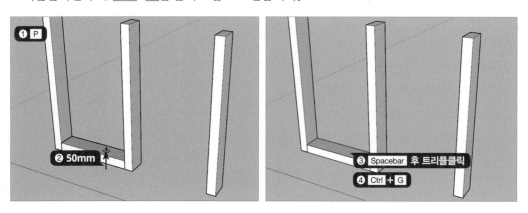

**06** ❶ [Move ✛ M]를 실행한 후 ❷ 가로 박스의 왼쪽 아래 모서리를 기준점으로 클릭합니다. ❸ Ctrl 을 눌러 복사 모드로 바꿉니다. ❹ 두 번째 세로 박스의 오른쪽 아래 모서리를 클릭해 옆으로 복사합니다. ❺ 이 상태에서 **2\***를 입력하고 Enter 를 눌러 가로 박스를 두 번 복사합니다.

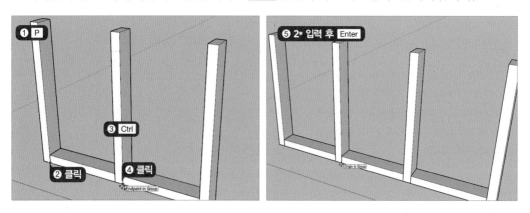

**CORE** **TIP** 스케치업의 객체 스냅은 끝점(Endpoint), 중간점(Midpoint), 중심점(Centerpoint)이 있으며, 마우스 포인터의 위치에 따라 자동으로 선택됩니다. 객체 스냅은 끌 수 없기 때문에 객체 스냅이 걸리지 않게 하려면 화면을 확대해 객체 스냅이 걸리는 반경을 벗어나도록 해야 합니다.

**07** ❶ Spacebar 를 눌러 [Select ▸]를 실행하고 ❷ 세 개의 가로 박스를 왼쪽에서 오른쪽으로 드래그해 한번에 선택합니다.

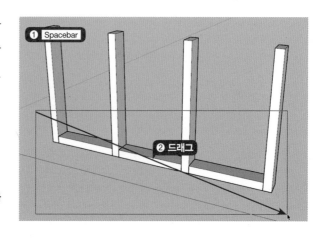

**CORE** **TIP** Ctrl 이나 Shift 를 누른 채 객체를 하나씩 클릭해서 선택해도 됩니다.

**08** ❶ [Move ✛ ][M]를 실행한 후 ❷ 선택한 가로 박스 중 한 개의 위쪽 끝점을 클릭합니다. ❸ [Ctrl]을 누르고 세로 박스의 위쪽 끝점을 클릭해 복사하세요. ❹ 2/를 입력하고 [Enter]를 누르면 중간에 가로 박스가 추가됩니다.

**09** 이 상태에서 가로 박스의 개수를 수정하고 싶다면 계속해서 **3/**를 입력하고 [Enter]를 누르면 됩니다.

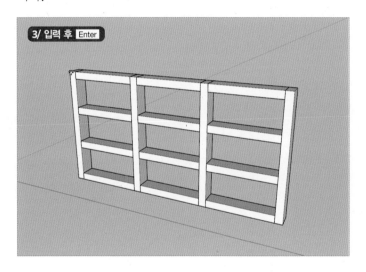

[Move✛] M 명령과 복사 기능을 활용해 다음 모델을 만들어보세요. 지시 사항이 없는 모든 각재의 단면 크기는 50×50으로 모델링합니다. 그림에서 선이 나뉘어 있는 모델은 각각 따로 떨어진 별도의 그룹 객체입니다. 모델링을 마친 후 모두 선택해 솔리드 그룹인지 확인해주세요.

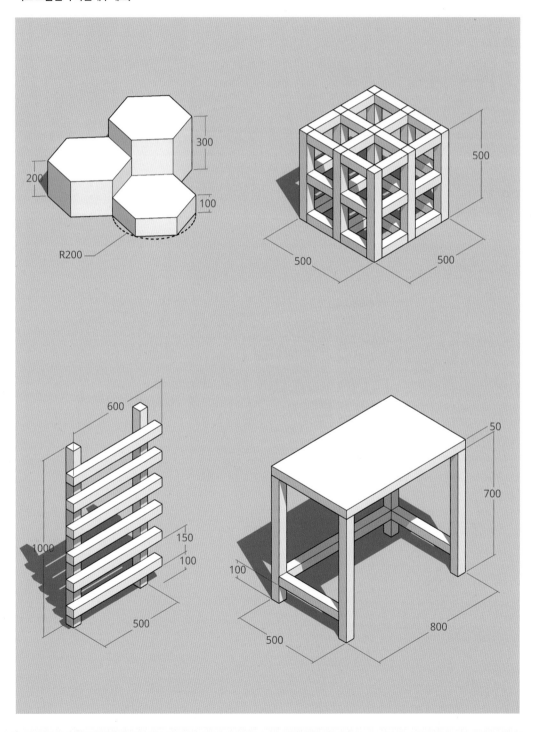

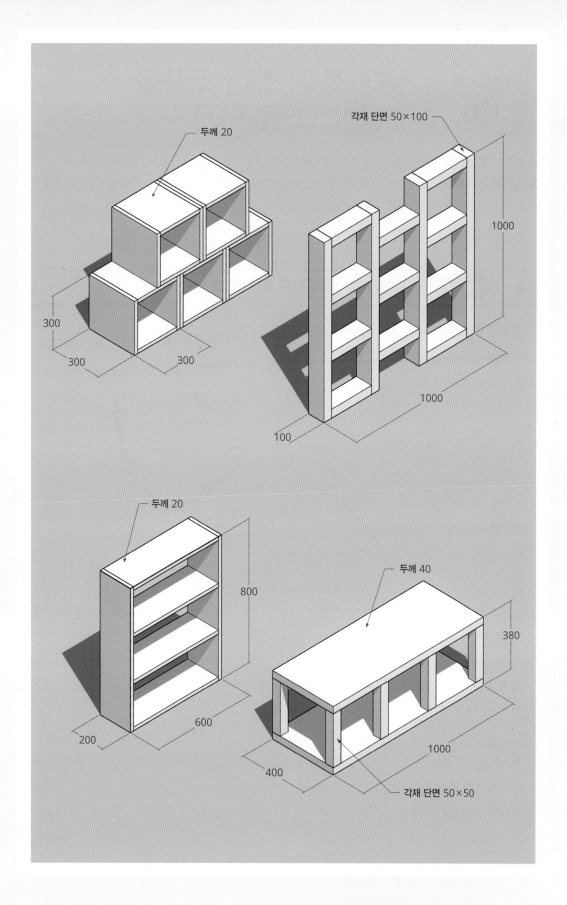

두께 20

각재 단면 50×100

300
300
300

1000
1000
100

두께 20

800
200
600

두께 40

380
1000
400

각재 단면 50×50

# LESSON 06

# 상대 좌표, 절대 좌표를 활용한 모델링하기

선을 그리거나 모델을 공간상에서 특정 지점으로 이동할 때 상대 좌표와 절대 좌표를 활용하면 보다 빠르게 작업을 진행할 수 있습니다. 이번 학습에서는 3차원 공간에서 특정점의 위치를 표현하는 두 가지 방식인 상대 좌표와 절대 좌표에 대해 알아보고 모델링에 활용해보도록 하겠습니다.

## Warm Up  상대 좌표와 절대 좌표 이해하기

그림에서 1번의 모델을 2번의 위치까지 이동하려면 모델을 선택해 X축 방향으로 이동한 후 Y축 방향으로 이동하고, 마지막으로 Z축 방향으로 이동해야 합니다.

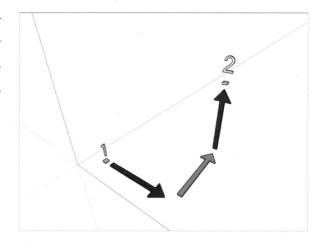

이렇게 복잡한 과정을 거치지 않고 모델을 한번에 이동하려면 상대 좌표를 입력하면 됩니다. 상대 좌표는 첫 번째 지정한 점으로부터 다음 점까지의 거리를 한번에 입력하는 것으로 입력 형식은 ⟨X, Y, Z⟩입니다. 홑화살괄호는 왼쪽(⟨)만 입력하면 반대쪽(⟩)이 함께 입력됩니다. X, Y, Z는 각각 첫 번째 지정한 점으로부터의 거리를 의미하는 것으로 지정한 점으로부터 왼쪽으로 이동하면 −X, 앞으로 이동하면 −Y, 아래로 이동하면 −Z로 입력합니다. 만약 ⟨X, Y, Z⟩ 좌푯값 중 이동하지 않는 값이 있다면 0을 입력하거나 또는 생략해도 됩니다.

절대 좌표는 화면의 원점(0, 0, 0)을 기준으로 한 좌푯값입니다. 주로 멀리 떨어진 모델을 원점 위치로 이동할 때 사용합니다. 입력 형식은 [X, Y, Z]이며 상대 좌표와 마찬가지로 왼쪽 대괄호([)만 입력하면 오른쪽 대괄호(])도 함께 입력됩니다. 모델을 선택한 후 기준점을 지정하고 [0, 0, 0]을 입력하면 원점으로 모델이 이동됩니다. 이때는 0이 특정 좌푯값을 의미하므로 생략할 수 없습니다.

스케치업의 화면에서는 좌우나 앞뒤가 모두 같아 구분이 어려우므로 선을 원하는 축의 방향으로 정확히 그리기도 어렵습니다. 이때는 축의 색상을 확인하면 선을 정확한 방향으로 그릴 수 있습니다. 실습을 통해 스케치업 화면 안에서의 방향 감각을 키우고 상대 좌표를 활용해 도형을 그리는 법을 익혀보도록 하겠습니다.

**01** ① 단축키 F5를 눌러 [Top] 뷰로 바꾸고 ② [Line ✏️ ]을 실행합니다. ③ 첫 번째 점을 클릭한 후 아래로 마우스 포인터를 내려 초록색 가이드라인(Y축)이 나오면 ④ **100**을 입력하고 Enter를 누릅니다. ⑤ 마우스 포인터를 오른쪽으로 옮겨 빨간색 가이드라인(X축)이 나오면 ⑥ **200**을 입력하고 Enter를 누릅니다.

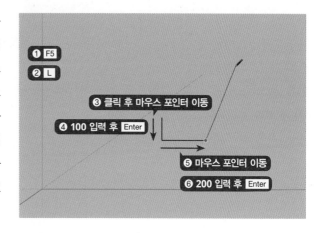

**02** ① 마우스 포인터를 조금 움직여 다음 선이 나타나면 ⟨을 입력합니다. ② [Measurements Box]에 ⟨ ⟩이 표시된 것을 확인한 후 ⟨**200,400,**⟩를 입력하고 Enter를 누릅니다.

**CORE TIP** 마우스 포인터를 움직이지 않은 상태에서 좌표를 입력하면 앞에서 그린 선의 끝점이 이동하게 됩니다. 반드시 마우스 포인터를 조금이라도 움직인 다음 좌표를 입력하세요.

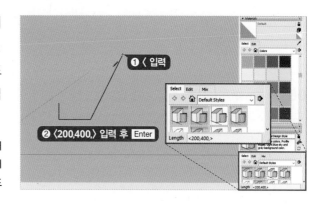

**03** ① 마우스 포인터를 오른쪽으로 옮긴 후 **100**, ② 위로 옮긴 후 **200**을 입력합니다. ③ 마우스 포인터를 조금 움직여 선이 나타나도록 한 후 ⟨**–400,200,**⟩를 입력하고 Enter를 누릅니다.

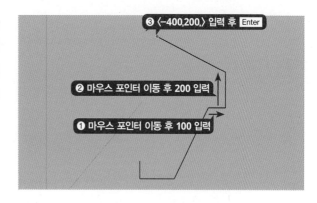

**04** ① 마우스 포인터를 위로 옮긴 후 **100**, ② 왼쪽으로 옮긴 후 **200**을 입력합니다. ③ 마우스 포인터를 조금 움직여 선이 나타나도록 한 후 **〈−200,−400,〉**를 입력하고 Enter 를 누릅니다.

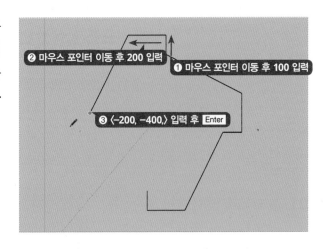

**05** ① 마우스 포인터를 왼쪽으로 옮긴 후 **100**, ② 아래쪽으로 옮긴 후 **200**을 입력합니다. ③ 마지막 선은 첫 번째 시작점을 클릭해 도형을 닫습니다.

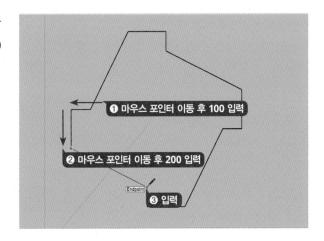

**06** ① [Push/Pull ◈ P]을 실행합니다. ② 면을 클릭해 위로 드래그한 후 ③ **600**을 입력하고 Enter 를 누릅니다. ④ 객체를 트리플클릭해 모두 선택하고 ⑤ Ctrl + G 를 눌러 그룹으로 만들어 완성합니다.

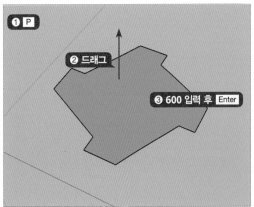
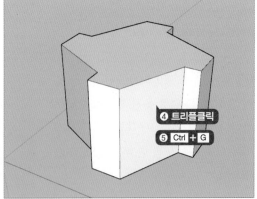

뷰를 정면에 놓아도 좌표계의 방향에는 변함이 없습니다. 앞의 예제에서는 화면 위쪽이 Y축이었지만 이번 예제에서는 화면 위쪽이 Z축입니다. 좌푯값을 입력할 때 Z값이 아닌 Y값에 입력하지 않도록 주의하세요.

**01** ❶ 단축키 F6 을 눌러 [Front] 뷰로 바꾼 다음 ❷ [Line ✏ L]을 실행하고 ❸ 첫 번째 점을 클릭합니다. ❹ 마우스 포인터를 위로 옮겨 파란색 가이드라인(Z축)이 표시되면 ❺ **500**을 입력하고 Enter 를 누릅니다.

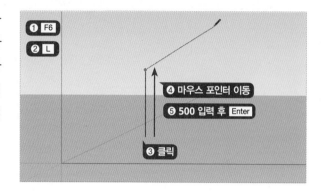

**02** 마우스 포인터를 조금 움직여 선이 나타나도록 한 후 **⟨500,0,300⟩**을 입력하고 Enter 를 누릅니다.

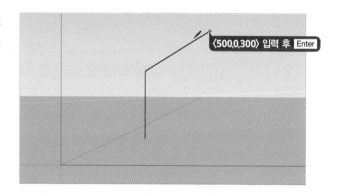

**03** ❶ 마우스 포인터를 조금 움직여 선이 나타나도록 한 후 **⟨500,0,−300⟩**을 입력하고 Enter 를 누릅니다. ❷ 마우스 포인터를 아래로 내린 다음 **500**을 입력하고 ❸ 시작점을 클릭해 도형을 닫습니다.

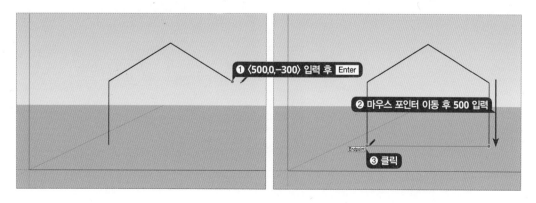

**04** ❶ [Push/Pull ◈ P]을 실행합니다. ❷ 면을 클릭한 후 뒤로 밀고 ❸ **1200**을 입력합니다. ❹ 트리플클릭해 객체를 모두 선택하고 ❺ Ctrl + G를 눌러 그룹을 만들고 완성합니다.

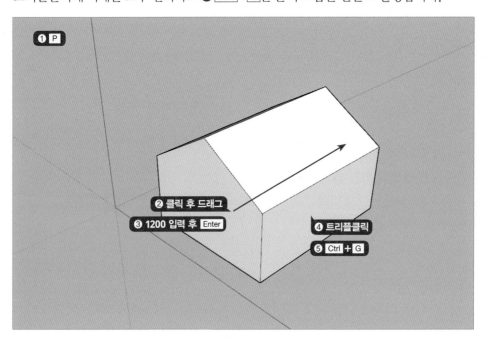

## Basic Training 상대 좌표를 활용한 객체 이동하기

객체를 이동하거나 복사를 할 때에도 단일 축 방향이 아니라면 상대 좌표를 활용해야 합니다. 실습을 통해 객체를 대각선으로 정확한 위치에 복사해 단면을 그려보겠습니다.

**01** ❶ 단축키 F5를 눌러 [Top] 뷰로 바꾸고 ❷ [Rectangle ▨ R]을 실행합니다. ❸ 첫 번째 점을 클릭한 다음 ❹ 마우스 포인터를 오른쪽 위로 이동합니다. ❺ **500,500**을 입력하고 Enter를 누릅니다.

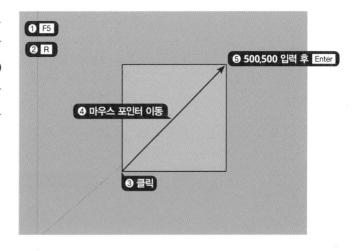

**02** ❶ Spacebar 를 눌러 [Select ▸]를 실행하고 ❷ 면을 클릭합니다. ❸ [Move ✛] M 를 실행하고 ❹ Ctrl 을 누른 채 아무 곳이나 클릭해 기준점을 만든 후 ❺ ⟨150,150,0⟩을 입력합니다. ❻ 객체가 하나 복사되면 **2\***를 입력해 등간격으로 하나 더 복사합니다.

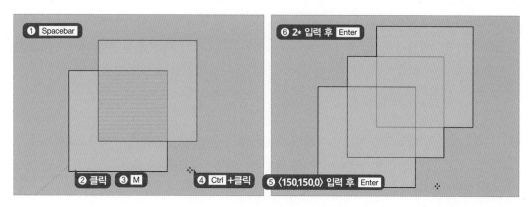

**03** ❶ [Eraser ✐] E 를 실행하고 ❷ 안쪽의 선들을 드래그해 삭제합니다.

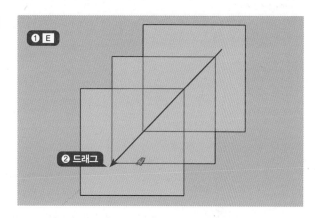

**04** ❶ [Push/Pull ◆] P 을 실행합니다. ❷ 면을 클릭해 위로 끌어올리고 ❸ **700**을 입력한 후 Enter 를 누릅니다. ❹ Spacebar 를 누르고 ❺ 객체를 트리플클릭해 모두 선택합니다. ❻ Ctrl + G 를 눌러 그룹을 만들고 완성합니다.

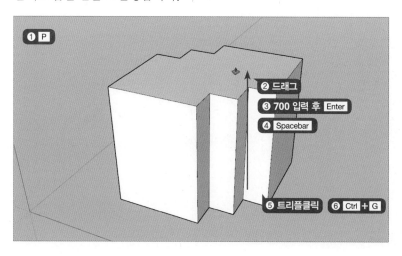

예제 파일 | PART02\**절대좌표이동**.skp

하나의 완성된 신을 만들기 위해서는 수많은 외부 데이터를 불러와 작업을 진행해야 합니다. 이때 불러들인 외부 데이터가 원점으로부터 매우 멀리 떨어져 있는 경우가 종종 있는데, 절대 좌표를 활용하면 외부 데이터를 한번에 원하는 위치로 이동할 수 있어 편리합니다. 실습을 통해 원점으로부터 멀리 떨어진 여러 객체를 절대 좌표를 활용해 원하는 위치로 이동해보겠습니다.

**01** ❶ 새 파일을 열고 휴먼 피겨를 삭제한 후 ❷ [File]−[Import] 메뉴를 클릭하고 ❸ [파일 형식]을 [Sketchup(*.skp)]로 지정합니다. ❹ 예제 폴더에서 **절대좌표이동.skp**를 클릭한 후 ❺ [Import]를 클릭합니다.

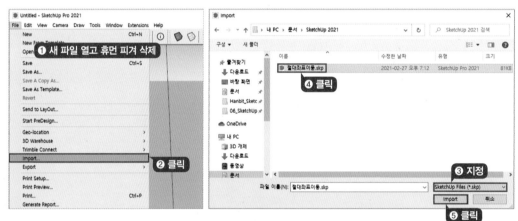

**CORE TIP** 불러온 모델이 보이지 않는다면 단축키 Shift + Z 를 눌러 [Zoom Extents]를 실행합니다.

**02** ❶ [Move ✤] M 를 실행하고 ❷ 왼쪽 아래 모서리의 점을 클릭합니다. ❸ [0,0,0]을 입력한 후 Enter 를 누릅니다. ❹ 다시 모델을 화면에 보이도록 [Zoom Extents] Shift + Z 를 실행하면 모델이 세계 좌표의 원점으로 이동한 것을 확인할 수 있습니다.

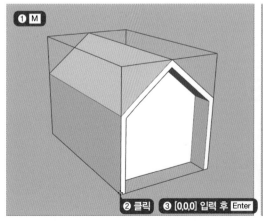
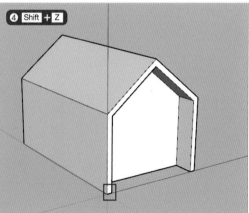

[Line ✏] Ⓛ과 상대 좌표를 활용해 단면을 그린 후 [Push/Pull ◆] Ⓟ로 돌출시켜 다음 모델을 만들어보세요. 정면으로 단면을 그리기 위해서는 화면을 정면에 가깝게 회전하여 뷰포트 좌측 상단에 [Front] 표시를 나타낸 후 작도하거나, 단축키 F6을 눌러 정확히 [Front] 뷰가 된 상태로 모델링합니다.

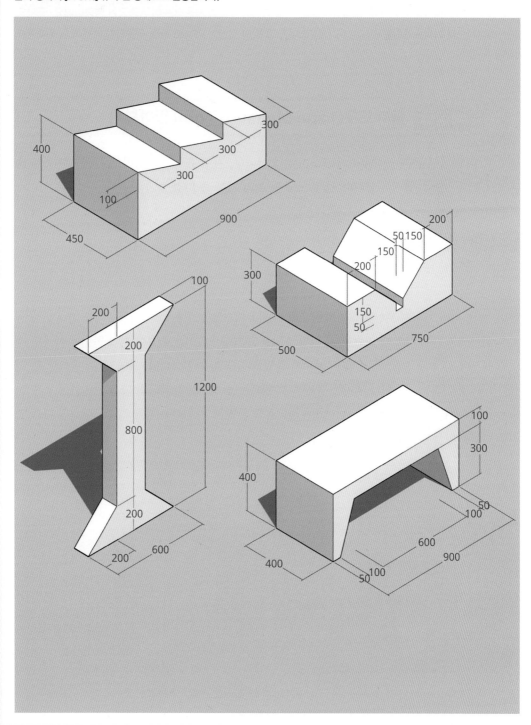

# LESSON 07

# 줄자 도구(Tape Measure Tool) 활용하기

줄자 도구(Tape Measure Tool)는 모델링의 모든 작업 과정에서 많이 사용되는 아주 중요한 명령이에요. 줄자 도구는 기본적으로 가이드라인을 만드는 데 사용되지만, 그 밖의 다양한 기능도 자주 사용되기 때문에 잘 알아두어야 합니다.

## Warm Up 줄자 도구(Tape Measure Tool) 알아보기

줄자 도구(Tape Measure Tool)의 단축키는 ⊤입니다. 자주 쓰이는 명령이므로 단축키 ⊤를 습관적으로 사용할 수 있어야 합니다. 줄자 도구의 여러 기능 중 가장 많이 사용하는 기능은 가이드라인이나 가이드 포인트를 만드는 것입니다.

Tape Measure Tool, ⊤

가이드라인이나 가이드 포인트를 만들면 스냅이 적용되므로 도형을 그리거나 형태를 변형할 때 원하는 위치에 정확히 맞출 수 있습니다. 이렇게 사용된 가이드라인은 필요에 따라 한번에 삭제할 수 있기 때문에 선을 활용하는 것보다 더 빠르게 작업을 진행할 수 있습니다. 가이드라인은 엣지를 더블클릭해 엣지 위에 만들거나 엣지를 클릭한 후 원하는 방향으로 드래그한 다음 거리를 입력해 만들 수 있습니다. 가이드 포인트는 버텍스(Vertex)를 클릭한 후 원하는 방향으로 드래그한 다음 거리를 입력해 만들 수 있습니다.

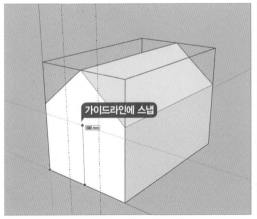 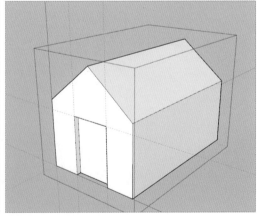

CORE TIP 버텍스(Vertex)는 점, 엣지(Edge)는 선과 모서리, 페이스(Face)는 면을 의미합니다.

**Warm Up** 거리 재기와 객체 크기 늘이기

[Tape Measure Tool 🔍][T]을 실행한 후 두 개의 버텍스를 클릭하면 버텍스 간의 거리를 확인할 수 있습니다. 또 두 개의 버텍스를 클릭한 후 새로운 길이를 입력하면 객체의 크기를 늘이거나 줄일 수 있습니다. 만약 그룹 밖에서 [Tape Measure Tool 🔍][T]을 실행해 크기를 조절하면 화면의 모든 객체가 같은 비율로 조절되므로 주의해야 합니다. 따라서 특정 객체의 크기만 늘이거나 줄이려면 반드시 그룹 안에서 명령을 실행해야 합니다.

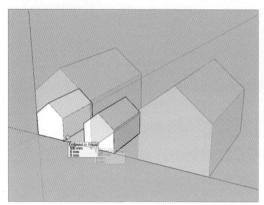
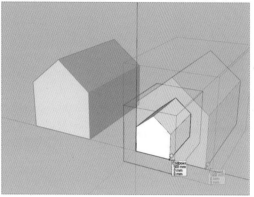

**Basic Training** 가이드라인을 활용해 복잡한 단면 그리기

가이드라인을 활용하는 일은 현실에서 복잡한 형태로 판재를 자르려는 일을 생각하면 쉽습니다. 자르고자 하는 부분의 선을 긋기 전 흐리게 밑그림을 그리는 것입니다. 밑그림 위에 정확한 형태로 진한 선을 그은 다음 그 선을 따라 자르는 것이죠. 실제로 도면을 작도하거나 목공 작업에서 많이 진행하는 작업 방식입니다. 예제를 진행하면서 가이드라인을 밑그림 그리듯 활용하는 감각을 키워보세요.

**01** ❶ [Rectangle ▨][R]을 실행합니다. ❷ [F6]을 눌러 [Front] 뷰로 바꾸고 ❸ **500mm×1000mm** 크기의 사각형을 만듭니다.

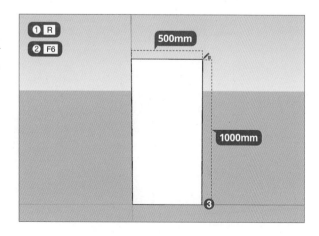

**02** ❶ [Tape Measure Tool 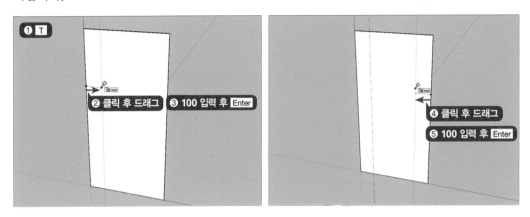T]을 실행합니다. ❷ 사각형의 왼쪽 엣지를 클릭한 후 안쪽으로 드래그하고 ❸ **100**을 입력합니다. ❹ 오른쪽 엣지를 클릭한 후 안쪽으로 드래그하고 ❺ **100**을 입력합니다.

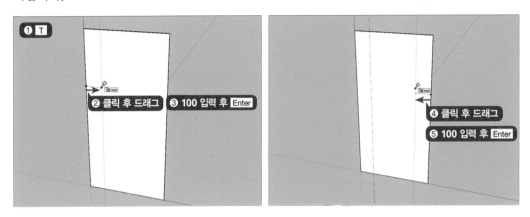

**03** ❶ 직사각형 아래쪽의 엣지를 클릭한 후 안쪽으로 드래그하고 ❷ **200**을 입력합니다. ❸ 가이드라인을 다시 클릭한 후 안쪽으로 드래그하고 ❹ **100**을 입력합니다.

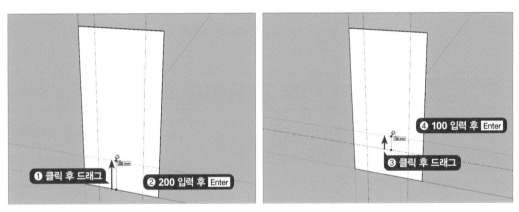

**04** 위쪽도 같은 방법으로 **200**, **100** 위치에 가이드라인을 추가합니다.

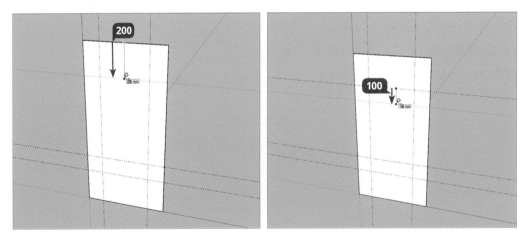

**05** ❶ [Line ✏️][L]을 실행하고 ❷ 가이드라인의 교차점을 연결해 ❸ 양쪽으로 그림과 같이 선을
작도합니다.

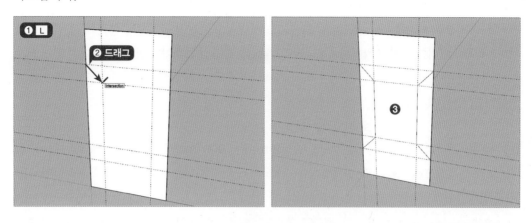

**06** ❶ [Eraser ✏️][E]를 실행한 후 ❷
❸ 사각형의 좌우 엣지를 클릭해 삭제
합니다.

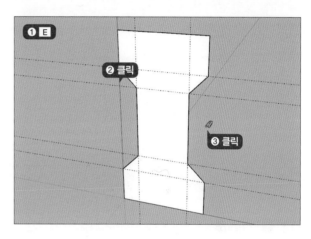

**07** ❶ 가이드라인을 모두 삭제하기 위해 [Edit]−[Delete Guides] 메뉴를 클릭합니다. ❷ 완성
된 면을 [Push/Pull ◈][P]을 이용해 ❸ 뒤로 **50mm** 돌출시킵니다. ❹ 객체를 모두 선택한 후 ❺
[Ctrl]+[G]를 눌러 그룹을 만들고 완성합니다.

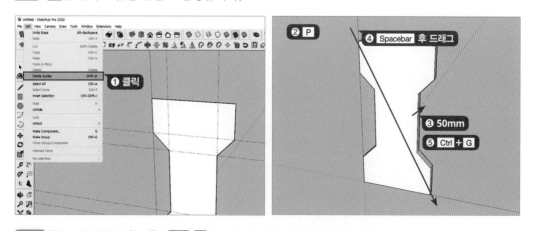

**CORE** **TIP** 57쪽에서 지정한 단축키 [Shift]+[D]를 누르면 더 편리하게 가이드라인을 삭제할 수 있습니다.

 **Basic Training** 가이드라인과 호를 활용해 평면 도형 모서리 깎기

가이드라인과 호(Arc)를 활용하면 평면 도형의 모서리를 정확한 반지름으로 둥글게 깎을 수 있습니다. 정확한 반지름을 넣기 위해서는 모서리의 각도가 직각인 상태여야 합니다. 직각이 아닌 모서리를 정확한 반지름으로 깎으려면 미리 직각인 모서리에 모서리 깎기를 실행한 후 이를 반복해 실행합니다. 다음 예제를 통해 정확한 사용법을 알아보겠습니다.

**01** ❶ [Rectangle ▨ R]을 실행하고 ❷ **500mm × 500mm** 크기의 사각형을 만듭니다. ❸ [Tape Measure Tool ⊘ T]을 실행합니다. ❹ 모서리 엣지를 클릭한 후 안쪽으로 드래그하고 ❺ **50**을 입력합니다.

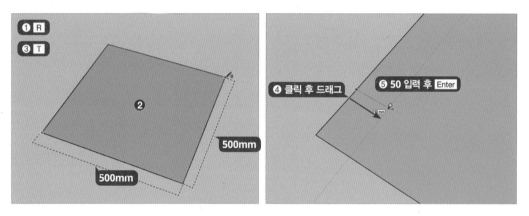

**02** ❶ [2 Point Arc ⊘ A]를 실행하고 ❷ 가이드라인과 엣지의 교차점을 먼저 클릭합니다. ❸ 이웃하는 엣지 위로 마우스 포인터를 움직이면서 선홍색의 호가 표시되고 'Tangent to Edge' 메시지가 나타나는 점을 찾습니다. ❹ 이 점을 더블클릭하면 모서리가 호의 모양대로 깎입니다. ❺ 나머지 모서리도 더블클릭하면 같은 반지름으로 모서리를 깎을 수 있습니다.

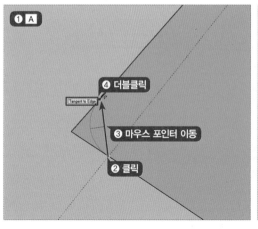 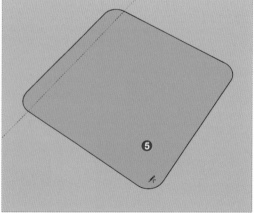

**03** ❶ [Push/Pull ◈ ] P 을 실행하고
❷ 면을 위로 드래그한 후 ❸ **50**을 입
력합니다. ❹ 객체를 모두 선택하고 ❺
Ctrl + G 를 눌러 그룹으로 만듭니다.

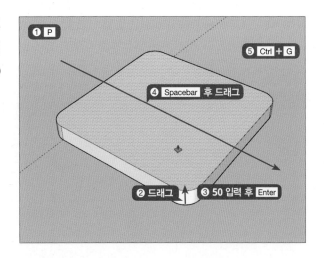

**04** 둥근 면과 평면이 만나는 모서리
에 엣지가 보이면 최종 이미지에서도
그 부분이 각진 것으로 보이게 됩니다.
[Soften Edges] 트레이에서 슬라이더
를 조금 움직여 둥근 면이 연결된 부분
의 엣지를 매끄럽게 보이도록 합니다.

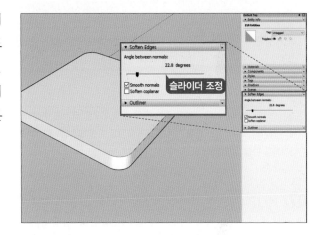

**05** ❶ [Polygon ◉ ]을 클릭해 실행
하고 ❷ 완성된 사각형 옆으로 적당한
크기의 삼각형을 만듭니다. ❸ 삼각형
을 선택하고 Ctrl + G 를 눌러 그룹으로
만듭니다.

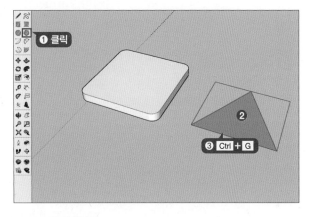

**CORE TIP** 삼각형을 만드는 방법은 81쪽의 다각 기둥 만들기를 참고합니다.

**06** ❶ 삼각형을 더블클릭해 그룹을 연 다음 ❷ [Tape Measure Tool 🖉 T]을 실행하고 ❸❹ 밑변의 양쪽 끝점을 차례로 클릭합니다. ❺ 새로운 길이 **500**을 입력하고 Enter를 누르면 다음과 같은 대화상자가 나타납니다. ❻ [예(Y)]를 클릭하면 삼각형 밑변의 길이가 **500**으로 수정됩니다.

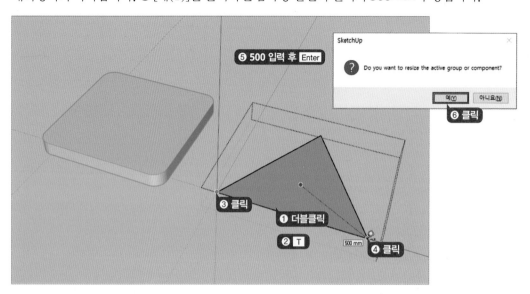

CORE TIP 화면에 여러 객체가 있는 경우 줄자 도구로 크기를 수정하면 화면 안의 모든 객체가 같은 비율로 조절됩니다. 특정 객체의 크기만 조절하려면 객체 그룹을 열어 크기를 조절해야 합니다. 이 방법을 활용하면 위의 예제와 같이 한 변의 길이를 지정해 정다각형을 만들 수 있습니다.

**07** 직각이 아닌 모서리는 가이드라인을 활용해 깎을 수 없습니다. 따라서 이런 경우에는 임의의 반지름으로 호를 그린 후 모서리를 깎아야 합니다. ❶ [2 Point Arc 🖉 A]를 실행하고 ❷ 깎고 싶은 위치의 모서리를 클릭한 후 ❸ 반대편에서 'Tangent to Edge' 메시지가 나타나는 지점을 더블클릭합니다.

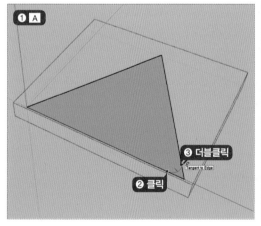
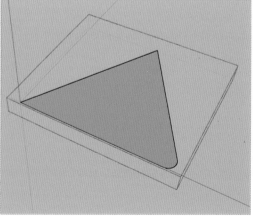

**08** ❶ 호를 클릭한 후 ❷ [Entity Info] 트레이-[Radius]를 **50mm**으로 수정합니다. ❸ 같은 방법으로 다른 모서리를 모두 깎습니다.

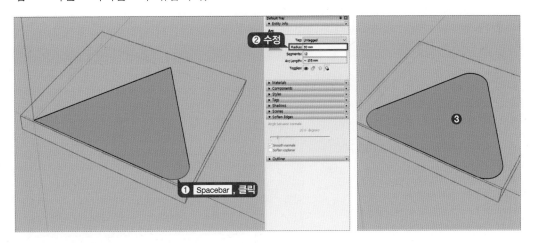

**09** ❶ Esc 를 눌러 그룹을 닫습니다. ❷ [Soften Edges] 트레이의 슬라이더를 조절하여 모서리에 생긴 엣지를 숨깁니다.

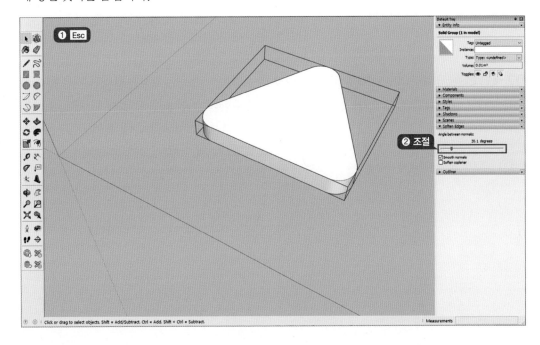

**Basic Training** 가이드라인을 활용해 객체 배치하기

가이드라인이나 가이드 포인트는 기준선이나 기준점의 역할을 하기 때문에 객체를 정확한 위치에 만들거나 이동, 복사하는 기준으로 활용될 수 있습니다. 다음 예제를 통해 가이드라인을 기준점으로 활용하는 방법에 대해 알아보겠습니다.

**01** ❶ [Rectangle ▨ R]을 실행하고 ❷ 원점을 클릭합니다. ❸ **1200,700**을 입력하고 Enter 를 눌러 사각형을 만듭니다.

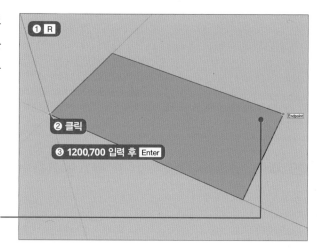

값을 입력해 작도할 때는 그리려는 방향으로 마우스 포인터를 살짝만 이동해도 됩니다.

**02** ❶ [Tape Measure Tool ✐ T]을 실행하고 ❷ 사각형의 모서리 엣지를 클릭한 다음 ❸ 안쪽으로 마우스 포인터를 이동해 가이드라인이 나타나도록 합니다. ❹ **50**을 입력한 후 Enter 를 눌러 가이드라인을 만들고 ❺ [2 Point Arc ✐ A]를 활용해 ❻❼ 모서리를 깎습니다.

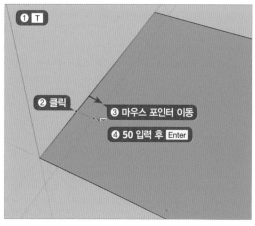

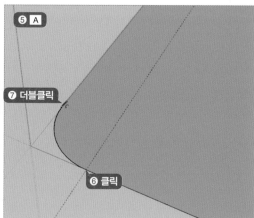

**03** 사각형의 다른 모서리 부근을 더블클릭해 모두 같은 반지름으로 둥글게 깎습니다.

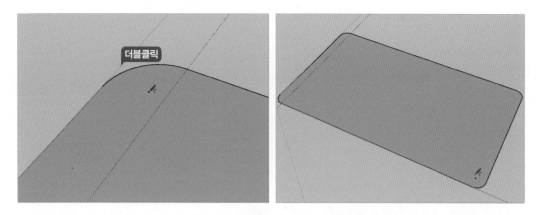

**04** ❶ [Push/Pull ◈ P]을 실행하고 ❷ 두께 **30mm**로 돌출시킵니다.

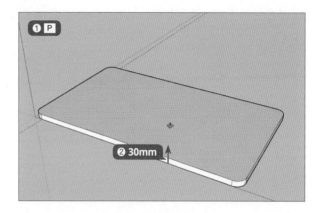

**05** ❶ 완성된 객체를 그룹으로 만든 후 ❷ [Soften Edges] 트레이의 슬라이더를 조절하여 모서리에 생긴 엣지를 숨깁니다.

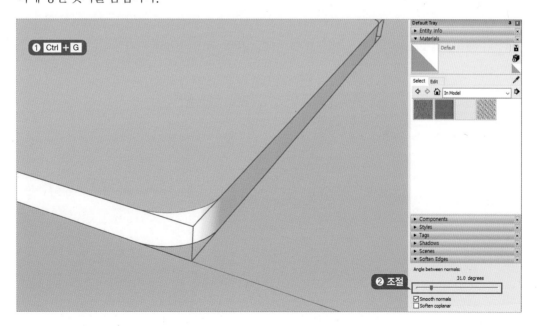

**06** ❶ [Move ✥ M]를 실행하고 ❷ 객체를 선택해 위로 **700mm** 이동합니다.

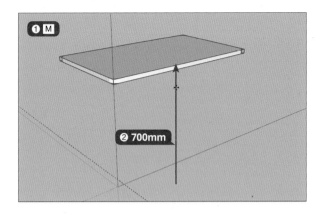

**07** ❶ 객체의 아래가 보이도록 화면을 조정하고 ❷ [Tape Measure Tool ⫶ T]을 실행합니다. ❸ 밑면 모서리 엣지를 안쪽으로 드래그한 다음 ❹ **60**을 입력합니다. 모든 모서리의 안쪽에도 같은 간격으로 가이드라인을 만들어주세요.

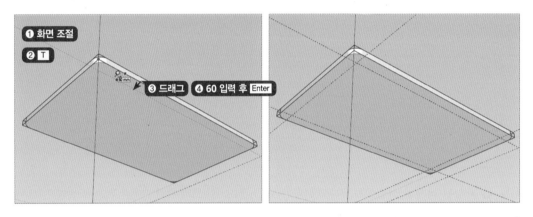

**08** ❶ [Circle ◉ C]을 실행하고 ❷ 가이드라인의 교차점을 원점으로 반지름 **20mm**의 원을 만듭니다. ❸ [Push/Pull ✦ P]을 실행하고 ❹ 아래로 **700mm** 끌어내려 다리를 만든 후 ❺ 그룹으로 만듭니다.

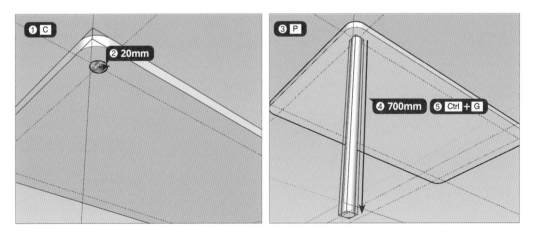

**09** ❶ 다리를 선택한 상태에서 [Move✛Ⓜ]를 실행하고 ❷ 가이드라인에서 임의의 점을 기준점으로 클릭합니다. ❸ Ctrl 을 눌러 복사 모드로 바꾸고 ❹ 반대편 가이드라인에서 평행하는 위치의 점을 클릭해 복사합니다. ❺ Spacebar 를 눌러 [Select▶]를 실행하고 ❻ 다리 두 개를 드래그해 선택한 다음 ❼ 같은 방법으로 반대편에 복사합니다.

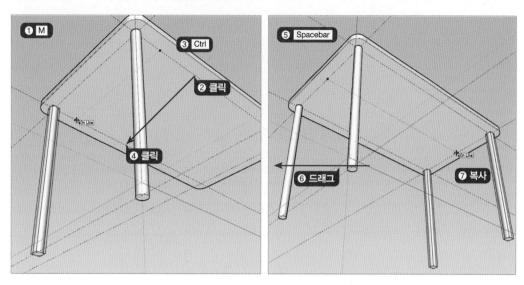

**10** 테이블이 모두 완성되면 Shift + D 를 눌러 가이드라인을 모두 삭제하고 완성합니다.

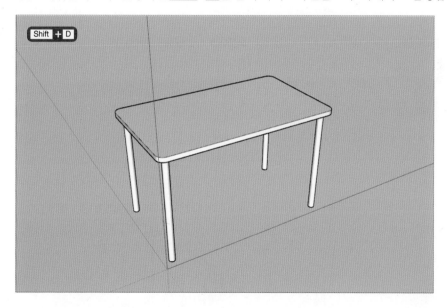

[Tape Measure Tool 🖉 ] T 을 활용해 보조선을 만든 후 모서리를 깎거나 도형을 원하는 위치에 바로 그리도록 합니다. 가이드라인이 너무 많아 복잡할 때는 작업 도중에 Shift + D 를 눌러 가이드라인을 제거하면서 모델링하세요.

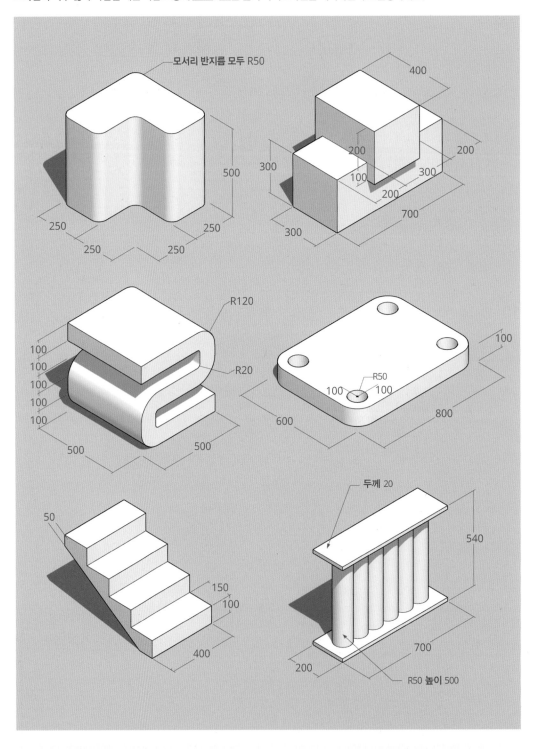

예제 폴더에서 **GuideLine_Modeling.skp** 파일을 열고 [Tape Measure Tool ✎][T]을 활용해 다음 그림처럼 수정해봅니다.

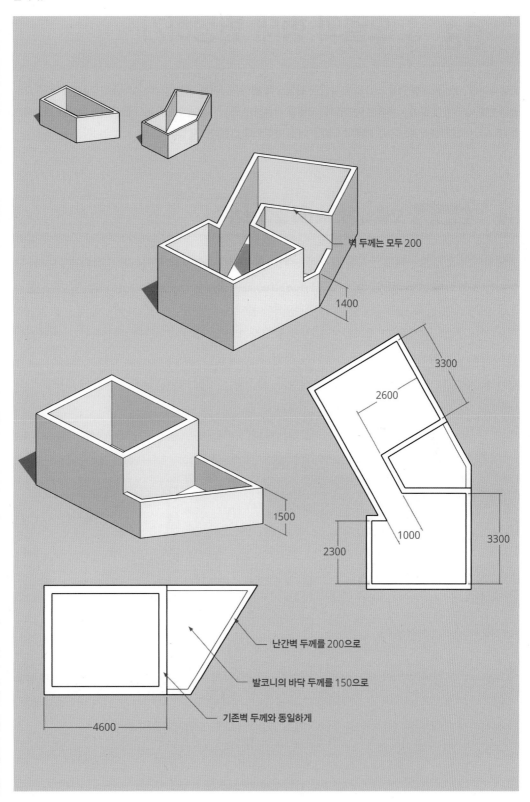

벽 두께는 모두 200

1400

1500

3300

2600

1000

2300

3300

난간벽 두께를 200으로

발코니의 바닥 두께를 150으로

기존벽 두께와 동일하게

4600

# LESSON 08

# 모델의 형태 변형하기

모델링이란 기본 형태를 만들고 그것을 다양한 방법으로 변형해나가는 과정입니다. Move와 Push/Pull은 모델링의 변형에도 가장 많이 사용되는 명령인데, 모델을 구성하는 면, 선, 점을 이동하거나 돌출시켜 형태를 변형하는 것입니다. 이번 학습에서는 기본 형태의 모델을 어떤 방식으로 변형하는지 알아보도록 하겠습니다.

## Warm Up 모델의 기본 단위 알아보기

스케치업의 모든 오브젝트는 작은 삼각형 단위의 폴리곤(Polygon)이라는 면의 집합체입니다. 이 폴리곤을 둘러싸는 모서리의 선을 엣지(Edge)라고 하며 꼭짓점을 버텍스(Vertex)라 합니다. 폴리곤을 이어 붙여 원하는 형태를 만들어가는 방식을 폴리곤 모델링이라고 합니다. 폴리곤 모델링에서 곡면을 만들거나 복잡한 형태를 만드는 것은 모두 엣지로 나뉘어진 폴리곤이나 엣지, 버텍스의 위치를 조정해 원하는 형태가 나오게 하는 것입니다. 복잡한 형태의 모델을 만들고 싶다면 그 형태와 유사한 기본형을 만든 후 엣지를 추가하고, 추가한 엣지나 버텍스를 이동하면서 형태를 만듭니다.

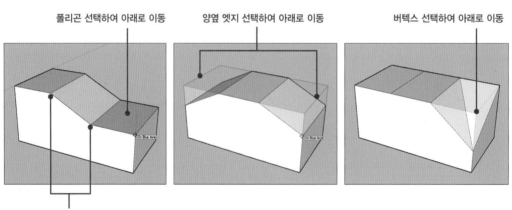

폴리곤 선택하여 아래로 이동 / 양옆 엣지 선택하여 아래로 이동 / 버텍스 선택하여 아래로 이동

박스 모델 윗면에 선 추가하여 면 분할

엣지를 추가하려면 기존의 엣지를 복사하거나 선(Line), 사각형(Rectangle) 등의 그리기 명령을 이용해 기본 오브젝트 위에 직접 엣지를 그려 넣습니다. 이때 그룹으로 만든 모델의 버텍스나 엣지를 선택하기 위해서는 그룹을 더블클릭해 편집(Edit) 모드로 들어가야 합니다.

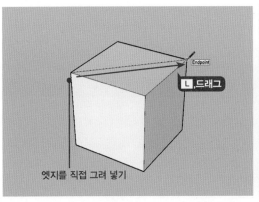

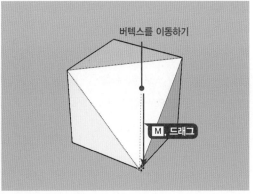

**버텍스를 이동해 피라미드 만들기**

선을 그어 버텍스를 추가한 후 버텍스를 이동해 형태를 변형하는 방법으로 피라미드를 만들어보
겠습니다. 모델링 과정에서 두께가 없는 면의 형태를 변형하는 경우 열린 모델이 된다는 점도 주의
깊게 살펴보고 이 문제를 해결하는 방법도 정확히 기억해보세요.

**01** ❶ [Rectangle █ R]을 실행하고
❷ **500mm×500mm** 크기로 작도합
니다.

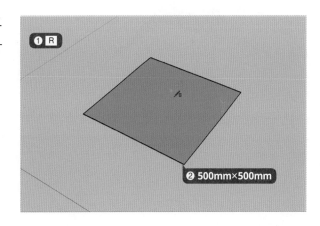

**02** ❶ [Line ✎ L]을 실행하고 ❷❸
❹❺ 사각형의 대각선 꼭짓점을 차례
로 클릭해 엣지를 추가합니다.

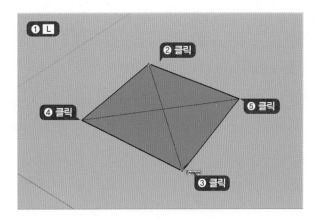

**03** ❶ 아무것도 선택하지 않은 상태에서 [Move❖][M]를 실행하고 ❷ 추가한 엣지가 교차하는 지점을 클릭합니다. ❸ Z축 방향으로 마우스 포인터를 이동한 뒤 ❹ 350을 입력하고 [Enter]를 누릅니다.

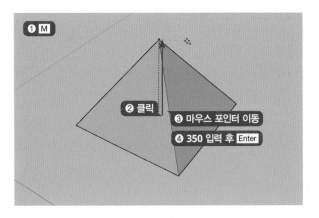

CORE TIP 단축키 [↑]를 누르면 쉽게 Z축으로 이동할 수 있습니다.

**04** ❶ 화면을 돌려 아랫면을 볼 수 있도록 합니다. ❷ [Line✏][L]을 실행하고 ❸❹ 밑면의 모서리 중 한쪽에 선을 겹치도록 덧그려 아랫면을 만듭니다.

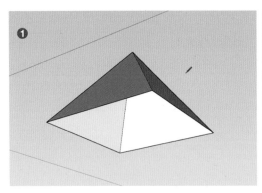

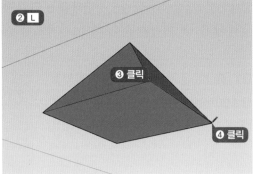

**05** 면의 색이 청회색으로 보이는 이유는 면이 뒤집혀 뒷면(Backface)이 보이기 때문입니다. 정상적으로 흰색인 앞면(Frontface)이 보이도록 면을 뒤집으려면 객체를 모두 선택한 후 ❶ 마우스 오른쪽 버튼을 클릭하고 ❷ [Reverse Faces][Shift]+[R]를 클릭합니다.

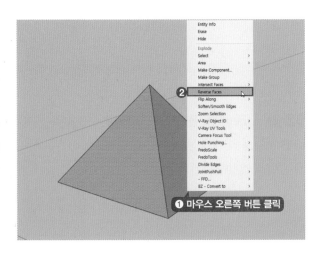

**06** ❶ 단축키 Ctrl + G를 눌러 그룹을 만들고 ❷ [Entity Info] 트레이에서 [Solid Group]인지 확인해보세요.

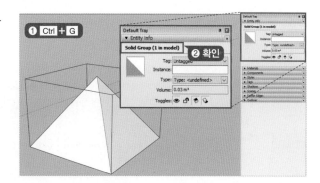

객체 안에 있는 엣지는 선과 같은 요소이기 때문에 복사해 사용할 수 있습니다. 엣지를 복사해 면을 등간격으로 나누고 이를 활용해 모델을 변형해보도록 하겠습니다.

**01** ❶ [Rectangle ▦ R]을 실행하고 ❷ **6000mm×3000mm** 크기의 사각형을 작도합니다. ❸ [Push/Pull ◈ P]을 실행하고 ❹ 높이 **2000mm**의 박스를 만듭니다.

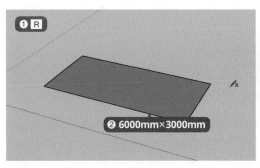

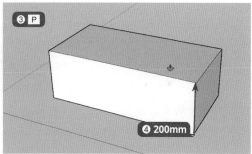

**02** ❶ Spacebar 를 눌러 [Select ▸]를 실행하고 ❷ 왼쪽 윗면 모서리 엣지를 클릭해 선택합니다. ❸ [Move ◈ M]를 실행하고 ❹ 선택한 엣지의 끝점을 클릭한 뒤 Ctrl 을 한 번 눌러 복사 모드로 전환합니다. ❺ 오른쪽 모서리에 복사한 후 ❻ **4/**를 입력하고 Enter 를 누르면 윗면에 등간격으로 엣지를 배열할 수 있습니다.

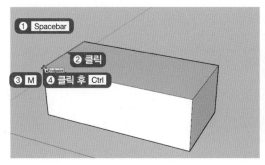

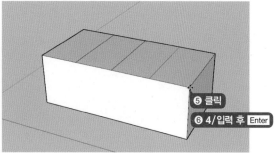

**03** ❶ Spacebar 를 눌러 [Select ▶ ]를 실행하고 ❷❸ 그림의 중간 엣지 두 개를 함께 선택합니다.
❹ [Move ✛ M ]를 실행하고 ❺ 선택한 엣지를 위쪽으로 **1000mm** 이동합니다.

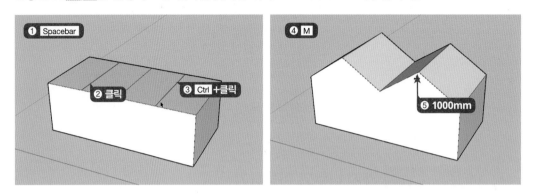

**04** ❶ 객체를 모두 선택합니다. ❷ Ctrl + G 를 눌러 그룹을 만들어 완성합니다.

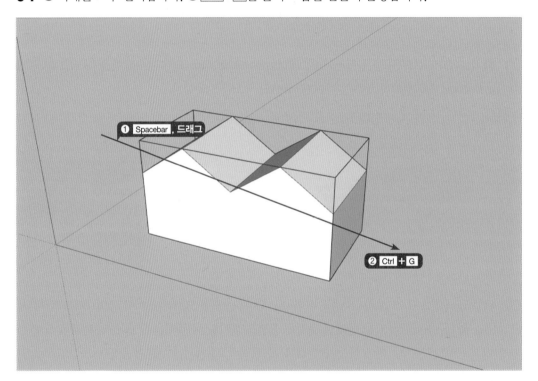

버텍스를 이동할 때는 아무것도 선택되지 않은 상태에서 [Move❖]M]를 실행한 후 버텍스를 바로 이동해야 합니다. 변형되기 전의 형태를 잘 생각해서 변형 후의 형태와 최대한 비슷한 형태를 만들어야 수정 작업에 드는 시간을 최소화할 수 있습니다.

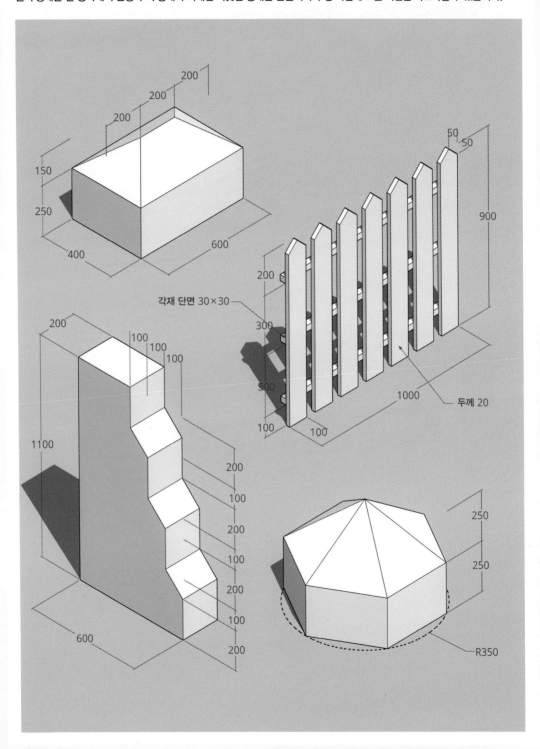

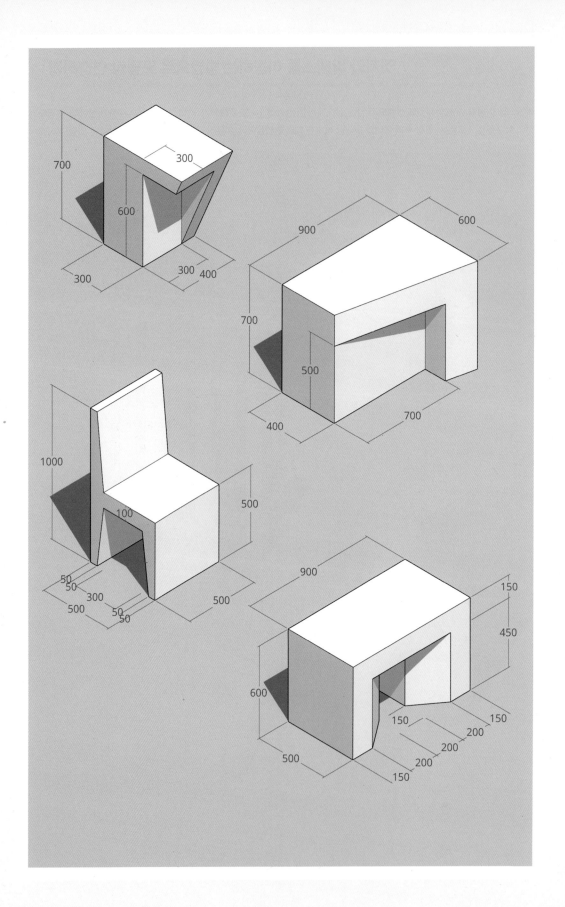

# LESSON 09

# 오프셋(Offset)을 활용한 모델링하기

오프셋(Offset)은 등간격으로 엣지를 복사하는 명령으로 건축과 관련된 모델링에서 매우 자주 쓰이는 명령입니다. 벽이나 장식들이 대부분 일정한 두께의 반복된 형태이기 때문입니다. 이번 학습에서는 오프셋의 다양한 활용법과 올바른 사용법에 대해 학습해보겠습니다.

 **Warm Up** 오프셋(Offset) 알아보기

오프셋(Offset)을 실행하는 단축키는 F입니다. 자주 사용되므로 반드시 단축키를 활용하도록 합니다.

오프셋은 매우 단순한 명령으로, 면이나 엣지를 선택한 후 오프셋을 실행하면 같은 간격만큼 떨어진 선을 그립니다. 면을 선택할 경우 둘레의 엣지가 모두 같은 간격으로 오프셋되며 엣지를 선택할 경우 선택한 엣지만 같은 간격으로 오프셋됩니다. 이때 엣지는 둘 이상의 엣지를 선택해야 오프셋되며 하나의 엣지만 선택된 상태로는 오프셋되지 않습니다. 만약 하나의 엣지만 오프셋하려면 복사 기능을 활용합니다.

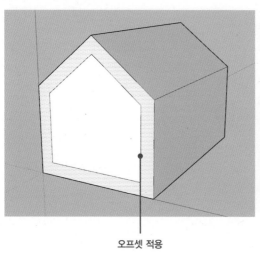 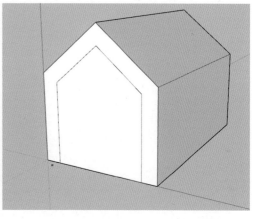

오프셋 적용

오프셋은 안쪽이나 바깥쪽 모두 적용할 수 있지만 바깥쪽으로 오프셋한 후 [Push/Pull ◆ P]을 실행할 경우 안쪽의 면이 겹친 상태가 되므로 안쪽에 남은 엣지를 모두 삭제해야 정상적인 상태를 만들 수 있습니다.

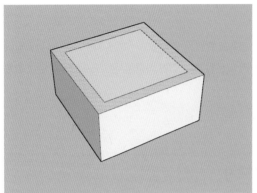
▲ 면을 선택해 안쪽으로 오프셋한 결과

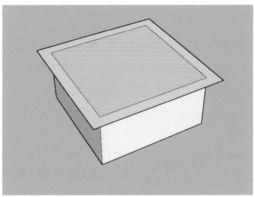
▲ 면을 선택해 바깥쪽으로 오프셋한 결과

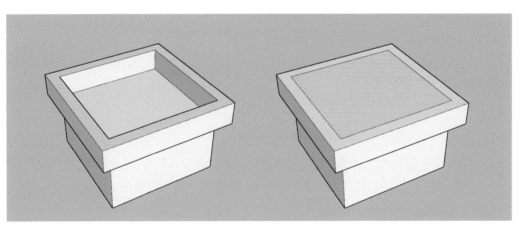
▲ 둘레와 내부가 나뉘어져 따로 돌출시켜야 함

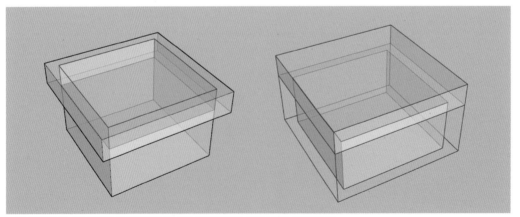
▲ 따로 돌출시킨 결과 중간에 면이 겹치게 되어 겹친 부분의 엣지를 모두 선택해 삭제해야 함

스케치업 로고를 모델링하며 앞에서 학습한 내용을 실습해보겠습니다. [Offset]의 단축키 F를 눌러 명령을 실행하고 드래그한 다음 거리를 입력하는 일련의 과정을 빠르게 진행할 수 있도록 연습하세요.

**01** 폭, 길이, 높이가 모두 **600mm**인 박스를 생성합니다.

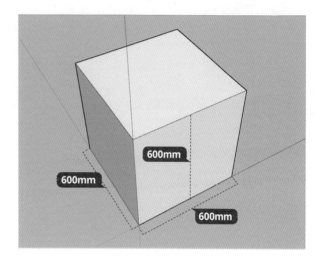

**02** ❶ Spacebar 를 누르고 ❷ 윗면을 더블클릭해 선택합니다. ❸ Ctrl + Shift 를 누른 채 다음과 같이 아래 모서리의 두 선을 드래그해 선택 해제합니다.

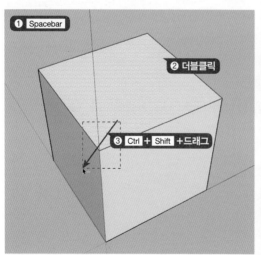

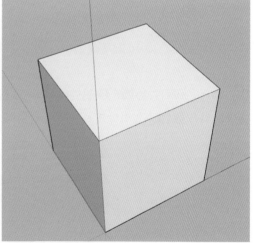

**CORE TIP** Ctrl 을 누른 상태로 뒤의 엣지를 하나씩 클릭해 추가 선택할 수도 있지만 모서리의 엣지를 정확히 클릭하는 것이 어렵기 때문에 면의 둘레 엣지를 모두 선택한 다음 불필요한 곳을 선택 해제하는 방식으로 빠르게 엣지를 선택할 수 있습니다.

**03** ❶ [Offset <img_1>▨] F]을 실행하고 ❷ 선택된 엣지를 클릭해 안쪽으로 드래그한 후 ❸ **200**을 입력합니다. ❹ 같은 방법으로 한 번 더 드래그한 후 ❺ **200**을 입력합니다.

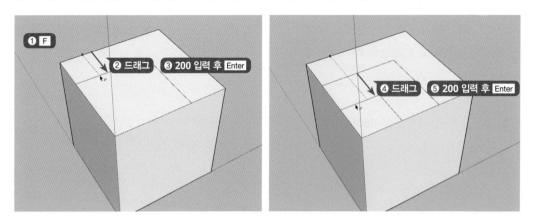

**04** ❶ [Push/Pull ▨] P]을 실행하고 ❷ 작은 사각형을 클릭해 아래로 드래그한 다음 ❸ **400**을 입력합니다. ❹ 중간면을 클릭하고 아래로 드래그한 다음 ❺ **200**을 입력합니다.

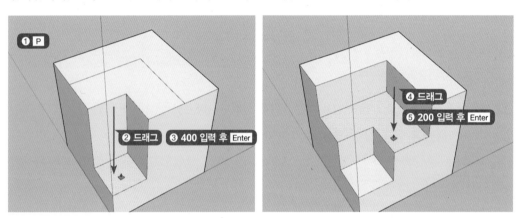

**05** ❶ [Spacebar]를 누르고 ❷ 윗면을 클릭한 다음 ❸ [Offset ▨] F]을 실행합니다. ❹ 안쪽으로 드래그한 다음 ❺ **10**을 입력하고 [Enter]를 누릅니다.

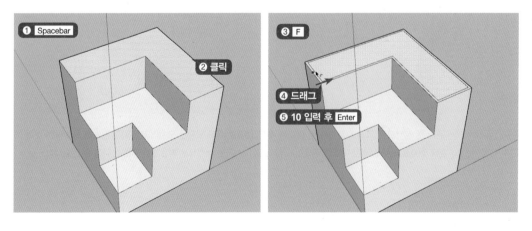

**06** ❶ Spacebar를 누르고 ❷ 중간면을 더블클릭해 둘레의 엣지를 선택합니다. ❸ Ctrl + Shift 를 누른 채 안쪽 두 개 엣지만 드래그해 선택 해제합니다.

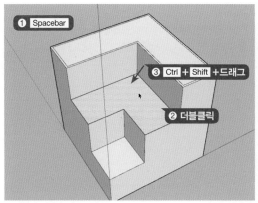
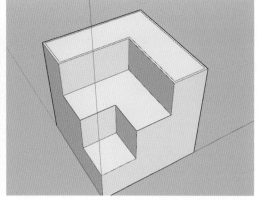

**07** ❶ [Offset 🔗] F 을 실행합니다. ❷ 현재 선택된 바깥 엣지를 더블클릭하여 오프셋하면 앞에서 실행한 오프셋 간격과 같은 값으로 엣지가 안쪽으로 복사됩니다.

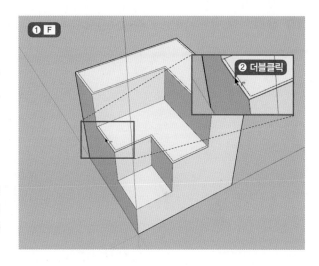

**CORE TIP** 더블클릭으로 같은 작업을 반복 실행하는 데는 많은 연습이 필요합니다. 방향이 다르게 나오거나 간격이 달라지면 Ctrl + Z 를 눌러 작업을 취소하고 다시 시도해보세요.

**08** ❶ Spacebar를 누르고 ❷ 가장 아랫면을 더블클릭해 둘레의 엣지를 선택합니다. ❸ Ctrl + Shift 를 누른 채로 안쪽 두 개 엣지를 드래그해 선택 해제합니다.

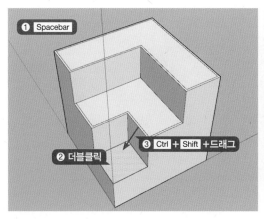
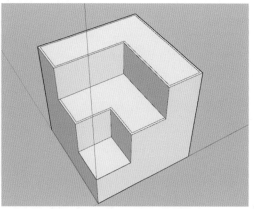

**09** ❶ [Offset 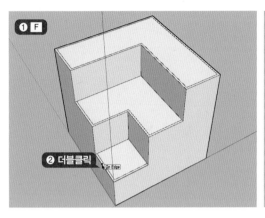F]을 실행하고 ❷ 선택된 엣지를 더블클릭해 같은 값으로 엣지를 오프셋합니다. ❸ [Push/Pull P]을 실행하고 ❹ 맨 윗면을 클릭한 다음 아래로 내리고 ❺ 20을 입력합니다.

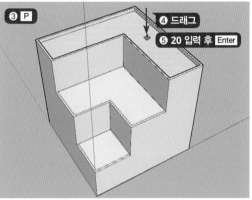

**10** ❶❷ 아래 두 개의 면을 차례로 더블클릭해 같은 값으로 내려줍니다.

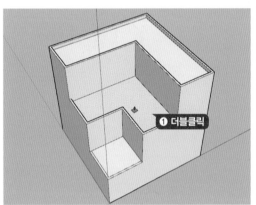
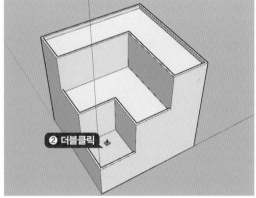

**11** ❶ 모델을 모두 선택해 그룹으로 만들고 ❷ [Entity Info] 트레이에서 [Solid Group]으로 표시되는지 확인해보세요.

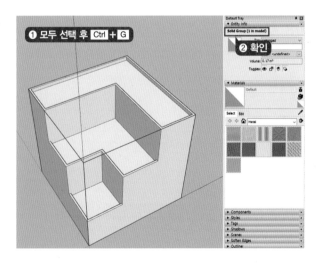

면을 바깥쪽으로 오프셋하여 크기를 키운 후 돌출할 때는 꼭 안쪽에 남은 엣지가 있는지 확인해야 합니다. X를 눌러 [X-Ray] 모드로 보면서 면이 겹치지 않는지 확인해보세요.

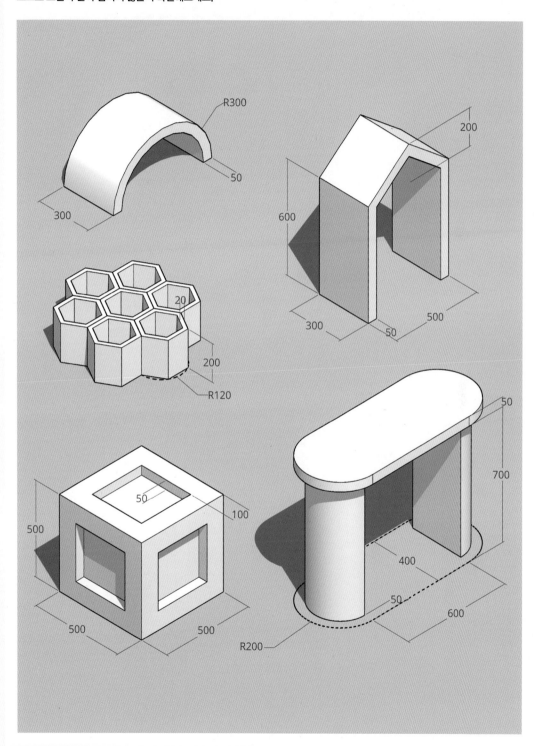

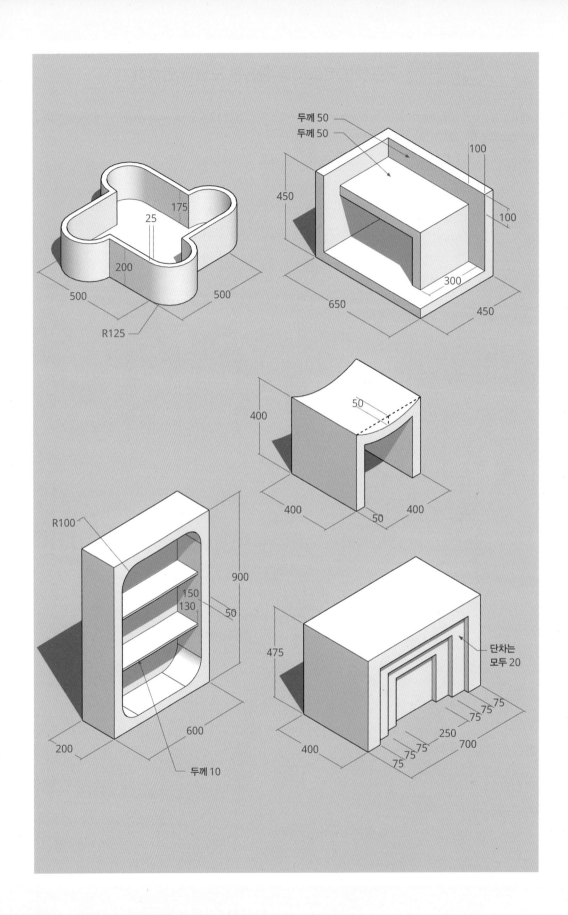

# LESSON 10

# 객체를 원하는 대로 변형하기

객체를 회전하거나 축척을 늘이거나 정렬하는 명령도 스케치업 작업 시 가장 많이 사용하게 되는 중요한 편집 명령입니다. 회전(Rotate)은 이동(Move)과 마찬가지로 복사와 배열 기능을 함께 갖고 있어 다양한 용도로 사용되며, 축척(Scale)은 객체의 전체 크기 변화뿐만 아니라 부분적인 변형에도 자주 활용됩니다.

 **Warm Up** **회전(Rotate) 알아보기**

회전(Rotate)은 객체를 회전시킬 때 사용합니다. Q를 누르면 실행할 수 있으며 이동(Move)과 같은 방법으로 객체를 복사할 수 있어 원형으로 배열하는 용도로 사용됩니다.

Rotate, Q

회전축은 마우스 포인터가 위치하는 면의 방향과 동일하게 설정되며, 커서가 위치하는 면과 다른 방향으로 축을 설정하려면 키보드의 화살표를 눌러 축을 바꿀 수 있습니다. 각각 ↑는 Z축, →는 X축, ←는 Y축을 의미합니다. 다른 방법은 회전의 중심점을 클릭한 상태로 원하는 축방향으로 드래그해 설정하는 방법으로 회전축이 X축, Y축, Z축과 다른 방향일 때 사용합니다.

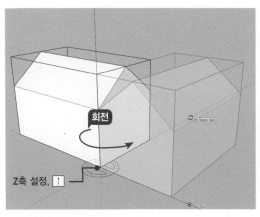

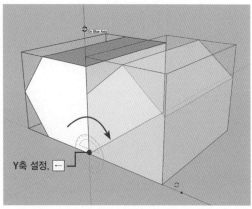

객체의 중심을 기준으로 회전할 경우에는 [Rotate ⟳ R]를 실행하는 것보다 [Move ✛ M]를 실행한 상태에서 빨간색 십자 표시의 인퍼런스 그립을 클릭해 회전하는 방법이 좀 더 편리합니다.

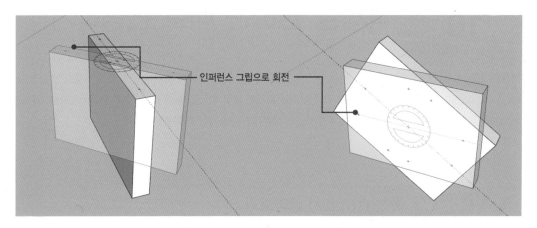

인퍼런스 그립으로 회전

**CORE TIP** 회전할 때는 기본적으로 15°씩 각도 스냅이 적용되며 이 각도를 조절하려면 [Window]–[Model Info] 메뉴를 선택해 대화상자를 불러온 후 [Units] 항목 중 [Enable angle snapping]의 값을 조절합니다

---

 **Warm Up** 축척(Scale) 알아보기

축척(Scale)은 선택한 그룹이나 컴포넌트, 혹은 선택한 면의 크기를 배율로 조절하는 명령으로 S를 눌러 실행합니다.

Scale, S

명령을 실행하면 각 방향의 컨트롤 포인트가 표시되며 이를 클릭해 원하는 방향으로 이동한 후 특정 배율을 입력해 형태를 변형합니다. Ctrl을 누른 상태로 컨트롤 포인트를 이동하면 선택한 객체 중심으로 크기를 조절할 수 있습니다.

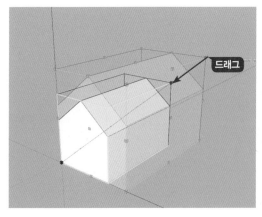

드래그

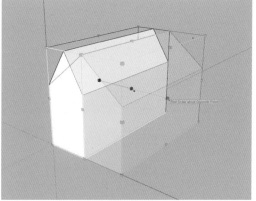

객체의 일부 면을 선택해 형태를 변형하는 데 사용할 수도 있습니다. 하지만 이때 버텍스나 엣지를 선택해 크기를 조절할 수는 없습니다.

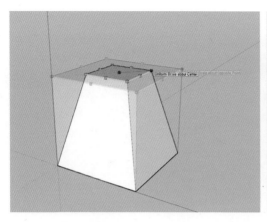
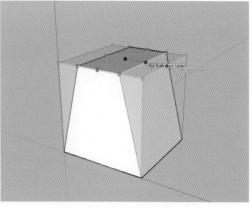

**Basic Training** **회전과 축척을 활용한 원형 테이블 만들기**

다음 예제를 통해 회전과 축척의 활용법을 알아보고 더불어 컴포넌트(Component)의 활용법도 함께 알아보겠습니다.

**01** ❶ 원점을 중심으로 반지름 **600mm**의 원을 만듭니다. ❷ [Push/Pull 🔲][P]을 실행한 후 ❸ 원을 위로 **30mm** 돌출시킵니다.

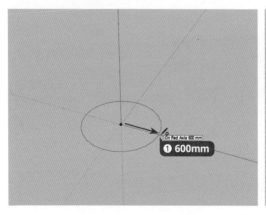
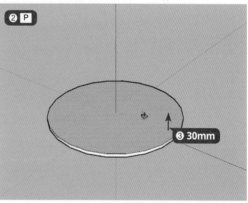

**02** ❶ 완성된 원반을 모두 선택한 후 Ctrl+G를 눌러 그룹을 만듭니다. ❷ [Move ✦ ]M를 실행하고 ❸ 아무 기준점이나 클릭합니다. ❹ ↑를 누르면 이동 방향이 Z축으로 고정됩니다. ❺ 이 상태에서 높이 **700**을 입력하고 Enter를 누릅니다.

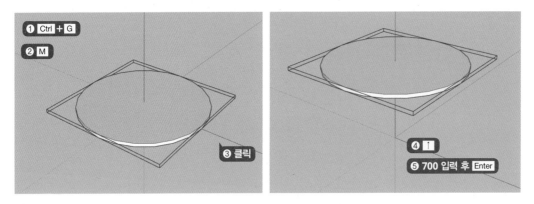

**03** ❶ 다시 원점을 중심점으로 반지름 **30mm**의 원을 그립니다. ❷ [Push/Pull ✦ ]P로 ❸ 원을 선택해 드래그한 다음 ❹ 앞서 만든 상판의 아랫면에 해당하는 모서리를 클릭합니다.

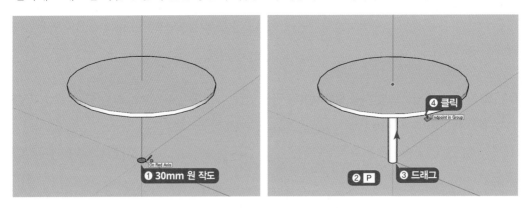

**04** ❶ 테이블의 다리를 트리플클릭해 모두 선택하고 ❷ 단축키 G를 누르면 [Create Component] 대화상자가 나타납니다. ❸ [Create]를 클릭해 다리를 컴포넌트로 만듭니다. ❹ [Move ✦ ] M를 실행해 ❺ 다리를 X축 방향으로 **500mm** 이동합니다.

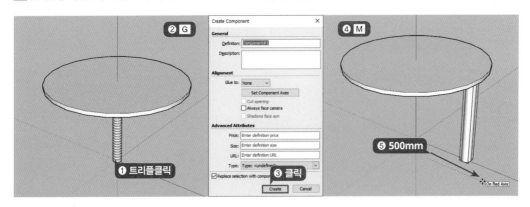

**05** ❶ 계속해서 다리가 선택된 상태로 [Rotate 🔄]Q를 실행합니다. ❷ 원점을 클릭한 후 ↑를 눌러 X축으로 고정합니다. ❸ 임의의 위치를 클릭해 기준점을 지정합니다.

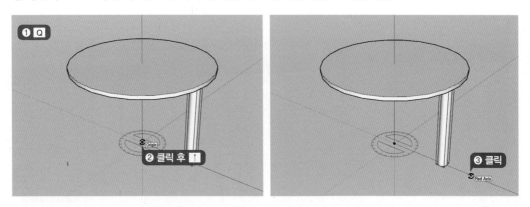

**06** ❶ 마우스 포인터를 Y축 방향으로 움직인 다음 Ctrl을 눌러 복사 모드로 설정합니다. ❷ Y축을 클릭합니다. ❸ **3***를 입력하여 $90°$ 각도로 다리를 복사합니다.

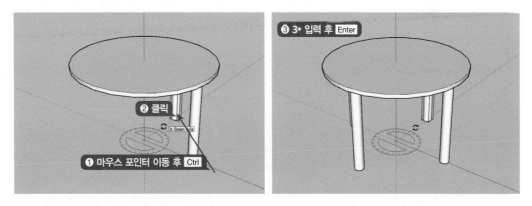

**07** ❶ Spacebar를 누른 후 ❷ 오른쪽의 다리를 더블클릭해 컴포넌트를 열어주세요.

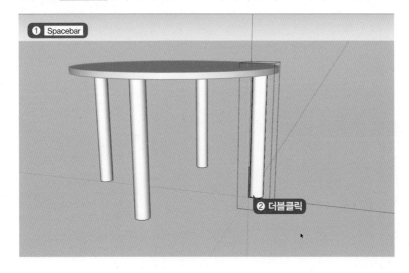

**08** ❶ 아랫면을 클릭해 선택하고 ❷ [Scale █ ]S]을 실행합니다. ❸ Ctrl 을 누른 상태로 모서리의 그립을 안쪽으로 드래그합니다. ❹ **0.5**를 입력하고 Enter 를 누르면 입력한 배율로 스케일이 다시 적용됩니다.

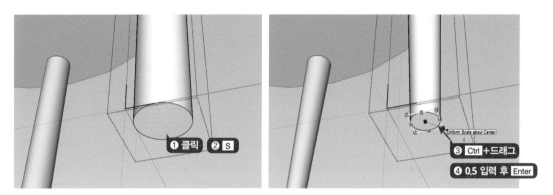

**09** ❶ 계속해서 [Move ✛ ]M를 실행합니다. ❷ 다리의 바닥면이 선택된 상태로 바깥쪽으로 드래그한 다음 ❸ **100**을 입력하고 Enter 를 누릅니다. 컴포넌트로 복사된 다른 다리에도 모두 같은 변형이 이루어진 것을 확인할 수 있습니다.

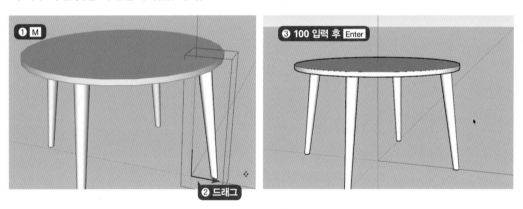

**10** ❶ Spacebar 를 누르고 ❷ 원형 테이블의 부속이 모두 걸쳐지도록 오른쪽에서 왼쪽으로 선택합니다. ❸ 단축키 G 를 눌러 컴포넌트를 만들어 완성합니다.

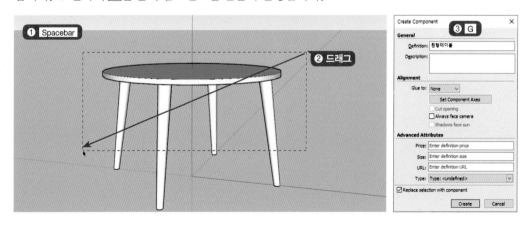

스케치업의 작업 공간은 아무것도 없는 빈 공간이므로 중심점이나 대칭점을 잡기 어렵습니다. 이때는 가이드라인이나 선, 원을 그리는 등 보조 수단을 잘 활용해 모델링을 진행해보세요.

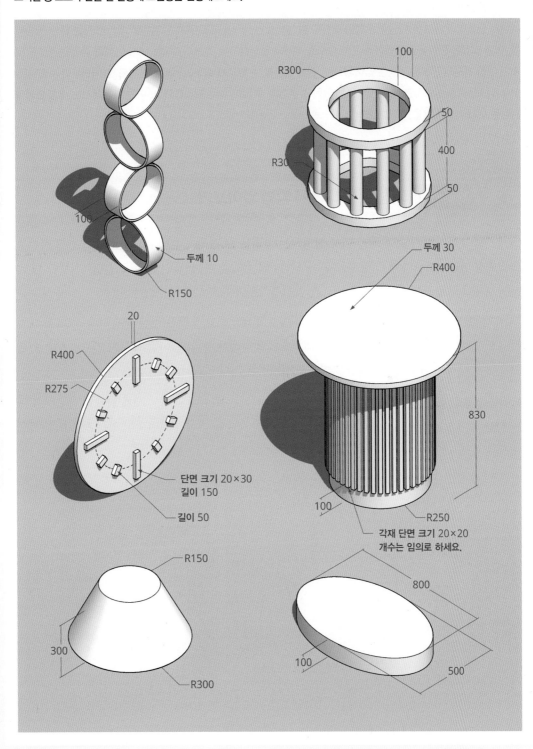

# 대칭 변형과 대칭 복사하기

주변의 건물이나 가구 등 다양한 모델링 대상을 잘 살펴보면 대부분이 좌우 혹은 앞뒤로 대칭인 것을 알 수 있습니다. 이런 대상은 반쪽을 모델링한 후 반대편으로 복사해 완성합니다. 스케치업에는 대칭 변형과 관련된 명령은 있지만 대칭 복사와 관련된 명령은 없어서 이런 점을 보완할 수 있도록 플러그인의 활용법도 잘 익혀두어야 합니다. 이때 컴포넌트를 활용하면 복사한 모델을 한번에 수정할 수 있어 매우 편리합니다. 이번 학습에서는 대칭 변형과 관련된 여러 가지 기능을 익혀보겠습니다.

## Warm Up 대칭 변형과 복사 방법 알아보기

스케치업의 기본 도구로 객체를 대칭 변형하는 방법은 ❶ 객체를 선택하고 마우스 오른쪽 버튼을 클릭해 [Flip Along]의 하위 명령을 선택하거나 ❷ 객체를 선택하고 [Scale 🔲 Ⓢ]을 실행한 뒤 원하는 방향으로 컨트롤 포인트를 드래그하고 -1을 입력하는 방법 두 가지입니다.

두 가지 방법 모두 객체의 대칭 변형만 할 수 있으며 대칭으로 복사할 수는 없습니다. 따라서 대칭 복사를 위해서는 객체를 먼저 복사한 후 대칭으로 변형해야 합니다. 이런 과정이 번거로울 수 있으므로 대칭 복사는 별도의 플러그인을 활용해 실행하는 것이 좋습니다.

Flip을 활용한 대칭 변형 중 그룹 객체나 컴포넌트 객체는 화면에 보이는 세계 좌표의 축을 기준으로 하는 것이 아니라 객체 자체의 축을 기준으로 하기 때문에 객체가 회전되어 있는 경우 어떤 축으로 대칭 변형해야 하는지 알기 어려울 수 있습니다.

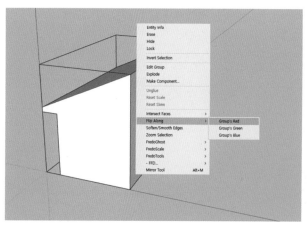
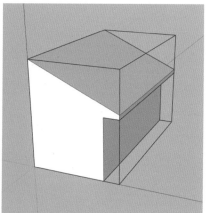

Scale은 대칭 방향에 해당하는 컨트롤 포인트를 반대편으로 끌어 −1이 되는 위치까지 이동하는 방식으로 대칭 변형합니다. 객체의 회전 상태와 상관없이 컨트롤 포인트가 대칭 방향을 직관적으로 알려주기 때문에 Flip에 비해 사용이 쉽고 단축키를 활용하기 때문에 편리합니다. 객체 중심을 기준으로 대칭 변형하려면 Ctrl 을 누른 채로 드래그합니다. −1 위치에서 스냅이 걸리지만 정확한 위치를 잡기 어렵다면 대략적으로 대칭 변형을 시킨 후 −1을 입력해 정확한 비율을 지정할 수도 있습니다.

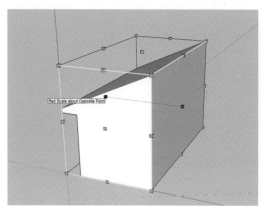 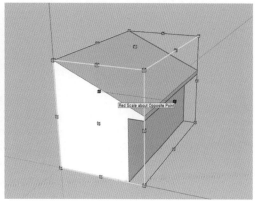

 **Warm Up** **확장 프로그램으로 대칭 변형 및 복사하기**

Curic Mirror는 대칭 변형 및 대칭 복사를 좀 더 편리하게 할 수 있도록 도와주는 확장 프로그램입니다. 45쪽을 참고해 Extension Warehouse에서 설치하고 단축키로 Alt + M 을 지정해 사용하세요. Curic Mirror를 사용하면 대칭면을 클릭하는 것만으로 대칭 변형되며 Ctrl 을 눌러 대칭 복사로 활용할 수도 있습니다. 대칭면을 기준으로 하기 때문에 X축, Y축, Z축이 아닌 어떤 경사면도 대칭면으로 활용할 수 있으며 엣지의 방향이나 드래그로 대칭 방향을 지정할 수 있어 편리합니다.

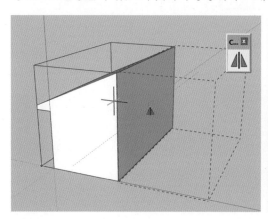 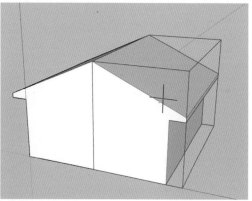

**CORE TIP** [Tools]–[Curic]–[Mirror]–[Curic Mirror] 메뉴로 실행할 수도 있습니다.

Curic Mirror를 활용해 식탁을 만들어보겠습니다. 사용법을 정확히 숙지하여 빠르게 사용할 수 있도록 연습하고 컴포넌트의 활용법에 대해서도 다시 한번 생각해보세요.

**01** 폭 **70mm** × 길이 **70mm** × 높이 **720mm**의 박스를 만듭니다.

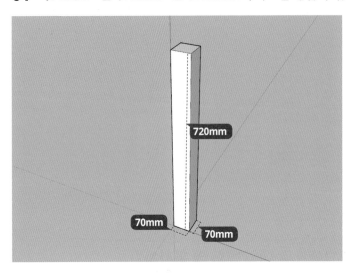

**02** ❶ Spacebar 를 누른 후 ❷ 오른쪽 엣지를 클릭합니다. ❸ Ctrl 을 누른 채 뒤쪽 엣지를 클릭합니다. ❹ [Move ✛] M 를 실행하고 ❺ Ctrl 을 한 번 눌러 복사 모드로 바꾼 후 ❻ 아래 **100mm** 위치로 복사합니다.

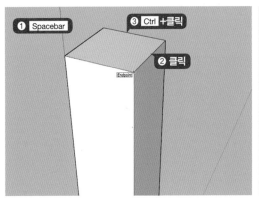
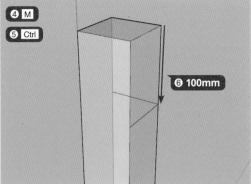

**03** ❶ 단축키 ☒를 눌러 [X-Ray] 모드로 보면서 ❷ 아래 오른쪽 모서리를 왼쪽으로 **30mm** 이동합니다. ❸ 뒤쪽 엣지를 앞으로 **30mm** 이동합니다.

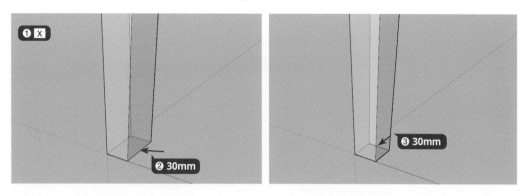

**04** ❶ 다리를 모두 선택하고 ❷ 단축키 ⒢를 눌러 컴포넌트를 만듭니다.

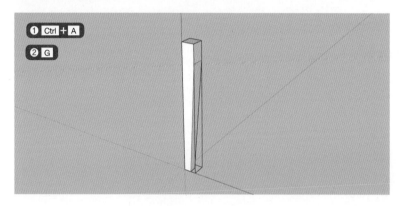

**05** ❶ [Rectagle ▦ ℝ]을 실행합니다. ❷❸ 다리 위쪽 모서리를 기준으로 **폭 1200mm** × **길이 700mm**의 사각형을 그리고 ❹ [Push/Pull ◈ ℙ]로 ❺ **30mm** 끌어올립니다. ❻ 완성된 상판은 그룹으로 만듭니다.

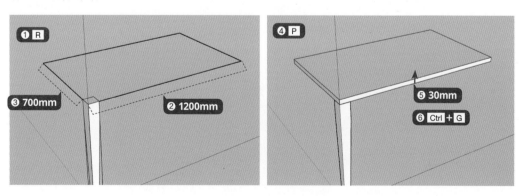

**06** ❶ 다리를 클릭한 후 ❷ 단축키 Alt + M 을 눌러 [Curic Mirror ▲]를 실행합니다. ❸ Ctrl 을
한 번 눌러 복사 모드로 바꾸고 ❹ 상판 앞쪽 모서리 엣지의 중간 지점으로 마우스 포인터를 움직이
면 중간점(Midpoint)에 스냅이 걸리는 것을 확인할 수 있습니다. ❺ 이때 클릭하면 반대편에 다리
가 대칭 복사됩니다.

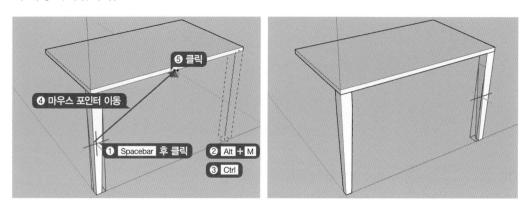

**07** ❶ Spacebar 를 누른 후 ❷ 앞쪽 다리 두개를 선택합니다. ❸ Alt + M 을 눌러 [Curic Mirror]를
실행합니다. ❹ Ctrl 을 한 번 눌러 복사 모드로 바꾼 후 ❺ 상판 왼쪽 모서리 엣지의 중간점을 클릭
하면 뒤쪽으로 다리가 복사됩니다.

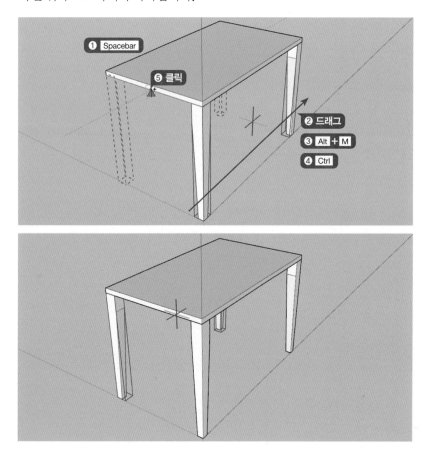

**08** 다리를 상판의 안쪽으로 **10mm** 이동하려고 합니다. 컴포넌트 객체이기 때문에 각각 따로 이동할 필요 없이 다리 하나를 수정해 모두 같이 이동할 수 있습니다. ❶ 다리를 더블클릭해 열고 ❷ 트리플클릭해 모두 선택합니다. ❸ [Move ✛][M]를 실행하고 ❹ 바닥에서 임의의 위치를 클릭합니다. ❺ 상대 좌표 ⟨**10,10,0**⟩을 입력하고 [Enter]를 누릅니다.

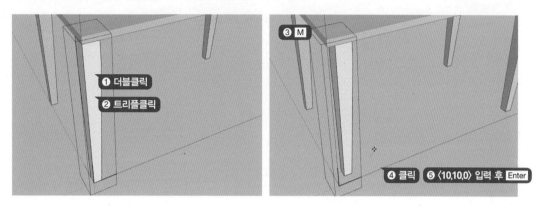

**CORE TIP** 상대 좌표에서 0에 해당하는 값은 생략할 수 있지만 콤마(,)를 생략해서는 안 됩니다. 따라서 위의 상대 좌표는 ⟨10,10,⟩로 입력해도 됩니다.

**09** 네 개의 다리가 모두 안쪽으로 동일하게 이동했는지 확인합니다.

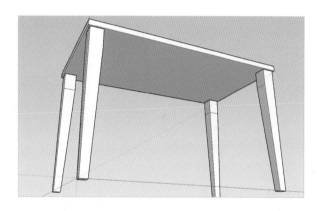

**10** ❶ [Rectagle ▨][R]을 실행하고 ❷ 앞쪽의 다리 사이에 사각형을 그린 후 ❸ [Push/Pull ◈][P]로 ❹ 두께 **20mm**의 박스를 만듭니다. ❺ 박스가 선택된 상태에서 단축키 [G]를 눌러 컴포넌트를 만듭니다.

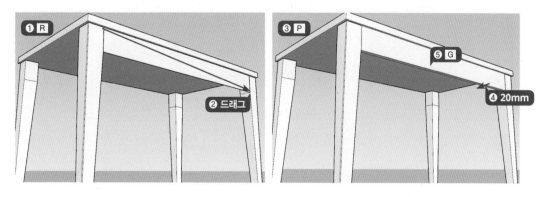

**11** ❶ 이어서 Alt + M 을 눌러 [Curic Mirror ▲▲]를 실행하고 ❷ Ctrl 을 눌러 복사 모드로 바꿉니다. ❸ 상판의 왼쪽 모서리 엣지 중간점을 클릭해 반대편에 복사합니다.

**12** ❶ 왼쪽에도 같은 방법으로 두께 **20mm**의 사각형을 그리고 ❷ G 를 눌러 컴포넌트로 만듭니다.

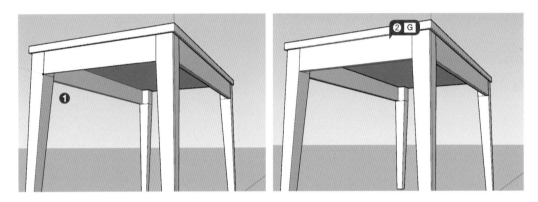

**13** ❶ Alt + M 을 눌러 [Curic Mirror ▲▲]를 실행하고 ❷ Ctrl 을 눌러 복사 모드로 바꾼 다음 ❸ 앞쪽 엣지의 중간점을 클릭해 반대편에 복사합니다.

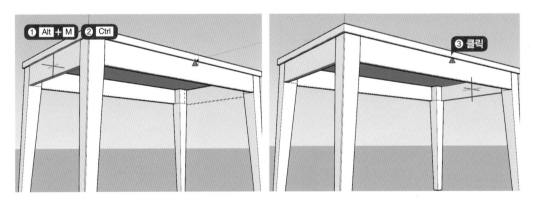

**14** ❶ 앞쪽의 판재 컴포넌트를 더블클릭해 열고 ❷ 모두 선택합니다. ❸ [Move ✥][M]를 실행하고 ❹ 안쪽으로 **5mm** 이동합니다.

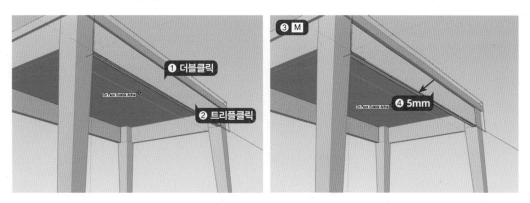

**15** ❶ 같은 방법으로 왼쪽 판재 컴포넌트를 안쪽으로 **5mm** 이동합니다. ❷ 완성된 테이블을 돌려 보며 반대편의 상태를 확인해보세요. 반대편의 컴포넌트 객체가 같이 수정되어 안쪽으로 모두 **5mm**씩 이동된 것을 확인할 수 있습니다.

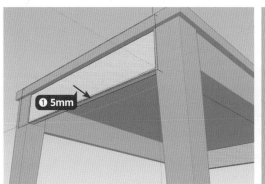

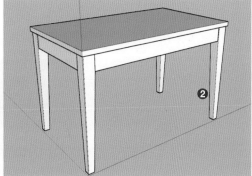

**대칭 복사를 활용한 모델링 연습하기**

[Curic Mirror 🔺] [Alt]+[M]는 사용이 매우 쉽고 간편한 명령입니다. 동시에 대부분의 초보자들이 기준점이나 방향을 지정하기 어려워하는 명령이기도 합니다. 다음 예제를 통해 객체를 원하는 방향으로 빠르게 대칭 복사할 수 있도록 연습해보세요.

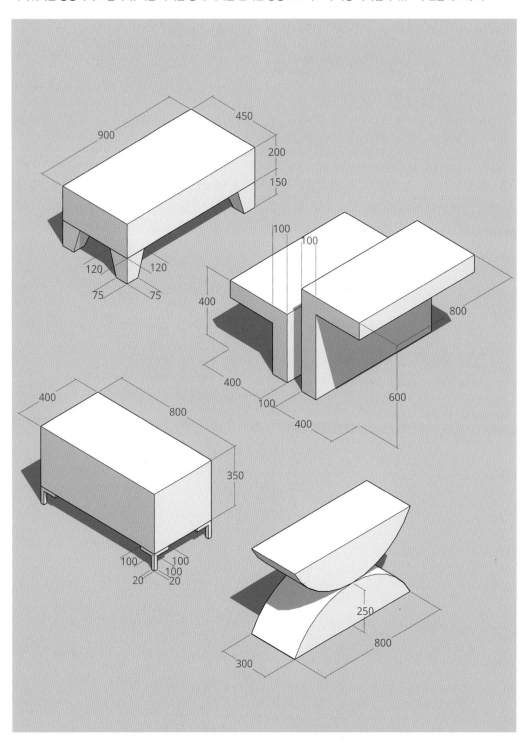

# LESSON 12

# 각도기(Protractor)를 활용해 모델링하기

각도기(Protractor)는 지정한 각도를 따라 가이드라인을 만드는 명령입니다. 가이드라인을 만든다는 점에서 줄자 도구(Tape Measure Tool)와 기능적으로 매우 유사한 명령이라 할 수 있으며, [Rotate] 명령을 활용하는 방법과 비슷하게 사용할 수 있어 쉽게 배우고 쓸 수 있는 명령입니다.

 **Warm Up** 각도기(Protractor) 알아보기

각도기(Protractor)는 별도의 단축키 없이 도구바의 아이콘을 클릭해 실행합니다. 각도를 활용한 작업이 많다면 단축키를 지정해 사용하세요.

각도기는 마우스 포인터가 위치하는 면과 일치하거나 회전(Rotate)을 활용하는 방법처럼 축 방향을 바꿀 수 있습니다. 따라서 키보드의 방향키를 활용하거나 중심점을 클릭한 채 원하는 축 방향을 드래그해 기준이 되는 축을 만들 수 있습니다. 기준점을 클릭해 가이드라인이 표시되면 원하는 방향으로 마우스 포인터를 이동한 후 각도를 입력합니다.

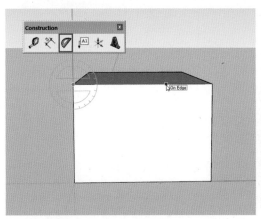 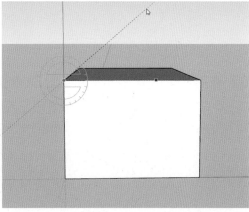

각도는 기본 15°마다 스냅이 걸리도록 설정되어 있습니다. 각도 스냅의 값은 [Window]–[Model Info] 메뉴를 클릭한 후 [Model Info] 대화상자가 나타나면 [Units]–[Enable angle snapping]에서 변경할 수 있습니다.

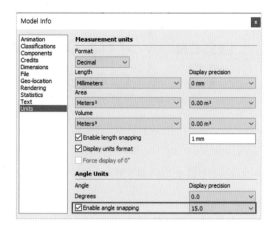

---

### Basic Training 각도 가이드라인을 활용해 경사 지붕 만들기

경사 지붕 형태의 모델링을 통해 각도기의 활용법을 익혀보겠습니다. Protractor는 각도 가이드라인을 만드는 기능일 뿐 직접적으로 모델을 변형하는 명령이 아닙니다. 따라서 가이드라인을 만든 이후의 모델링은 다양한 방법을 통해 진행될 수 있다는 점을 기억하기 바랍니다.

**01** [Rectangle █ ]R 과 [Push/Pull ◆ ]P 을 이용하여 **폭 1600mm×길이 700mm×높이 450mm** 크기의 박스를 그립니다.

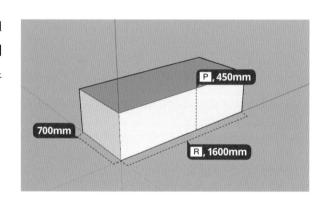

**02** ❶ [Protractor ⊘ ]를 클릭해 실행하고 ❷ 박스의 왼쪽 모서리를 중심점으로 클릭합니다. ❸ 마우스 포인터를 앞쪽으로 이동해 엣지 위를 기준점으로 클릭한 후 ❹ 마우스 포인터를 위로 이동해 가이드라인을 만듭니다. ❺ **40**을 입력한 후 Enter 를 누릅니다.

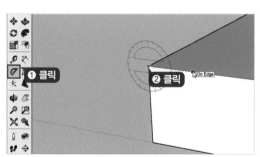
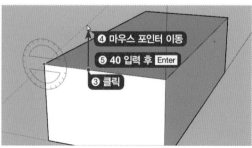

**03** ❶ 같은 방법으로 반대편에도 각도 **40°**의 가이드라인을 만듭니다. ❷ [Line ✏️ L]을 실행한 후 ❸ 윗면의 중간점을 연결하는 선을 그립니다.

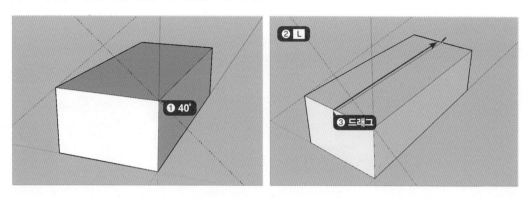

**04** ❶ Spacebar 를 누르고 ❷ 앞서 그린 선을 클릭합니다. ❸ [Move ✛ M]를 실행하고 ❹ 끝점을 클릭해 가이드라인의 교차점으로 이동합니다.

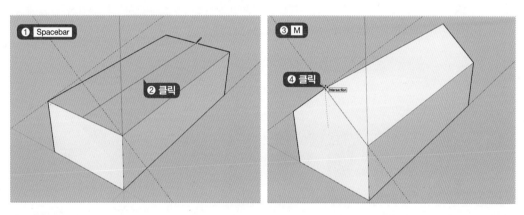

**05** ❶ [Tape Measure Tool 📏 T]을 실행하고 ❷ 정면, 왼쪽 모서리를 안쪽으로 드래그해 **600mm** 위치에 가이드라인을 만듭니다. ❸ 오른쪽 모서리를 안쪽으로 드래그해 **600mm** 위치에 가이드라인을 만듭니다.

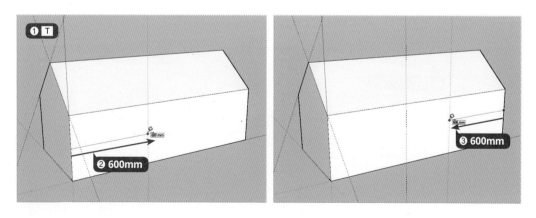

**06** ❶ [Rectangle ▨ ] Ⓡ을 실행하고 ❷ 정면의 가이드라인을 따라 선을 덧그립니다. ❸ [Push/Pull ◈ ] Ⓟ을 실행하고 ❹ 가운데 면을 앞쪽으로 **400mm** 끌어냅니다.

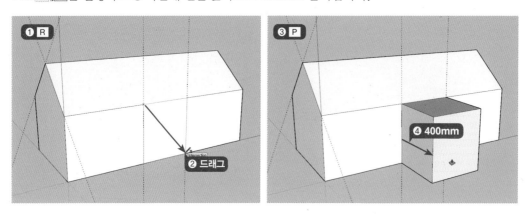

**07** ❶ [Protractor ⊘ ]를 실행하고 ❷ 끌어낸 면의 위쪽 모서리를 기준으로 양쪽에 각도 40°의 가이드라인을 만듭니다. ❸ [Line ✐ ] Ⓛ을 실행하고 ❹ 만들어진 가이드라인의 교차점을 연결해 그림과 같이 면을 만듭니다.

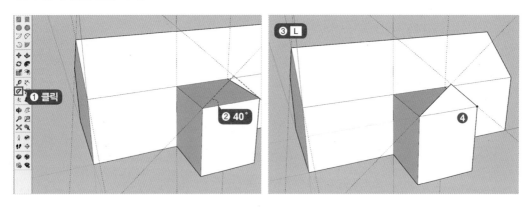

**08** ❶ 교차점을 클릭하고 ❷ Y축 방향으로 마우스 포인터를 이동합니다. ❸ 초록색 가이드라인이 활성화되면 Shift 를 눌러 축방향을 고정하고 ❹ 지붕면을 클릭합니다. ❺ 아래의 모서리를 클릭해 작은 지붕면을 만듭니다.

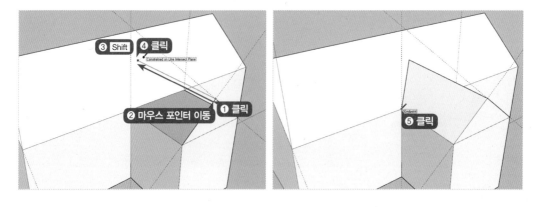

**09** ❶❷❸ 반대편도 끝점을 연결해 면을 만듭니다. ❹ Spacebar 를 누른 후 ❺ 한쪽 면을 클릭하고 단축키 H 를 눌러 숨깁니다.

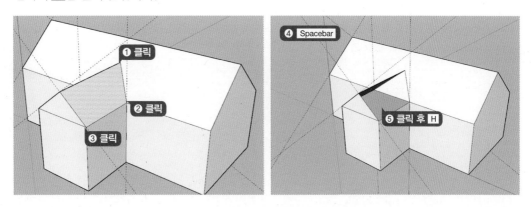

**10** ❶❷ 안쪽에 남아 있는 면의 엣지와 바깥의 불필요한 엣지를 선택해 삭제합니다. ❸ 단축키 U 를 눌러 숨겨놓은 면을 다시 보이게 합니다.

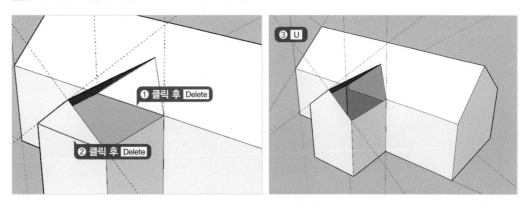

**11** ❶ 객체를 트리플클릭해 모두 선택하고 ❷ Ctrl + G 를 눌러 그룹으로 만듭니다. ❸ Shift + D 를 눌러 가이드라인을 모두 삭제해 완성합니다.

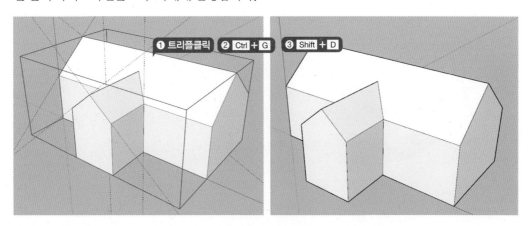

각도기(Protractor)를 사용할 때 방향을 쉽게 설정하려면 키보드의 방향키를 활용하는 것이 좋습니다. [Curic Mirror ▲] Alt+M나 [Offset ◉] F 등을 활용하면 좀 더 쉽게 모델링할 수 있습니다.

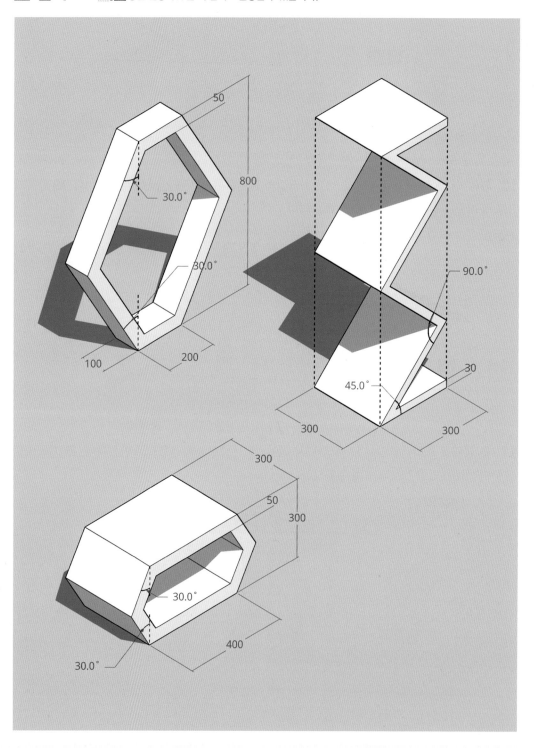

# LESSON 13

# 회전형 입체 모델링하기

회전형 입체란 중심축을 기준으로 단면이 회전되어 만들어지는 입체입니다. 물레 위에 점토를 올려놓고 돌려가며 도자기를 만드는 것과 비슷합니다. 이런 형태를 만드는 데 사용되는 명령이 바로 따라가기(Follow Me)이며, Quict Lathe처럼 더 편리하게 회전 입체를 만들 수 있는 확장 프로그램도 있으니 함께 알아두면 매우 편리합니다.

 **Warm Up** 따라가기(Follow Me)를 활용한 회전형 입체 만들기

따라가기(Follow Me)는 단면을 그리고 지정한 경로를 따라 움직여 형태를 만드는 명령입니다. 지정한 경로가 어떤 모양인가에 따라 회전형 입체를 만들 수도 있고, 파이프를 만들거나 홈을 파는 등의 작업에도 활용될 수 있는 명령입니다. 명령을 실행하는 기본 단축키는 없으며 57쪽에서 단축키를 설정했다면 Shift + F 를 눌러 실행할 수 있습니다. 경로를 먼저 선택한 후 명령 아이콘을 클릭하거나 단축키를 눌러 실행하고 단면을 클릭해 모델을 만듭니다. 또는 명령을 실행한 후 단면을 클릭하고 경로 위를 드래그해 모델을 만들 수도 있습니다.

회전형 입체를 만들려면 회전형 입체의 단면과 중심이 일치하도록 원 혹은 정다각형을 그리고 경로를 따라 단면을 회전시킵니다. 경로 객체는 단면 객체와 중심축이 정확히 일치해야 하며 경로 객체의 크기는 최종 형태에 영향을 주지 않습니다. 또 단면과 경로는 작업 편의상 조금 떨어져 있는 것이 좋습니다.

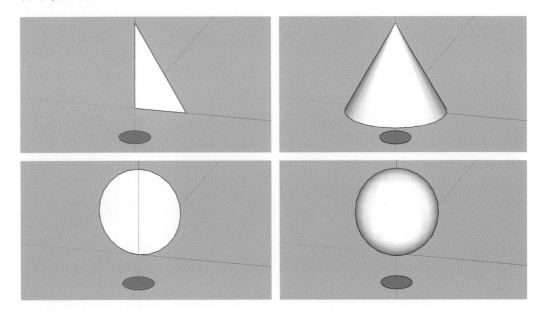

단면을 뒤집힌 상태로 그린 경우 완성된 모델의 면도 뒤집어진 상태가 되는데 이때는 면을 선택한 뒤 [Reverse Faces] Shift + R 를 실행해 면의 방향이 정상적인 상태가 되도록 해야 합니다. 그렇다고 해서 단면 객체를 그릴 때부터 최종 모델의 면 방향을 생각하고 모델링하지는 않습니다. 단면 객체의 방향은 의식하지 않고 그리지만 최종 형태에서 면의 방향이 뒤집혀나올 경우 면의 방향을 다시 바꾸기만 하면 되는 것입니다.

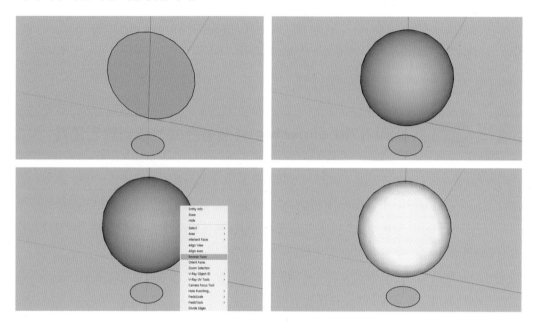

단면 객체를 경로 객체의 중심과 떨어뜨리면 가운데가 비어 있는 형태의 모델을 만들 수 있습니다. 이때 단면 객체와 경로 객체는 같은 축 위에 있어야 합니다. 단면 객체와 경로 객체의 축이 일치하지 않을 경우 모델링이 정상적으로 진행되지 않으니 주의하기 바랍니다.

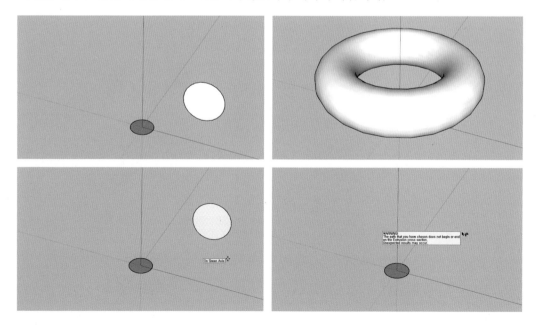

따라가기(Follow Me)를 활용해 회전형 입체를 만들어보겠습니다. 단면 객체와 경로 객체가 만들어지는 좌표 평면에 주의하고 단면 객체와 경로 객체가 같은 축 위에 위치하도록 주의해 모델링을 진행하세요.

**01** 뷰포트를 정면에 가깝게 회전한 후 그림과 같이 **폭 500mm×높이 1000mm**의 직각삼각형을 작도합니다.

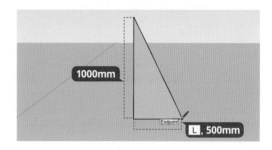

**02** ❶ [Circle ◉] [C]을 실행하고 ❷ 삼각형 왼쪽 아래 모서리에 마우스 포인터를 가져갑니다. ❸ [End Point]가 표시되면 마우스 포인터를 아래로 적당히 내린 후 클릭하여 원의 중심을 지정합니다. ❹ X축 방향으로 드래그해 적당한 크기의 원을 그립니다.

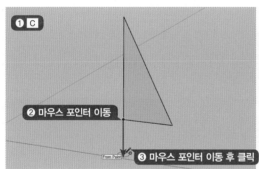
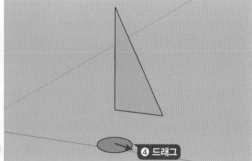

**03** ❶ 원을 클릭한 후 ❷ [Follow Me ◉]를 클릭합니다. ❸ 단면을 클릭합니다.

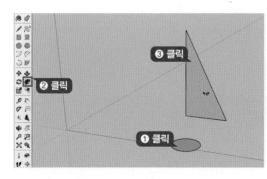
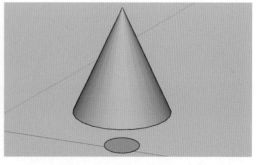

**CORE TIP** 단면을 아무것도 선택하지 않은 상태에서 [Follow Me]를 클릭한 후 단면 객체를 경로 객체 위로 드래그해 경로를 따라 그리듯 만들 수도 있습니다. 하지만 이 방법은 번거롭고 오류가 발생할 수도 있으므로 잘 사용하지 않습니다.

**04** 완성된 모델의 면 색상이 청회색일 경우에는 면의 방향이 뒤집혀 있는 것입니다. ❶ Spacebar 를 누른 후 ❷ 모델을 모두 선택하고 ❸ Shift + R 을 눌러 면의 방향을 바꿉니다.

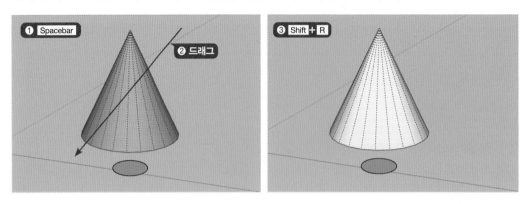

**05** ❶ 모델을 그룹으로 만들고 ❷ 경로 객체는 삭제해 원뿔을 완성합니다.

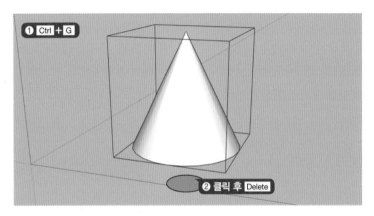

**06** 다시 **폭 500mm × 높이 1000mm**의 직각삼각형을 작도합니다.

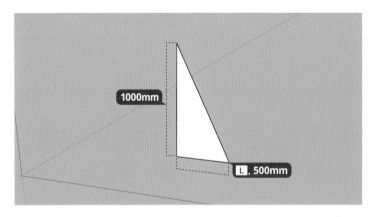

**07** ❶ [Polygon ⬡]을 실행하고 ❷ **4**를 입력한 후 Enter 를 눌러 정사각형으로 지정합니다. ❸ 직 각삼각형의 직각부 모서리를 추적해 중심점을 지정한 후 ❹ Z축 방향으로 마우스 포인터를 이동합 니다. ❺ Ctrl 을 누른 후 ❻ 드래그하여 원에 외접하는 형태의 정사각형을 만듭니다.

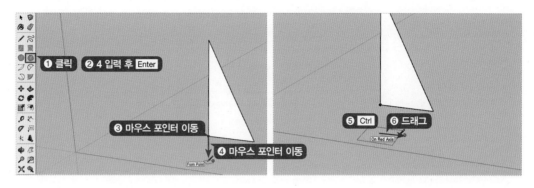

**08** ❶ Spacebar 를 누르고 경로 객체를 클릭합니다. ❷ [Follow Me 🌀]를 실행하고 ❸ 단면 객체 를 클릭합니다. ❹ 피라미드를 그룹으로 만들고 ❺ 경로 객체를 삭제해 완성합니다.

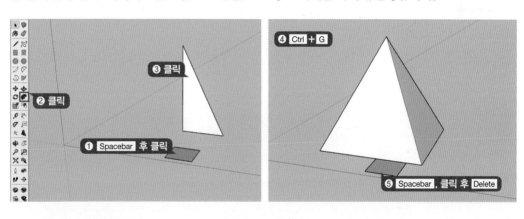

---

### 🏃 Basic Training  Quick Lathe를 활용한 구체 만들기

Quick Lathe는 회전형 입체를 보다 쉽게 만들 수 있는 확장 프로그램입니다. 48쪽을 참고해 ExtensionStore에서 확장 프로그램을 설치하고 단축키로 Alt + Q 를 지정합니다. 따라가기 (Follow Me)는 경로 객체를 별도로 그려야 하지만 Quick Lathe는 경로 객체 없이 중심축에 해당 하는 가이드라인이나 엣지를 중심으로 회전 입체를 만들어냅니다. Quick Lathe는 단면에 해당하 는 면을 여러 개 동시에 선택해 같은 축을 중심으로 한번에 회전형 입체를 만들 수 있어 더 편리합 니다.

**01** ❶ [Front] 뷰에 가깝게 뷰포트를 회전하고 ❷ [Circle ⌾] C을 실행해 ❸ 적당한 크기의 원을 그립니다. ❹ [Line ✏] L을 실행해 ❺ 수직으로 원의 중심을 지나도록 선을 그리고 ❻ 왼쪽 절반을 삭제합니다.

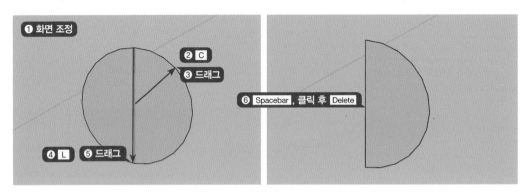

**CORE TIP** 이 단면 객체는 [Pie]를 실행해 한번에 작도할 수도 있습니다.

**02** ❶ Spacebar 를 누른 후 ❷ 원의 단면과 왼쪽 수직 엣지를 그림과 같이 드래그해 한번에 선택합니다. ❸ [Tools]-[Quick Lathe Alt + Q] 메뉴를 클릭합니다.

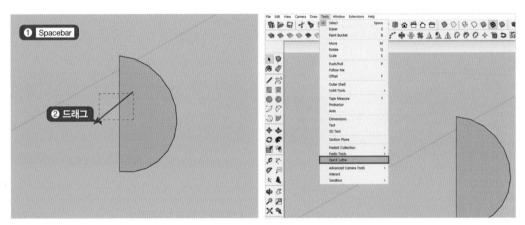

**03** ❶ [Quick Lathe] 대화상자가 표시되면 [Axis c-line?]을 [No]로 바꿔 중심축에 가이드라인을 만들지 않는 상태로 변경합니다. ❷ [OK]를 클릭합니다.

**04** 완성된 모델은 바로 그룹 객체가 되며 경로 객체는 없으므로 따로 정리 할 필요도 없습니다.

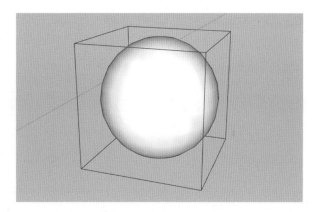

가이드라인을 중심축으로 하는 객체를 만들 수도 있습니다. 중심축으로부터 단면 객체를 떨어뜨려 중심축 주변을 돌아가는 형태의 모델을 만들어보겠습니다.

**01** ❶ [Tape Measure Tool🔧Ⓣ]을 실행하고 ❷ 원점의 Z축을 드래그해 적당한 위치에 가이드라인을 만듭니다.

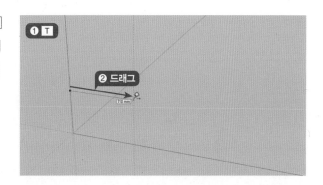

**02** ❶ [Circle◎Ⓒ]을 실행하고 ❷ ←를 눌러 Y축 기준으로 방향을 바꾼 뒤 ❸ 가이드라인을 클릭해 중심을 지정합니다. ❹ X축 방향으로 드래그해 반지름이 나타나도록 하고 ❺ **200**을 입력합니다.

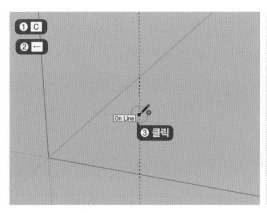

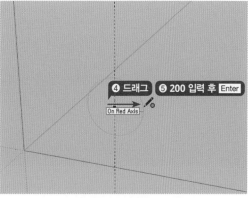

**03** ❶ [Move ✛] M를 실행하고 ❷ 원을 X축 오른쪽으로 드래그한 뒤 ❸ 800을 입력합니다.

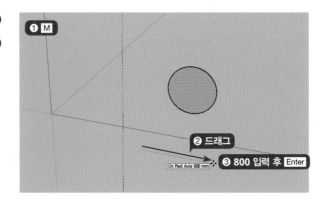

**04** ❶ Spacebar를 누르고 원의 내부 면을 클릭합니다. ❷ Ctrl을 누른 채 가이드라인을 추가로 클릭합니다. ❸ [Tools]−[Quick Lathe] Alt+Q 메뉴를 클릭하고 ❹ [Quick Lathe] 대화상자가 나타나면 [OK]를 클릭합니다.

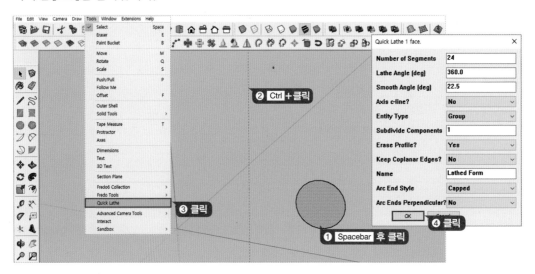

**05** ❶ 그룹을 더블클릭해 열고 ❷ 면을 클릭한 뒤 ❸ 단축키 Shift+R을 눌러 면의 방향을 뒤집어 완성합니다.

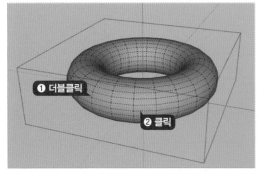

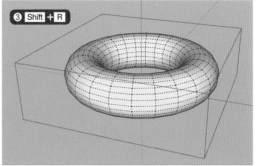

회전체는 단면을 그리는 것과 중심을 설정하는 것이 어렵습니다. 그림에는 단면의 형태가 제공되어 있지만 실제로는 만들고자 하는 대상의 형태만으로 단면과 경로의 형태를 그려낼 수 있어야 합니다. 트레이닝 예제 이외에도 주변에서 볼 수 있는 다양한 대상이나 이미지들을 참고해 모델링을 연습하기 바랍니다.

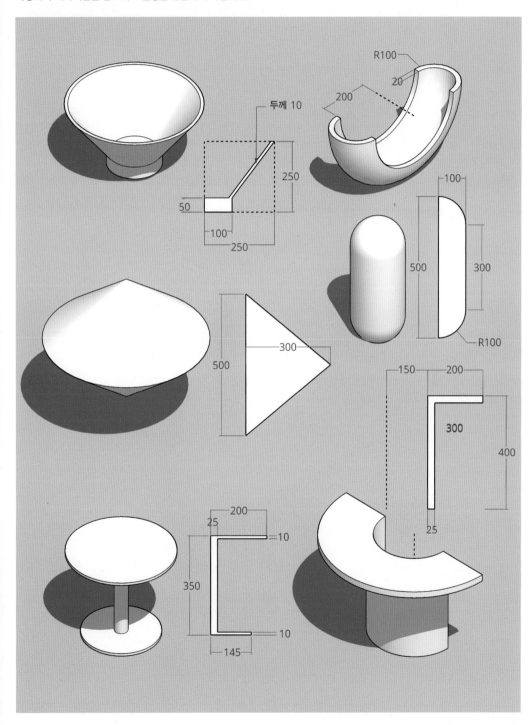

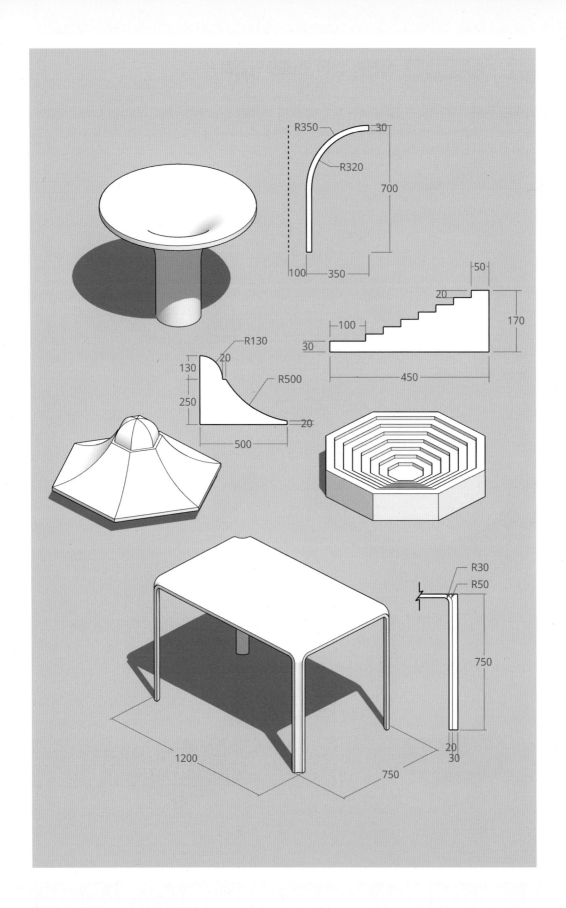

# LESSON 14 파이프 형태의 입체 모델링하기

건축이나 인테리어와 관련된 모델 중에는 난간이나 몰딩처럼 단면의 형태가 일정하게 긴 형태가 많습니다. 이런 형태를 모델링할 때도 따라가기(Follow Me)가 활용됩니다. 이외에도 원이나 사각형 같은 단면을 갖는 파이프는 플러그인을 활용해 좀 더 쉽게 만들 수도 있습니다. 이번 학습에서는 플러그인과 따라가기를 활용해 파이프 형태의 입체를 어떻게 만드는지 알아보겠습니다.

 **Warm Up** **JHS Powerbar의 명령으로 파이프 모델링하기**

JHS Powerbar는 모델링에 도움이 되는 다양한 명령이 포함된 확장 프로그램입니다. 48쪽을 참고해 ExtensionStore에서 설치합니다. [JHS Powerbar] 도구바에는 파이프 형태의 모델링을 위한 세 가지 명령이 들어 있습니다. [Follow Me]를 실행해 파이프 형태를 만들기 위해서는 단면과 경로 두 가지의 객체가 필요하지만, 다음 세 가지 명령에는 각각 단면(사각형, 원, 도넛)이 미리 정해져 있으므로 경로만 만들면 해당 단면 형태의 파이프를 쉽게 만들 수 있습니다.

❶ **Extrude Along Path** : 사각형 단면을 갖는 파이프를 만듭니다.
❷ **Pipe Along Path** : 속이 빈 원형 파이프를 만듭니다. 이 명령은 파이프에 두께가 생기는 명령으로 속이 보이는 유리관 등의 형태에만 사용하는 것이 좋습니다. 내부가 보이지 않는 파이프의 경우 이 명령으로 안쪽 면까지 만들어 데이터 용량을 늘릴 필요가 없기 때문입니다.
❸ **Lines to Tubes** : 원형 파이프를 만들 때는 이 명령을 주로 활용하며 명령을 사용하려면 경로가 커브(Curve)로 연결되어 있어야 합니다. 따라서 경로 객체를 모두 선택한 후 [JHS Powerbar]-[Super Weld ⵔ]를 실행해 떨어진 곳 없이 연결한 다음 파이프를 만들어야 합니다.

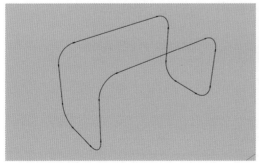
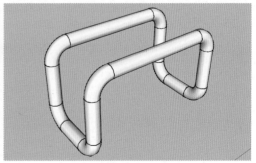

▲ [**Super Weld**]를 적용하지 않은 상태로 [**Lines to Tubes**]를 실행한 경우

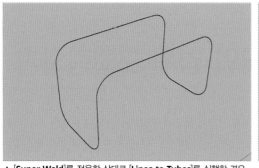
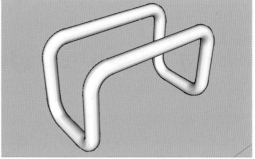

▲ [**Super Weld**]를 적용한 상태로 [**Lines to Tubes**]를 실행한 경우

## Basic Training 사각형 단면 경로를 따라 사각 파이프 만들기

예제 파일 | PART02\Extrude Along Path.skp

[JHS Powerbar]−[Extrude Along Path🔧]를 실행해 걸레받이를 만들어보겠습니다. 걸레받이 외에도 단면의 형태가 사각형이며 길이가 긴 부재들은 모두 이 명령을 활용하는 것이 좋습니다. 경로와 단면의 위치를 맞추는 방법에 유의하며 모델링을 진행하기 바랍니다.

**01** ❶ 예제 파일을 불러옵니다. ❷ [Line✏️][L]을 실행하고 ❸❹❺❻ 벽체와 바닥이 만나는 안쪽 모서리를 따라 선을 덧그립니다.

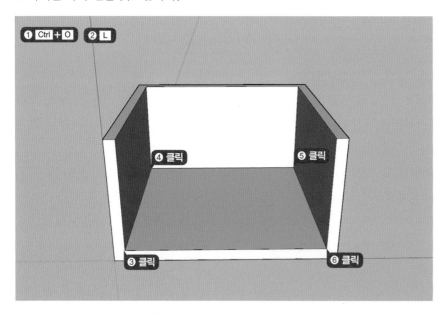

**02** ❶ 한쪽 모서리를 확대한 후 ❷ 단축키 X를 눌러 [X-Ray] 모드로 바꿉니다. ❸ Spacebar 를 누른 후 모서리에 덧그린 선을 트리플클릭해 모두 선택하고 ❹ [Extrude Along Path]를 클릭합니다. ❺ [Alignment]는 [Edge]로 지정하고 ❻ [Width]에는 **8mm**, [Height]에는 **80mm**를 입력한 후 ❼ [OK]를 클릭합니다.

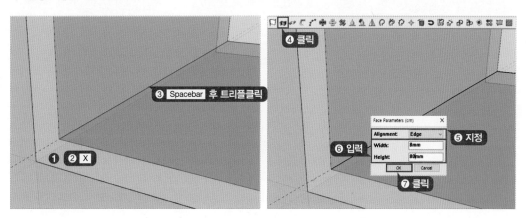

**03** ❶ 단면의 시작 위치가 정확한지 확인하는 대화상자가 나타납니다. ❷ 작업 화면에 단면이 보이면 ❸ [예(Y)]를 클릭합니다.

**CORE TIP** 단면이 보이지 않으면 [아니요(N)]를 클릭해야 합니다. 화면에 단면이 보이지 않는다는 것은 반대편에서 면이 시작하고 있다는 의미이므로 [아니요(N)]를 클릭해야 보이는 부분으로 면의 시작 위치가 옮겨집니다.

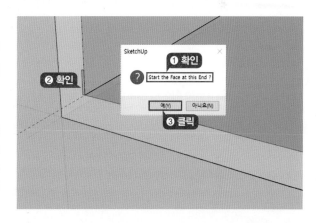

**04** ❶ 면이 생성되는 방향이 정확한지 확인하는 대화상자가 나타납니다. ❷ 현재는 벽 안으로 단면이 들어간 상태이므로 ❸ [아니요(N)]를 클릭합니다.

**CORE TIP** 단면이 실내를 향해 정상적으로 표시되면 [예(Y)]를 클릭합니다.

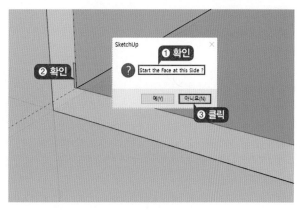

**05** ❶모델이 완성되면 경로가 계속 선택된 상태로 남아 있습니다. 이 경로를 다시 사용하지 않는다면 그대로 Delete 를 눌러 삭제합니다. ❷ 자동으로 추가된 가이드라인도 Shift + D 를 눌러 삭제해 완성합니다.

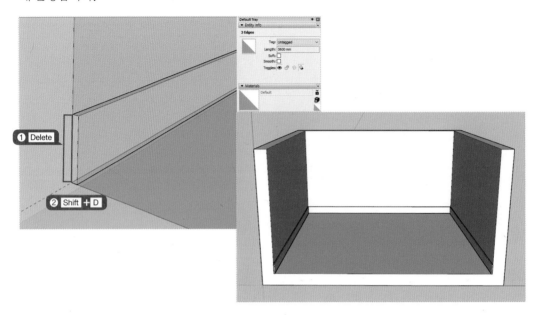

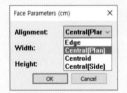

### Power Up Note [Extrude Along Path] 명령 더 알아보기

[Extrude Along Path] 명령의 [Alignment]에서 경로에 단면을 어떻게 위치시킬지 설정할 수 있습니다.

❶ **Central(Plan)** | 경로에 단면의 아래 모서리 중간점을 위치시킵니다.

❷ **Centroid** | 경로에 단면의 중심을 위치시킵니다.

❸ **Central(Side)** | 경로에 단면의 옆면 모서리 중간점을 위치시킵니다.

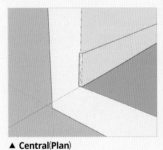

▲ Central(Plan)　　▲ Centroid　　▲ Central(Side)

 **Basic Training** 곡선의 단면 경로를 따라 원형 파이프 만들기

[JHS Powerbar]−[Lines to Tubes ◀]를 실행하면 단면의 형태가 원형인 파이프를 쉽게 만들 수 있습니다. 경로가 모두 연결된 상태의 커브(Curve)여야 한다는 점을 꼭 기억하고, 이때 사용되는 명령인 [Super Weld]도 함께 기억하기 바랍니다.

**01** 폭 **900mm**×길이 **500mm**×높이 **400mm**의 박스를 만듭니다.

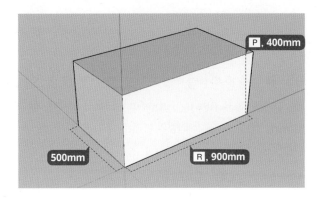

**02** ❶ [Tape Measure Tool ●] T 을 실행하고 ❷ 왼쪽 모서리에서 안쪽으로 **100mm** 떨어진 곳에 가이드라인을 만듭니다. ❸ [2 Point Arc ●] A 를 실행하고 ❹❺❻ 가이드라인과 엣지의 교차점부터 호를 그립니다.

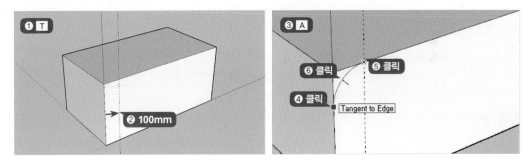

**CORE TIP** 정확한 위치의 교차점에 마우스 포인터를 가져가면 선이 보라색으로 나타납니다.

**03** 모서리를 돌아가며 더블클릭해 호를 추가합니다.

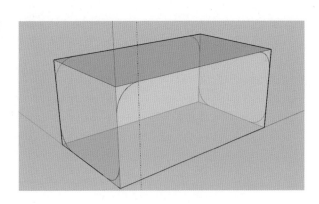

**04** 다음 그림의 엣지를 제외한 나머지 엣지를 모두 삭제합니다.

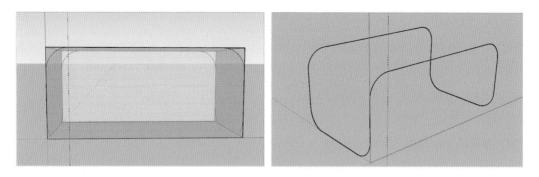

**05** ❶ 선을 트리플클릭해 모두 선택한 후 ❷ [JHS Powerbar]–[Super Weld ◯]를 클릭합니다. ❸ 이어서 [Lines to Tubes ⌒]를 클릭합니다. ❹ [Paramertes] 대화상자에서 [Diameter]에 **50mm**, [Precision]에 **16**을 입력하여 지름과 세그먼트 수를 수정하고 ❺ [OK]를 클릭합니다.

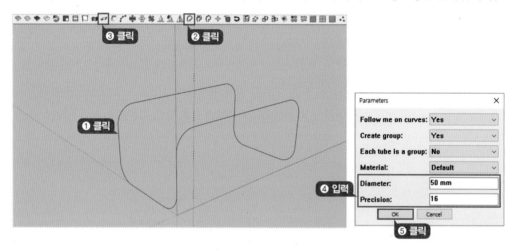

**06** ❶ X 를 눌러 [X-Ray] 모드로 확인해보면 파이프 안에 경로가 그대로 선택되어 있는 상태임을 알 수 있습니다. ❷ Delete 를 눌러 필요 없는 경로를 삭제하고 ❸ Shift + D 를 눌러 가이드라인도 삭제합니다. ❹ 파이프를 그룹으로 만들어 완성합니다.

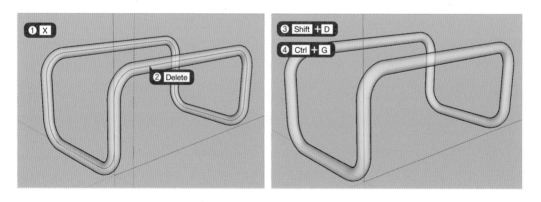

스케치업에서는 엣지가 곧 선이므로 엣지를 파이프 형태의 경로로 사용할 수도 있습니다. 따라서 입체 모델을 만든 후 그 엣지를 경로로 사용하여 복잡한 형태의 와이어 구조물을 쉽게 만들 수 있습니다. 다음 실습을 통해 입체 모델의 엣지를 경로로 활용하는 방법과 복잡한 엣지들 가운데 필요한 엣지만을 빠르게 선택하는 QuadFace Tools 확장 프로그램을 알아보겠습니다. 46쪽을 참고해 Extension Warehouse에서 설치한 후 학습을 진행하세요..

**01** ❶ 반지름 **500mm**의 원을 그리고 ❷ 둘레의 엣지를 클릭한 다음 ❸ [Entity Info] 트레이에서 [Segments]의 값을 **40**으로 수정합니다.

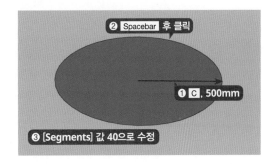

**02** ❶ [Push/Pull 🔲]P을 실행한 후 ❷ **400mm** 돌출시킵니다. ❸ [Offset 🔲]F을 실행한 후 ❹ **200mm** 안쪽으로 오프셋합니다.

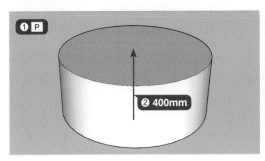
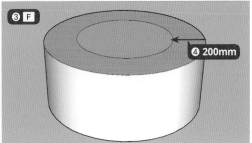

**03** ❶ [Push/Pull 🔲]P을 실행한 후 ❷ 안쪽 원을 위로 **400mm** 돌출시키고 ❸ [Offset 🔲]F을 실행한 후 ❹ **200mm** 안쪽으로 오프셋합니다. ❺ 다시 한번 안쪽 원을 위로 **400mm** 돌출시킵니다.

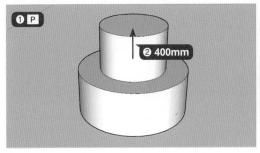
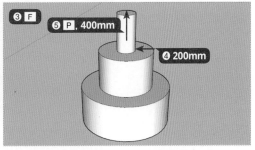

**04** ❶ 객체를 트리플클릭해 모두 선택하면 ❷ 원기둥의 둘레에는 엣지가 있는 것이 보이지만 ❸ 윗면에는 엣지가 없는 것으로 보입니다.

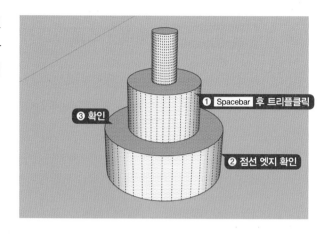

**05** ❶❷ 윗면에 엣지를 연결하려면 원 안쪽의 엣지 두 개를 선택한 후 ❸ Z축으로 **100mm** 이동합니다. ❹ 다시 아래로 **100mm** 이동해 원래 위치로 돌려놓습니다.

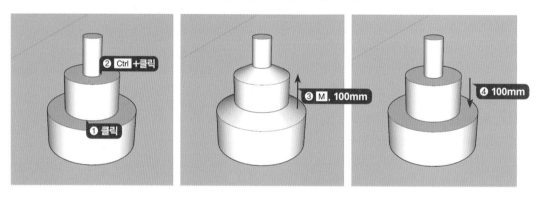

**06** ❶ 객체를 트리플클릭해 모두 선택하고 ❷ [JHS Powerbar]-[UnSmooze ◈]를 실행합니다.

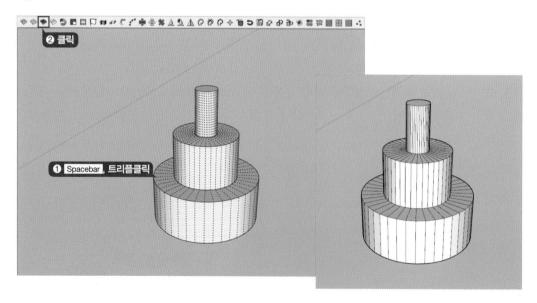

**07** ❶ 세로 엣지를 하나 클릭한 후 ❷
Alt + L 을 눌러 [Select Loop]를 실행
해 연결된 엣지를 모두 선택합니다.

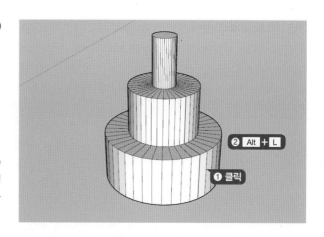

CORE TIP [Select Loop] 명령은 QuadFace
Tool 확장 프로그램에 포함된 명령으로 선택한 엣
지와 연결된 엣지를 모두 선택하는 명령입니다. 단
축키 Alt + L 을 지정해 사용합니다.

**08** 이어서 [Select Ring] Alt + R 을
실행해 평행 방향의 엣지를 모두 선택
합니다.

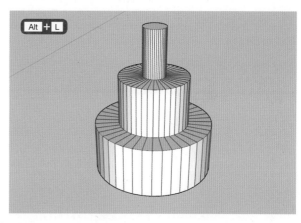

CORE TIP [Select Ring] 명령은 QuadFace
Tool 확장 프로그램에 포함된 명령으로 선택한 엣
지와 평행하는 엣지를 모두 선택합니다. 단축키 Alt
+ R 을 지정해 사용합니다.

**09** ❶ [JHS Powerbar]−[Lines To Tubes 〔 ]를 클릭합니다. ❷ [Parameters] 대화상자가 나
타나면 [Diameter]에 **10mm**, [Precision]에 **8**을 입력한 후 ❸ [OK]를 클릭합니다.

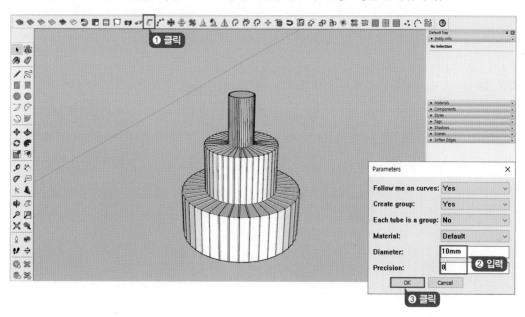

**10** ❶ 원통의 모서리 엣지를 하나 클릭한 다음 ❷ Alt + R 을 눌러 평행하는 엣지를 모두 선택합니다.

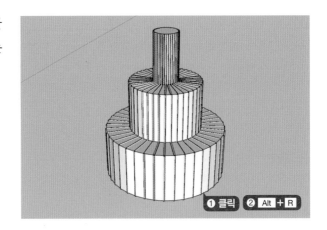

**11** ❶ 다시 [Lines To Tubes ⬚]를 클릭하고 ❷ [Diameter]를 **15mm**로 수정한 후 ❸ [OK]를 클릭합니다.

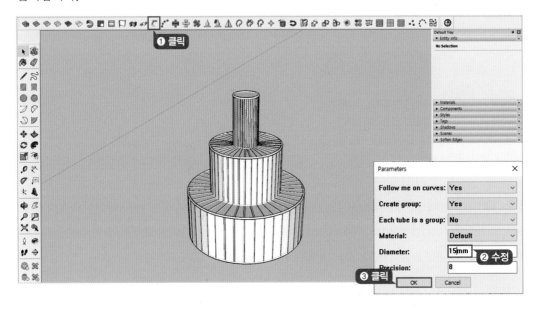

**12** ❶ 원통을 트리플클릭해 모두 선택합니다. ❷ Delete 를 눌러 면을 삭제하고 와이어 구조물만 남깁니다.

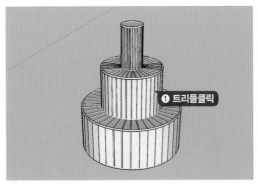

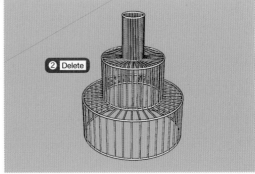

 **Warm Up** **따라가기(Follow Me)를 활용한 파이프 모델링하기**

따라가기(Follow Me)는 단면이 원이나 사각형이 아닌 경우 사용합니다. 주로 단면의 형태가 복잡한 몰딩, 문선, 걸레받이 등을 모델링할 때 사용합니다. 단면 객체와 경로 객체 두 가지를 모두 만들어야 하며 단면의 위치와 방향에 주의해야 합니다. 또 경로 객체의 엣지와 단면 객체의 엣지가 붙어 있는 상태로는 명령을 실행하지 않는 것이 좋습니다. 경로에 단면이 붙어 있으면 경로를 선택하기도 불편하고 경로에 불필요한 버텍스가 생기는데 이 버텍스가 최종 모델에도 남기 때문입니다.

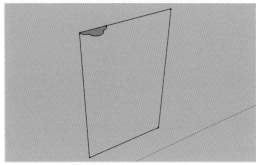
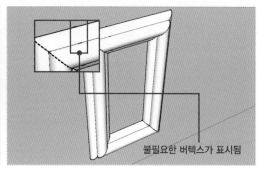

불필요한 버텍스가 표시됨

▲ 단면이 경로에 붙어 있는 경우

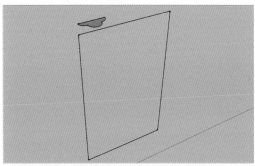
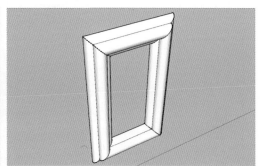

▲ 단면이 경로와 떨어져 있는 경우

**Power Up Note** **끝점(Endpoint)이 보이도록 설정하기**

스케치업의 기본 설정으로는 선이나 호의 끝점(Endpoint)이 보이지 않습니다. 끝점을 표시하려면 [Styles] 트레이의 [Edit] 탭에서 [Endpoint]에 체크합니다. 이런 경우 엣지 중간의 불필요한 버텍스를 확인하기 좋지만 뷰포트의 표시가 다소 느려지며 모델의 윤곽선이 거칠어 보이는 단점이 있습니다.

예제 파일 | PART02\Follow Me_Moulding.skp

따라가기를 활용해 천장 몰딩을 만들어보겠습니다. 이 예제를 통해 경로와 단면의 위치 관계에 대해 정확히 이해할 수 있도록 합니다. 또 경로를 일일이 다시 그리지 않고 벽체로부터 복사해 사용하는 방법도 기억하기 바랍니다.

**01** ❶ 예제 파일을 불러옵니다. ❷ 간단한 형태의 구조체를 확인할 수 있습니다.

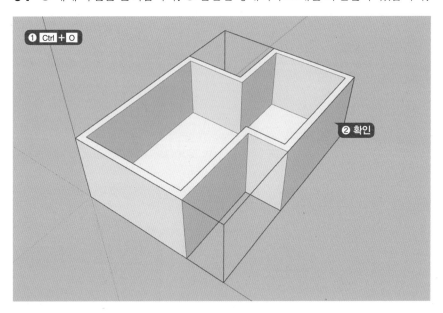

**02** ❶ 구조체 모델을 더블클릭해 그룹을 열고 ❷ 벽의 윗면을 선택합니다. ❸ 위쪽으로 떨어뜨려 복사합니다.

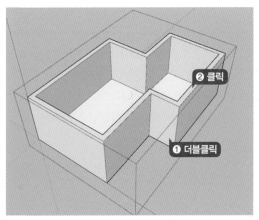
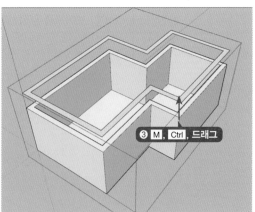

**03** ❶ 복사한 객체의 면을 선택해 삭제합니다. ❷ 바깥쪽 선을 트리플클릭하고 연결된 모든 선을 삭제합니다.

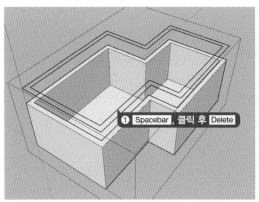
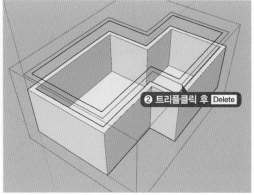

**04** ❶ 구조체를 트리플클릭해 모두 선택한 다음 ❷ Ctrl+G를 눌러 다시 그룹으로 만듭니다. 현재는 그룹 안의 구조체가 또 한 번 그룹이 된 상태입니다.

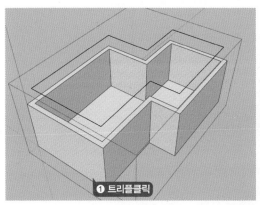
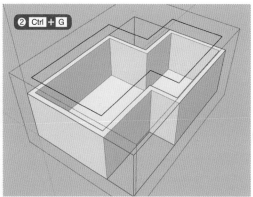

**05** ❶ Esc를 눌러 그룹을 모두 닫고 ❷ 마우스 오른쪽 버튼을 클릭합니다. ❸ [Explode] Shift+X를 클릭합니다. 이제 경로와 구조체 그룹이 분리된 상태가 됩니다.

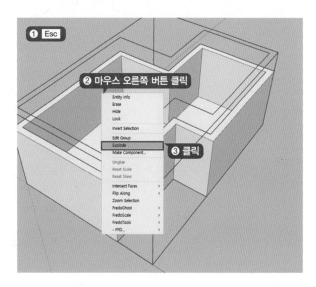

CORE TIP 벽체의 위쪽 모서리를 따라 경로를 직접 그릴 수도 있지만 구조가 크고 복잡한 경우 이처럼 경로를 복사하는 것이 더 편리합니다.

**06** ❶ [Line ✏️ └┘]을 실행한 후 ❷ 안쪽 벽 모서리에 다음 도면과 같이 몰딩 단면을 그립니다.

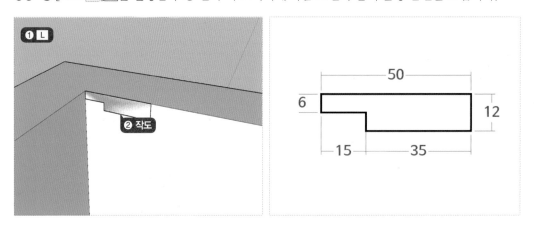

**07** ❶ 복사한 경로를 트리플클릭해 모두 선택합니다. ❷ [Follow Me 🖱️]를 클릭한 후 ❸ 몰딩 단면을 클릭합니다. ❹ 완성된 몰딩을 트리플클릭해 모두 선택하고 ❺ 그룹으로 만들어 완성합니다.

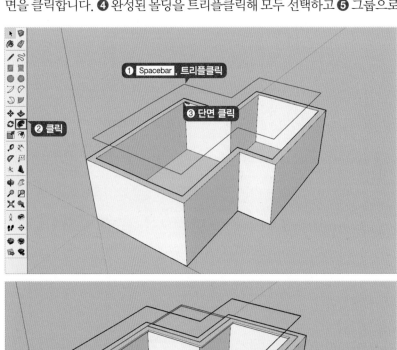

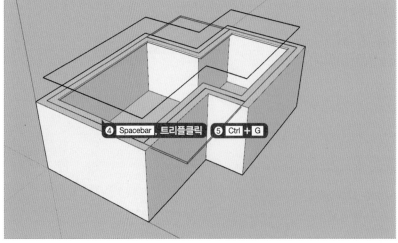

**경로와 단면을 활용한 모델링 연습하기**

단면의 형태가 원이나 사각형인 경우 [JHS Powerbar]를 활용하고 그렇지 않은 경우는 [Follow Me]를 활용해 모델링을 진행합니다. 회전, 복사 등을 위해서는 가이드라인도 적절히 사용해야 합니다.

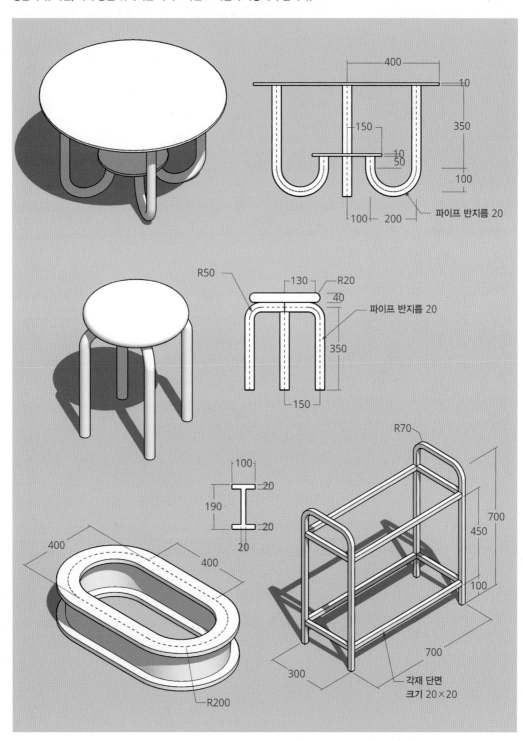

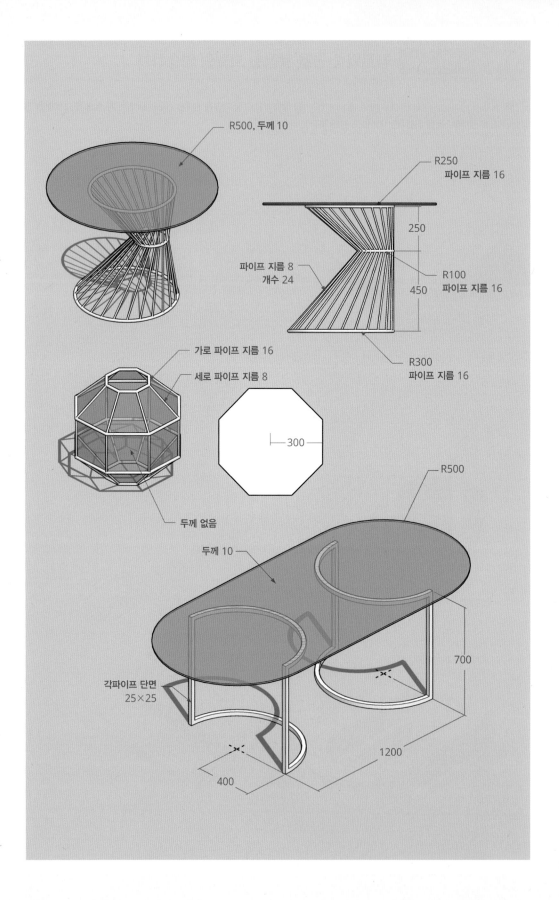

R500, 두께 10

R250
파이프 지름 16

250

파이프 지름 8
개수 24

R100
파이프 지름 16

450

R300
파이프 지름 16

가로 파이프 지름 16

세로 파이프 지름 8

300

두께 없음

R500

두께 10

700

각파이프 단면
25×25

1200

400

# LESSON 15
# 솔리드 도구(Solid Tools) 활용하기

이번 학습에서는 객체에 구멍을 뚫거나 일부를 파내는 등의 작업에 사용되는 솔리드 도구(Solid Tools)의 여러 명령들에 대해 알아보도록 하겠습니다. 이 명령을 원활하게 사용하려면 무엇보다 폴리곤 모델링이라는 프로그램의 특성에 대해 잘 이해해야 하고, 명령 내에 포함된 여러 가지 하위 명령을 어떻게 조합해 사용할 것인지 생각할 수 있어야 합니다. 학습을 통해 하나씩 알아보겠습니다.

 **Warm Up** 솔리드 도구(Solid Tools)를 사용하기 위한 기본 조건

솔리드 도구(Solid Tools)를 사용하려면 객체가 반드시 솔리드 상태여야 합니다. 여러 개의 솔리드를 다시 하나의 그룹이나 컴포넌트로 묶어서도 안 됩니다. 객체를 선택했을 때 [Entity Info] 트레이에 [Solid Group]이나 [Solid Component]라고 표시되는 객체만 솔리드 도구를 사용할 수 있습니다. 여러 객체를 솔리드 상태로 만들려면 각각의 객체를 그룹이나 컴포넌트로 만들지 말고 전체를 선택해 한번에 그룹이나 컴포넌트로 만들면 됩니다.

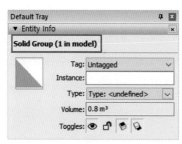 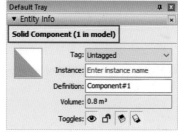

 **Warm Up** 솔리드 도구의 한계

스케치업 객체의 모든 면은 화면에 표시되지 않는 작은 삼각형 조각으로 이루어져 있습니다. 또 구체나 원기둥 등의 곡면 역시 삼각형 조각으로 이루어져 있습니다. 스케치업에서 처음으로 곡면의 객체를 그릴 때는 조각의 개수를 의미하는 세그먼트가 이미 결정된 상태입니다.

따라서 서로 다른 두 곡면의 객체를 합치거나 파내는 작업을 하면 이 세그먼트의 위치나 개수가 바뀌지 않기 때문에 연결부가 매끄럽게 만들어지지 않습니다. 이는 스케치업을 포함해 3ds Max나 Maya 등 폴리곤 기반의 모든 모델링 프로그램이 가지는 특성입니다.

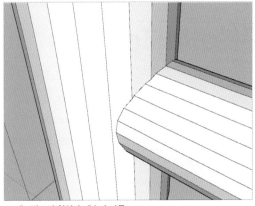
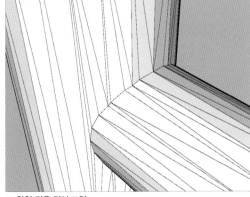

▲ 세그먼트의 위치나 개수가 다름 | ▲ 합칠 경우 면이 꼬임

물론 3ds Max나 Maya와 같은 프로그램에서는 세그먼트의 위치를 완전히 새롭게 재구성하는 확장 프로그램도 있지만 한계가 있습니다. 따라서 작업을 할 때는 이런 세세한 부분의 정밀도를 신경 쓰지 말아야 합니다. 실제로 이런 부분이 공간상에서 매우 큰 부분을 차지하고 최종 결과물에 나타날 정도라면 작업자가 모든 세그먼트를 어색하지 않게 새롭게 그려야 하겠지만 실무에서 그렇게 작업할 일은 거의 없습니다.

이 문제 외에도 연산 자체에 오류가 생기는 경우는 많습니다. 솔리드 도구의 명령을 반복해 사용하거나 매우 복잡한 모델에 사용하면 면의 일부가 제대로 뚫리지 않는 오류가 발생합니다. 또는 결과물이 솔리드가 아닌 상태로 바뀌기도 합니다. 이런 오류 역시 면이 복잡한 삼각형 조각으로 나누어지며 발생하는 결과입니다. 프로그램이 더 이상 복잡한 연산을 제대로 수행하지 못한다는 뜻입니다. 그렇다고 해서 이런 문제가 반드시 생기므로 복잡한 형태의 모델에 솔리드 도구를 쓰지 말라는 뜻은 아닙니다. 문제가 발생했을 때 그것을 다른 모델링 방법으로 풀어나가야 한다는 뜻입니다.

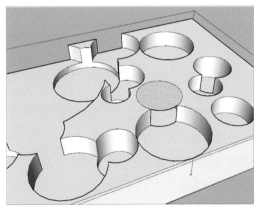
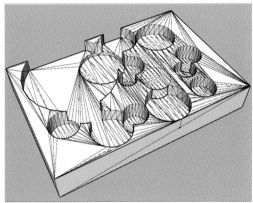

▲ 평면 위에 [Subtract]를 여러 차례 실행한 결과 중간에 제거되지 않는 면이 생김

**Warm Up** 솔리드 도구의 도구바 알아보기

❶ **Outer Shell** : 선택한 모든 객체를 하나로 합칩니다. 이때 객체 내부에 면이 있다면 모두 제거 됩니다.

❷ **Intersect** : 선택한 객체의 교차된 부분만 남깁니다.

❸ **Union** : 선택한 객체를 하나로 합칩니다. 내부에 면이 있다면 그대로 유지됩니다.

❹ **Subtract** : 첫 번째 선택한 객체를 두 번째 선택한 객체에서 빼냅니다.

❺ **Trim** : 첫 번째 선택한 객체 부분만큼 두 번째 선택한 객체에서 지웁니다. Subtract와는 다르게 첫 번째 선택한 객체가 삭제되지 않습니다.

❻ **Split** : 선택한 두 객체의 교차된 부분과 첫 번째 객체의 교차되지 않은 부분, 두 번째 객체의 교 차되지 않은 부분, 이렇게 세 개의 객체로 나눕니다.

**Basic Training** 교차 볼트(Groin Vault) 만들기

다음 예제를 통해 [Split] 명령과 [Union] 명령의 기능을 정확히 이해하고 제자리 복사와 회전, 높 이 이동 등 다양한 명령을 함께 익히기 바랍니다.

**01** [Front] 뷰에서 **폭 400mm × 높이 500mm**의 사각형을 그리고 ❶ [Circle ◉ C]을 실행한 후 ❷ 사각형의 윗변에 맞춰 원을 그립니다. ❸ [Eraser ✐ E]를 이용해 ❹ 안쪽의 엣지를 모두 삭제합 니다.

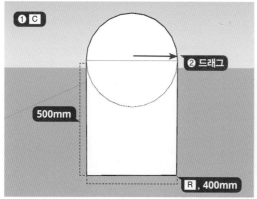

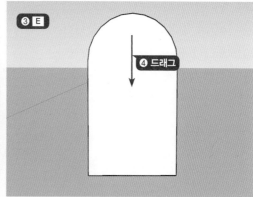

**02** ❶ 객체를 모두 선택한 후 ❷ [Shift]를 누른 채로 안쪽면과 아래 엣지를 드래그하면 바깥쪽의 엣지만 선택된 상태로 남습니다. ❸ [Offset ⬡][F]을 실행하고 ❹ 안쪽으로 드래그한 후 ❺ 50을 입력합니다.

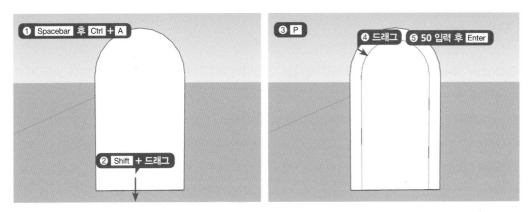

**03** ❶ 아래 가운데 엣지를 선택해 삭제하고 ❷ [Push/Pull ⬥][P]를 이용해 ❸ 뒤로 **800mm** 돌출시킵니다.

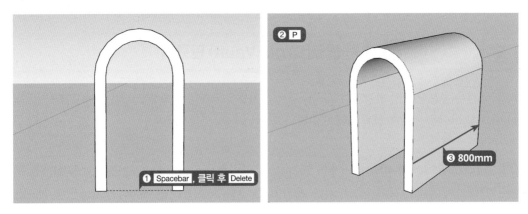

**04** ❶ 객체를 모두 선택한 후 [Ctrl]+[G]를 눌러 그룹으로 만듭니다. ❷ [Soften Edges] 트레이의 슬라이더를 조절해 중간에 보이는 엣지를 숨깁니다.

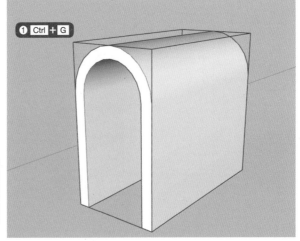

**05** ❶ 앞서 만든 객체보다 조금 큰 박스를 하나 만듭니다. ❷ [Move ✥ ]M]를 실행하고 ❸ X]를 눌러 X–Ray 뷰로 전환한 후 ❹ 박스의 끝점을 아치의 위쪽 끝점에 맞춰 이동합니다.

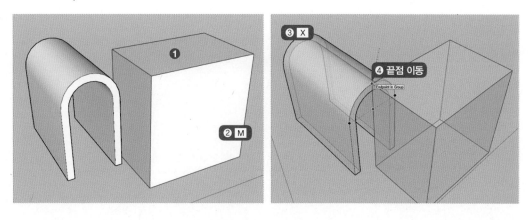

**06** ❶ [Rotate]Q]를 실행하고 ❷ 박스의 끝점을 중심으로 45° 회전시킵니다. ❸ [Curic Mirror]Alt]+M]를 실행하고 ❹ Ctrl]을 눌러 복사 모드를 실행합니다. ❺ 끝점을 클릭한 후 X축 방향으로 드래그해 반대편에 복사합니다.

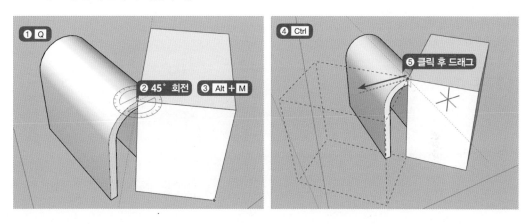

**07** ❶ [Solid Tools] 도구바에서 [Subtract 🔲 ]를 클릭하고 ❷ 오른쪽의 박스를 먼저 클릭한 다음 ❸ 볼트(Vault)를 차례로 클릭합니다.

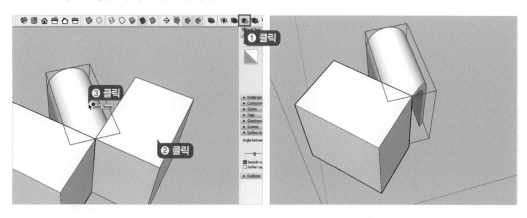

**08** ① 뷰포트의 빈 곳을 클릭해 선택을 해제합니다. ② 박스를 먼저 클릭한 후 ③ 볼트를 클릭합니다.

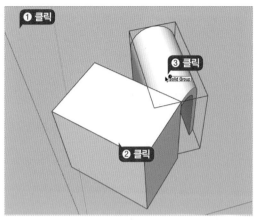 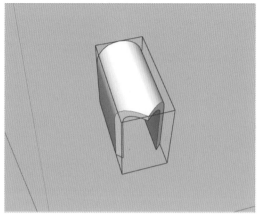

**CORE TIP** 뷰포트의 빈 곳을 클릭하면 연속적으로 명령을 실행할 수 있어 편리합니다.

**09** ① [Curic Mirror] Alt + M 를 실행하고 ② Ctrl 을 눌러 복사 모드를 실행합니다. ③ 볼트의 잘린 면을 클릭해 반대편으로 복사합니다.

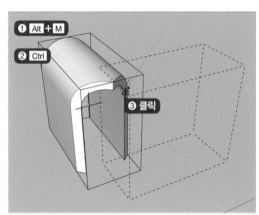 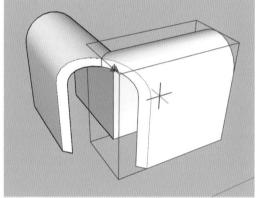

**10** ① 두 개의 볼트를 모두 선택한 후 ② [Curic Mirror] Alt + M 를 실행하고 ③ Ctrl 을 눌러 복사 모드를 실행합니다. ④ 볼트의 잘린 면을 클릭해 반대편으로 복사합니다.

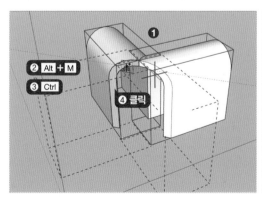 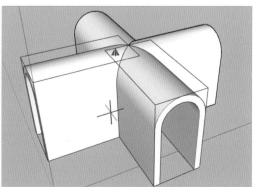

**11** ❶ 네 개의 볼트를 모두 선택한 후 ❷ [Union 🔩]을 클릭해 하나의 솔리드 객체로 만들어 완성합니다.

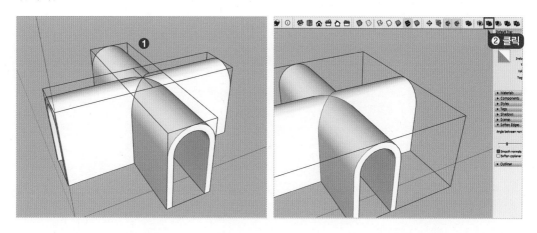

**12** 모델링을 시작할 때 정면에서 임의의 위치에 사각형을 그렸다면 객체가 바닥보다 높은 위치에 있습니다. ❶ 이때는 [JHS Powerbar]−[Drop at Level 🔳]을 클릭합니다. ❷ [Drop level] 대화상자가 나타나면 [enter drop level]에 **0mm**를 입력하고 [OK]를 클릭합니다. 객체가 바닥으로 내려옵니다.

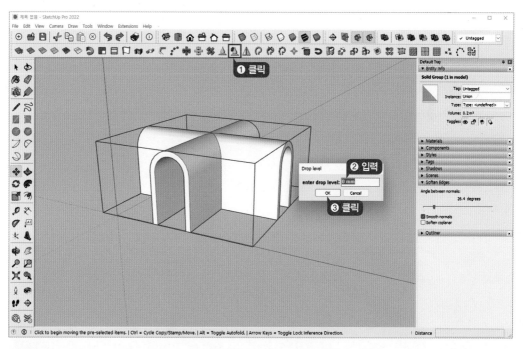

**CORE TIP** [Drop at Intersection 🔺]은 객체를 바로 아래에 있는 다른 객체에 맞게 떨어뜨리듯 위치를 이동하는 명령입니다. 객체를 지면이나 실내 바닥에 정확히 위치시킬 때 사용하면 편리한 명령입니다.

솔리드 도구(Solid Tools)를 사용하기 위해서는 무엇보다 그룹 객체가 솔리드 상태가 되는 것이 중요합니다. 또 기본 모델과 교차 연산에 사용될 모델이 어떤 형태인지 잘 생각하며 모델링해보세요.

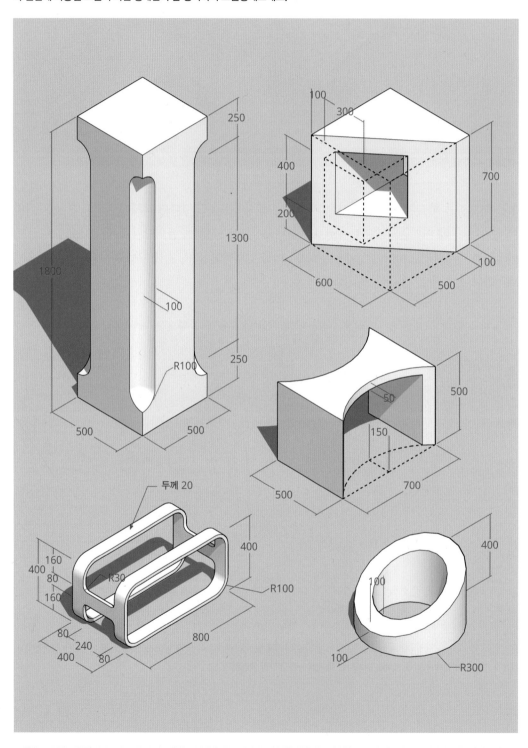

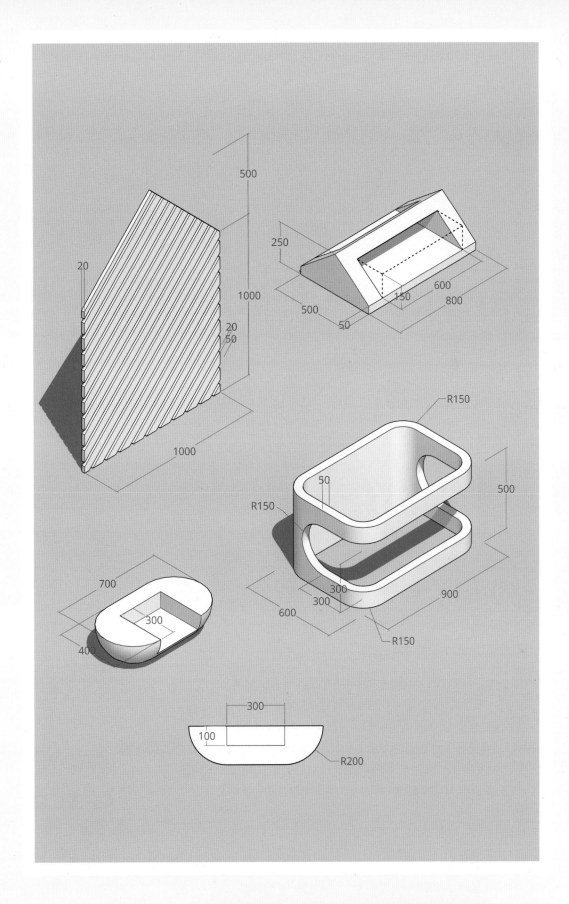

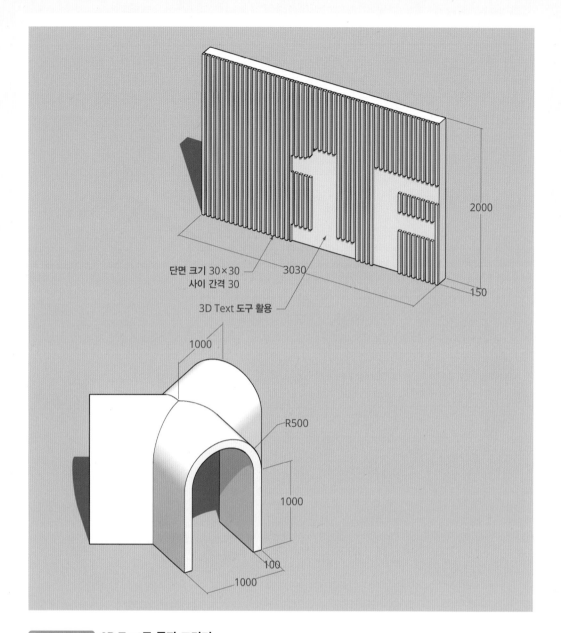

단면 크기 30×30
사이 간격 30

3030

2000

150

3D Text 도구 활용

1000

R500

1000

100

1000

Power Up Note **3D Text로 문자 그리기**

[Large Tool Set]–[3D Text🔲]를 클릭하면 [Place 3D Text] 대화상 자가 나타납니다. 원하는 문자를 입력한 뒤 옵션을 지정하면 3D 문자 모델을 만들 수 있습니다. 3D 문자는 컴포넌트로 만들어지며 클릭한 면에 맞춰 정렬되므로 위치를 맞추기 편리합니다. 다만 정렬된 컴포넌트의 특성상 정렬면의 법선 방향으로는 이동이 불가능하므로 [Explode]Shift+X를 실행한 후 다시 그룹으로 만들어 사용하세요.

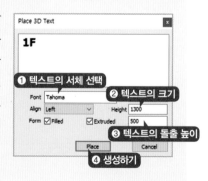

Place 3D Text

**1F**

❶ 텍스트의 서체 선택

Font Tahoma

Align Left

Form ☑Filled ☑Extruded

❷ 텍스트의 크기
Height 1300

❸ 텍스트의 돌출 높이
500

Place     Cancel

❹ 생성하기

# LESSON 16

# 모서리를 다듬고 홈 파기

스케치업 모델링은 기본적인 모델을 완성한 후 추가로 모서리를 깎거나 둥글리고 홈을 파는 등의 작업으로 더욱 디테일한 형태를 만듭니다. 이런 작업을 스케치업의 기본 명령만으로 작업하면 너무 많은 시간이 소요되는데, 이 때 몇 가지 자주 활용되는 확장 프로그램을 알아두면 매우 편리하게 사용할 수 있습니다.

 **Warm Up** 기본 명령으로 홈 파고 돌출시키기

[Move ✥][M]와 [Push/Pull ◆][P] 등의 기본 명령은 평면 위에 사각형이나 삼각형 형태의 홈을 파거나 돌출시킬 때 사용합니다. 평면 위의 엣지나 면을 이동할 경우에는 같은 평면의 밖으로 움직일 수 없는데, 이때는 [Alt]나 키보드의 방향키를 눌러 방향을 지정하면 됩니다.

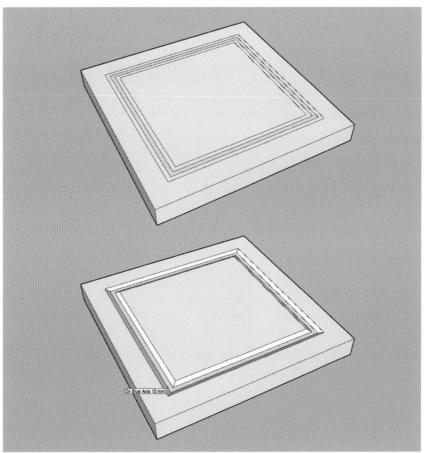

▲ 평면 위의 엣지나 면을 안쪽 또는 바깥쪽으로 이동할 때 [Alt]나 방향키를 이용

 **Warm Up** **Round Corner로 모서리 깎기**

 Round Corner는 모서리를 깎는 데 사용하는 무료 확장 프로그램입니다. 같은 기능을 하는 유료 확장 프로그램으로는 Fredo Corner가 있습니다. Frede Corner는 Round Corner에 비해 좀 더 안정적이며 컴포넌트나 그룹에도 모깎기를 적용할 수 있지만 Round Corner는 컴포넌트나 그룹을 열고 엣지를 선택한 후에 모깎기를 적용합니다. 두 가지 확장 프로그램 모두 ExtentionStore에서 검색해 설치할 수 있습니다.

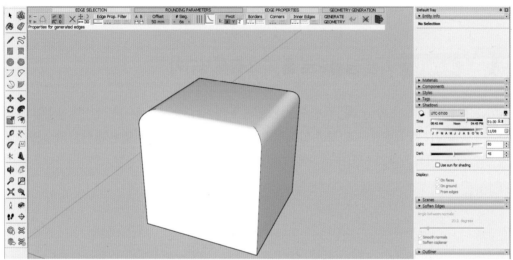

▲ Round Corner – Round

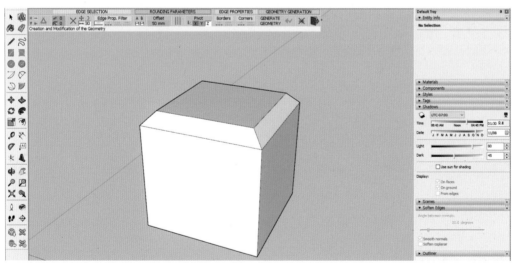

▲ Round Corner – Bevel

[Push/Pull ◆ P] 명령은 한번에 한 면만 밀어넣거나 끌어당길 수 있는데, 확장 프로그램인 Joint Push Pull을 설치하면 여러 개의 면을 한번에 밀어넣거나 끌어당길 수 있습니다. 또 두께가 없는 면에 두께를 주는 기능도 있습니다. 방향에 따른 여러 가지 명령이 포함되어 있으며 [Joint Push Pull] 명령과 [Vector Push Pull] 명령을 주로 사용합니다.

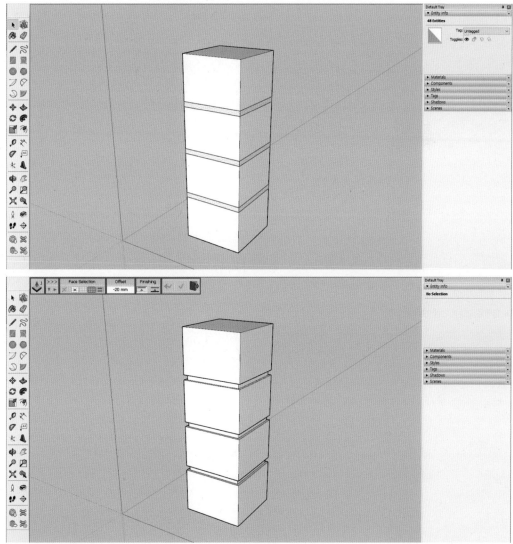

▲ 선택한 면을 한번에 밀어넣기

따라가기로 만드는 객체는 단면이 경로를 따라가는 형태가 됩니다. 만약 단면이 다른 모델의 안쪽을 겹치게 지나가도록 하면 그 부분이 제거되어 홈이 파이거나 깎인 모양이 됩니다. 다른 명령은 홈의 모양이 삼각형이나 사각형 등 단순한 형태일 때 사용할 수 있지만 따라가기는 단면의 형태가 복잡한 형태에도 사용할 수 있습니다. 하지만 단면과 경로의 시작 부분이 반드시 직각이어야 하기 때문에 곡선이나 다각형 등 너무 복잡한 경로에 활용하기는 어렵습니다.

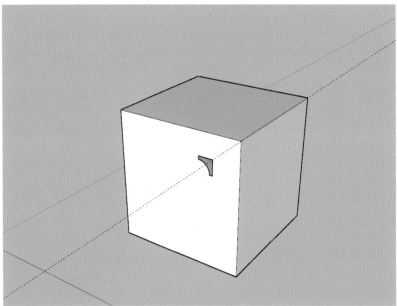

▲ 단면을 모델의 안쪽으로 배치

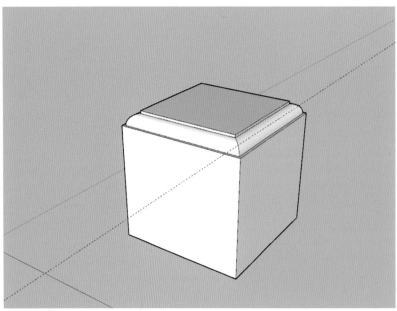

▲ 따라가기를 적용

완성 파일 | PART02\RoundDiningTable.skp

앞에서 알아본 다양한 기법을 활용해 모서리 다듬기를 실습해보겠습니다. 또 이 과정에서 모델링을 좀 더 빠르고 완벽하게 처리하기 위한 다양한 명령의 활용법도 함께 알아보겠습니다. 이 실습을 여러 차례 반복해 기능을 완전히 숙지할 수 있도록 합니다. 이번 실습을 위해서는 Extension Warehouse에서 Round Corner, TT Library, QuadFace Tools 확장 프로그램을 찾아 각각 설치해야 합니다.

**01** 폭 **1200mm** × 길이 **750mm** × 높이 **30mm** 크기의 박스를 만듭니다.

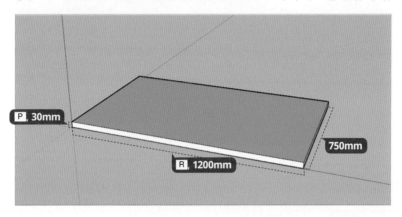

**02** 각각 떨어진 네 개의 엣지를 모두 선택하기 위해서는 Ctrl 이나 Shift 를 누른 채 하나씩 선택해야 합니다. 이때 보다 쉽게 엣지를 선택하려면 QuadFace Tools 확장 프로그램을 활용합니다. ❶ 모서리의 세로 엣지를 하나 클릭한 후 ❷ [QuadFace Tools]−[Select Ring ▤][Alt]+[R]을 클릭하면 평행하는 엣지 네 개가 모두 선택됩니다.

[Select Loops]를 클릭하면 선택한 엣지와 연결된 엣지를 모두 선택합니다.

[Insert Loops]를 클릭하면 선택한 엣지와 평행한 엣지를 연결해 엣지를 추가합니다.

[Remove Loops]를 클릭하면 선택한 엣지와 연결된 엣지를 모두 삭제합니다.

**03** ❶ 모서리를 각진 상태로 깎기 위해 [Round Corner]−[Bevel🔲]을 클릭합니다. ❷ [ROUNDING PARAMETERS]−[Offset]을 **50mm**로 지정하고 ❸ [EDIT PROPERTIES]에서 [Borders]와 [Corners]를 모두 비활성화합니다. ❹ 화면의 빈 곳을 더블클릭해 각진 모서리를 적용합니다.

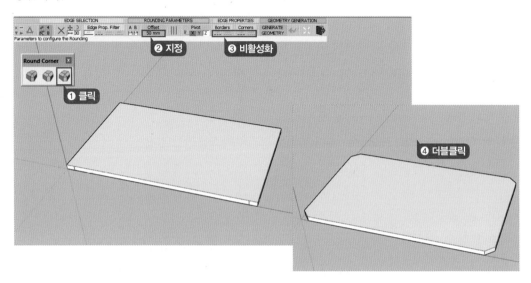

**04** ❶ 다시 모서리를 하나 클릭한 후 ❷ [Select Ring▤][Alt]+[R]을 실행해 평행하는 모든 모서리를 선택합니다. ❸ [Round Corner]−[Round Corner🔲]를 클릭합니다. ❹ [ROUNDING PARAMETERS]−[Offset]을 **15mm**로 지정하고 ❺ 화면의 빈 곳을 더블클릭해 둥근 모서리를 적용합니다.

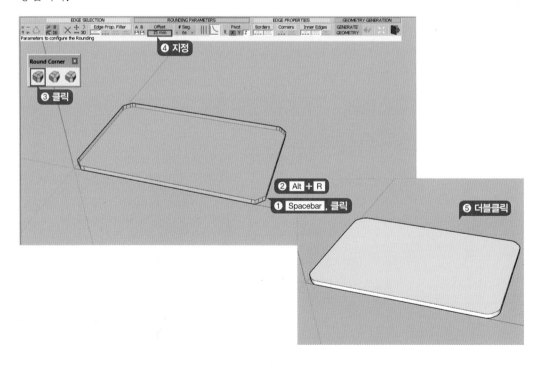

**05** ❶ [Tape Measure Tool 🔎][T]을 실행하고 ❷ 상판의 오른쪽 윗 모서리를 더블클릭해 가이드라인을 만듭니다. ❸ [Rectangle ▨][R]을 실행하고 ❹ ─를 눌러 Y축을 기준축으로 설정합니다. ❺ 가이드라인을 클릭하고 왼쪽 아래 방향으로 마우스 포인터를 이동해 사각형이 나타나면 ❻ **30,30**을 입력합니다.

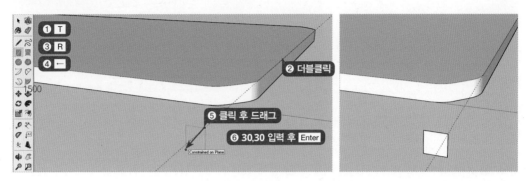

**06** ❶ [2 Point Arc 🖉][A]를 실행합니다. ❷ **6**을 입력한 후 [Enter]를 눌러 세그먼트를 여섯 개로 설정합니다. ❸ 사각형의 왼쪽 위를 시작점으로 클릭한 후 ❹ 적당한 위치를 끝점으로 클릭합니다. ❺ 중간점을 클릭해 사각형 위에 호를 그립니다.

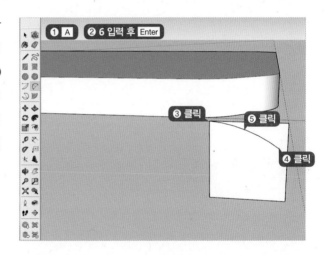

**07** ❶ 같은 방법으로 **4**를 입력해 호의 세그먼트를 네 개로 설정합니다. ❷ 앞서 그린 호의 끝점을 시작점으로 클릭하고 ❸ 사각형의 오른쪽 모서리 중앙에서 'Tangent at Vertex'가 표시되는 곳을 더블클릭합니다. ❹ 계속해서 호의 끝점을 클릭하고 ❺❻ 적당한 위치를 클릭해 안쪽으로 휘어지는 곡선을 그립니다.

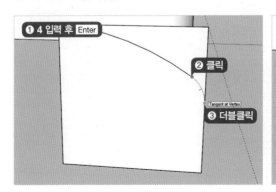
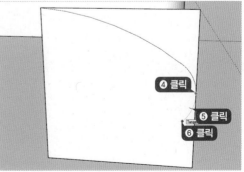

**08** ❶ [Line ✏️][L]을 실행하고 ❷ 호의 끝점으로부터 ❸ 사각형의 아래 모서리까지 선을 연장합니다. ❹ 사각형의 왼쪽을 삭제해 바깥쪽 프로파일만 남깁니다.

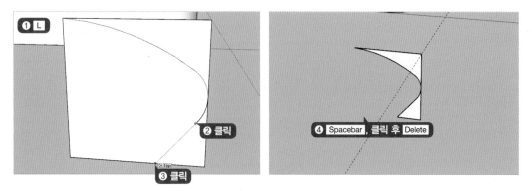

**09** ❶ [X]를 눌러 [X-Ray] 모드로 바꾸고 ❷ 앞에 있는 프로파일을 상판의 오른쪽 모서리 안쪽으로 배치하여 상판과 모서리가 겹치도록 합니다.

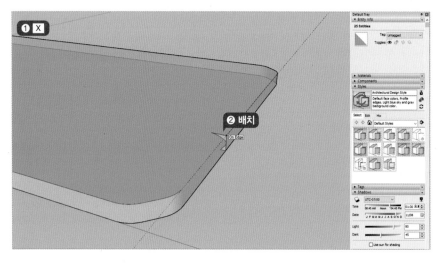

**CORE TIP** 상판과 프로파일을 그룹으로 만들지 않았다는 점에 주의하세요.

**10** ❶ 상판의 윗면을 클릭한 후 ❷ [Hide][H]를 실행해 내부의 프로파일이 보이도록 합니다.

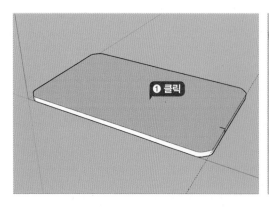
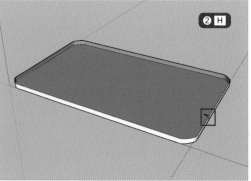

**11** ❶ 상판의 아랫면을 클릭합니다. ❷ [Follow Me 🐟]를 클릭하고 ❸ 프로파일의 아래쪽을 클릭해 상판의 아래 모서리를 깎습니다.

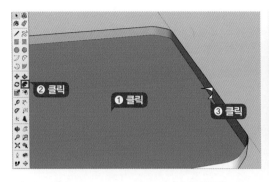 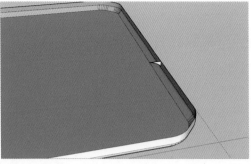

**12** ❶ 다시 아랫면을 클릭합니다. ❷ [Follow Me 🐟]를 클릭한 후 ❸ 남은 위쪽 프로파일을 클릭합니다.

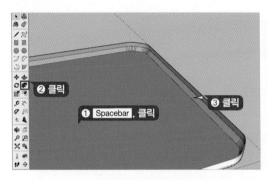 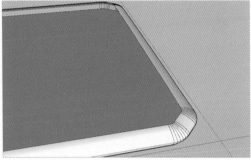

**13** ❶ [Unhide All Entities]Ⓤ를 실행해 상판의 윗면을 다시 보이게 합니다. ❷ 모델을 모두 선택한 후 ❸ [JHS Powerbar]-[UnSmooze 🔷]를 실행합니다. ❹ [Styles] 트레이-[Edit] 탭-[Edge Settings]에서 [Endpoints]에 체크합니다. 프로파일이 있던 곳에 불필요한 버텍스가 생기는데 이를 보이게 하기 위함입니다.

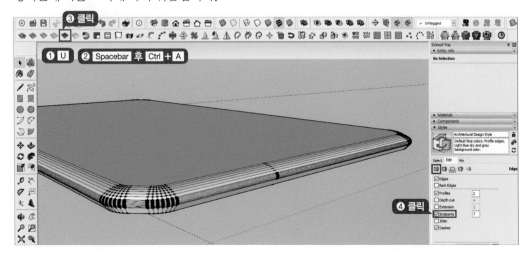

**14** ❶ [Tools]−[Fredo Tools]−[Remove Lonely Vertices] 메뉴를 클릭하고 ❷ 대화상자가 나타나면 [OK]를 클릭해 불필요한 버텍스를 제거합니다.

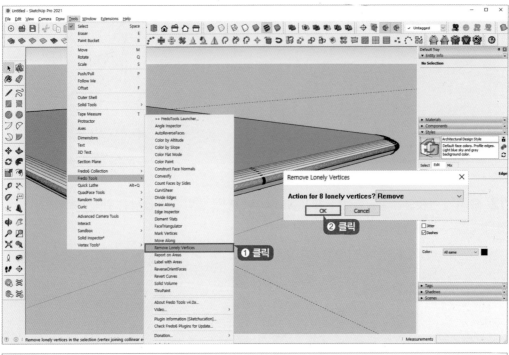

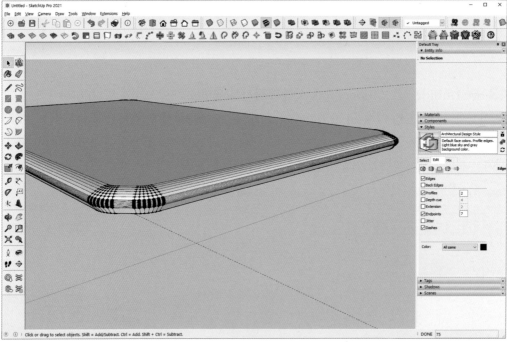

**15** ❶ [Styles] 트레이-[Edit] 탭에서 [Endpoints]의 체크를 해제합니다. ❷ 상판을 모두 선택하고 ❸ [JHS Powerbar]-[Smooze Lite 🔷]를 실행해 곡면 위의 엣지가 보이지 않게 합니다. ❹ Ctrl + G 를 눌러 그룹으로 만듭니다.

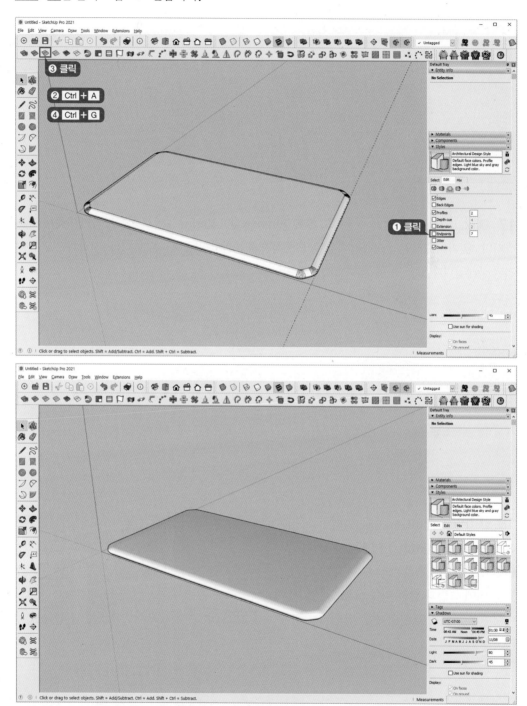

**CORE TIP** 곡률의 차이 때문에 모든 엣지가 숨겨지지 않을 수도 있습니다. 이때는 [AMS Smooth Run 🔷] 명령을 활용해보기 바랍니다.

**16** ❶ 상판을 Z축으로 **700mm** 이동합니다. ❷❸ 상판의 아래 모서리에서 **30mm** 안쪽으로 가이드라인을 만듭니다.

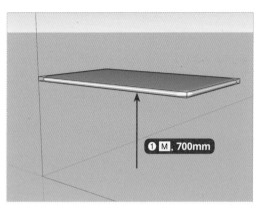 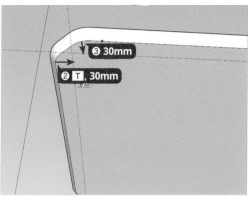

**17** ❶ [Rectangle ▦][R]을 실행하고 ❷ **폭 70mm × 길이 40mm** 크기로 가이드라인 안쪽에 작도합니다. ❸ 가이드라인의 교차점에 짧은 모서리의 중간점이 위치하도록 합니다. 사각형은 45° 회전된 상태입니다.

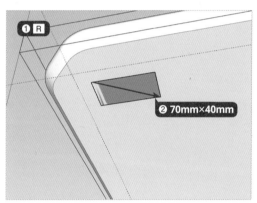 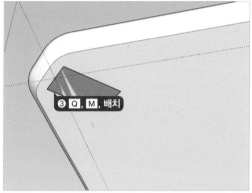

**18** ❶ [Push/Pull ◆][P]을 실행한 후 ❷ 아래로 **700mm** 끌어내립니다. ❸❹ [Line ✎][L]을 실행한 후 다리 바깥쪽 면에 그림과 같이 위쪽 모퉁이와 아랫면의 모서리를 이어 선을 그립니다.

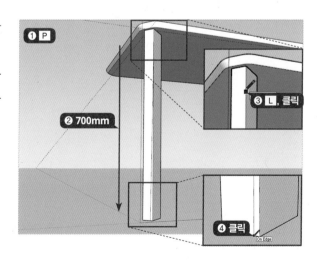

**19** **❶❷❸** 테이블 다리 아래의 엣지 중 그림과 같이 세 개의 엣지를 Ctrl 을 누른 채 차례대로 클릭해 선택합니다. **❹** [Follow Me] Shift + F 를 실행하고 **❺** 앞서 나눈 바깥쪽 삼각형 부분을 선택하면 다리의 일부를 비스듬한 형태로 깎을 수 있습니다.

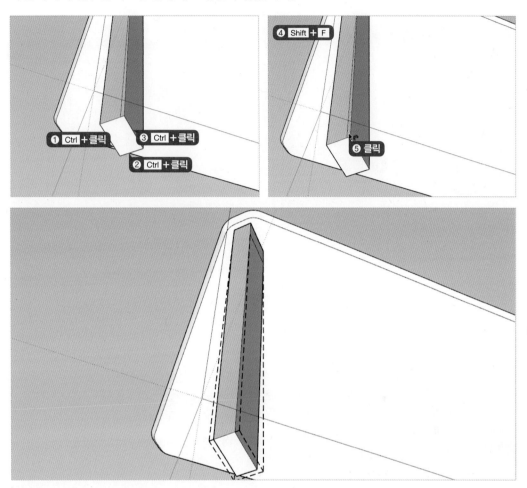

**20** **❶** 다리 옆면의 모서리를 클릭하고 **❷** Alt + R 을 눌러 평행한 엣지를 모두 선택합니다. **❸** Ctrl 을 누른 채 아래의 모서리를 왼쪽에서 오른쪽으로 드래그해 바닥의 엣지까지 모두 선택합니다.

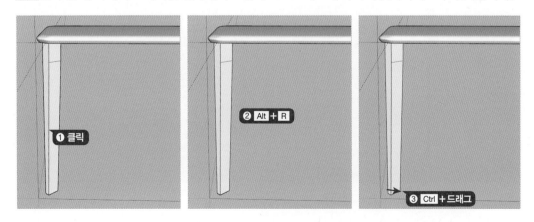

**21** ❶ [Round Corner]-[Round Corner 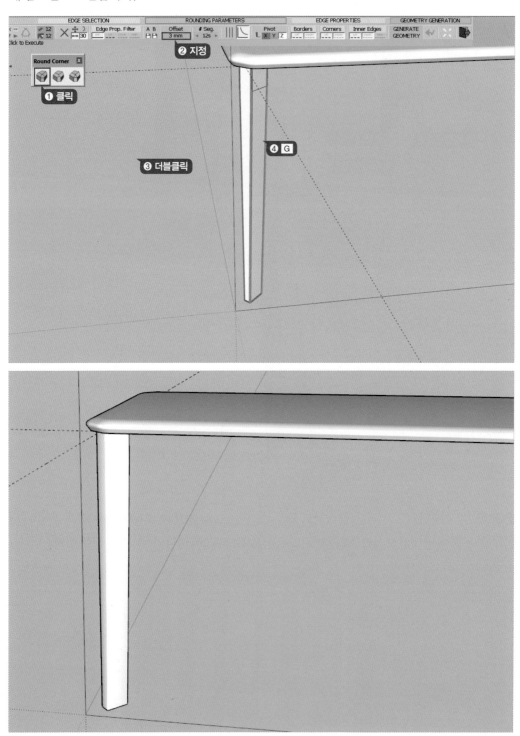]를 클릭하고 ❷ [ROUNDING PARAME
TERS]-[Offset]에서 반지름을 **3mm**로 지정해 ❸ 둥글게 깎습니다. ❹ 완성된 다리는 모두 선택
해 컴포넌트로 만듭니다.

**22** ❶ 다리를 클릭하고 ❷ [Curic Mirror ◢◣ Alt + M]를 실행합니다. ❸ Ctrl 을 한 번 눌러 복사 모드로 만들고 ❹ 상판 아래쪽 모서리의 중간점을 클릭해 반대편에 복사합니다. ❺ 다리 두 개를 모 두 선택한 후 같은 방법으로 반대편에 복사합니다.

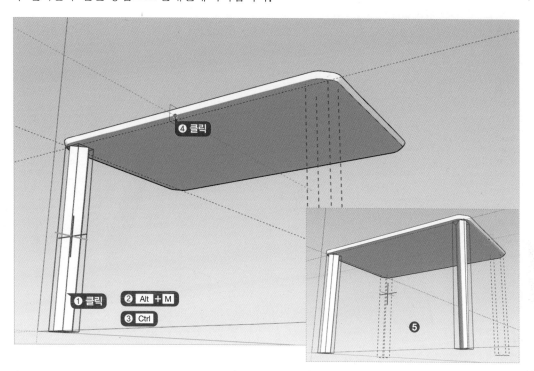

**23** ❶ [Tape Measure Tool 🖉 T]을 실행하고 ❷❸ 아랫면의 가이드라인 두 개에서 각각 안쪽 으로 드래그해 **15mm** 위치에 가이드라인을 하나씩 더 만듭니다.

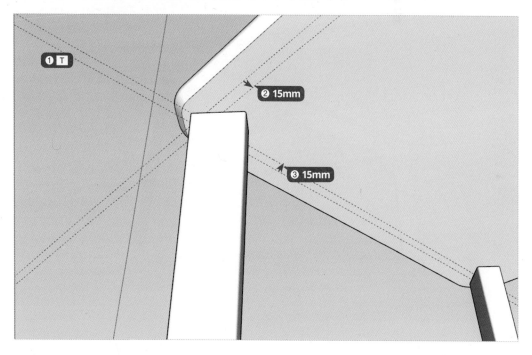

**24** ❶[Line ✏️][L]을 실행한 후 ❷ 가이드라인과 다리를 연결하는 마름모 형태의 선을 그립니다.
❸ [Push/Pull ◆][P]을 실행하고 ❹ 아래로 **80mm** 끌어내려 프레임을 만듭니다.

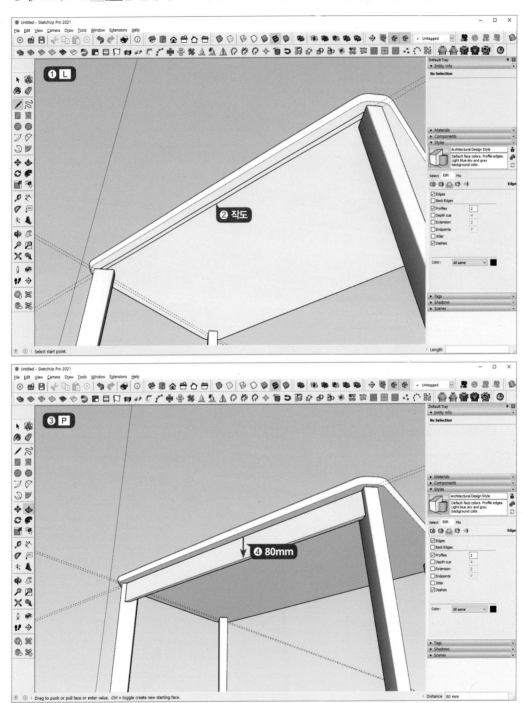

**25** ❶ 아래 엣지를 두 개 선택한 후 ❷ [Round Corner 🔴]를 실행하고 ❸ 반지름 **3mm**로 ❹ 둥글게 깎습니다.

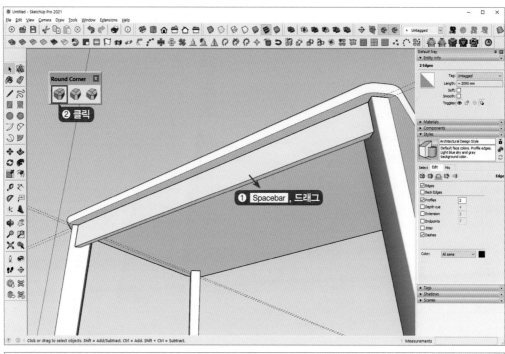

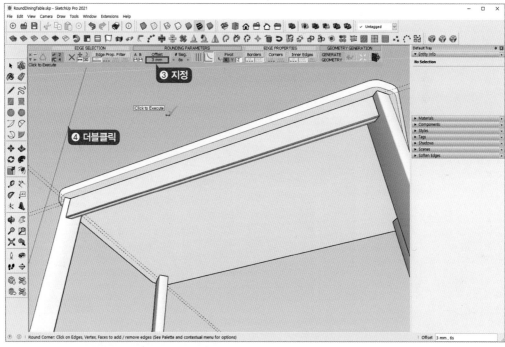

**26** ❶ 프레임을 클릭한 후 ❷ [Curic Mirror ⬛] Alt +M를 이용해 ❸ 반대편에 복사합니다.

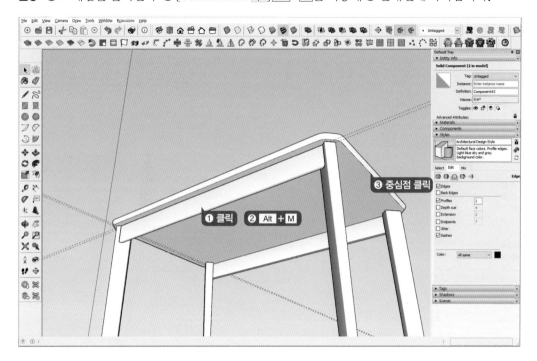

**27** 같은 방법으로 나머지 프레임을 모델링해 식탁을 완성합니다.

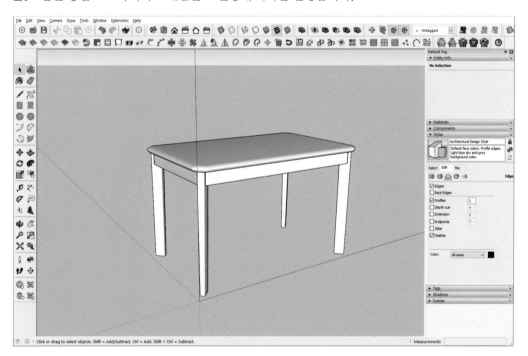

다음 모델의 기본 형태를 만들고 Round Corner, Joint Push/Pull 등 다양한 확장 프로그램을 활용해 모서리를 다듬거나 홈을 파 완성해보세요. 모델을 만드는 데 단 하나의 정답만 있는 것은 아니므로 여러 가지 방법으로 모델을 만들면서 더 효율적인 모델링 방식이나 순서를 생각해봅니다.

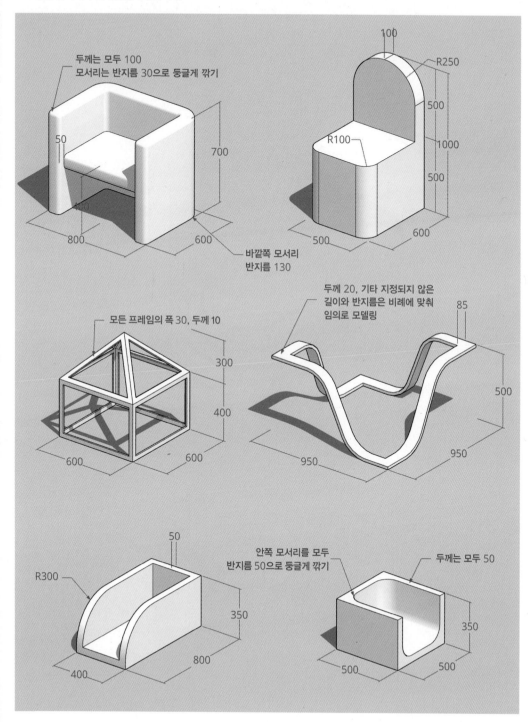

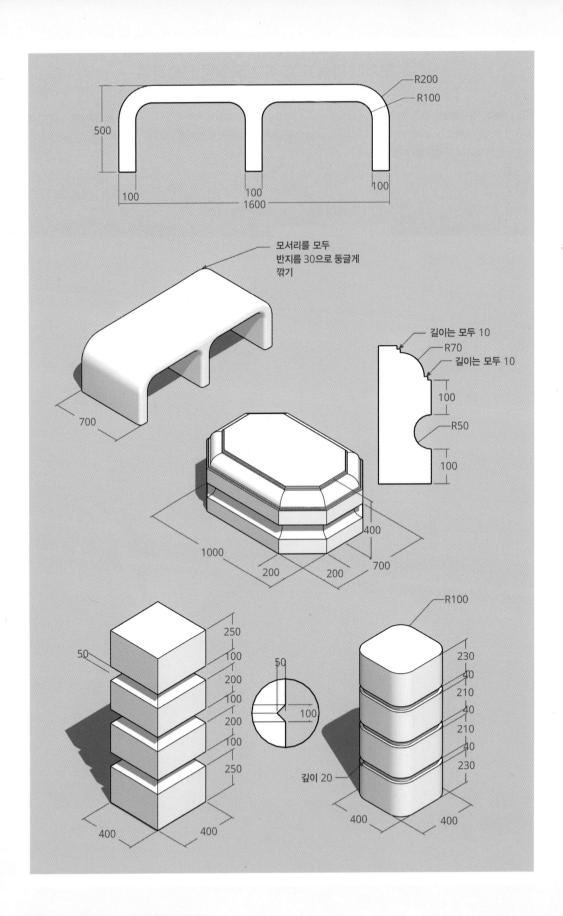

# LESSON 17

# 치수와 문자를 삽입하고 출력하기

이번 학습에서는 모델에 치수와 문자를 넣고 출력하는 방법을 알아보겠습니다. 스케치업에는 레이아웃(LayOut)이라는 별도의 도면 제작 프로그램이 있지만 간단한 형태의 가구를 제작하는 데 필요한 정도의 치수라면 스케치업의 뷰포트에서 바로 치수와 문자를 입력해 출력하는 것이 효율적입니다.

 **Basic Training** 철제 선반장의 치수 문자 출력하기

예제 파일 | PART02\프레임책장.skp

실습을 통해 치수와 문자 입력을 알아보겠습니다. 실습 과정 중 태그 선택에 주의하도록 합니다.

**01** ❶ 예제 파일을 불러옵니다. ❷ 텍스처가 없는 상태로 진행하기 위해 [Style]-[Monochrome🗌]을 클릭합니다.

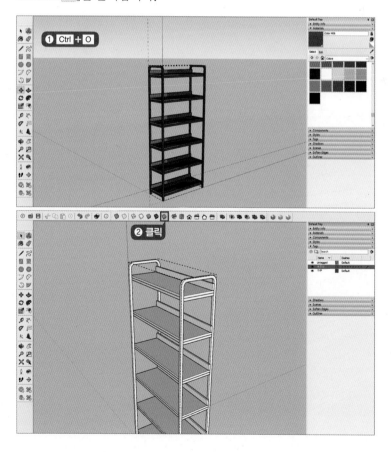

**02** ❶ [Tags] 트레이에서 [보조선] 레이어를 액티브 태그로 바꾼 다음 ❷ 그림과 같이 치수를 넣을 곳에 보조선을 작도합니다.

CORE TIP 액티브 태그는 태그 레이어의 오른쪽 빈 공간을 클릭하여 지정합니다. 액티브 태그 상태에서는 연필 모양의 아이콘이 나타납니다.

**03** ❶ 태그를 하나 추가한 후 ❷ 이름을 **치수**로 지정하고 ❸ 액티브 태그로 지정합니다. ❹ [Dimension ✎]을 실행하고 ❺ 맨 위의 보조선과 ❻ 새로 작도한 보조선을 클릭한 후 ❼ 적당한 거리만큼 떨어뜨려 치수선을 만듭니다.

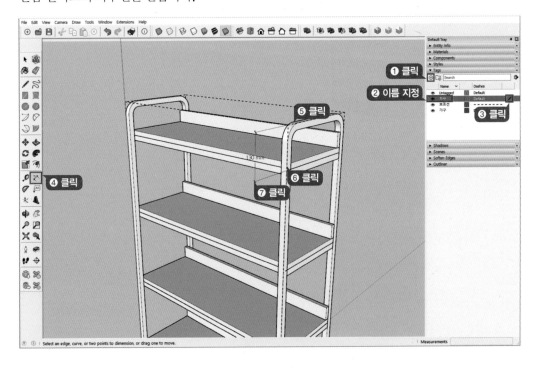

**04** 계속해서 그림과 같이 필요한 치수를 추가합니다. 치수 문자를 알아보기 쉽도록 지정하고 치수선의 간격이 최대한 비슷하도록 작도하세요.

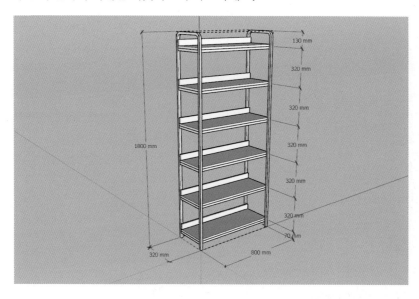

**05** ❶ 모서리에 반지름 치수를 추가하기 위해 보조선 태그를 액티브 태그로 바꾸고 ❷ 모서리로부터 안쪽으로 **50mm** 떨어뜨려 가이드라인을 만듭니다. ❸ [Arc 〿]를 실행하고 ❹ ⊟를 눌러 X축을 기준으로 합니다. ❺ 가이드라인의 교차점을 중심으로 클릭한 다음 ❻ 호의 시작점과 ❼ 끝점을 차례로 클릭합니다.

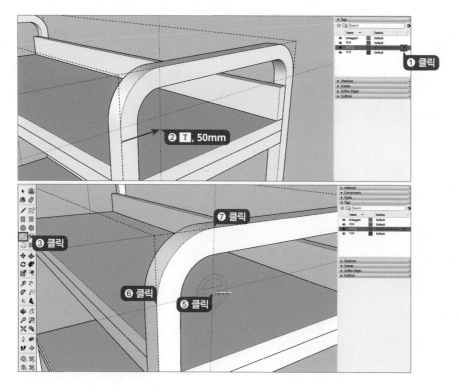

**06** ❶ [Dimension ✐]을 실행하고 ❷ 호를 클릭하면 반지름값이 출력되는 것을 확인할 수 있습니다. ❸ 적당히 거리를 띄워 문자 위치를 지정합니다.

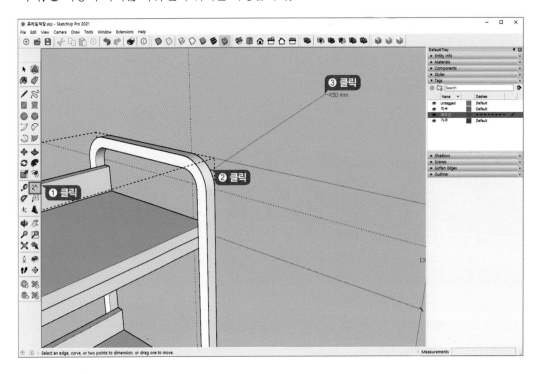

**07** 반지름 치수를 추가하기 전 치수 태그를 액티브 태그로 바꾸지 않아 반지름 치수의 태그가 보조선 태그가 되었습니다. ❶ 반지름 치수를 선택하고 ❷ [Entity Info] 트레이에서 [Tags]를 [치수]로 지정합니다.

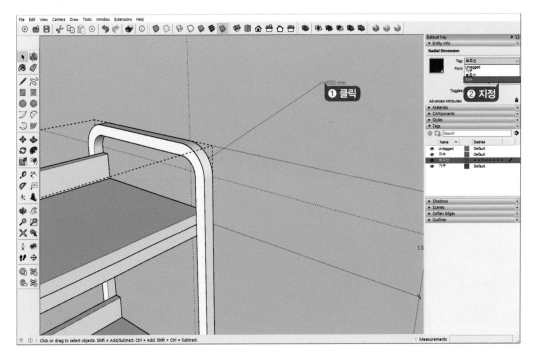

**08** 보조선 태그의 맨 앞에 있는 눈 모양의 아이콘을 클릭해 비활성화하면 보조선으로 사용한 점선이 모두 숨겨집니다.

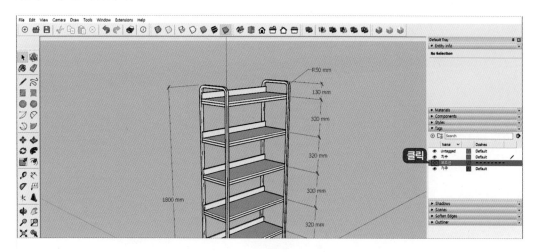

**09** ❶ [치수] 태그를 액티브 태그로 지정합니다. ❷ [Text,]를 실행하고 ❸ 프레임의 모서리를 클릭합니다. ❹ 적당한 위치를 클릭해 지시선 문자를 삽입합니다.

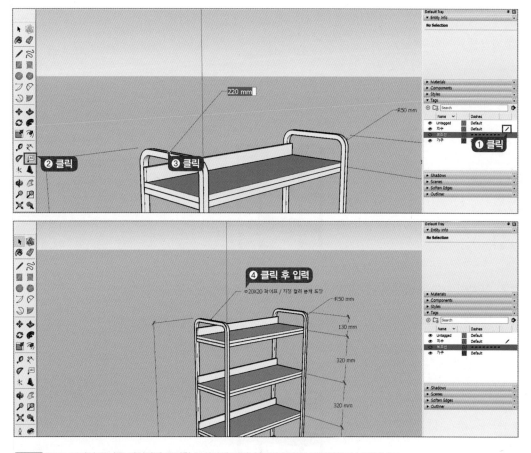

**CORE TIP** 지시선 문자를 삽입하면 클릭한 모서리의 길이나 면의 면적이 기본값으로 나타납니다.

**10** ❶ [Styles]−[Shaded With Textures ◈]를 클릭해 텍스처를 다시 표시합니다. ❷ [Text ✍]를 실행하고 ❸ 뷰포트의 빈 곳을 클릭하면 스크린 텍스트를 입력할 수 있습니다.

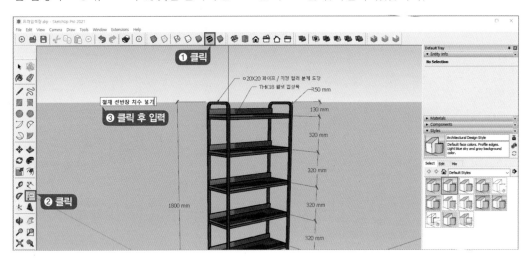

**11** ❶ [Styles] 트레이에서 [Select]−[Default Styles]−[Construction Documentation Style]을 클릭해 배경을 흰색으로 바꿉니다. ❷ 기본적으로 뷰포트에 표시되어 있는 Axes는 출력이 되지 않지만 화면을 직접 프레젠테이션할 때 Axes를 보이지 않게 하려면 [View]−[Axes] 메뉴를 클릭해 체크를 해제합니다.

**12** 문자의 모양을 바꾸기 위해 [Window]−[Model Info] 메뉴를 클릭합니다.

**13** ❶ [Text] 카테고리를 클릭하고 ❷ [Screen Text]–[Fonts]를 클릭합니다. ❸ 폰트 설정 후 [OK]를 클릭합니다. ❹ [Select all screen text]를 클릭하고 ❺ 맨 아래에 있는 [Update select text]를 클릭해 스타일을 적용합니다.

**14** ❶ [Leader Text]–[Fonts]를 클릭하고 ❷ 폰트 설정 후 [OK]를 클릭합니다. ❸ [Select all leader text]를 클릭하고 ❹ [Update selected text]를 클릭해 스타일을 적용합니다.

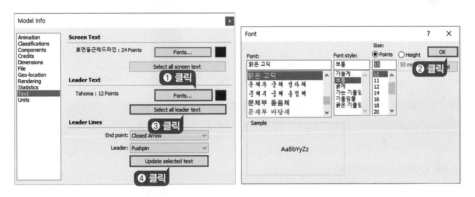

**15** ❶ [Dimensions] 카테고리를 클릭합니다. ❷ [Text]–[Fonts]를 클릭하고 ❸ 폰트 설정 후 [OK]를 클릭합니다. ❹ [Select all dimensions]를 클릭하고 ❺ [Update selected dimensions]를 클릭해 수정 사항을 업데이트합니다.

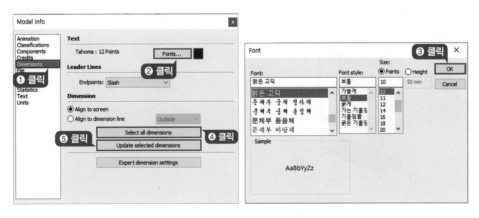

**16** ❶ [File]–[Export]–[2D Graphic]을 클릭합니다. ❷ [파일 형식]과 [파일 이름]을 지정한 다음 ❸ [Options]을 클릭합니다. ❹ [Export Options] 대화상자가 나타나면 [Use view size]의 체크를 해제한 후 ❺ [Width]에 **3000**을 입력하고 [Line scale multiplier]에 **3**을 입력합니다. ❻ [OK]를 클릭합니다.

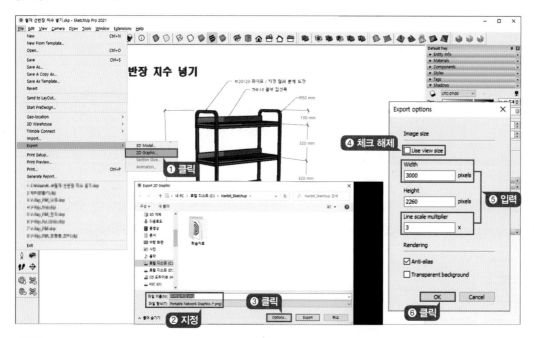

CORE TIP 원본 이미지와 다른 크기로 이미지를 출력할 경우 치수나 문자의 크기가 다르게 출력됩니다. 이때 원본 이미지 크기에서 수정한 이미지 크기의 비율만큼 [Line scale multiplier]에 값을 입력하면 크기대로 출력할 수 있습니다.

**17** [Export]를 클릭하여 이미지를 출력합니다.

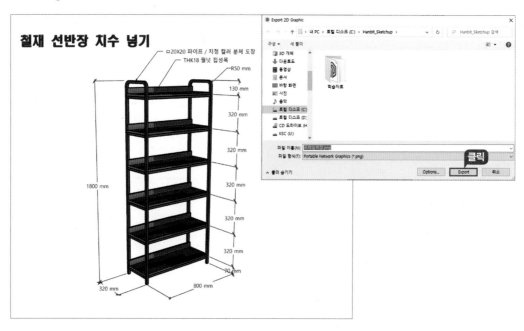

# PART 03

# 고급 모델링
# 트레이닝

이번 PART에서는 앞서 학습한 다양한 모델링 기법을 활용해 건축 및 인테리어에 사용되는 여러 가지 모델을 만들면서 스케치업 모델링을 완벽하게 익혀보겠습니다. 모델링의 난이도가 높고 다양한 확장 프로그램을 활용하기 때문에 매우 어렵게 느낄 수 있습니다. 꼭 이전 PART의 내용을 완벽히 이해하고 자유롭게 구사할 정도로 연습이 된 상태에서 이 PART의 학습을 진행하기 바랍니다.

# LESSON 01
# 고급 모델링을 위한 확장 프로그램 준비하기

앞으로의 학습에서는 매우 다양한 확장 프로그램을 사용합니다. 많은 수의 확장 프로그램을 사용하다 보면 아이콘의 위치를 기억하기도 어렵고 어떤 경로를 통해 확장 프로그램을 실행하는지도 잊어버릴 수 있습니다. 어떻게 하면 수많은 확장 프로그램을 효율적으로 관리할 수 있는지 알아보겠습니다.

## Warm Up 스케치업 확장 프로그램 더 알아보기

스케치업은 매우 간단한 기능과 도구만으로 이루어져 있습니다. 문제는 앞서 69쪽에서 학습한 객체 가시성을 조절하는 기능이나 대칭 복사 기능처럼 모델링의 필수 기능마저 빠져 있다는 것입니다. 물론 이런 기능 없이도 모델링을 진행할 수 있지만 복잡한 과정을 거쳐야 합니다.

이런 문제 때문에 대부분의 스케치업 사용자는 루비나 확장 프로그램에 신경을 씁니다. 루비나 확장 프로그램을 조금만 알면 복잡한 작업을 쉽게 해낼 수 있어 편리하기 때문입니다. 문제는 비슷한 기능을 하는데 이름만 다른 확장 프로그램이 많고 하나의 확장 프로그램 안에 다양한 종류의 확장 프로그램이 복합적으로 포함되어 있어서 사용자가 이를 찾거나 관리하기가 어렵습니다.

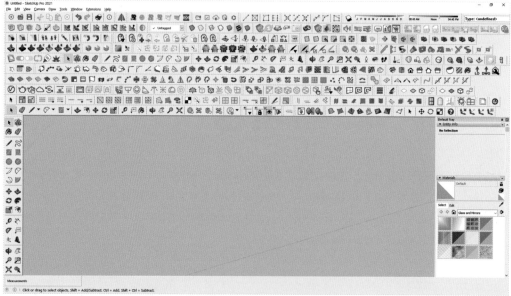

▲ 스케치업의 확장 프로그램 중 모델링과 렌더링에 주로 사용되는 확장 프로그램만 모아놓은 상태

이렇게 많은 확장 프로그램을 모두 화면의 가장자리에 배치한다면 작업 영역이 거의 없어질 것입니다. 게다가 아이콘의 형태로 등록되지 않고 메뉴나 마우스 오른쪽 버튼 클릭을 통해 실행하는 경우도 많으므로 확장 프로그램을 설치만 하고 정작 사용하지 못하는 일이 발생하기도 합니다.

이런 불편함을 해소하기 위해 확장 프로그램을 관리하는 용도로만 사용되는 확장 프로그램이 있으며 그 종류도 매우 다양합니다. 여기서는 확장 프로그램을 관리하는 가장 효과적인 방법을 몇 가지 알아보겠습니다.

첫째, 도구바 편집기(Toolbar Editor)를 활용해 필요한 명령만 포함된 새로운 도구바를 만듭니다.

◀ 새롭게 만든 도구바

하나의 확장 프로그램에 여러 가지 명령이 포함된 경우에도 실제로 필요한 명령은 일부에 불과합니다. 이때는 도구바 편집기로 새로운 도구바를 만들고 필요한 명령만 등록해 사용하면 도구바가 차지하는 작업 영역을 많이 줄일 수 있습니다. 곡면 모델링과 관련된 도구바, 면을 돌출시키는 데 관련된 도구바, 면을 나누는 데 사용하는 도구바 등 확장 프로그램의 개별 명령들을 하나로 조합해 새로운 도구바를 만들 수도 있습니다. 이 확장 프로그램의 사용 방법은 235쪽을 참고하세요.

둘째, 자주 사용하는 확장 프로그램은 단축키로 등록해 사용합니다.

Curic Mirror와 같이 자주 사용되는 확장 프로그램은 단축키를 등록해 사용하도록 합니다. 단축키를 지정할 때는 확장 프로그램을 실행하는 자신만의 규칙을 만들면 명령을 기억하기 쉽습니다. 예를 들어 [Curic Mirror]를 Alt+C로 지정한 것처럼 Alt와 명령의 첫 알파벳을 조합하는 것입니다. 자세한 단축키 설정 방법은 54쪽을 참고하세요.

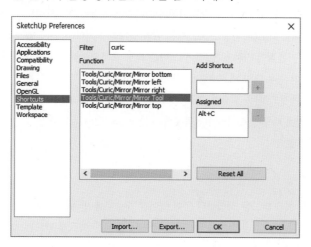

셋째, LaunchUp과 같은 확장 프로그램으로 명령을 검색해 사용합니다.

도구바를 꺼내거나 단축키를 지정하더라도 자주 쓰지 않는 명령은 잊기 쉽습니다. 특히 메뉴로 실행하는 확장 프로그램의 명령은 더더욱 찾기 어렵습니다. 이때는 LaunchUp과 같은 확장 프로그램을 설치하고 필요할 때 관련된 검색어로 명령을 찾을 수 있습니다. 이 명령은 단축키 ⌐를 등록해놓으면 빠르게 실행할 수 있습니다.

**Power Up Note** **고급 모델링을 위한 저자의 조언**

### 어떤 확장 프로그램을 선택해야 하는가?

초보자라면 어떤 확장 프로그램을 선택해야 하는지 고민하지 않았으면 좋겠습니다. 나아가 어떤 확장 프로그램이 있는지 알아보지 말고 신경도 쓰지 않았으면 좋겠습니다. 초보자에게 반드시 필요한 확장 프로그램은 이 책에서 모두 다루고 있습니다. 고급 사용자가 되었을 때 조금이라도 작업에 도움이 될 수 있는 확장 프로그램이 따로 있다면 팁으로 다룰 것입니다.

여러분은 스케치업으로 만들 수 있는, 여러분이 생각하고 만들고 싶은 것이 무엇이든 빠르게 만들 수 있어야 하며 이를 위해서는 귀찮더라도 같은 것을 반복적으로 만들어봐야 합니다. 계단을 한번에 만드는 확장 프로그램이나 지붕을 쉽게 만드는 확장 프로그램이 있어도 초보자가 이를 사용하려고 해서는 안 됩니다. 스스로 만드는 과정이 어려울지라도 조금만 노력하면 금방 고급 사용자가 되어 무엇이든 어렵지 않게 만들 수 있을 것입니다.

모든 확장 프로그램을 무조건 쓰지 말라는 말은 아닙니다. 확장 프로그램에는 크게 두 가지 종류가 있습니다. 먼저 특정 모델을 쉽게 만드는 확장 프로그램이 있습니다. 예를 들어 계단이나 난간을 빠르게 만드는 확장 프로그램은 모델을 쉽게 만드는 확장 프로그램입니다. 둘째로 프로그램의 기본적인 기능을 업그레이드하는 확장 프로그램이 있습니다. 예를 들어 Curic Mirror 확장 프로그램은 여러 단계를 거쳐야 하는 작업을 좀 더 쉽게 실행해주는 확장 프로그램으로 기본적인 기능을 업그레이드하는 확장 프로그램입니다. 전자의 경우 초보자라면 알 필요가 없습니다. 후자의 경우 다양한 모델링에 전반적으로 활용되며 모델링 속도를 높여줄 수 있는 확장 프로그램이므로 초보자에게도 매우 필요한 확장 프로그램입니다. 대칭 복사를 하거나, 모델을 좀 더 쉽게 회전시키고 원하는 위치에 빠르게 배치하거나 복사하는 등 프로그램의 기능을 업그레이드하는 확장 프로그램이라면 많이 알수록 좋습니다.

### 좋은 습관이 작업 시간을 줄여준다.

스케치업의 기능이 익숙하지 않은 초보자들은 벽을 만드는 작업부터 문이 들어갈 개구부를 만들고 창문을 끼우는 등의 단순 작업까지 많은 시간을 소모합니다. 그래서 벽을 빠르게 만들거나 창문을 빠르게 만드는 확장 프로그램 등이 중요하다고 생각하기 마련입니다. 하지만 이런 작업은 확장 프로그램 없이 그냥 만드는 편이 더 빠를 정도로 쉽게 실력이 늘어나는 작업입니다. 필자의 경우 매입등 같은 간단한 등기구가 필요할 때 만들어놓은 컴포넌트를 찾거나 불러오는 것이 귀찮아 매번 새로 만듭니다. 단순한 모델은 공개된 모델링 자료도 수없이 많지만 마음에 드는 것을 찾는 것보다 그냥 만드는 것이 더 빠르기도 합니다. 이렇게 모델을 직접 만드는 이유는 실력이 뛰어나거나 모델링을 잘 해서가 아닙니다. 이 정도 수준의 모델링 작업은 누구나 금방 숙달할 수 있는 수준의 작업이기 때문입니다.

단순 모델링보다 작업 속도에 영향을 미치는 일은 따로 있습니다. 바로 모델링에 문제가 생겨 이를 해결하는 일, 또 정상적으로 모델링을 했다면 쉽게 할 수 있는 모델링을 어렵게 하는 경우입니다. 모델링 과정에서 필자가 학생들에게 가장 강조하는 것은 솔리드 상태의 유지입니다. 이는 모델링에 문제가 없음을 알려주는 가장 중요한 기준이기 때문입니다. 전문가라면 모델이 솔리드 상태이건 아니건 어떤 문제가 생겨도 쉽게 해결할 수 있습니다. 하지만 초보자의 경우 문제가 생기면 이를 해결하는 데 가장 많은 시간을 허비하게 되고, Solid Tools를 활용하지 못해 모델링이 더 어려워지는 경우가 많습니다.

스케치업을 처음 접하는 순간부터 잘못된 버릇과 습관을 가진다면, 초보자들은 더 어려운 길을 돌아갈 수밖에 없습니다. 앞서 학습한 기초 모델링 과정에서 솔리드 상태의 모델링에 집중하며 연습했다면 여러분은 아주 좋은 습관을 갖게 된 것입니다. 좋은 모델링 습관은 스케치업으로 하지 말아야 하는 여러 가지 알기 힘든 문제들을 미연에 방지해줍니다. 이런 습관은 작업 시간을 획기적으로 줄이는 데 가장 중요한 요소입니다.

##  Basic Training 나만의 도구바 만들고 정리하기

도구바 편집기(Toolbar Editor)는 도구바의 다양한 도구 중 필요한 몇 개의 도구만 따로 모아 새로운 도구바를 생성하는 확장 프로그램입니다. 스케치업의 확장 프로그램은 하나의 확장 프로그램 안에 여러 도구들이 포함되어 있는 경우가 많습니다. 정작 자주 사용되는 도구는 극히 일부이므로 불필요하게 도구바 영역을 차지하는 나머지 도구는 정리하는 것이 좋습니다. 이 확장 프로그램을 사용하면 각 확장 프로그램의 도구 중 사용하는 도구만 따로 빼서 사용하거나, 사용하지 않는 도구를 제거하여 도구바를 좀 더 깔끔하게 정리할 수 있습니다. 도구바 편집기는 Extension Warehouse에서 다운로드할 수 있습니다.

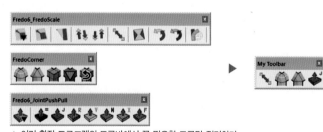

▲ 여러 확장 프로그램의 도구바에서 꼭 필요한 도구만 정리하기

**01** [Window]-[Toolbar Editor] 메뉴를 클릭합니다.

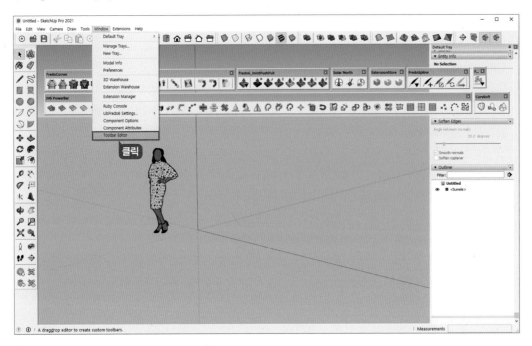

**02** ❶ [Toolbar Editor]가 나타나면 검색란에 **box**를 입력한 후 ❷ 목록에서 [Box Stretching]을 찾아 [Toolbar 0] 도구바 아래로 드래그합니다.

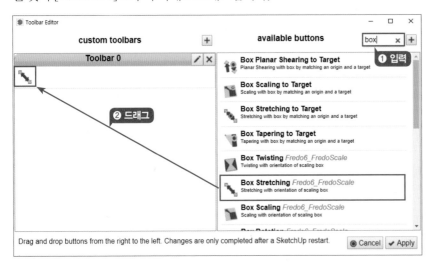

CORE TIP 명령을 찾을 수 없다면 45쪽을 참고하여 확장 프로그램을 설치해보세요.

**03** ❶ 같은 방법으로 [Round Corner], [Bevel], [Joint Push Pull]을 검색해 추가합니다. ❷ [Edit the toolbar name]을 클릭한 후 ❸ 도구바의 이름을 **My Toolbar**로 수정합니다. ❹ [Apply]를 클릭해 변경 사항을 저장합니다.

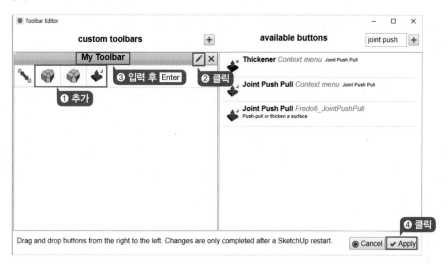

**04** ❶ [JHS Power Bar] 도구바, ❷ [Solid Inspector²] 도구바와 새롭게 만든 ❸ [My Toolbar] 도구바를 각각 도구바 영역에 정리하고 나머지 확장 프로그램 도구바는 모두 해제합니다. 확장 프로그램의 여러 명령 중 필요한 도구와 명령을 [My Toolbar] 도구바에 등록하면서 사용해보세요.

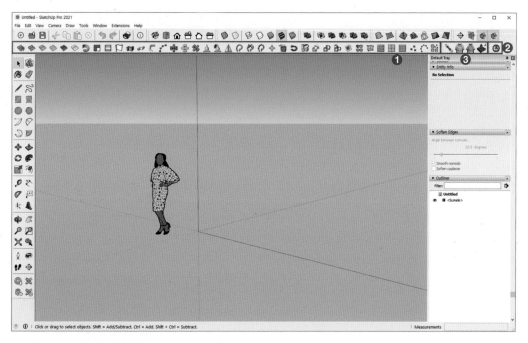

LaunchUp과 같은 확장 프로그램을 활용하면 명령을 찾을 때 관련 검색어로 빠르게 찾아 사용할
수 있습니다. Extension Warehouse에서 설치하고 학습을 진행하세요.

**01** ❶ [Window]−[Preferences] 메뉴를 클릭한 후 ❷ [SketchUp Peferences] 대화상자가 나
타나면 [Shortcuts] 카테고리에서 [Filter]에 **Launch**를 입력하여 검색합니다. ❸ [Extentions/
LaunchUp]을 클릭하고 ❹ 단축키 ⌐를 지정합니다.

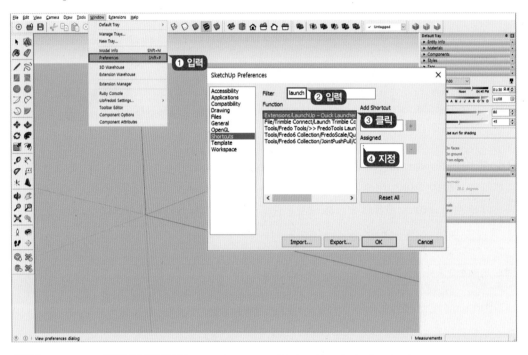

**CORE TIP** 단축키는 Shift + Spacebar , W 등 편하게 쓸 수 있는 단축키로 자유롭게 지정해도 됩니다.

**02** ❶ 지정한 단축키인 ⌐를 눌러 [LaunchUp]을 실행하면 대화
상자가 나타납니다. ❷ **align**을 입력하여 검색하면 스케치업에 설
치된 관련 명령이 모두 표시됩니다. 여기서 실행하려는 명령을 클릭
해 실행할 수 있습니다.

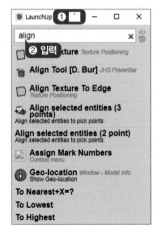

# LESSON 02 구조체와 개구부 모델링하기

건축물을 모델링하는 정해진 규칙은 없습니다. 하지만 초보자의 경우 어느 정도 모델링 과정에 대한 가이드라인이 있으면 보다 빨리 모델링을 할 수 있기 때문에 그 순서를 기억하고 활용하는 것이 좋습니다. 어느 정도 익숙해진 다음에 자신만의 방법으로 조금씩 수정하면 보다 빠르게 모델링을 익힐 수 있을 것입니다.

 **Basic Training** 구조체를 만드는 순서 익히기

이번 학습에서는 건축물의 구조체를 만드는 연습을 할 것입니다. 캐드 도면을 먼저 작도하고 거기에 맞춰 모델링을 진행하는 것이 아니기 때문에 성확한 치수로 만드는 것보다는 형태 자체를 만드는 과정에 주목하기 바랍니다. 이 예제는 앞에서 학습한 내용만으로도 충분히 모델링을 진행할 수 있습니다.

실제 시공 치수와는 무관하게 진행될 것이기 때문에 실무 현장의 벽체나 슬라브의 두께는 책에서 제시하는 치수와 다르다는 점을 기억합니다. 편의상 모든 벽체와 슬라브의 두께는 200mm, 층고는 2,800mm(천장까지는 2,600mm), 문의 크기는 900mm×2,100mm으로 통일하며 창문의 크기는 100mm 단위의 임의 치수로 작업하도록 합니다.

**01** ❶ 폭 **9000mm** × 길이 **3000mm** × 높이 **200mm**의 박스를 만들고 ❷ 윗면을 안쪽으로 **200mm** 오프셋합니다.

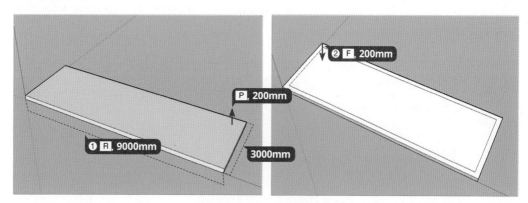

**02** ❶ 왼쪽 엣지로부터 **4400mm** 떨어뜨려 가이드라인을 만들고 ❷ 이어서 **200mm** 떨어뜨려 가이드라인을 추가합니다.

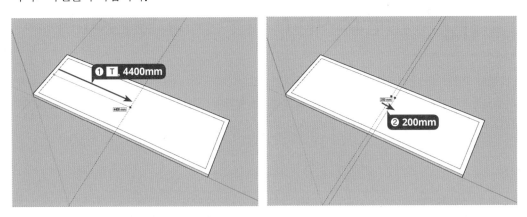

**03** ❶ 가운데 가이드라인을 따라 선을 덧그린 후 ❷ 모서리 부분의 교차되는 선을 삭제합니다. ❸ 완성된 벽 부분을 위로 **2600mm** 돌출시킵니다.

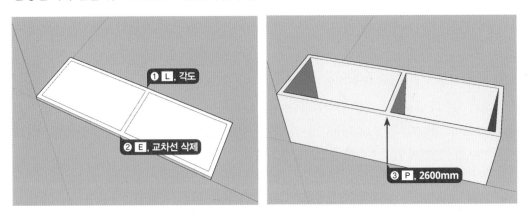

**04** ❶ 왼쪽 벽의 안쪽 모서리를 선택해 아래로 **200mm** 위치에 복사합니다. ❷ 아래쪽 면을 뒤로 끌어 반대편과 맞닿게 하면 개구부가 뚫립니다.

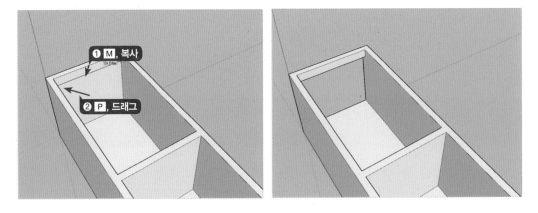

**05** ❶ 왼쪽 벽 모서리를 오른쪽으로 **800mm** 끌어 가이드라인을 만듭니다. ❷ 아래의 엣지부터 왼쪽 개구부의 아랫부분에 맞춰 드래그하여 가이드라인을 만듭니다.

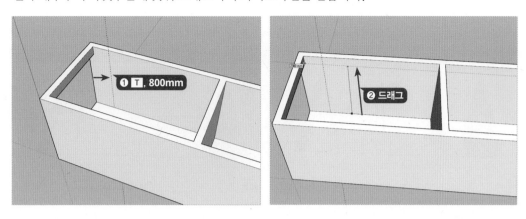

**06** ❶ 가이드라인의 모서리와 오른쪽 아래 모서리를 연결해 사각형을 그리고 ❷ [Push/Pull◈] P을 실행한 후 ❸ 더블클릭해 개구부를 뚫습니다. ❹ 반대편도 같은 방법으로 개구부를 뚫습니다.

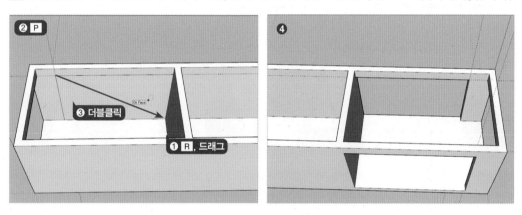

**07** ❶ 사이에 있는 벽은 양옆에서 안쪽으로 **500mm**, ❷ 아래에서 위로 **2100mm** 끌어 가이드 라인을 만듭니다. ❸ 만들어진 가이드라인을 따라 사각형을 그리고 ❹ [Push/Pull◈] P을 실행한 후 더블클릭해 개구부를 뚫습니다.

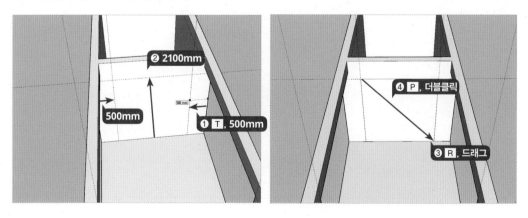

**08** ❶ 오른쪽 실내의 아래 모서리로부터 **2100mm** 높이에 가이드라인을 만들고 ❷ 양옆의 세로 모서리로부터 안쪽으로 **600mm** 떨어뜨려 가이드라인을 만듭니다.

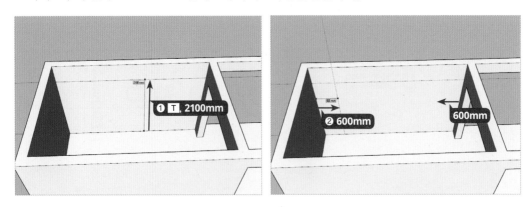

**09** ❶❷ 가이드라인을 따라 각각 사각형을 그리고 ❸❹ [Push/Pull ◈] P을 실행한 후 면을 더블클릭해 개구부를 뚫습니다.

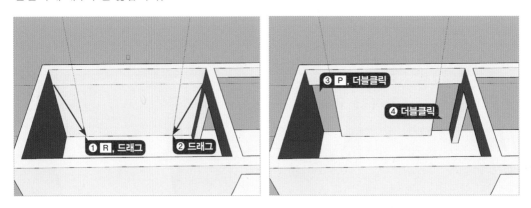

**10** ❶ 구조체가 완성되면 Shift + D를 눌러 가이드라인을 모두 삭제하고 ❷ 구조체를 모두 선택한 후 그룹을 만듭니다. ❸ [Entity Info] 트레이에서 객체가 솔리드 상태인지 다시 확인해보세요.

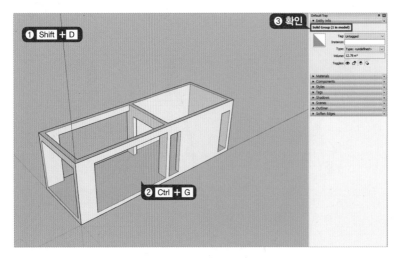

**11** ❶ 평지붕 형태의 지붕 슬라브를 만들기 위해 윗면에 두께 **200mm**인 박스를 만들고 ❷ 윗면을 안쪽으로 **200mm** 오프셋합니다.

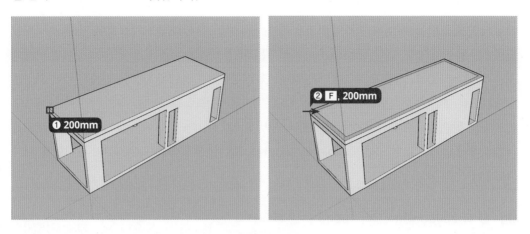

**12** ❶ 오프셋한 둘레의 면을 위로 **200mm** 돌출시켜 옥상 파라펫을 만들고 ❷ 전체를 선택해 그룹으로 만듭니다. ❸ [Model Info] 트레이에서 옥상이 솔리드 상태인지 확인합니다.

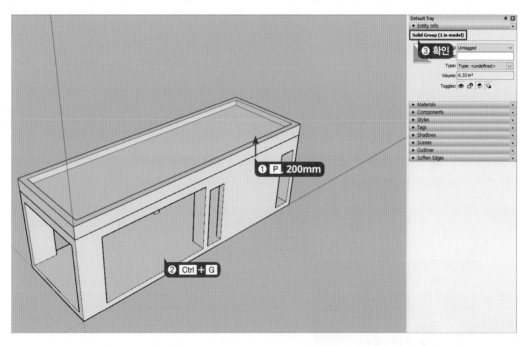

복잡한 모델을 만들 때 여러 단계의 작업을 단축하는 여러 가지 확장 프로그램이 있습니다. 벽을 만들거나 문이나 창문, 계단 등을 쉽게 만들어주는 확장 프로그램 등이 그 예입니다. 이번 학습에서는 1001bit-tools 확장 프로그램의 명령 중 벽체를 만드는 명령을 활용한 벽체 만들기 과정을 알아보겠습니다. 확장 프로그램을 활용하면 기본 형태를 빠르고 쉽게 만들 수 있지만 이 형태가 모든 상황에 맞는 것은 아니므로 상황에 따라 어떤 방법으로 작업을 진행하는 것이 더 효율적인지 생각해본 후 활용하기 바랍니다. Extension Warehouse에서 확장 프로그램을 찾아 설치한 후 다음 학습을 진행하세요.

**01** ❶ 폭 **20000mm** × 길이 **10000 mm** × 높이 **200mm**의 박스를 만든 후 ❷ 그룹으로 만듭니다.

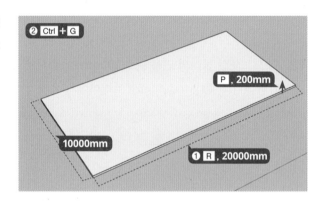

**02** ❶ [1001bit-toos]-[Create Vertical Wall ⬚]을 클릭합니다. ❷ 설정창이 나타나면 [Wall alignment]-[Left]를 클릭하고 ❸ [Wall Thickness]에 **300**, [Wall Height]에 **2700**을 입력합니다. ❹ [Build Wall]을 클릭합니다.

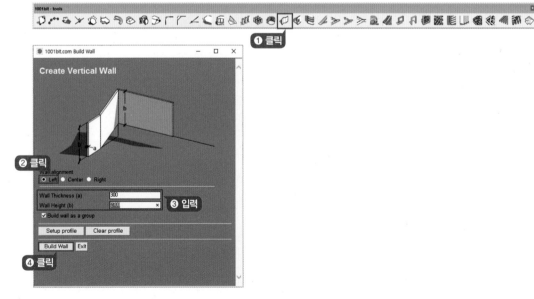

**03** ❶❷❸❹ 바닥의 모서리를 시계 방향으로 클릭합니다. ❺ 시작점을 클릭하면 벽체가 완성됩니다.

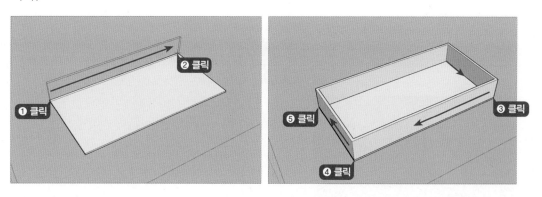

**04** ❶ 내벽을 만들기 위해 [Tape Measure Tool 🖊️ T]을 실행한 후 ❷ 바닥 모서리로부터 안쪽으로 **3700mm** 떨어뜨려 가이드라인을 만듭니다. ❸ 다시 좌우의 바닥 모서리로부터 바깥쪽으로 **100mm** 떨어뜨려 가이드라인을 만듭니다.

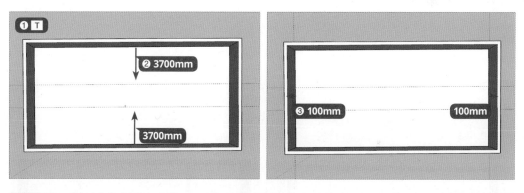

**CORE TIP** 내벽 두께의 절반만큼 바깥쪽으로 가이드라인을 만들어 그 사이를 등간격으로 나누면 내벽의 간격을 일정하게 맞출 수 있습니다.

**05** ❶ 왼쪽의 가이드라인을 클릭한 후 ❷ [Move ✥ M]를 실행하고 ❸ Ctrl을 눌러 복사 모드로 바꿉니다. ❹ 오른쪽 끝의 가이드라인 위를 클릭해 복사합니다. ❺ **4/**를 입력해 등간격으로 가이드라인을 배치합니다.

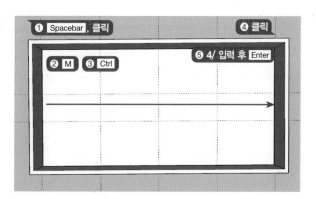

**06** ❶ [Create Vertical Wall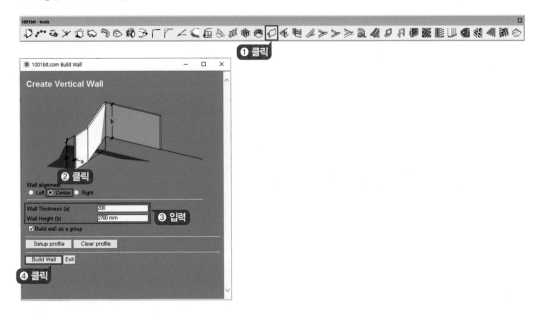]을 클릭하고 ❷ 설정창이 나타나면 [Wall alignment]–[Center]를 클릭합니다. ❸ [Wall Thickness]에 **200**, [Wall Height]에 **2700**을 입력한 후 ❹ [Build Wall]을 클릭합니다.

**07** ❶ 외벽의 안쪽 모서리와 가이드라인의 교차점을 클릭한 후 ❷ 반대편 교차점을 더블클릭해 벽을 만듭니다. ❸ 같은 방법으로 내벽을 모두 만듭니다.

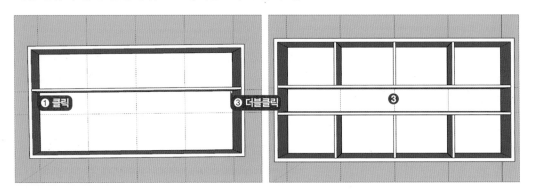

**CORE TIP** [Create Vertical Wall] 명령을 자주 사용한다면 단축키를 지정해 사용하세요.

**08** ➊ 이번에는 개구부를 만들기 위해 [Create Wall Opening ◁]을 클릭합니다. ➋ 설정창이 나타나면 [Opening Width]에 **900**, [Opening Height]에 **2100**을 입력하고 ➌ [Create Opening]을 클릭합니다.

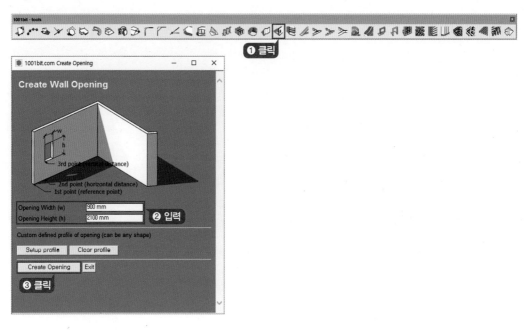

**09** ➊ 화면을 그림과 같이 내벽의 안쪽이 보이는 상태로 조절하고 ➋ 왼쪽 아래 모서리를 클릭합니다. ➌ 마우스 포인터를 오른쪽으로 이동한 후 **200**을 입력하고 ➍ 다시 바닥을 클릭해 개구부를 만듭니다. 사각형이 보이지 않을 때 클릭하면 바닥이나 왼쪽의 벽체에 구멍이 뚫리게 되니 주의하세요. ➎ 같은 방법으로 복도에 접하는 모든 벽에 문꼴을 만들어 주세요.

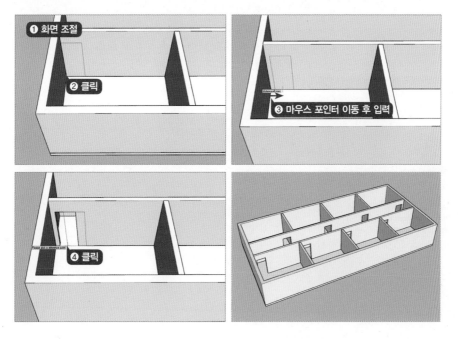

**10** ❶ [Tape Measure Tool🔍︎T]을 실행하고 ❷ 외벽 아래 모서리에서 위로 **1200mm** 위치에 가이드라인을 만듭니다. ❸ 내벽의 폭을 측정하면 4700mm이므로 벽의 양끝으로부터 500mm씩 안쪽으로 떨어진 창문의 문꼴은 3700mm가 됩니다.

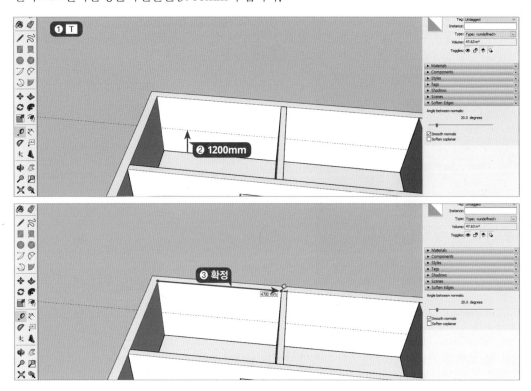

**11** ❶ [Create Wall Opening⬇]을 클릭하고 ❷ 설정창이 나타나면 [Opening Width]에 **3700**, [Opening Height]에 **1200**을 입력한 후 ❸ [Create Opening]을 클릭합니다.

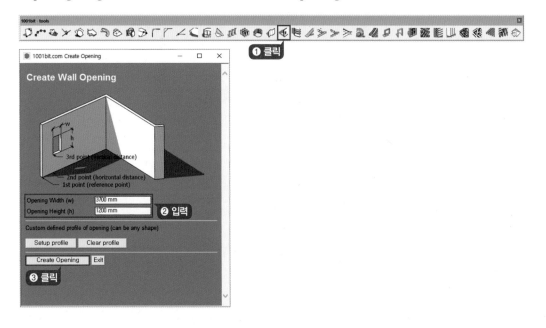

**12** ❶ 내벽의 아래쪽 모서리를 클릭하고 ❷ 마우스 포인터를 오른쪽으로 이동한 다음 ❸ **500**을 입력합니다. ❹ 높이 지정 용도로 미리 만들어놓은 가이드라인을 클릭해 창문 위치에 구멍을 뚫습니다.

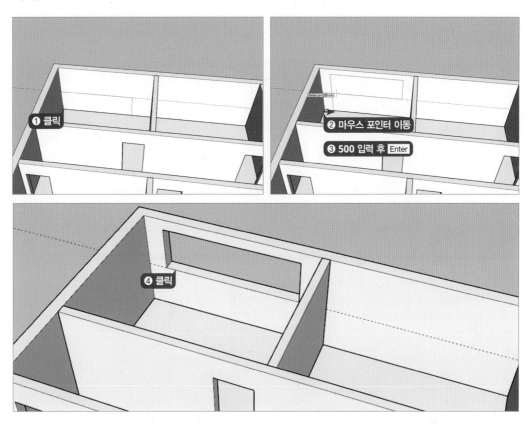

**13** 계속해서 같은 방법으로 다른 방에도 창문 위치에 문꼴을 만들어보세요.

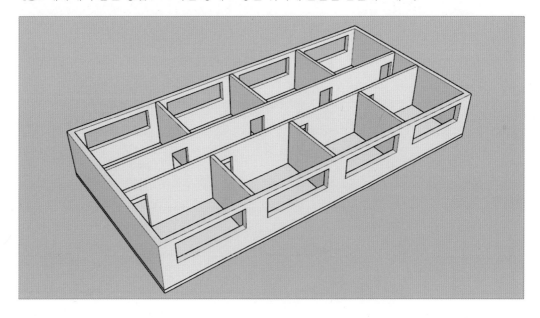

바닥과 벽을 만들고 개구부를 뚫어 구조체의 기본 형태를 만들어보세요. 구조체의 바닥과 벽이 꼭 하나일 필요는 없으며 바닥이
나 벽을 만드는 정해진 규칙도 없습니다. 한 가지 방식에만 얽매이지 말고 자유롭게 모델링해보세요. 다만 솔리드 상태를 만드는
것을 잊어서는 안 됩니다.

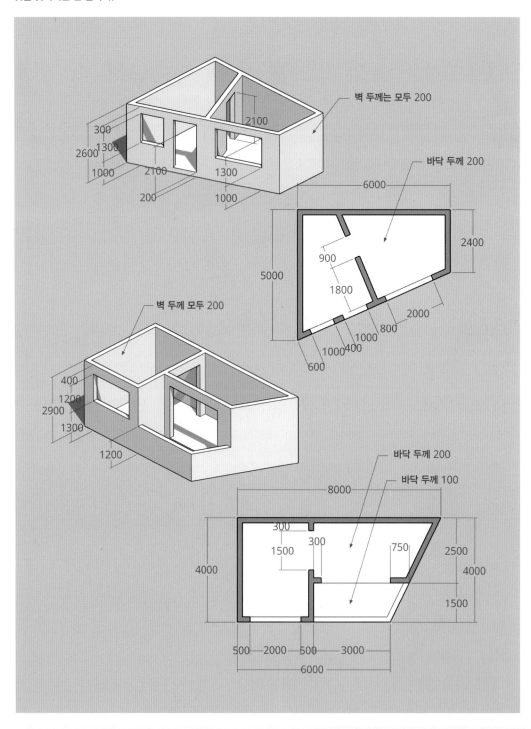

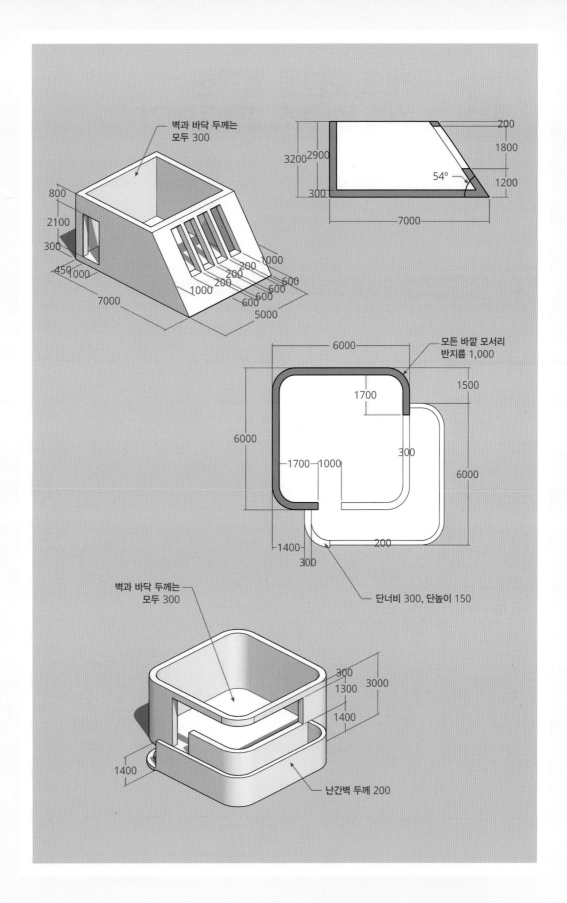

# LESSON 03

# 캐드 도면을 활용한
# 건축물 구조 모델링하기

앞에서 학습한 구조체의 모델링 방식은 여러 층을 쌓아 만드는 형식의 건축물에도 활용할 수 있습니다. 층수가 낮고 입면 디자인이 비교적 단조로운 형태에 적합한 방식이라고 할 수 있습니다. 이번에는 여러 층의 건축물을 모델링할 때 앞에서 학습한 방식을 적용해 진행해보겠습니다.

## Basic Training  도면을 삽입하고 1층부 모델링하기

예제 파일 | PART03\Plan.dwg

5층 규모인 다세대 주택의 구조체 부분을 만들 것입니다. 도면은 간략한 형태로 정리되어 있는 상태이며 높이에 대한 사항은 지시에 따르고 별도의 지시가 없는 사항에 대해서는 임의로 모델링을 진행해도 됩니다.

**01** ❶ [File]-[Import] 메뉴를 클릭해 도면 예제 파일을 불러옵니다. ❷ 도면을 모두 선택한 후 ❸ [Explode] Shift + X 를 실행하고 ❹ 다시 도면을 하나씩 선택해 따로 그룹으로 만듭니다.

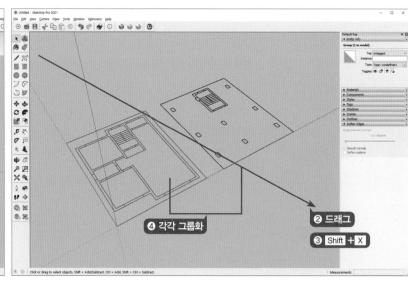

**02** ❶ 1층 도면의 대지 경계선을 따라 사각형을 그리고 ❷ 아래로 **600mm** 돌출시킨 후 ❸ 그룹으로 만듭니다. ❹ 같은 방법으로 기둥을 높이 **3000mm**으로 만들고 ❺ 도면에 맞춰 복사합니다.

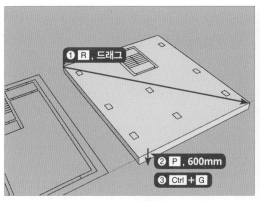 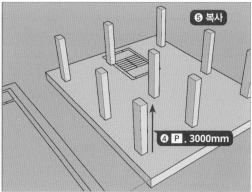

**03** ❶ 계단실의 벽을 선으로 따라 덧그린 후 ❷ 기둥 높이에 맞춰 끌어올립니다.

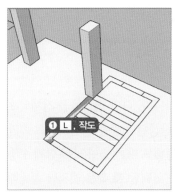 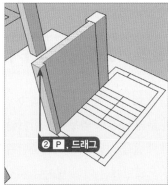 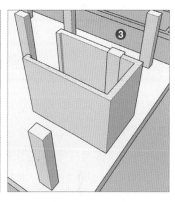

**04** ❶ 개구부 바닥의 모서리 엣지를 위로 **2,200mm** 복사한 후 ❷ 윗부분을 반대편 벽까지 돌출시킵니다.

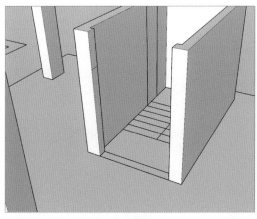 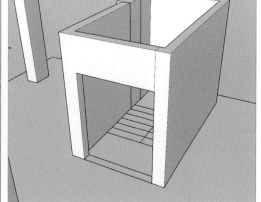

**05** ❶ 계단실이 완성되면 그룹으로 만들고 ❷ 솔리드 상태를 확인합니다. 솔리드 상태가 되지 않았다면 어디에서 문제가 생겼는지 확인하고 수정하도록 합니다.

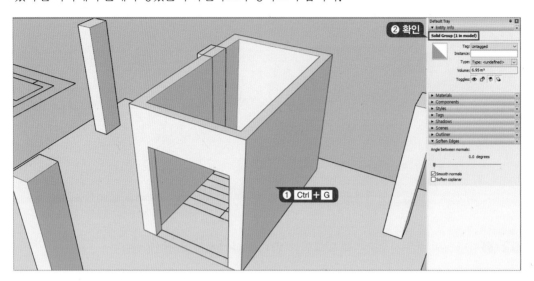

## ⚡ Basic Training  건축물의 기준층 모델링하기

기준층을 만드는 것은 앞에서 학습한 아파트 유닛 모델링과 동일합니다. 다만 건축물을 전체적으로 모델링하는 것이므로 천장 윗부분의 공간도 염두해야 합니다. 완성된 기준층은 컴포넌트로 만들고 윗층으로 복사해 추후 창호나 재질을 적용할 때 기준층만 수정해도 다른 층이 모두 함께 수정될 수 있도록 해야 합니다. 건축물 모델링에는 여러 면이나 엣지를 선택할 때 혹은 엣지만 선택해야 할 경우가 많은데 이때는 Selection Toys 확장 프로그램을 사용하면 편리합니다. 확장 프로그램의 [Deselect] 명령을 활용하면 면과 엣지가 함께 선택되어 있을 때 면만 선택 해제한 후 엣지만 따로 선택할 수 있어 유용합니다. Extension Warehouse에서 설치한 후 학습을 진행하세요.

**01** ❶ 2층 평면도의 외벽선을 따라 선을 그리고 ❷ 아래로 **200mm** 돌출시킵니다.

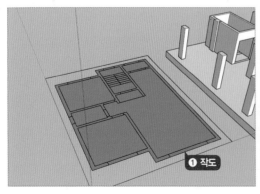

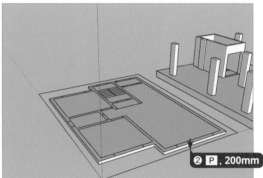

**02** ❶ 도면에 [Explode] Shift + X 를 실행하면 선이 바닥 슬라브에 붙게 됩니다. ❷ 이 과정에서 진하게 표시된 선은 슬라브와 떨어진 상태이므로 선을 덧그려 붙이고 ❸ 계단실의 계단은 모두 삭제합니다.

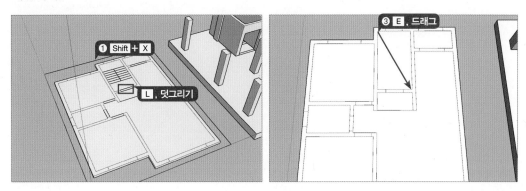

**03** ❶ 계단실의 슬라브는 완전히 뚫어 추후 계단을 넣을 수 있도록 하고 ❷ 벽체는 모두 **2600mm** 높이로 돌출시킵니다.

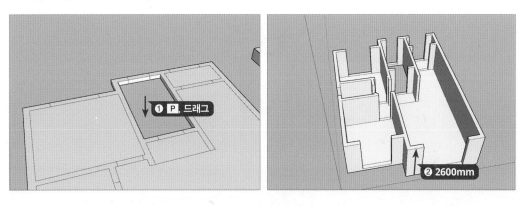

**04** ❶ 창문의 아래쪽 벽을 위로 끌어올려 창문 하부벽을 만듭니다. 벽의 높이는 임의로 설정해도 됩니다. 여기서는 방의 하부벽은 **1200mm**, ❷ 거실창의 하부벽은 **600mm**로 지정하였습니다. ❸ 뒤쪽 창문의 하부벽과 욕실 부분의 하부벽도 끌어올립니다.

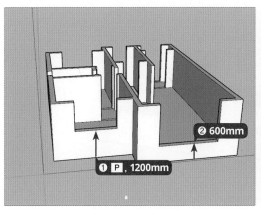
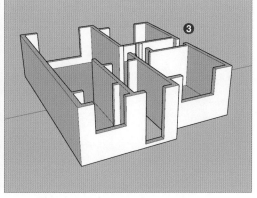

**05** 바닥을 **100mm** 끌어올려 슬라브
구조와 거실 바닥 마감의 차이를 표현
합니다.

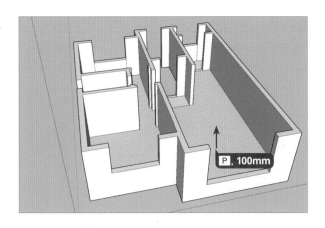

**06** ① 벽의 윗면을 모두 선택한 후 ② 마우스 오른쪽 버튼을 클릭합니다. ③ [Deselect]−[Faces]
를 실행해 엣지만 선택합니다. ④ 엣지를 아래로 **200mm** 복사합니다.

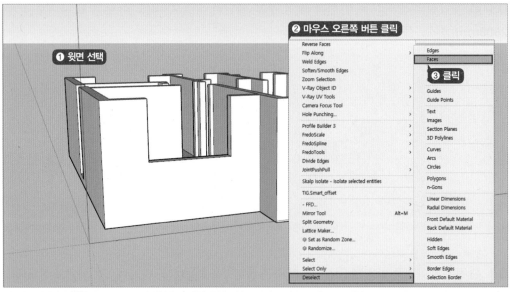

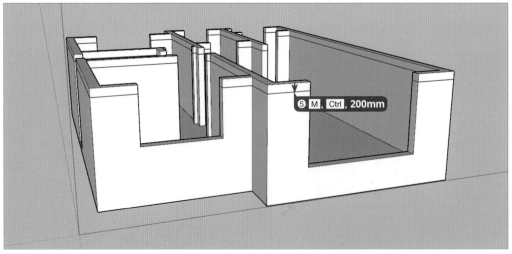

**07** ❶ [Push/Pull ◈ P]로 ❷ 나누어진 창문의 위쪽 벽을 모두 연결합니다.

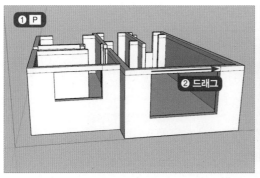
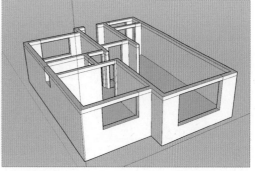

**08** 방문의 높이를 조금 더 낮게 설정하려면 ❶ [Push/Pull ◈ P]을 실행하고 ❷ 방문 개구부의 아랫면을 이용해 아래로 **200mm** 더 끌어내립니다.

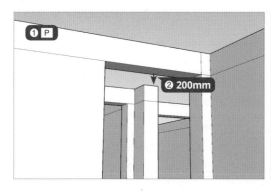
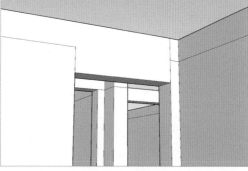

**09** 모든 문과 창문의 상부벽을 완성하면 ❶ 객체를 모두 선택한 후 ❷❸ [Make Component G]를 실행해 컴포넌트로 만들고 ❹ 솔리드 상태인지 확인합니다. 솔리드 상태가 아니라면 모델의 문제가 되는 부분을 찾아 고치도록 하고 만일 문제를 찾지 못했다면 Solid Inspector[2]를 활용하기 바랍니다.

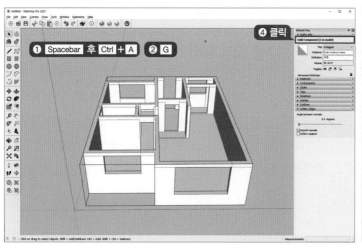

**10** 모델에 남아 있는 불필요한 선을 삭제해보겠습니다. ❶ 단축키 ⎔를 눌러 [LaunchUp]을 실행합니다. ❷ **Clean**으로 검색하여 ❸ [CleanUp³]의 [Clean...]을 찾아 실행합니다.

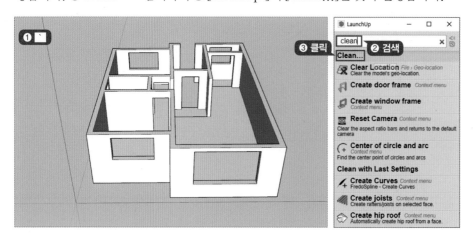

CORE TIP CleanUp³는 모델에 필요하지 않은 선 등을 정리하고 제거하는 데 사용되는 확장 프로그램입니다. Extension Warehouse에서 설치한 후 이 단계를 학습합니다.

**11** 완성된 2층을 위로 3개 더 복사해 나머지 층을 만들고 계단실에 맞춰 기둥 위로 배치합니다.

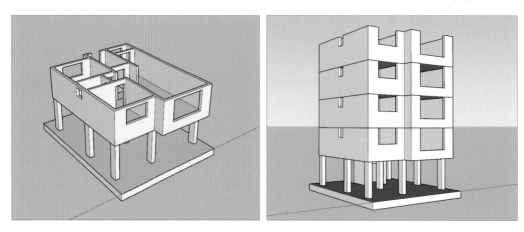

## 🏃 Basic Training  옥상 및 기타 부분 모델링하기

기본적인 구조체가 완성되었다면 나머지 옥상이나 옥탑, 계단실 등을 완성합니다. 항상 큰 형태를 먼저 모델링한 후 전체적으로 조금씩 세부적인 부분을 추가하면서 형태를 완성하는 것이 좋습니다. 1층부터 모든 것을 완벽하게 만든 후 다음 층을 만드는 식으로 작업할 경우에는 설계 변경 등의 상황에 유연하게 대처하기 어렵고, 전체적인 형태를 미리 확인해 디자인에 활용할 수 없기 때문입니다.

**01** 먼저 1층 상부의 마감 부분을 만들어보겠습니다. ❶ [Line ✏️ ㄴ]을 실행한 후 ❷ 1층 천장 하부를 따라 그립니다. ❸ [Push/Pull ◆ P]을 실행한 후 ❹ 아래로 **750mm** 돌출시키고 ❺ 그룹을 만듭니다.

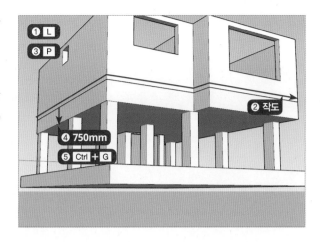

**02** 이어서 옥상 부분을 만들기 위해 ❶ 벽의 바깥선을 따라 선을 덧그리고 ❷ 계단실 부분에도 사각형을 그린 다음 ❸ 안쪽면을 삭제합니다. ❹ [Push/Pull ◆ P]로 **200mm** 끌어올립니다.

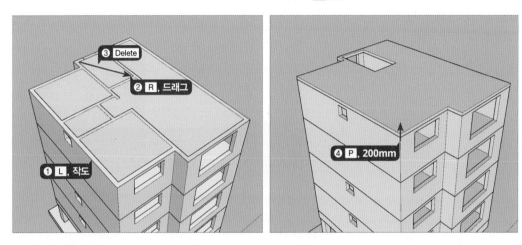

**03** ❶ 계단실 벽을 만들기 위해 계단실 부분의 모서리 엣지를 선택해 바깥벽 모서리까지 오프셋하고 ❷ 벽을 **2600mm** 돌출시킵니다.

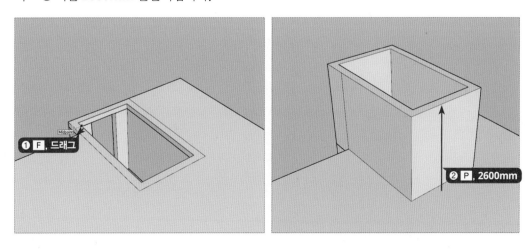

**04** ① 가이드라인으로 개구부 위치를 설정한 후 ② 사각형을 그리고 ③ [Push/Pull ◆] P로 뚫습니다. 여기서는 왼쪽 모서리로부터 **300mm**, 바닥 모서리로부터 **200mm** 위치에 **폭 900mm × 높이 2100mm**으로 개구부를 만들었습니다.

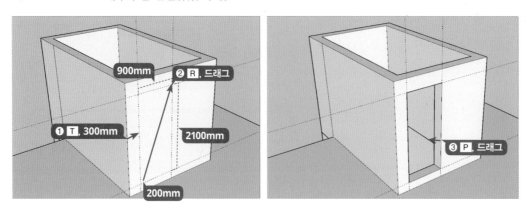

**05** ① 슬라브를 더블클릭해 면과 둘레의 엣지를 모두 선택한 다음 ② Shift 와 Ctrl 을 누른 상태에서 계단실 벽과 접하는 엣지를 클릭해 선택을 해제합니다.

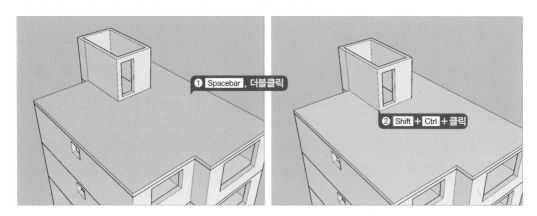

**06** ① 선택한 모서리 엣지를 안쪽으로 **250mm** 오프셋하고 ② 다시 위로 **1100mm** 끌어올립니다.

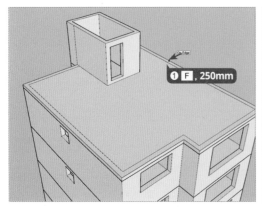
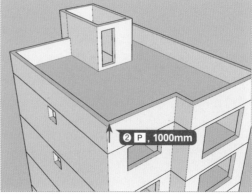

**07** ❶ 옥상이 완성되면 모두 선택해 그룹으로 만들고 ❷ 솔리드 상태를 확인합니다.

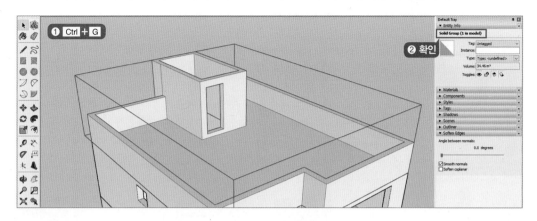

**08** ❶❷ 옥탑 위에 두께 **200mm**의 슬라브를 만들고 ❸ 안쪽으로 **200mm** 오프셋합니다. ❹ 다시 둘레의 면을 위로 **200mm** 끌어올려 옥탑 방수턱을 만들고 ❺ 그룹으로 만듭니다.

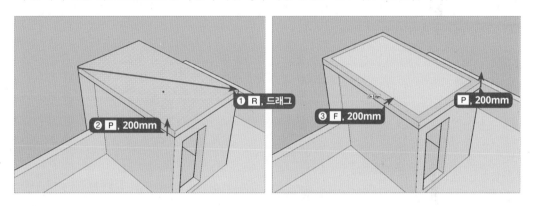

**09** ❶ 계단실 창문의 개구부를 만들기 위해 1층과 2층을 제외한 나머지 층을 선택해 [Hide]Ⓗ를 실행합니다. ❷ [Tape Measure Tool ✏ Ⓣ]을 실행하고 ❸❹ 개구부 양쪽의 모서리를 더블클릭해 가이드라인을 만듭니다. ❺ 2층 계단실 개구부의 아랫면에서 **2700mm** 위치에 가이드라인을 만들고 그 높이까지 끌어올립니다.

**10** ❶ 2층의 아래 엣지로부터 **1200mm** 위치에 가이드라인을 추가합니다. ❷ 추가한 가이드라인을 대각선으로 연결해 면을 만들고 ❸ 반대편 벽으로 끌어 개구부를 뚫습니다.

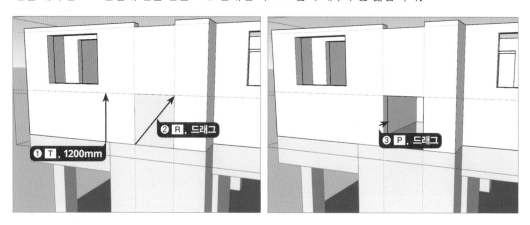

**11** ❶ 1층 구조체의 위쪽 모서리로부터 아래로 **100mm** 위치에 가이드라인을 만들고 ❷ 그림과 같이 개구부를 뚫습니다.

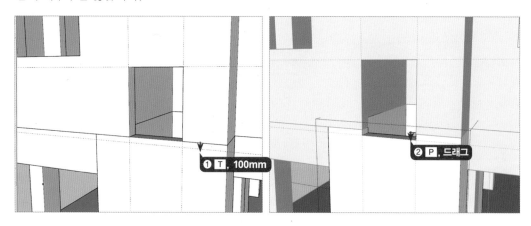

**12** ❶ [Unhide All Entities]⨀를 실행해 숨겨놓은 구조체를 모두 표시하고 ❷ 옥탑 부분의 계단실 창문을 같은 방법으로 만듭니다. 치수는 위와 같습니다.

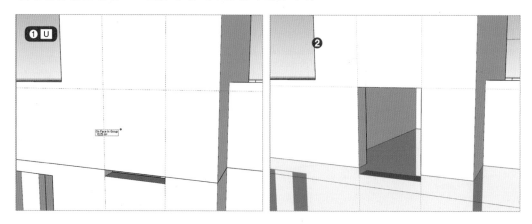

**13** 모델링이 끝나면 작업에 사용된 가이드라인을 모두 삭제합니다. CleanUp[3], Solid Inspector[2] 등을 이용해 면과 엣지를 정리하고 완성된 파일을 저장합니다.

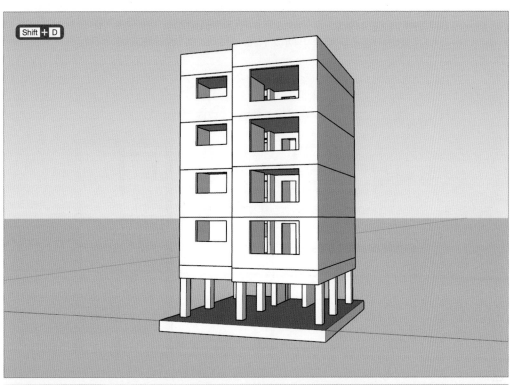

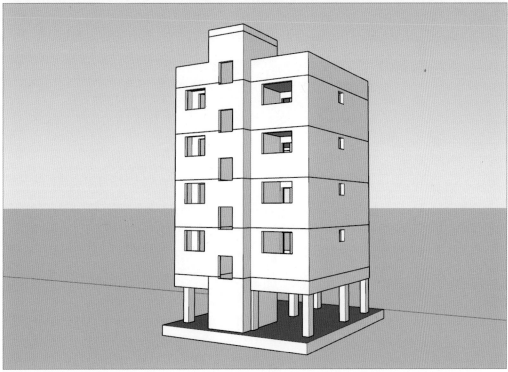

예제 폴더에서 **Apartment_Plan.dwg** 도면 파일을 불러와 바닥과 벽을 모델링하고 개구부를 만들어보세요. 결과물이 모두 솔리드 상태가 되도록 완성해야 하며 도면에 표시되어 있지 않은 치수는 임의의 값으로 모델링합니다.

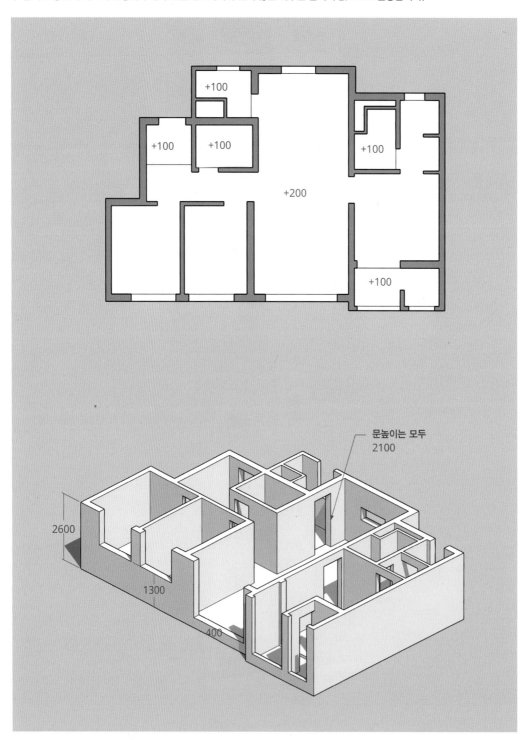

# LESSON 04 다양한 형태의 지붕 모델링하기

이번에는 지붕의 모델링 방법을 학습해보겠습니다. 지붕을 만드는 과정을 통해 **Solid Tools**의 사용 방법을 정확히 익히고 모델이 항상 솔리드 상태를 유지해야 하는 이유가 무엇인지 생각하면서 학습을 진행하기 바랍니다.

 **Basic Training** 간단한 경사 지붕 모델링하기

예제 파일 | PART03\지붕만들기.skp

간단한 형태의 경사 지붕 모델링을 통해 지붕 모델링의 순서에 대해 알아보도록 하겠습니다. 지붕을 이용해 벽체를 계속 잘라내야 하기 때문에 만드는 모든 객체가 솔리드 상태를 유지하는 것이 중요합니다. 모델링 과정 중 그룹을 만들 때마다 [Entity Info] 트레이를 통해 솔리드 상태인지 확인하며 학습을 진행하기 바랍니다.

**01** ❶ 예제 파일을 불러옵니다. 세 개의 모델 중 첫 번째 모델을 사용합니다. ❷ [Tape Measure Tool ⌷T]을 실행한 후 ❸ 바닥 엣지로부터 **6000mm** 높이에 가이드라인을 만듭니다. ❹ [Protractor ⌷]를 실행한 후 ❺❻ 가이드라인과 오른쪽 벽의 모서리를 기준점으로 ❼ **15°**의 가이드라인을 만듭니다.

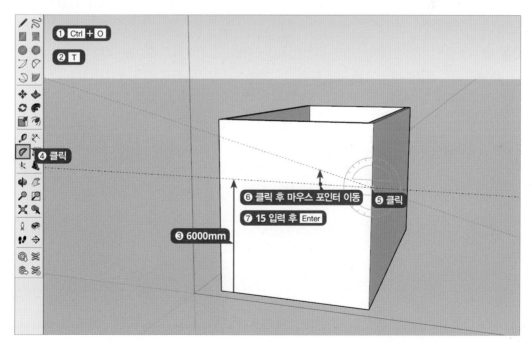

**02** ❶ [Tape Measure Tool 🖊️ T] 을 실행하고 ❷ 경사 가이드라인을 200mm 위로 추가 가이드라인을 만듭니다.

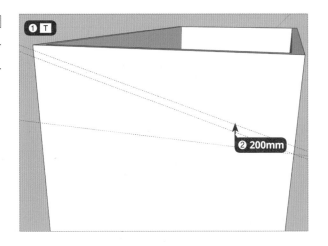

**03** ❶ 가이드라인과 벽의 교차점을 이어 면을 만들고 ❷ 뒤쪽 벽까지 돌출시킵니다. ❸ 그룹으로 만듭니다.

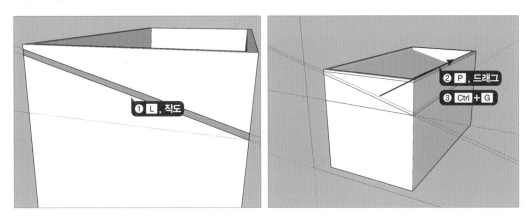

**04** ❶ 지붕을 선택한 상태에서 ❷ [Solid Tools]−[Trim]을 실행하고 ❸ 지붕 옆의 벽을 클릭합니다. ❹ 벽체를 더블클릭해 열고 ❺ 지붕 위로 남은 벽부분을 트리플클릭한 후 삭제합니다.

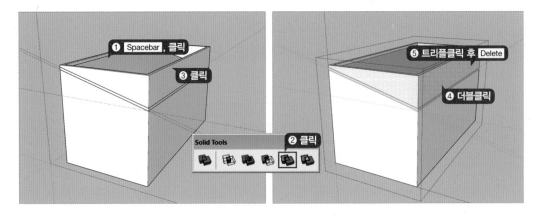

**05** 지붕이 만들어진 상태에서 내부에 벽을 추가하는 작업을 해보겠습니다. 지붕 객체를 선택한 후 [Hide]H를 실행합니다.

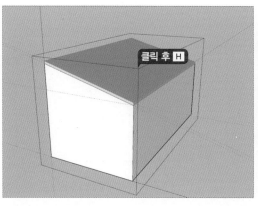
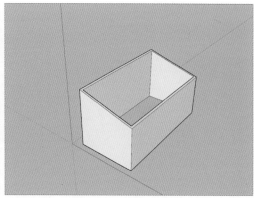

**06** ❶ 그림과 같이 임의의 위치에 가이드라인을 교차하여 추가하고 ❷ 가이드라인으로부터 **200mm** 떨어 뜨려 추가 가이드라인을 각각 만듭니다.

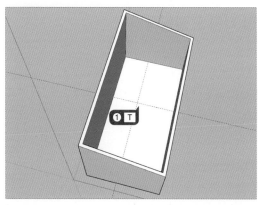
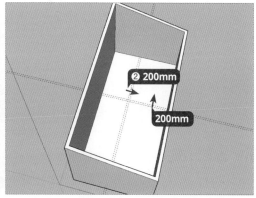

**07** ❶ 선으로 가이드라인과 벽의 하부 모서리를 연결해 그림과 같이 면을 만들고 ❷ 지붕보다 높게 돌출시킵니다. ❸ 벽을 선택해 그룹을 만듭니다.

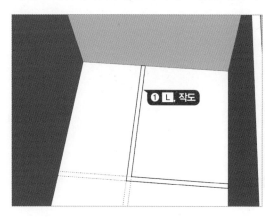
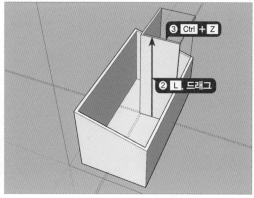

**08** ❶ [Unhide All Entities]⃞U⃞를 실행한 후 ❷ 지붕을 선택합니다. ❸ [Solid Tools]−[Trim
🖻]을 실행하고 ❹ 위로 튀어나온 벽을 클릭합니다. ❺ 튀어나온 부분을 트리플 클릭해 모두 선택
한 다음 삭제합니다. 경사 지붕이 있는 건물 내부에 벽체를 추가해야 할 경우 이와 같은 방법으로
모델링을 진행하도록 합니다.

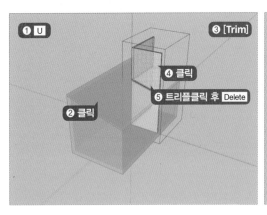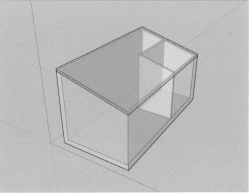

---

🏃 **Basic Training** **경사가 일정한 모임 지붕 모델링하기**

모임 지붕의 형태는 모든 면에서 경사가 일정하므로 Follow Me를 활용하면 쉽게 만들 수 있습니
다. 하지만 교차되는 부분의 크기가 다를 경우 Follow Me는 이런 크기의 변화에 자동으로 대처하
지 못합니다. 따라서 작업자가 일일이 수작업으로 수정해야 하는 번거로움이 있습니다.

**01** ❶ 앞선 예제 파일의 두 번째 모델 위로 벽의 바깥선을 따라 선을 그려 그림과 같이 면을 만듭
니다. ❷ [Tape Measure Tool 🔗 ⃞T⃞]을 이용해 ❸ 앞쪽 벽의 모서리로부터 ❹ **500mm** 떨어진 곳
에 가이드 포인트를 만듭니다.

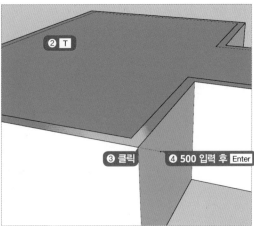

**02** ❶ 가이드 포인트로부터 위로 **250mm**만큼 선을 그립니다. ❷ [Protractor ⌀]를 실행한 후 ❸ 선의 끝점을 기준으로 ❹ 각도 **30°**의 가이드라인을 만듭니다.

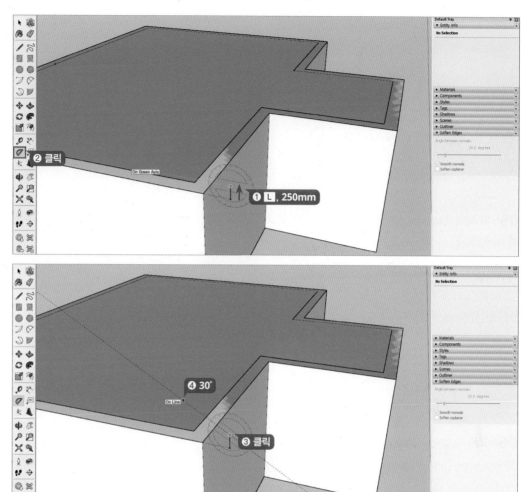

**03** ❶ 벽의 중간점으로부터 수직으로 각도 가이드라인까지 선을 그리고 ❷ 끝점을 연결해 지붕 모양을 만듭니다. ❸ 천장면을 선택한 후 ❹ [Follow Me ⌀]를 실행하고 ❺ 지붕 단면을 클릭합니다.

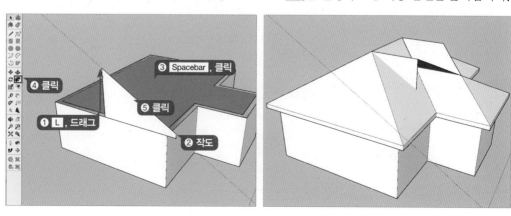

**04** 지붕의 폭이 좁은 곳에서 지붕의 형태가 그림처럼 교차되어 만들어집니다. ❷❸ 면의 일부를 제거하기 위해 교차되는 부분에 선을 그리고 ❹ 튀어나온 부분을 삭제합니다.

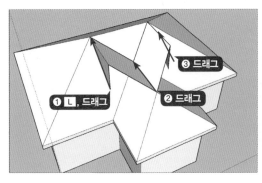
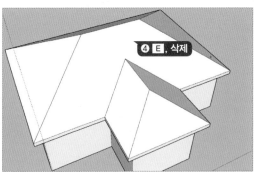

**05** 위쪽의 튀어나온 부분을 삭제해도 안쪽에는 선이 남아 있습니다. ❶ 단축키 X를 눌러 [X-Ray] 모드로 바꾸고 ❷ 안쪽에 남아 있는 선을 선택해 삭제합니다. ❸ 벽을 선택한 후 [Hide]H를 실행합니다.

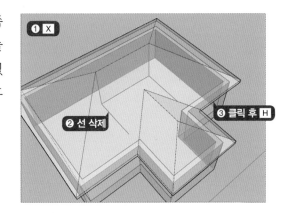

**06** 그림과 같이 지붕의 아래쪽이 비어 있는 것을 확인할 수 있습니다. ❶ 지붕에 두께를 주기 위해 [Joint Push Pull 🖐]을 실행하고 ❷ 옵션 중 [All Connected Faces]와 ❸ [Thicken]을 선택합니다. ❹ 면을 하나 안쪽으로 드래그 한 후 ❺ 200을 입력하고 Enter를 누르면 그림과 같이 지붕에 두께가 생기게 됩니다. 하지만 이 명령은 기울어진 면들을 완벽하게 처리하지는 못하기 때문에 그림과 일부의 면이 삭제된 상태로 나옵니다.

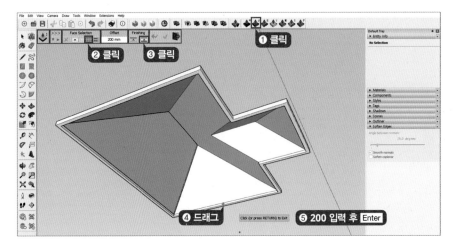

**07** 문제가 생긴 부분의 면 위에 대각선으로 선을 그리면 그림과 같이 열려 있던 면이 정상적으로 닫힌 상태가 됩니다.

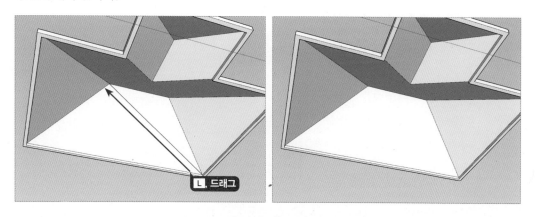

**08** ❶ 가이드라인을 모두 지우고 ❷ 완성된 지붕을 모두 선택해 그룹으로 묶어 완성합니다. ❸ 이어서 H를 눌러 숨겨놓습니다.

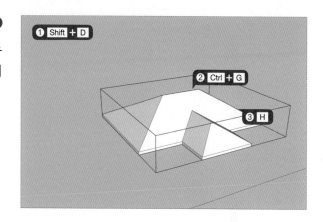

**09** ❶ 단축키 U를 눌러 벽체를 다시 보이게 하고 ❷ 벽체를 더블클릭합니다. ❸ 벽체의 윗면을 지붕보다 위로 끌올립니다.

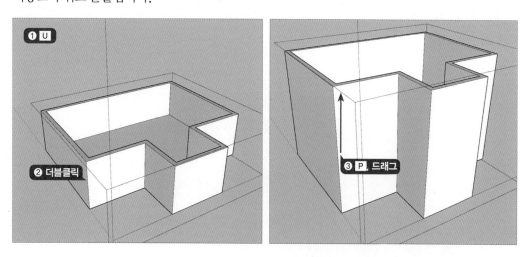

**10** ❶ 단축키 U를 눌러 지붕을 다시 보이게 하고 ❷ 지붕을 선택한 상태로 ❸ [Solid Tools]−
[Trim🔲]을 실행합니다. ❹ 벽을 클릭합니다. ❺ 이어서 벽을 더블클릭해 그룹을 엽니다. ❻ 지붕
위로 남은 면을 트리플클릭하고 삭제합니다.

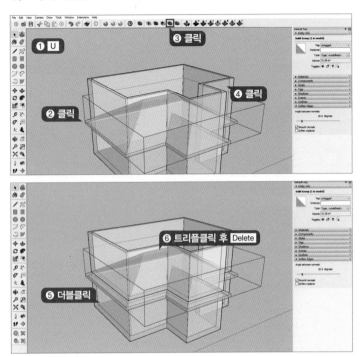

**11** ❶ [Section Plane]을 실행하고 ❷ 벽의 옆면을 클릭합니다. ❸ [Name Section Plane] 대화
상자가 나타나면 [Ok]를 클릭합니다. ❹ 섹션 플레인을 오른쪽으로 이동해 내부가 정상적으로 만
들어졌는지 확인합니다. ❺ 확인이 끝난 섹션 플레인은 Delete 를 눌러 삭제합니다.

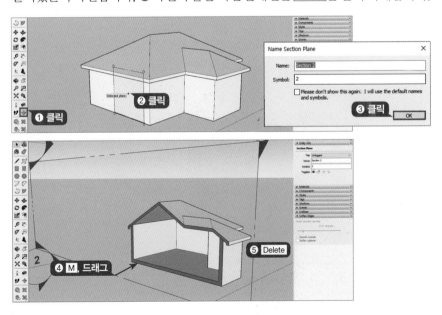

벽체와 지붕을 솔리드 상태로 만들기만 하면 솔리드 도구(Solid Tools)를 이용해 쉽게 지붕과 벽체를 완성할 수 있습니다. 벽체나 지붕을 솔리드 상태로 만드는 것은 많은 연습이 필요합니다. 지붕을 완성한 후 다시 벽체부터 모델링하는 연습을 하기 바랍니다. 앞의 예제 파일 중 세번째 모델을 활용해 다음 학습을 진행하세요.

**01** 가이드라인을 다음 그림과 같이 배치하고 박공 지붕의 모양을 그려보세요. 지붕의 아랫면까지의 높이는 **6000mm**, 경사는 **30°**입니다. 지붕 슬라브 두께는 **200mm**, 처마 나옴은 벽 안쪽으로 **200mm**, 벽 밖으로 **400mm**입니다. 이상의 치수는 임의로 변경해도 됩니다.

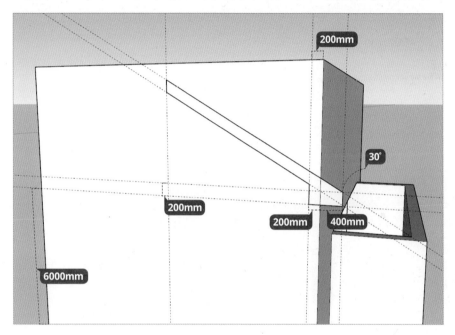

**02** ❶ 지붕 단면을 [Curic Mirror ▲ Alt + M로 ❷ 반대편에 복사하고 ❸ 가운데 엣지를 삭제해 하나로 만듭니다.

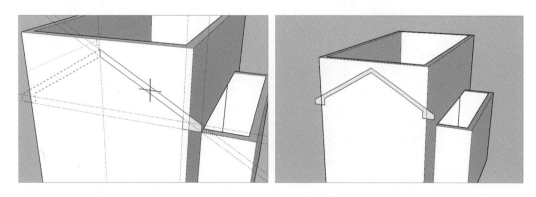

**03** ❶ 지붕을 뒤쪽 벽 끝까지 돌출시키고 ❷ 그룹으로 만듭니다. ❸ [Solid Tools]–[Trim 🖼]으로 ❹ 벽체를 자르고 ❺ 위쪽 남은 벽체를 삭제합니다.

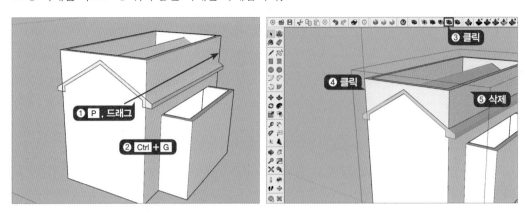

**04** 지붕을 앞뒤로 **400mm**씩 더 늘여 완성합니다.

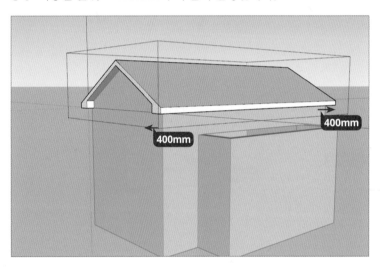

**05** ❶ 오른쪽의 낮은 지붕은 바닥에서 **2800mm** 위치에 ❷ 같은 모양으로 단면을 그리도록 합니다.

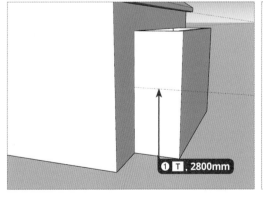
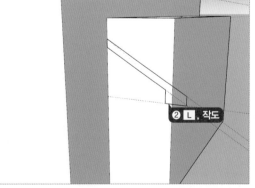

**06** ① 단면을 벽의 뒤쪽까지 돌출시킵니다. ② 벽을 열고 벽의 왼쪽 부분의 높이가 지붕보다 올라가지 않고 지붕과 겹치도록 내립니다.

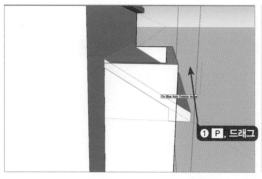 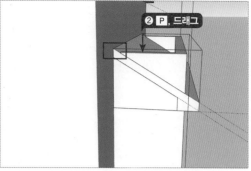

**07** ① [Solid Tools]–[Trim ▣]을 실행합니다. ② 벽을 자르고 ③ 위쪽의 튀어나온 벽 부분을 선택해 삭제합니다. ④ 지붕을 앞뒤로 **400mm**씩 늘여 완성합니다.

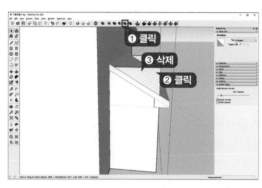 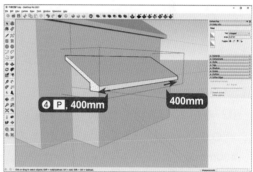

> **Power Up Note** **Roof by TIG 확장 프로그램을 활용한 교차 모임 지붕 만들기**
>
> 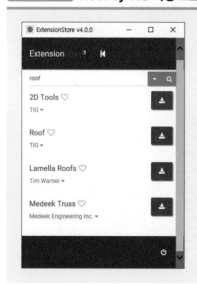 지붕을 만들어주는 확장 프로그램 역시 1001bit, Instant Roof 등 종류가 매우 많습니다. 이같은 확장 프로그램은 대부분 유료로 제공되며, 단순한 지붕 형태를 만드는 데 그치지 않고 목조 지붕의 구조부까지 모델링하는 등 실무 기능을 지원합니다. Roof by TIG 확장 프로그램은 지붕의 형태만을 만들어주는 확장 프로그램으로 무료로 사용할 수 있으며 여러 가지 지붕의 형태를 지원하고 있어 유료 확장 프로그램만큼 활용하기 좋습니다. ExtensionStore에서 설치할 수 있습니다.

**01** 앞의 지붕만들기.skp 예제 파일을 활용합니다. ❶ 지붕을 만들 면을 선택한 후 ❷ 메뉴바에서 [Extensions]-[Roof]-[Hipped Roof]를 클릭합니다.

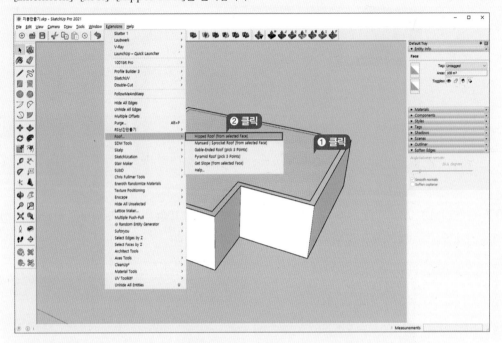

**02** ❶ [Hipped Roof Settings] 대화상자가 나타나면 ❷ [Roof Slope]에서 지붕의 각도로 **30**을 입력하고 ❸ [Eaves Fascia Size]에서 테두리 높이로 **200mm**, ❹ [Eaves Soffit Size]에서 처마의 돌출 정도를 **400mm**로 입력합니다. ❺ [OK]를 클릭하면 지붕을 간단히 만들 수 있습니다.

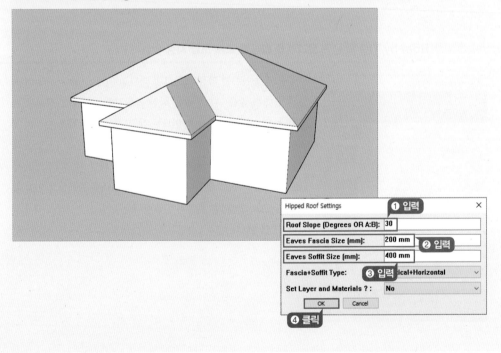

경사 지붕을 쉽게 만들려면 Solid Tools를 잘 활용할 수 있어야 합니다. 지붕 모델링이 어렵다면 앞의 지붕 만들기와 Solid Tools의 활용 방법을 다시 학습한 후 모델링하세요.

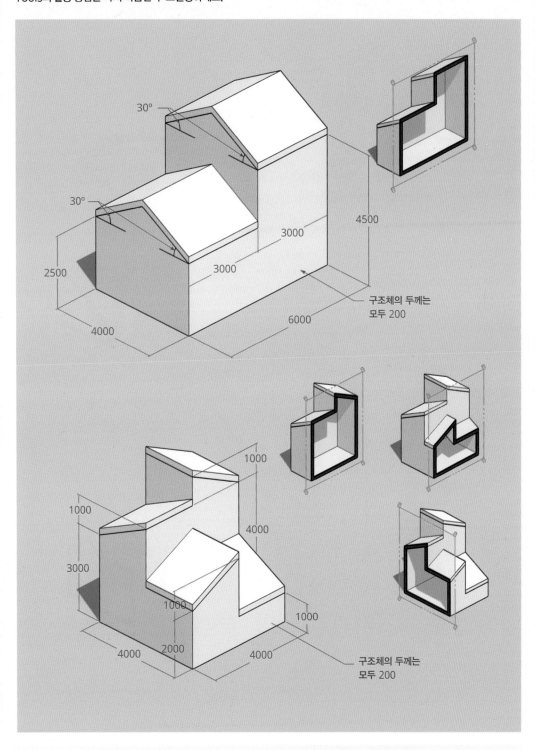

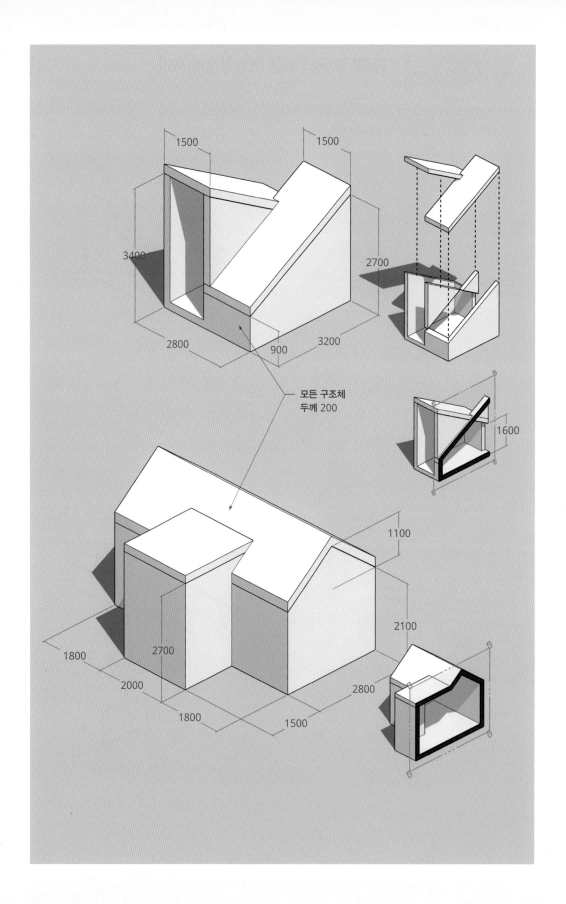

모든 구조체
두께 200

# LESSON 05
# 다양한 형태의 계단 만들기

계단은 건축물마다 크기도 형태도 모두 달라 모델링 소스를 늘이거나 줄여 사용할 수 없는 요소입니다. 따라서 계단이 필요할 때는 매번 새롭게 만들어야 합니다. 계단을 쉽게 만들 수 있는 확장 프로그램도 많지만 실무에서 모델링하는 계단의 형태는 확장 프로그램이 제공하는 기본 형태가 아니므로 직접 모델링해야 하는 경우가 더 많습니다. 계단을 빠르게 모델링할 수 있는 기술들을 몇 가지 익히면 작업 속도를 향상하는 데 매우 큰 도움이 됩니다. 이번 학습을 통해 계단을 빠르고 쉽게 모델링할 수 있는 방법을 익혀보세요.

##  Basic Training 직선형 계단 모델링하기

예제 파일 | PART03\Stair.skp

계단은 컴포넌트와 스케일만 잘 활용하면 매우 쉽게 만들 수 있습니다. 계단을 쉽게 만들 수 있는 확장 프로그램도 많지만 확장 프로그램을 활용하는 것보다 직접 만드는 것이 더 빠르고 쉽습니다. 다음 학습 내용을 여러 번 반복해 계단을 빠르게 모델링할 수 있도록 합니다.

**01** ❶ 예제 파일을 불러옵니다. ❷ [Tape Measure Tool 🖊️ T]을 실행하고 ❸ 위쪽 바닥판의 안쪽 모서리에서 엣지를 더블클릭해 가이드라인을 만듭니다.

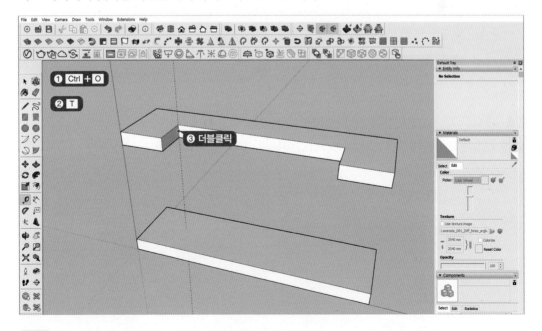

**CORE TIP** 계단의 시작 위치를 알 수 있도록 가이드라인을 만드는 것입니다.

**02** ❶ 가이드라인과 바닥 슬라브의 교차점으로부터 아래 바닥판의 바깥 모서리까지 **800mm×250mm** 크기로 사각형을 그립니다. ❷ [Push/Pull ◆ P]을 이용해 임의의 높이로 돌출시킵니다. ❸ 박스를 모두 선택한 후 단축키 G를 눌러 ❹ 컴포넌트로 만듭니다.

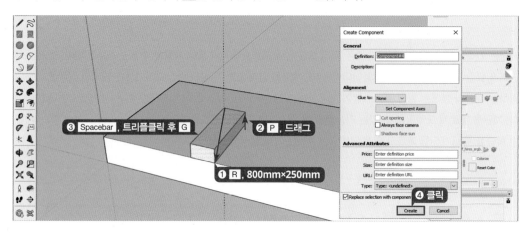

**03** ❶ 박스의 모서리를 기준으로 그림과 같이 14개 더 복사합니다. ❷ 마지막 계단은 위로 한 칸 더 복사합니다. 계단 높이가 임의로 지정되어 전체 계단이 높거나 낮을 수 있습니다.

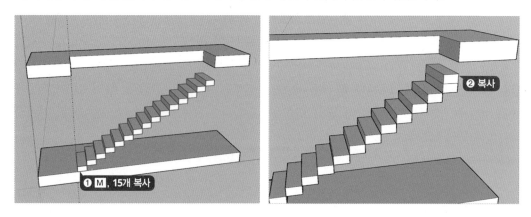

**04** ❶ 모든 계단을 선택한 후 ❷ [Scale 🔳 S]을 실행하고 ❸ 계단실의 크기에 맞게 조정합니다. ❹ 맨 위쪽에 복사한 계단을 오른쪽 모서리로 이동해 위쪽 바닥판과 겹치도록 합니다.

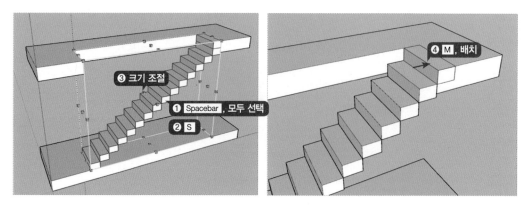

**05** ❶중간의 아무 계단이나 더블클릭해 편집 모드로 들어갑니다. ❷앞쪽 아래 엣지를 아래로 이동해 아래칸의 뒤쪽 아래 모서리에 맞춥니다. 현재 계단이 모두 컴포넌트 상태이기 때문에 모든 계단이 같은 모양으로 변하는 것을 알 수 있습니다.

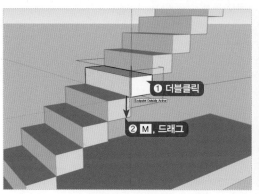
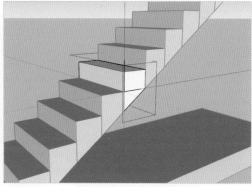

**06** ❶다시 계단의 윗면을 선택해 ❷아래로 **20mm** 이동합니다. 목재 디딤판을 추가하기 위한 공간을 확보하는 것입니다.

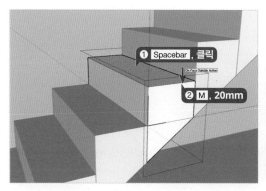
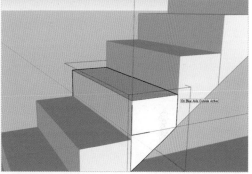

**07** ❶계단을 모두 선택한 후 ❷[Solid Tools]-[Outer Shell 🔲]을 실행해 하나로 합칩니다.

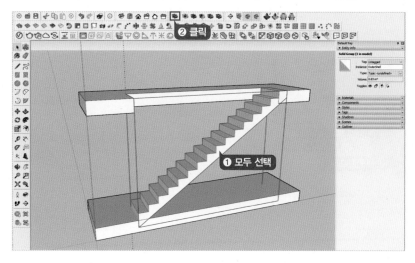

**08** ❶ [Solid Tools]–[Trim 🔲]을 실행한 후 ❷ 아래 바닥판과 ❸ 계단을 순서대로 클릭하면 계단과 바닥판의 겹친 부분을 삭제할 수 있습니다.

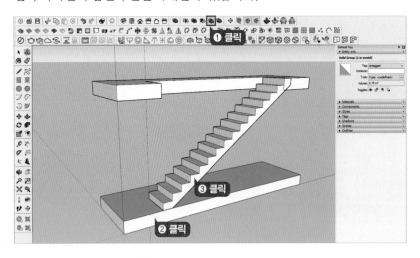

**09** ❶ 다시 [Trim 🔲]을 실행한 후 ❷ 위쪽 바닥판과 계단을 순서대로 클릭해 위쪽 바닥판과 겹친 부분을 삭제합니다.

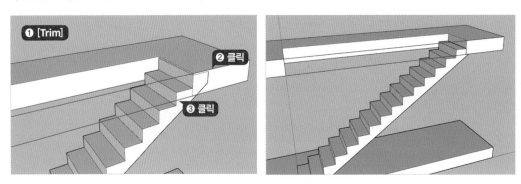

**10** ❶❷ 계단의 위쪽에 두께 **20mm**의 박스를 만들고 ❸ 앞쪽면을 선택해 앞으로 **20mm** 돌출시킵니다.

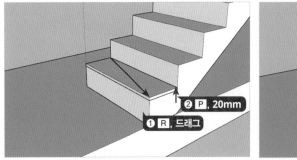
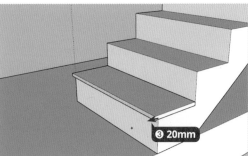

**11** 완성된 디딤판을 계단의 모서리를 기준으로 14개 더 복사해 완성합니다.

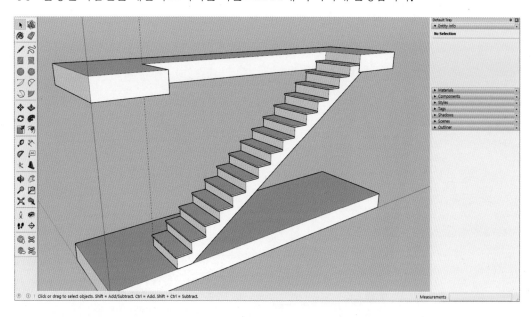

![Basic Training] **계단실에 U자형 계단 모델링하기**

예제 파일 | PART03\Stair_U.skp

U자형 계단도 앞에서 학습한 직선형 계단을 만드는 것과 같은 방식으로 모델링할 수 있습니다. 중간의 계단참까지 연결되는 계단은 직선형 계단과 같기 때문입니다. 대부분의 계단은 이런 방식으로 컴포넌트를 활용해 쉽게 만들 수 있습니다.

**01** ❶ 예제 파일을 불러옵니다. ❷ 그룹을 더블클릭해 열고 ❸ 안쪽의 벽면을 하나씩 선택해 [Hide]H를 실행합니다.

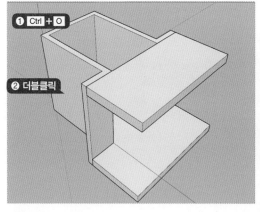
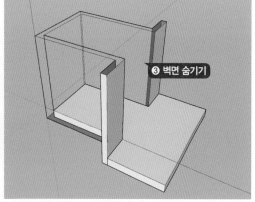

**CORE TIP** 계단실과 같은 좁은 공간에서 사방이 벽으로 둘러싸인 경우, 내부 모델링을 원활히 하기 위해서는 주변 객체의 가시성을 조절해 작업하기 편리한 상태로 만드는 것이 매우 중요합니다.

**02** 계단참을 층의 중간에 먼저 배치하기 위해 ❶ 바닥의 뒤쪽 모서리로부터 **1000mm** 앞으로 가이드라인을 만들고 ❷ 사각형을 작도합니다.

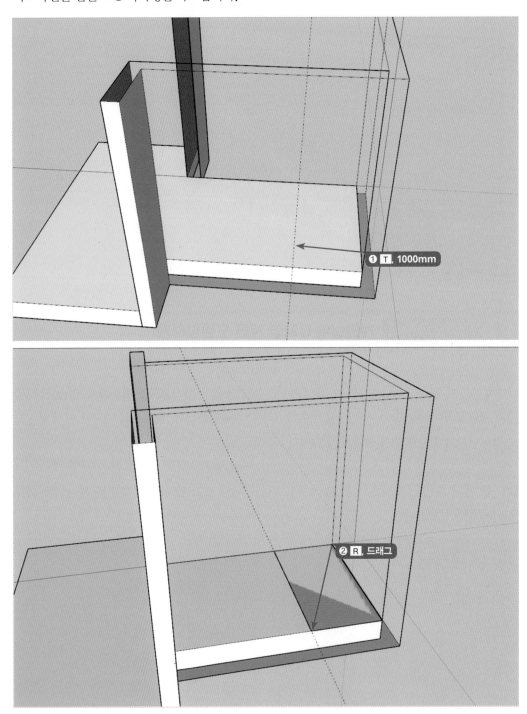

**03** 예제 모델의 층고는 **3000mm**입니다. ❶ 아래에 만든 사각형을 위로 **1500mm** 이동합니다. ❷ 계단참의 윗면을 [Push/Pull 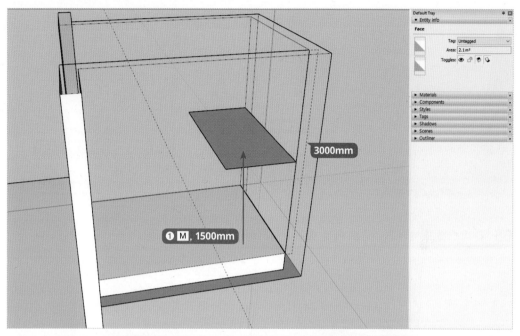] **P**을 이용해 ❸ 아래로 **200mm** 돌출시킵니다. ❹ 완성된 계단 참을 모두 선택해 그룹으로 만듭니다.

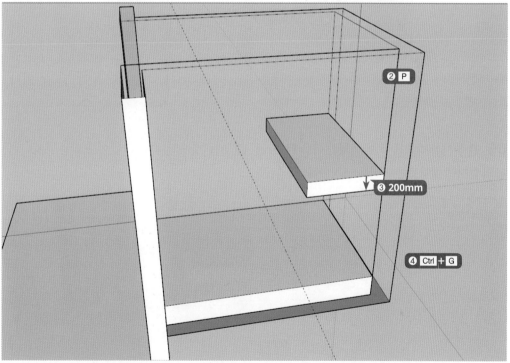

**04** ❶ 바닥의 오른쪽 모서리로부터 **1000mm** 떨어뜨려 가이드라인을 만든 후 ❷ 벽의 모서리와 가이드라인을 이어 적당한 크기의 사각형을 그리고 ❸ 위로 적당히 돌출시킵니다. ❹ 박스를 모두 선택해 컴포넌트로 만듭니다.

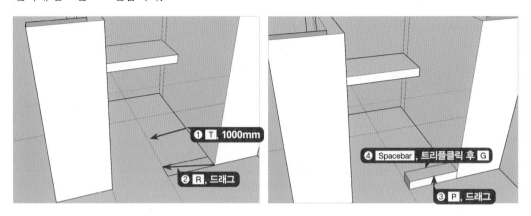

**05** ❶ 박스를 모서리 기준으로 여섯 개 복사하고 ❷ 맨 위의 박스를 위로 하나 더 복사합니다.

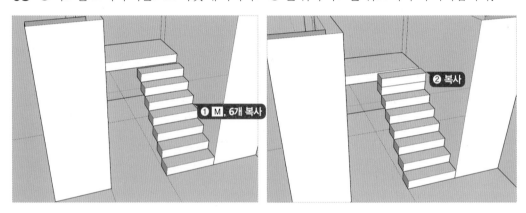

**06** ❶ 복사한 박스를 모두 선택한 다음 ❷ [Scale ▦][S]을 실행합니다. ❸ 높이를 맞춘 후 ❹ 계단 참의 앞면에 맞닿도록 크기를 조정합니다.

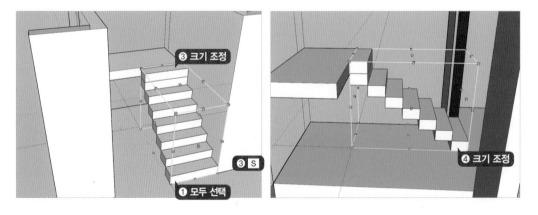

**07** ❶ 맨 위에 복사한 박스를 계단참의 모서리에 맞춰 안쪽으로 이동합니다. ❷ 중간의 박스 중 하나를 더블클릭해 열고 ❸ 앞쪽 아래 엣지를 다음 칸의 박스 윗면에 맞춰 아래로 이동합니다.

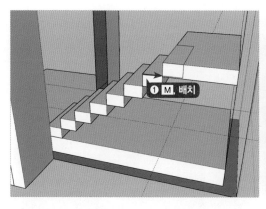 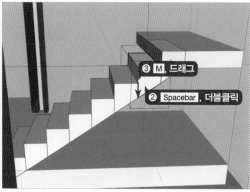

**08** ❶ 완성된 계단을 모두 선택한 후 ❷ [Solid Tools]–[Outer Shell 🔲]을 실행해 합칩니다.

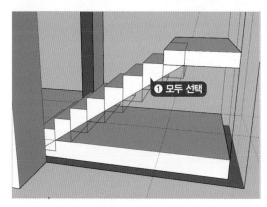 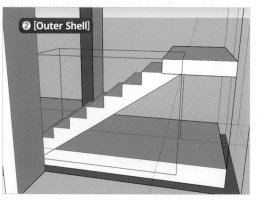

**09** 계단의 앞쪽 끝 모서리를 기준점으로 그림과 같이 계단참 위로 복사합니다.

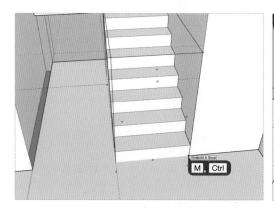 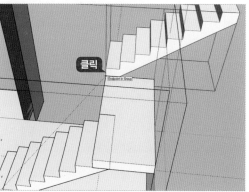

**10** ❶ 복사한 계단을 모서리를 기준으로 **180°** 회전시켜 위쪽의 계단을 만듭니다. ❷ 계단과 계단 참을 모두 선택한 후 ❸ [Solid Tools]−[Outer Shell 🔲]을 실행해 합칩니다.

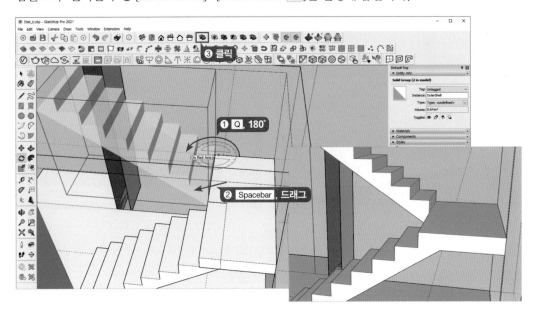

**11** ❶ 바닥판을 클릭한 후 ❷ [Solid Tools]−[Trim 🔲]을 실행합니다. ❸ 계단을 클릭해 계단 아래의 바닥과 겹치는 부분을 잘라냅니다.

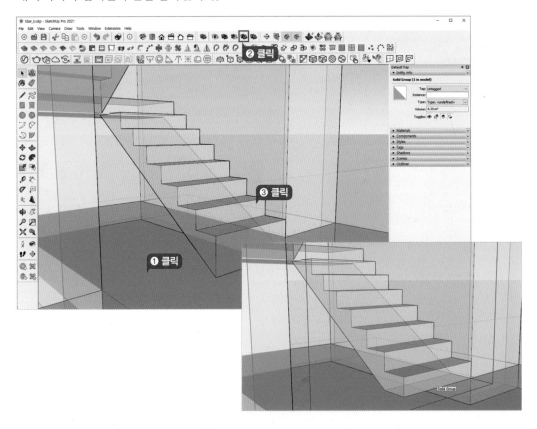

**12** ❶ 위층의 바닥판을 클릭한 후 ❷ [Solid Tools]−[Trim 🔲]을 실행합니다. ❸ 계단을 클릭해 겹치는 부분을 잘라냅니다.

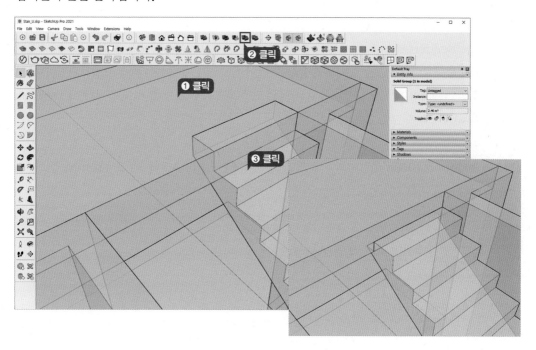

**13** ❶ [Unhide All Entities] U 를 실행해 숨겨놓은 객체를 모두 보이게 하고 ❷ [Delete Guides] Shift + D 를 실행해 가이드라인을 모두 삭제합니다. 직선형 계단 예제의 디딤판 부분을 참고해 그림과 같이 계단을 완성해보세요.

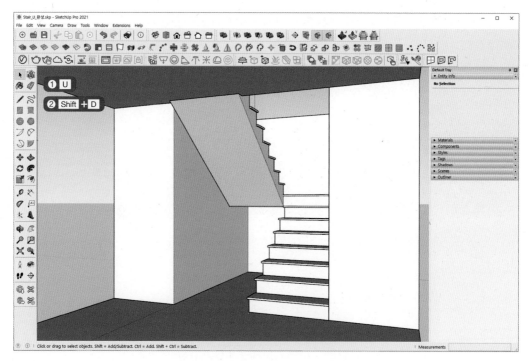

완성 파일 | PART03\Stair_Spiral_완성.skp

CLF Shape Bender는 직선적인 모델을 곡선의 형태로 변형시켜주는 확장 프로그램으로 원형의 벤딩뿐 아니라 불규칙한 곡선형 변형에도 사용할 수 있어 활용도가 매우 높은 확장 프로그램입니다. 사용법도 매우 간단해 원형 계단처럼 만들기 어려운 모델링도 아주 쉽게 할 수 있습니다. Extension Warehouse에서 확장 프로그램을 설치하세요.

**01** ❶ **200mm × 1000mm**크기의 사각형을 그린 후 ❷ [Push/Pull ◈ ] P ]로 **180mm** 돌출시켜 박스를 하나 만들고 ❸ 컴포넌트로 만듭니다.

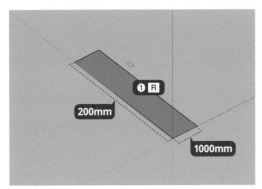

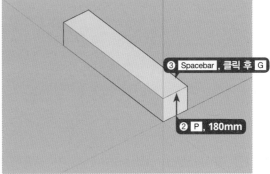

**02** ❶ 모서리를 기준점으로 14개 복사합니다. ❷ 중간의 박스를 더블클릭해 열고 ❸ 앞쪽 아래의 엣지를 아래 박스의 뒤쪽 아래 모서리에 맞춰 이동합니다.

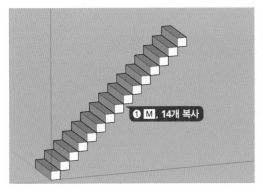

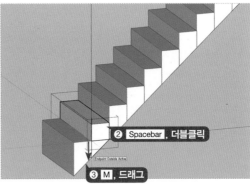

**03** ❶❷ 디딤판 부분의 양쪽 바깥 모서리 엣지를 안쪽으로 **50mm** 위치에 복사합니다.

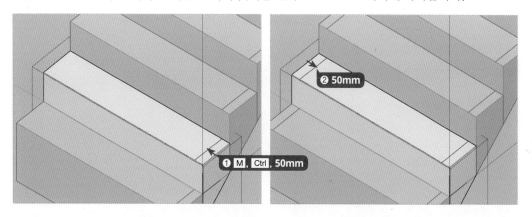

**04** ❶ [Push/Pull ⬦ P]을 이용해 복사한 엣지 사이의 양쪽 면을 ❷ 위로 **1100mm** 돌출시킵니다.

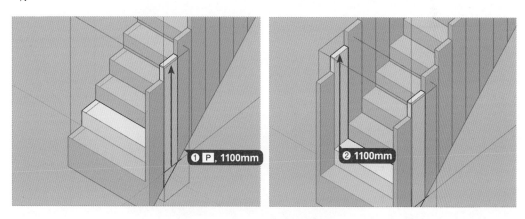

**05** ❶ 난간의 양쪽 앞부분 모서리를 선택하고 ❷ 아래쪽 계단 난간의 모서리에 맞춰 이동합니다. ❸ 계단을 모두 선택하고 ❹ [Solid Tools]−[Outer Shell 🔲]을 실행해 합칩니다.

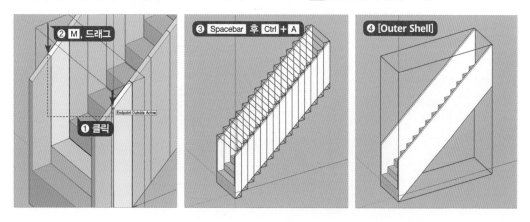

**06** ❶ 적당한 크기의 사각형을 그린 후 ❷ 아래로 돌출시키고 ❸ 그룹으로 만듭니다. ❹ 박스를 선택한 후 ❺ [Solid Tools]−[Subtract 🔲]를 실행합니다. ❻ 계단을 선택해 바닥 아래 부분을 잘라냅니다.

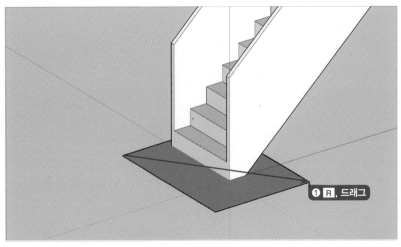

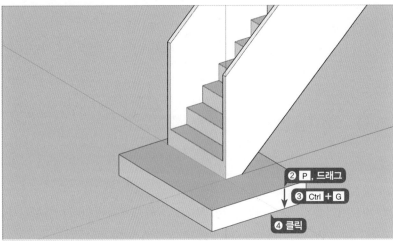

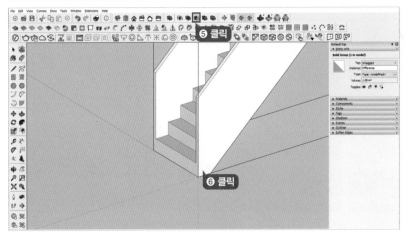

**07** ❶ [Pie ◢]를 실행하고 ❷ 원점을 중심점으로 지정한 뒤 ❸❹❺ 반지름 **250mm**의 3/4원을
그림과 같이 작도합니다.

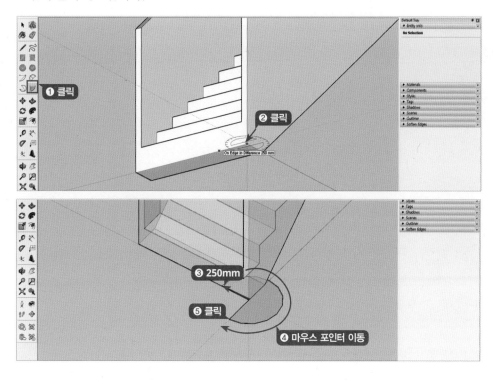

**08** ❶ 계단을 뒤쪽으로 적당히 이동해 거리를 띄워놓습니다. ❷ 파이의 직선 부분을 삭제해 호만
남기고 ❸ 호를 선택한 후 ❹ [Entity Info]−[Segments]를 **32**로 수정합니다.

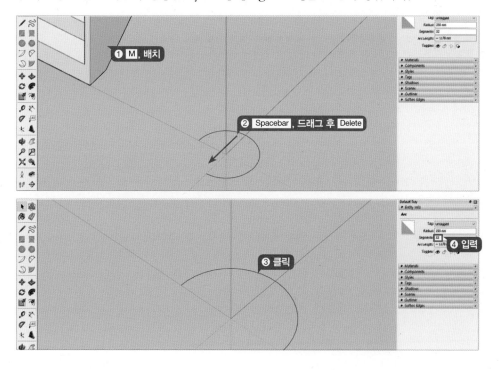

**09** ❶ 계단의 시작점부터 끝점까지 ❷ 바닥 평면 위에 선을 그립니다.

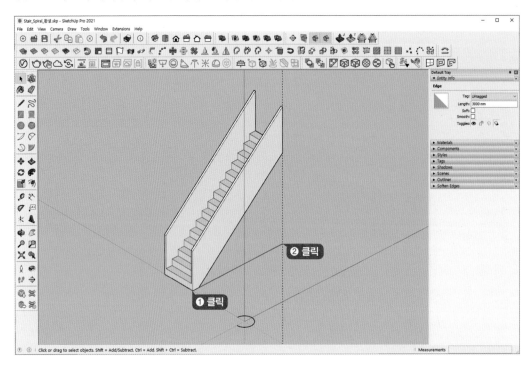

CORE TIP 이때 방향키 →를 눌러 X축을 활성화한 다음 계단의 위쪽 끝점을 클릭하면 바닥 위에 선을 쉽게 그릴 수 있습니다.

**10** ❶ 계단을 선택한 후 ❷ [Shape Bender ⌒]를 실행합니다. ❸ 계단 시작점의 직선을 클릭한 다음 ❹ 계단과 가까운 쪽의 호를 클릭합니다.

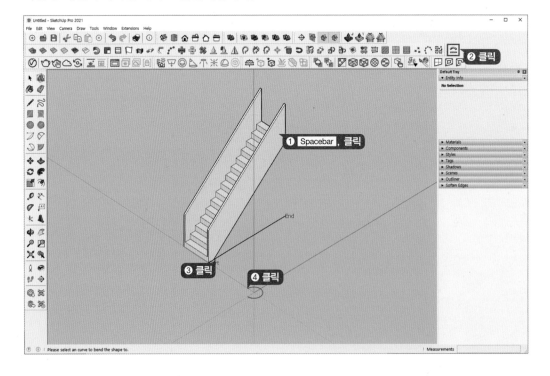

선과 호를 클릭한 시작점의 위치가 올바르게 되었다면 원형 계단 모양이 한번에 맞게 나오지만 시작점의 위치를 다르게 클릭했다면 다른 형태가 나올 수 있습니다. 이때는 방향키 ⬆(커브의 시작점 이동), ⬇(직선의 시작점 이동)를 눌러 올바른 형태가 나오도록 조정합니다.

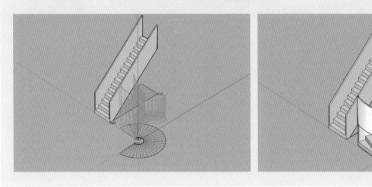

**11** ❶ 계단의 시작 부분을 확대해보면 그림과 같이 Y축과 조금 떨어져 있는 것을 확인할 수 있습니다. 이것은 호의 시작 세그먼트가 직각이 아니기 때문입니다. ❷ 계단을 더블클릭해 열고 ❸ 면을 클릭합니다. ❹ [Rotate ♻ Q]를 실행하여 ❺ 앞쪽을 기준으로 Y축에 맞춰 회전시킵니다.

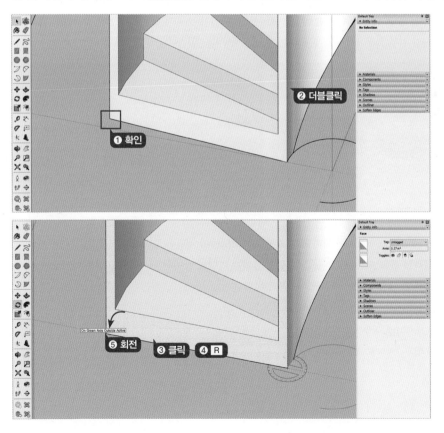

**12** 계단의 위쪽면도 같은 방법으로 수직이 되도록 회전시키고 작업하는 동안 사용한 남은 객체들을 모두 삭제해 완성합니다.

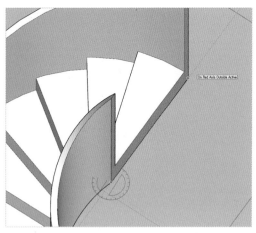 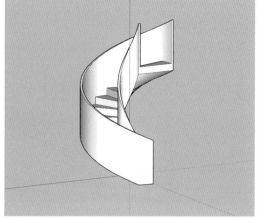

**계단을 쉽게 만들어주는 다양한 확장 프로그램 알아보기**

244쪽에서 설치한 1001bit-tools 확장 프로그램은 직선형 계단, U자형 계단, 원형 계단, 에스컬레이터 등 다양한 형태의 계단을 쉽게 만들 수 있는 기능을 제공합니다. 유료 버전과 무료 버전 두 가지 형태로 제공되며 유료 버전은 30일 동안 사용할 수 있습니다. 무료 버전은 옵션이 부족해 활용도가 높지 않지만 원형 계단과 에스컬레이터의 경우 실무에서 주로 활용되는 형태를 제공하고 있습니다.

 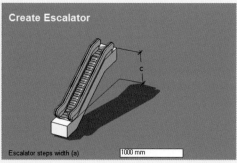

이외에도 Instant Stair, S4U Stair 등 여러 가지 확장 프로그램들이 계단을 보다 쉽게 만드는 기능을 제공하고 있습니다. 대부분 유료 버전이며 계단을 자주 만들어야 한다면 아래의 웹사이트를 방문해 작업 스타일에 잘 맞는 확장 프로그램을 찾아 구입해 사용하기 바랍니다.

① 1001bit Pro | https://www.1001bit.com/pro/
② valiarchitects | https://www.valiarchitects.com/subscription_scripts/instant-stair
③ SuForYou | https://www.sketchupforyou.com/purchase/s4u_stair/

앞에서 학습한 계단 만들기를 참고해 다음 예제를 완성해보세요. 처음부터 모델의 모든 부분을 붙여서 하나의 덩어리로 만들기는 매우 어렵습니다. 얇은 판재를 자르고 붙이는 방법으로 계단을 만드는 과정을 생각하면서 모델링하면 좀 더 쉽게 예제를 완성할 수 있습니다.

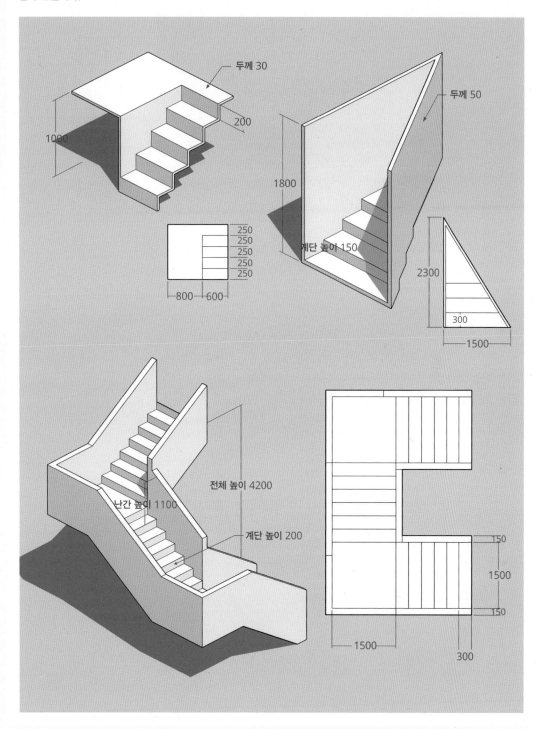

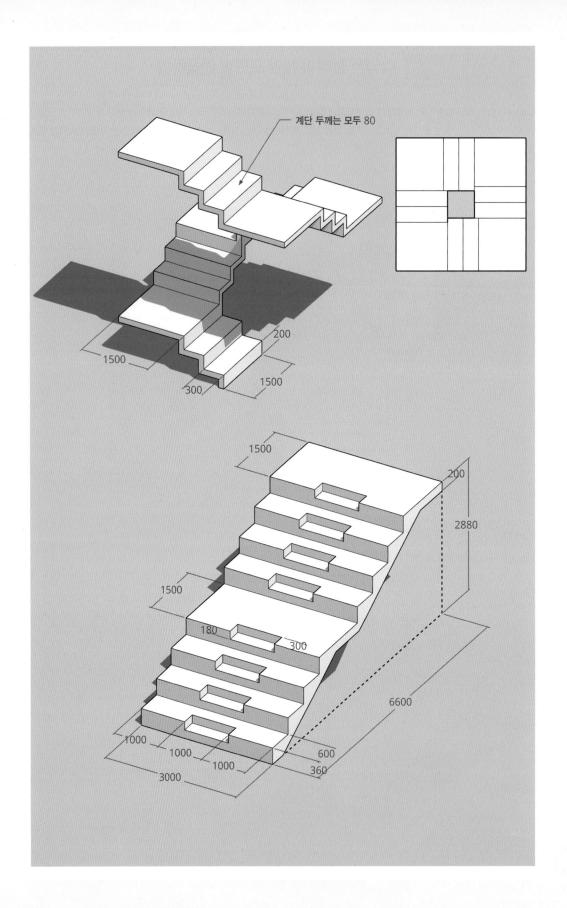

계단 두께는 모두 80

200
1500
300
1500

1500
200
2880
1500
180
300
6600
1000
1000
1000
600
360
3000

# LESSON 06 확장 프로그램을 활용한 경사로 모델링하기

경사로 역시 건축물 모델링 시 매우 자주 만드는 대상입니다. 그런데 스케치업에는 곡선 형태를 만들 수 있는 기능이 없어 확장 프로그램 없이 경사로를 만들기가 매우 어렵습니다. 이번 학습에서는 확장 프로그램을 활용해 경사로를 모델링하는 방법을 알아보겠습니다.

## Basic Training Shape Bender를 활용한 경사로 모델링하기

Shape Bender는 어떤 형태든 곡선을 따라 구부려주기 때문에 경사로를 만드는 데도 사용할 수 있습니다. 작업 순서를 지켜서 직선과 곡선의 시작 방향을 맞추는 것만 정확히 한다면 아주 쉽게 모델을 만들 수 있는 확장 프로그램입니다. 경사로를 만드는 것에만 초점을 맞추지 말고 어떻게 활용할 수 있는지를 더 중점적으로 알아야 합니다.

**01** 10000mm×10000mm크기의 사각형을 그린 후 ❶ 오른쪽에 그림과 같이 원을 사각형 크기에 맞춰 그립니다. ❷ 안쪽과 왼쪽의 엣지를 삭제해 그림과 같이 U자형의 라인만 남깁니다.

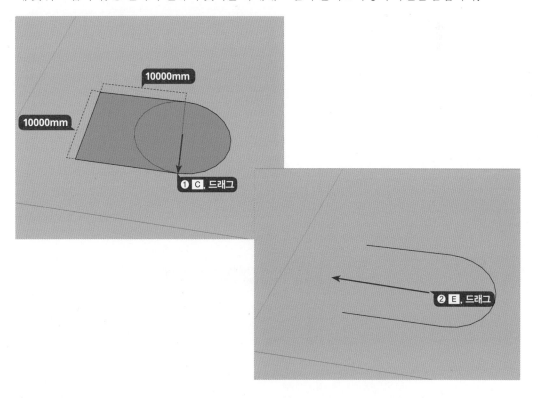

**02** ❶ 호를 선택한 후 ❷ [Entity Info]−[Segments]를 **32**로 수정합니다. ❸ 선을 모두 선택하고
❹ [JHS Powerbar]−[Super Weld ⟳ Alt + W 를 실행합니다.

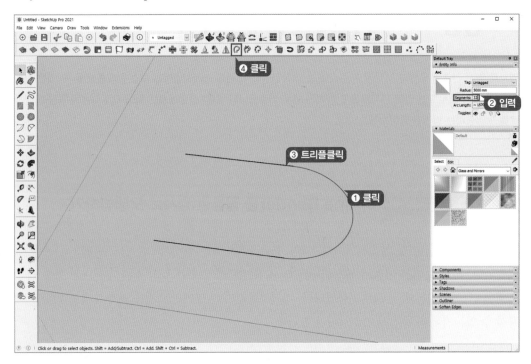

CORE TIP [Super Weld]는 JHS Powerbar 확장 프로그램에 포함된 명령으로, 떨어진 선을 하나의 연결된 커브(Curve)로 만
드는 명령입니다. 경로에 해당하는 객체를 만들 때 주로 사용하며 단축키 Alt + W 를 지정해 사용하면 편리합니다.

**03** ❶ [Rectangle ▨ R]을 실행하고 ❷ →를 눌러 X축을 기준으로 설정합니다. ❸ 그림과 같이
**3000mm × 500mm** 크기의 직사각형을 작도합니다.

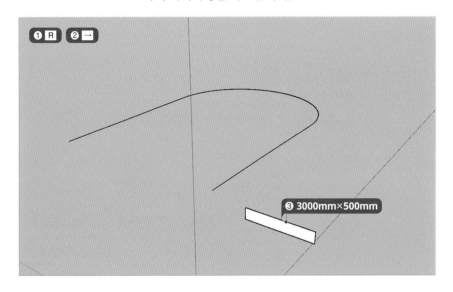

**04** ❶ 사각형의 위쪽 엣지를 제외한 나머지 엣지를 선택합니다. ❷ [Offset 🖱 F]을 실행하고 ❸ 안쪽으로 **200mm** 오프셋합니다. ❹ 위쪽의 엣지를 삭제해 단면을 만듭니다.

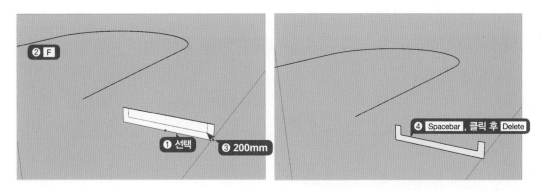

**05** ❶ 단면을 적당히 돌출시켜 그림과 같이 만들고 ❷ 오른쪽의 위쪽 엣지만 선택해 Z축으로 **4000mm** 이동합니다.

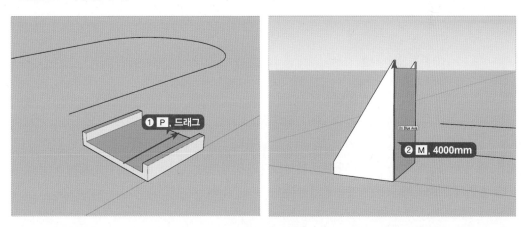

**06** ❶ 완성된 경사 오브젝트를 모두 그룹으로 만들고 ❷ 아래쪽에 양쪽 엣지의 중간점을 연결해 선을 그립니다.

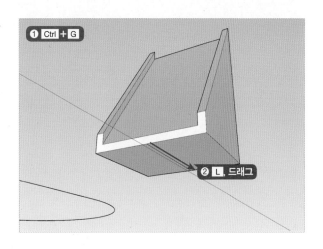

**07** ❶ 경사로 오브젝트를 클릭한 후 ❷ [Shape Bender ⌓]를 실행합니다. ❸ 아래쪽 직선의 왼쪽 부분을 클릭한 후 ❹ 곡선의 앞부분을 클릭하면 그림과 같이 경사로 오브젝트가 곡선을 따라 변형되는 것을 확인할 수 있습니다.

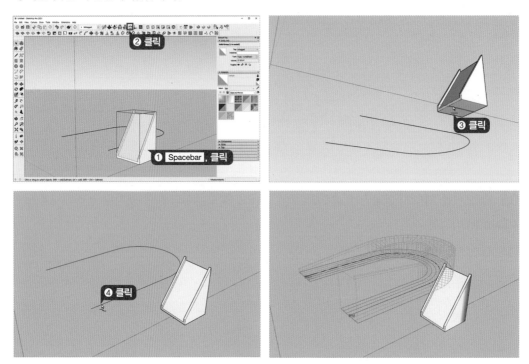

**08** 경사의 방향이 원하는 방향과 다르게 나왔다면 방향키 ⬆, ⬇를 눌러 원하는 방향에 맞춰 경사로를 만들고 Enter를 눌러 명령을 종료합니다.

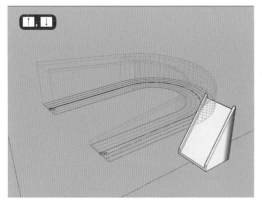
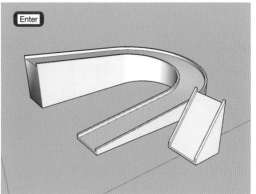

CurviShear는 곡선의 경로에 경사를 주는 확장 프로그램입니다. 평면상에 그린 경로를 3차원의 비스듬한 경사로 쉽게 만들어줍니다. 변형시키는 대상이 경로이므로 커브여야 하며 시작과 끝이 있어야 합니다. 들어올려지는 쪽의 세그먼트는 파란색으로 표시되므로 선이 제대로 연결된 상태라면 아주 쉽게 3차원의 경로를 만들 수 있습니다.

**01** ❶ 앞에서 만든 경로와 경사로 객체를 복사하고 ❷ 경사로 객체를 더블클릭해 엽니다. ❸ 위쪽으로 올린 부분의 엣지를 다시 아래로 **4000mm** 내립니다.

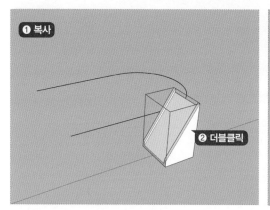
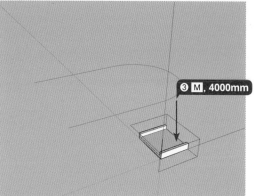

**02** ❶ 경로를 선택한 다음 ❷ [Tools]−[Fredo Tools]−[CurviShear] 메뉴를 클릭합니다.

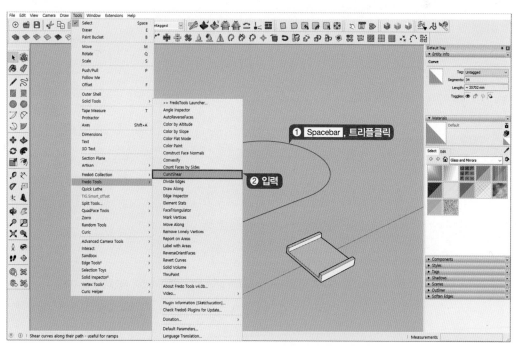

**03** ❶ [CurviShear] 대화상자에서 [Top Height]를 **4000mm**로 수정합니다. ❷ 경로에 파란색
이 표시된 부분이 들어올려지는 부분이며 뒤쪽의 선이 파란색으로 표시되면 그대로 [OK]를 클릭
합니다.

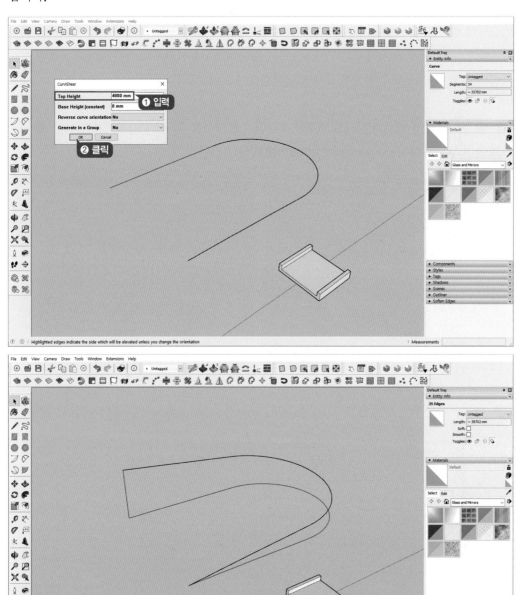

CORE TIP 만약 앞쪽의 선이 파란색으로 표시된다면 [Reverse curve orientation]을 [Yes]로 지정해야 합니다.

**04** ❶ 경사로 객체를 선택한 다음 ❷ [Shape Bender⌒]를 실행합니다. ❸ 경사로 객체의 아래에 있는 직선의 왼쪽 부분을 클릭한 다음 ❹ 경로의 앞부분을 클릭합니다.

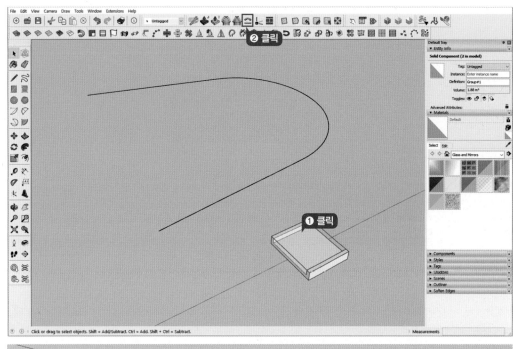

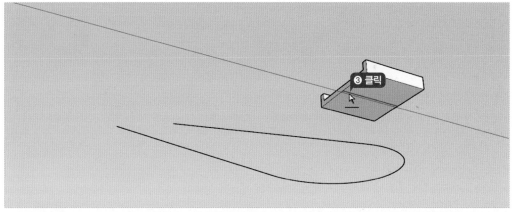

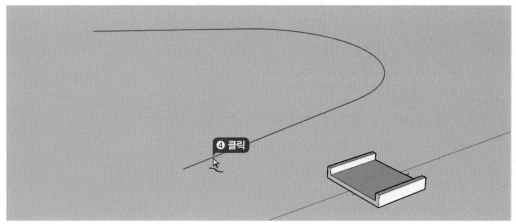

**05** 방향키를 이용해 경사로 객체의
방향을 맞춘 다음 Enter 를 눌러 종료합
니다.

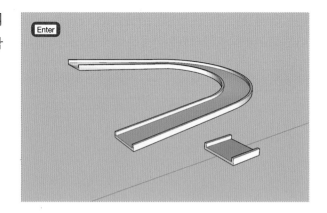

**06** [JHS Powerbar]-[AMS Smooth Run ◆]을 실행하여 모서리를 정리해 완성합니다.

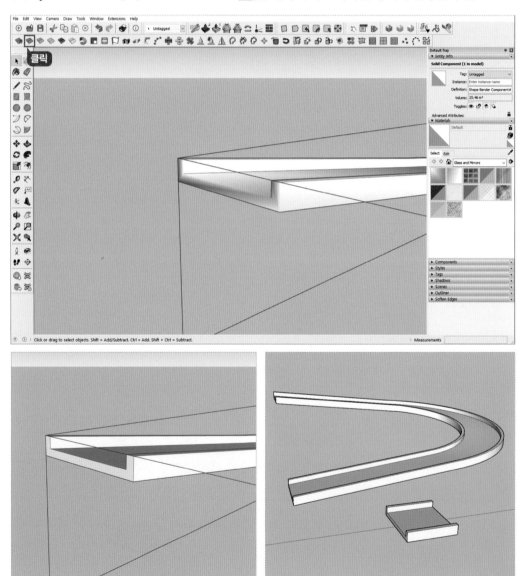

Helix along curve는 스프링처럼 나선을 만들어주는 확장 프로그램입니다. 이 확장 프로그램 역시 램프 외의 다양한 모델링에 적용할 수 있는 필수 확장 프로그램이므로 사용법을 정확히 익히고 활용하기 바랍니다. 이 확장 프로그램은 ExtensionStore에서 설치할 수 있습니다.

**01** ❶ 수직으로 **12000mm**의 직선을 그린 다음 ❷ [Helix along curve]를 실행합니다. ❸ 대화상자가 나타나면 [Radius 1], [Radius 2]는 **10000mm**로 입력하고 [Laps(회전수)]는 **3**, [Sections per lap(1회전 당 세그먼트수)]는 **32**로 입력합니다. ❹ [OK]를 클릭하고 ❺ 완성된 스플라인에 마우스 오른쪽 버튼을 클릭한 후 ❻ [Explode]를 클릭합니다.

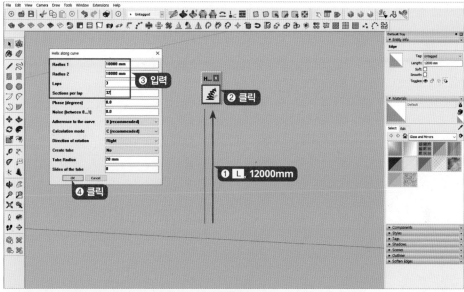

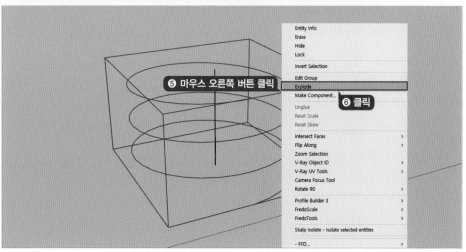

**02** ❶❷ 나선의 위와 아래쪽 끝부분에 **10000mm**의 직선을 연장해 그립니다. ❸ 모두 선택하고 ❹ [JHS Powerbar] -[Super Weld🔘][Alt]+[W]를 실행합니다.

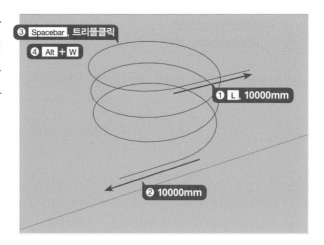

**03** ❶ 경사로 객체를 클릭한 후 ❷ [Shape Bender🔲]를 실행합니다. ❸ 경사로 아래 직선의 왼쪽 부분을 클릭한 다음 ❹ 경로 곡선 아래의 시작 부분을 클릭합니다.

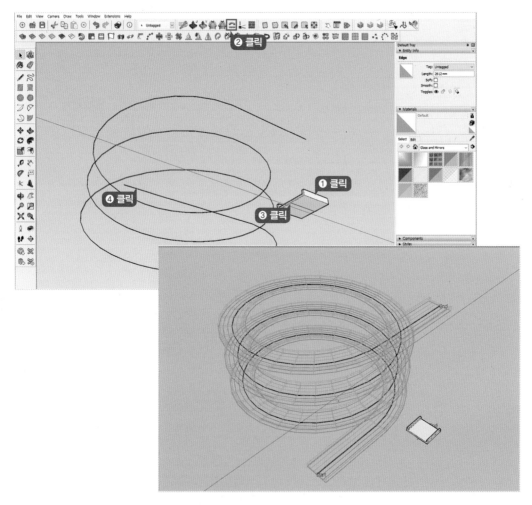

[CORE] **TIP** 그림과 같은 형태가 나오지 않았다면 방향키 [↑], [↓]를 이용해 단면의 방향을 조절한 후 [Enter]를 누릅니다.

# CurviShear를 활용한 경사로 모델링 연습하기

CurviShear 확장 프로그램을 활용해 다음 경사로를 만들어보세요. 단면 모델을 만들 때는 X축 방향을 향하도록 만드는 것에 유의하고 축의 방향이 맞지 않을 경우에는 키보드의 방향키를 활용해보세요.

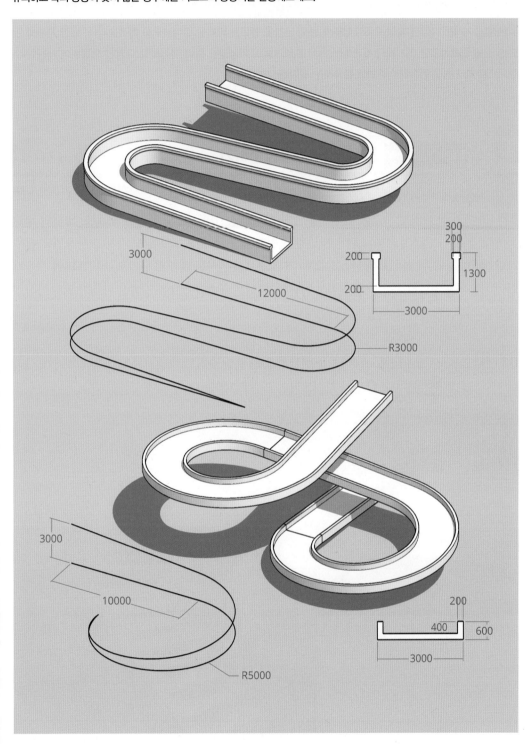

# LESSON 07

# 계단과 경사로 난간 모델링하기

이번 학습에서는 다양한 확장 프로그램을 활용해 난간을 만드는 방법을 알아보도록 하겠습니다. 난간 자체를 만드는 것도 중요하지만 여기에서 소개하는 확장 프로그램의 기능들은 보다 복잡하고 다양한 모델링에 사용할 수 있으므로 그 기능을 정확히 이해하고 활용하는 것이 중요합니다.

## Basic Training 경사로 난간 모델링하기

예제 파일 | PART03\계단난간만들기.skp

JHS Powerbar 확장 프로그램에는 사각 파이프와 원형 파이프를 쉽게 만들 수 있는 명령이 포함되어 있습니다. 단면의 형태가 단순한 난간에 쉽게 활용할 수 있으며 명령 자체의 사용법도 매우 간단합니다. 하지만 파이프를 만들기 위한 기본 경로를 원하는 형태의 난간으로 만들려면 스케치업의 기능들을 정확히 사용할 수 있어야 합니다. 원하는 형태의 경로를 정확히 만들기 위해 가이드라인을 자유롭게 활용할 수 있도록 연습해보세요.

**01** ❶ [Tape Measure Tool  T]을 실행하고 ❷ 계단 슬라브의 엣지를 드래그해 계단 모서리에 가이드라인을 만듭니다. ❸ 만든 가이드라인을 위로 **1000mm** 위치에 복사합니다.

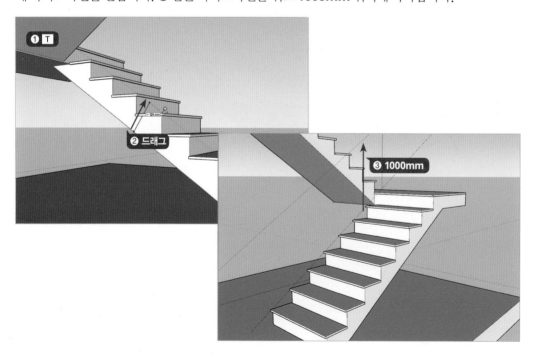

**02** ❶ 두 번째 계단의 앞쪽 모서리에서 가이드라인을 드래그해 첫 번째 계단의 디딤판 중간점에 위치시킵니다. ❷ 마지막 계단의 중간점에 맞춰 가이드라인을 추가로 만듭니다.

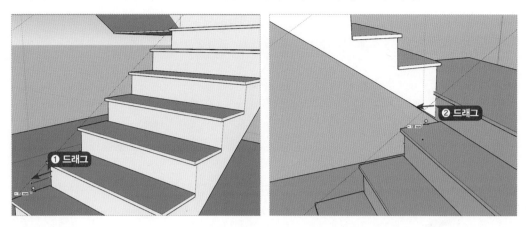

**03** ❶ 계단과 교차점, 가이드라인을 모두 연결해 난간 모양의 선을 그립니다. ❷ 선을 트리플 클릭해 모두 선택하고 ❸ [JHS Powerbar]–[Extrude Along Path █]를 실행합니다. ❹ [Face Parameters] 대화상자에서 [Alignment]는 [Centroid]로 지정하고 ❺ [Width]에는 **60mm**, [Height]에는 **30mm**을 입력한 후 ❻ [OK]를 클릭합니다.

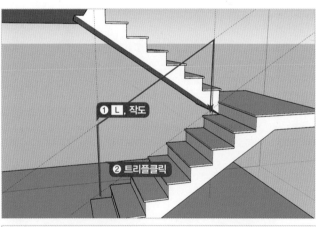

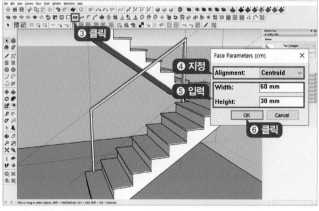

**04** 파이프가 만들어진 후에도 경로로 만든 선은 그대로 남아 있습니다. 이 선은 선택되어 있는 상태이므로 더 이상 필요하지 않다면 그 상태에서 바로 Delete를 눌러 삭제합니다.

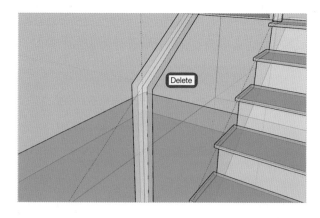

**05** ❶ 네 번째 계단에도 가이드라인을 하나 더 만들고 ❷ 난간을 지나치도록 선을 하나 그립니다.

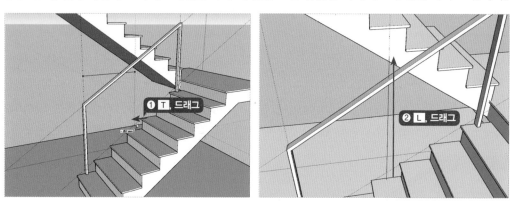

**06** ❶ 이 선에도 [Extrude Along Path]를 같은 값으로 적용해 난간 기둥을 만들고 ❷ 내부의 선은 바로 삭제합니다.

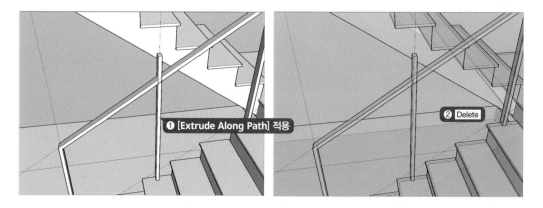

**07** ❶ 난간을 선택한 후 ❷ [Solid Tools]−[Trim▣]을 실행하고 ❸ 난간 기둥을 클릭해 자릅니다. ❹ 난간 기둥을 더블클릭해 열고 ❺ 계단 위쪽의 남아 있는 부분을 트리플클릭해 삭제합니다.

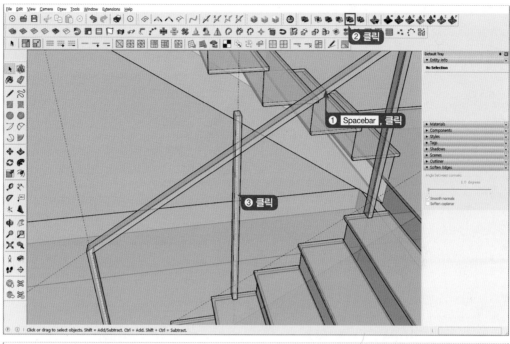

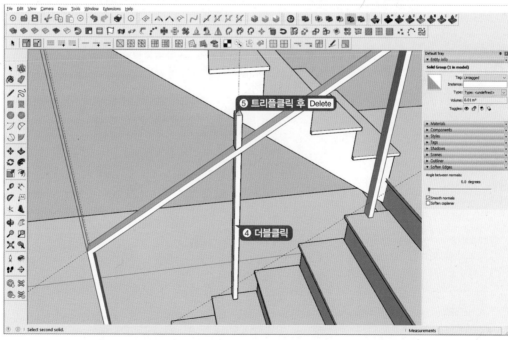

**08** ❶ 난간 사이에 그림과 같이 선을 그리고 ❷ [JHS Powerbar]–[Line to Tubes ⌐]를 실행합니다. ❸ [Parameters] 대화상자에서 [Diameter]를 **20mm**으로 지정하고 ❹ [OK]를 클릭합니다.

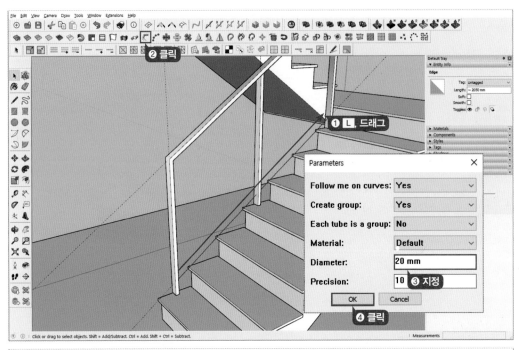

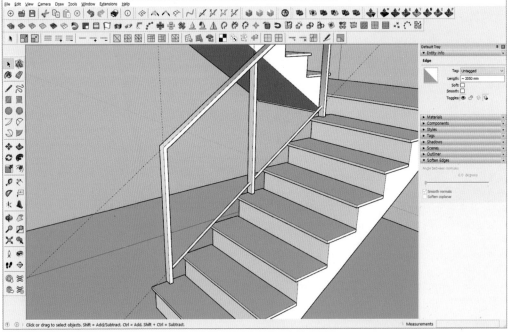

**09** ❶ [X-Ray] 모드에서 ❷ 파이프 안쪽의 선을 삭제한 후 ❸ 파이프를 위로 **150mm** 이동합니다.

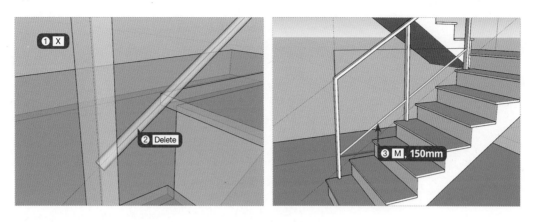

**10** ❶ 파이프를 위로 **600mm** 위치에 복사하고 ❷ **3/** 를 입력해 등간격으로 나누어 배치합니다.

**11** ❶ 완성된 난간을 모두 선택해 컴포넌트로 만들고 ❷ 계단 안쪽으로 **50mm** 이동합니다.

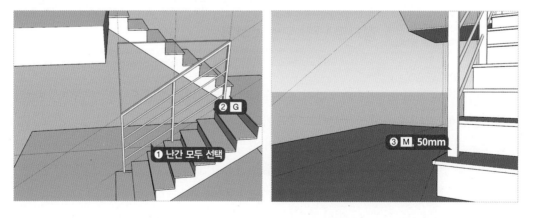

**12** ❶ 난간을 선택한 후 [Curic Mirror ◢◣ Alt + M]를 실행합니다. ❷ Ctrl 을 눌러 대칭 복사 모드로 바꾸고 ❸ 계단참의 중간점을 클릭해 반대편에 복사합니다.

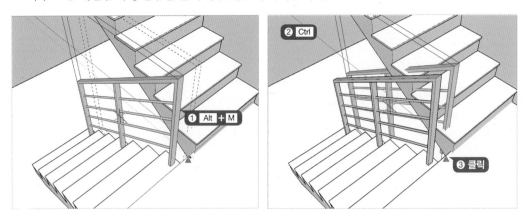

**13** ❶ 계속해서 난간을 X축 방향으로 뒤집기 위해 →를 누릅니다. ❷ 방향을 맞춘 난간을 위로 이동해 계단과 맞춰 완성합니다.

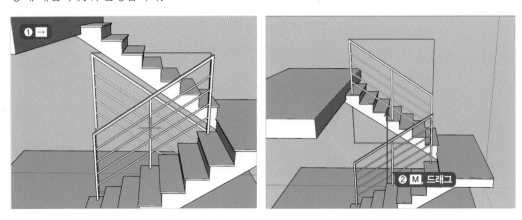

## Basic Training  경사로 난간 모델링하기

예제 파일 | PART03\경사로난간만들기.skp

난간이 수평 혹은 직선의 경사라면 등간격 복사를 활용해 중간대를 쉽게 배치할 수 있지만 곡선의 난간은 등간격 복사를 활용할 수 없으므로 경로 배열을 해야 합니다. 그런데 스케치업의 자체 기능에는 경로 배열이나 경사진 곡선을 그리는 기능이 없으므로 하나씩 따라 그리는 매우 복잡한 과정을 거쳐야 합니다. 이때 스케치업의 확장 프로그램을 활용하면 매우 쉽게 작업을 진행할 수 있습니다. 다음 확장 프로그램을 활용한 작업 과정은 단순히 경사로에 난간을 설치하는 일 외에도 매우 다양하게 응용되는 중요한 기능들이니 잘 알아두기 바랍니다.

**01** ❶ 예제 파일을 불러옵니다. ❷ 경사로를 클릭하고 ❸ 세그먼트 상태를 확인할 수 있도록 [Soften Edges] 트레이의 슬라이더를 왼쪽 끝으로 드래그합니다.

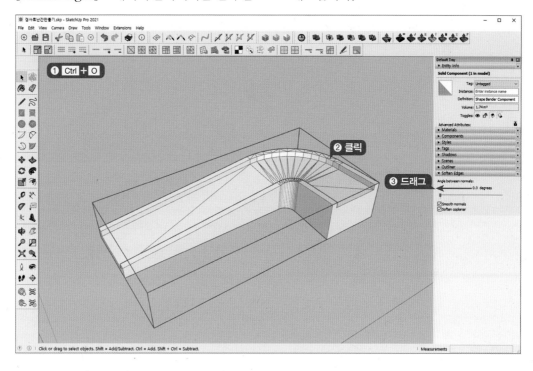

**02** 경로 배열에 사용할 경로를 만들어야 하지만 스케치업에는 이런 기능이 없어 엣지의 중간점을 따라 선을 하나씩 그려야 합니다. 이 작업은 303쪽에서 학습한 [CurviShear]를 활용할 수도 있지만 이번에는 다른 방식으로 경로를 만들어보겠습니다.

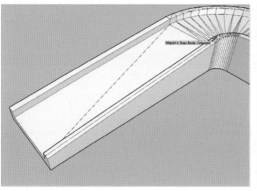 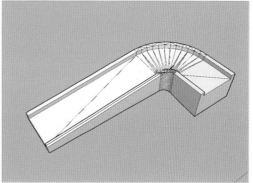

**03** ❶ 그림과 같이 사각형면을 구성하는 두 개의 삼각형을 선택하고 ❷ [QuadFace Tools]–[Convert Triangulated Mesh to Quads ▨]를 실행하면 ❸ 그림과 같이 객체의 모든 면이 사각형 구조로 바뀌게 됩니다.

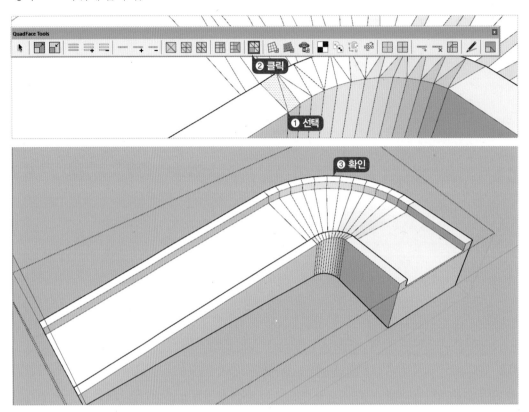

**04** ❶ 끝의 모서리 엣지 두 개를 선택한 다음 ❷ [QuadFace Tools]–[Insert Loops ➞]를 실행하면 선택한 엣지와 평행인 엣지의 중간점을 연결해 경로를 그려줍니다.

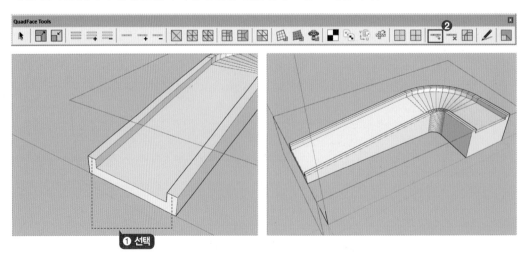

**CORE TIP** 이 작업은 작업자가 일일이 선을 그리는 작업을 대신해주는 것이라고 생각할 수도 있지만 좀 더 정확하게는 면을 나누어 엣지를 추가하는 것입니다.

**05** 현재는 경로를 따라 엣지를 나눈 것이므로 이를 선으로 만들기 위해서는 ❶ 엣지가 선택된 상태에서 Ctrl+G를 눌러 그룹으로 만듭니다. ❷ 경사로 객체를 트리플클릭해 선택하고 다시 그룹으로 만듭니다.

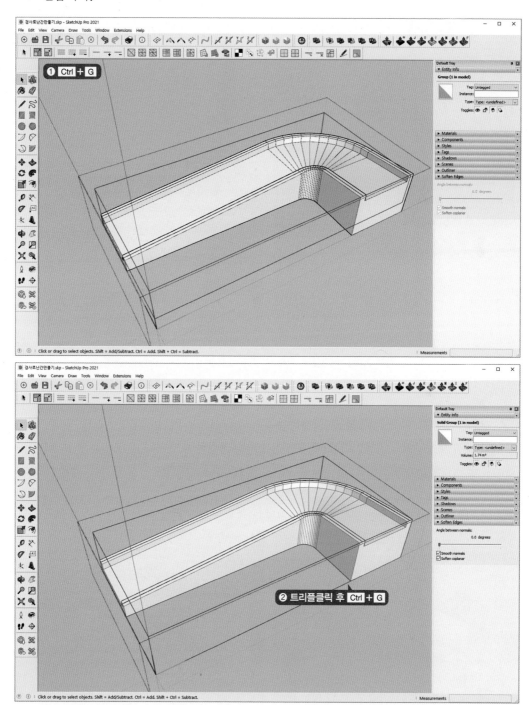

**06** ❶ Esc를 눌러 그룹을 모두 닫습니다. 현재는 하나의 그룹 안에 경사로 그룹과 경로 그룹이 각각 있는 상태입니다. ❷ 마우스 오른쪽 버튼을 클릭한 후 [Explode]를 실행하면 경사로와 경로가 나누어집니다. ❸ 경사로를 선택하고 ❹ [Soften Edges] 트레이의 슬라이더를 오른쪽으로 드래그하여 엣지를 숨깁니다.

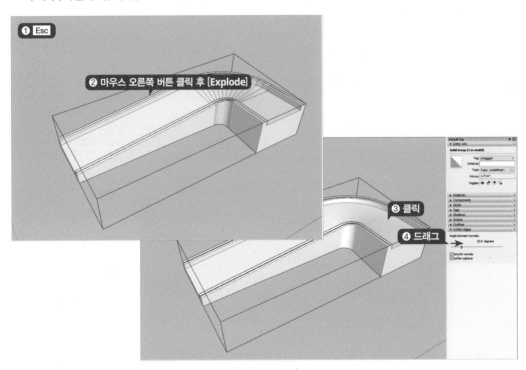

**07** 경로를 선택한 후 [Explode]를 실행하면 두개의 곡선으로 나뉘어지지만 현재 상태는 곡선이 아닌 직선 세그먼트의 집합입니다. ❶ 곡선을 트리플클릭하여 선택하고 ❷ [JHS Powerbar]-[Super Weld ⟳]를 클릭합니다. ❸ 경로를 위쪽으로 **1000mm** 위치에 각각 복사합니다.

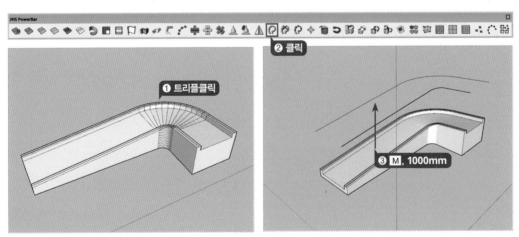

**CORE TIP** Ctrl을 누른 채 트리플클릭하여 두 곡선을 한번에 선택할 수 있습니다. 다만 이 경우에는 [Explode]로 두 선의 그룹을 분리해야 합니다.

**08** ① 아래 경로의 끝점으로부터 안쪽으로 **100mm** 위치에 가이드 포인트를 만들고 ② 가이드 포인트로부터 선을 수직으로 그어 위의 난간 경로와 연결합니다.

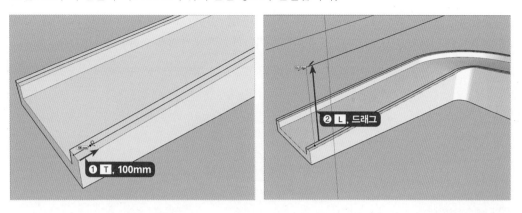

**09** ① 난간과 경로에서 튀어나온 부분의 엣지를 지우고 ② 난간 경로로부터 아래로 **100mm** 떨어뜨려 가이드라인을 만듭니다. ❸ 두 선 사이를 [2 Point Arc ◊ ][A]로 연결합니다. 반대편 끝부분도 같은 방법으로 선을 만들고 모서리를 둥글게 처리합니다.

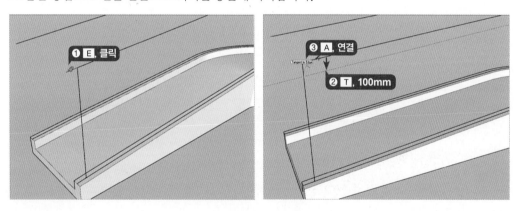

**10** ① 경로의 튀어나온 부분도 선택해 삭제합니다. ② 완성된 난간을 모두 선택하고 ③ [Super Weld ◎ ][Alt]+[W]를 실행합니다.

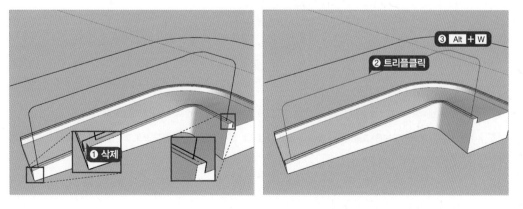

**11** ❶ 반지름 **12.5mm**, 높이 **1000mm**의 원기둥을 그리고 ❷ 그룹으로 만듭니다. 그룹의 축은 기본적으로 밑면의 중심이 아닌 왼쪽 앞부분 모서리에 위치합니다. 이 상태로 경로 배열을 실행하면 중간대가 경로의 중심에서 벗어납니다. ❸ 원기둥을 선택한 후 ❹ [Curic Axes Tool ]을 실행합니다. ❺ 밑면의 중심으로 마우스 포인터를 가져가 가운데의 점을 클릭합니다.

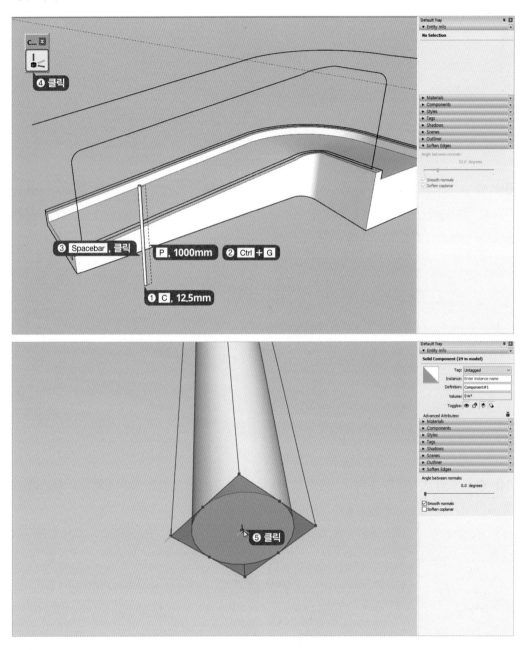

**CORE TIP** Curic Axes Tool은 그룹의 중심축을 밑면의 중심으로 쉽게 이동해주는 확장 프로그램입니다. ExtensionStore에서 설치해보세요.

**12** ❶ 경로를 선택한 다음 ❷ [JHS Powerbar]−[Copy Along Path ✏️]를 실행하고 ❸ 원기둥을 선택합니다. ❹ **300**을 입력하면 원기둥이 경로 위에 300mm 간격으로 배열 복사됩니다.

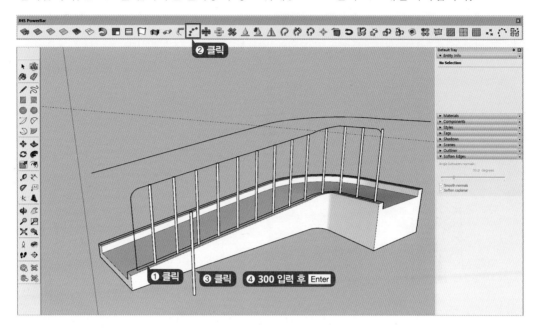

**13** ❶ 난간 경로를 선택하고 ❷ [JHS Powerbar]−[Line to Tubes ⌇]를 실행합니다. ❸ [Parameters] 대화상자에서 [Diameter]에 **50mm**를 입력하고 ❹ [OK]를 클릭합니다. 반대편 난간도 같은 방법으로 작업을 진행해 난간을 모두 완성해보세요.

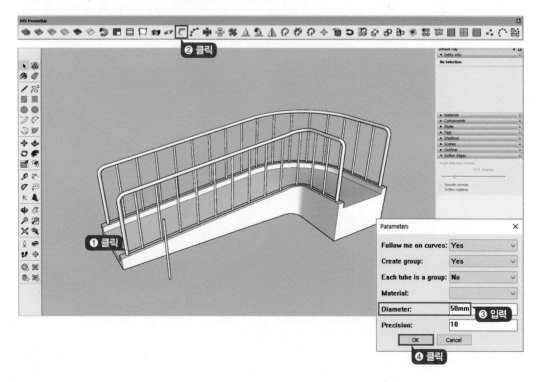

예제 폴더에서 **MultiplexHousing.skp** 파일을 열고 계단실에 U자형 계단과 난간을 넣어 그림처럼 완성하세요. 계단의 크기는 계단의 개수와 층고에 따라 달라지며 난간의 크기도 앞의 학습을 참고해 자유롭게 모델링하세요.

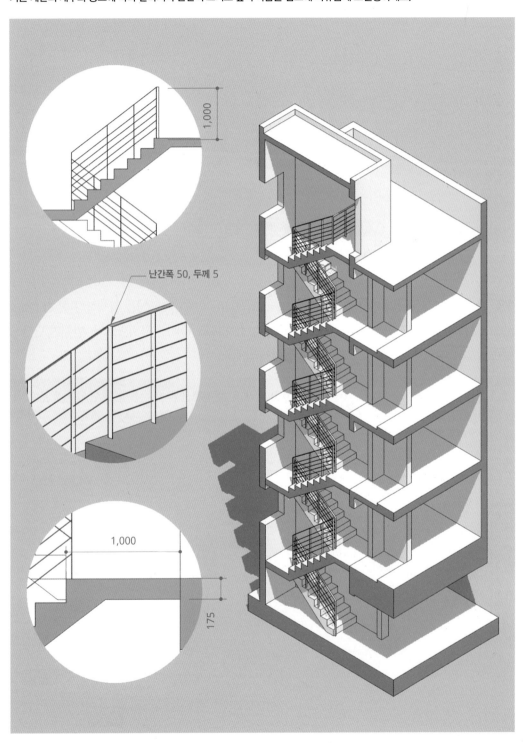

난간폭 50, 두께 5

1,000

175

1,000

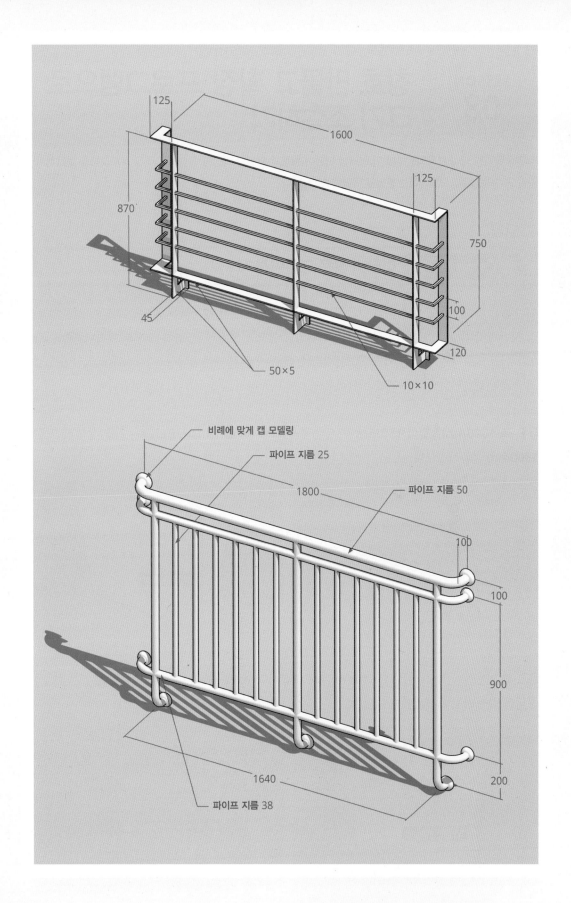

# LESSON 08
# 창호 만들고 확장 프로그램으로 크기 조절하기

실무에서 가장 많이 사용되는 창호의 형태인 미닫이 창문의 모델링 과정을 학습하고 확장 프로그램을 활용해 다양한 크기의 창호를 모델링하는 방법을 학습해보겠습니다.

 **Basic Training** 미닫이 창문 모델링하기

일반적인 형태의 미닫이 창문을 만들어보겠습니다. 여기에서 제시하는 치수는 미닫이 창문의 가장 일반적인 치수로 이를 외워서 똑같이 모델링할 필요는 없습니다. 창호는 제조 회사나 제품마다 모두 다르므로 특정 규격을 외워 만드는 일에는 의미가 없기 때문입니다. 지나치게 프레임이 두껍거나 얇아 건물이나 실내 공간을 비현실적으로 보이게 하지 않을 정도로 모델링합니다.

**01** 폭 **1600mm** × 길이 **150mm**의 사각형을 그린 후 ❶ [Push/Pull ◆][P]을 실행하고 ❷ **1300mm** 돌출시킵니다.

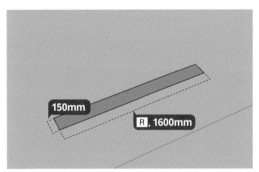

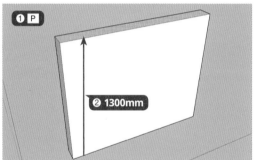

**02** ❶ 앞면을 선택해 안쪽으로 **40mm** 오프셋합니다. ❷ [Push/Pull ◆][P]로 뒷면까지 끌어서 구멍을 뚫어 창문 프레임을 만듭니다.

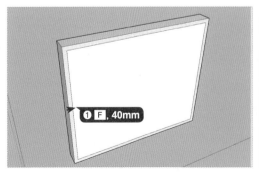

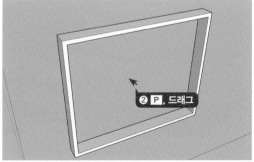

**03** ❶ 프레임을 모두 선택한 후 그룹으로 만듭니다. ❷ [Tape Measure Tool 🖋 T]을 실행하고 ❸ 왼쪽의 세로 엣지에서 안쪽으로 드래그해 가로 프레임의 중간점에 맞춰 가이드라인을 만듭니다.

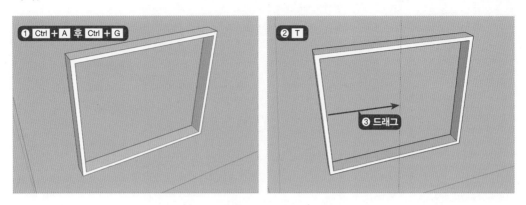

**04** ❶ 가이드라인을 클릭한 후 ❷ 오른쪽으로 드래그해 **40mm** 위치에 가이드라인을 하나 더 만듭니다. ❸ [Rectangle ▨ R]을 실행하고 ❹ 프레임의 왼쪽 모서리와 오른쪽 가이드라인을 대각선으로 연결해 사각형을 그립니다.

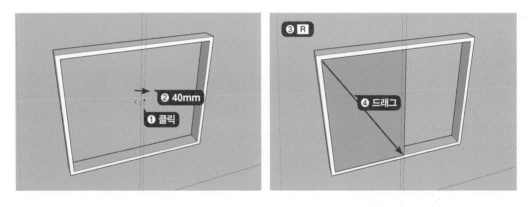

**05** ❶ [Offset 🍥 F]을 실행하고 ❷ 면을 안쪽으로 **80mm** 오프셋합니다. ❸ 안쪽면을 선택해 삭제합니다.

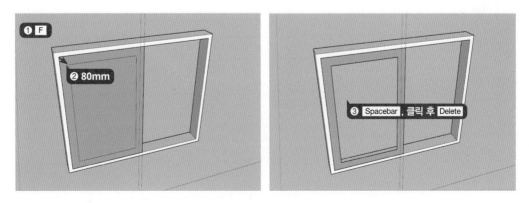

**06** ❶[Push/Pull ◈][P]로 ❷50mm 돌출시키고 ❸ 그룹으로 만들어 새시(Sash)를 완성합니다.

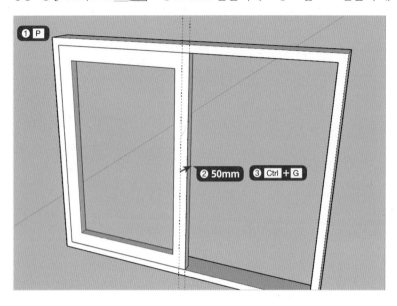

**07** ❶[Rectangle ▨][R]을 실행하고 ❷ 새시의 아래쪽 모서리 중간과 대각선 방향의 위쪽 모서리 중간을 이어 면을 만듭니다.

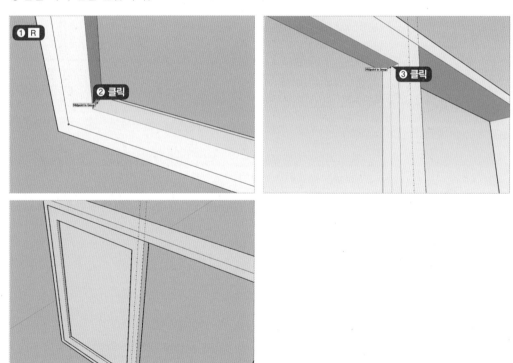

**08** ❶ [Push/Pull ✥] P 을 실행하고 ❷❸ 면을 안쪽, 바깥쪽으로 **5mm**씩 끌어 총 두께 10mm 의 유리를 만듭니다. ❹ 완성된 유리를 트리플클릭해 선택하고 ❺ 그룹으로 만듭니다.

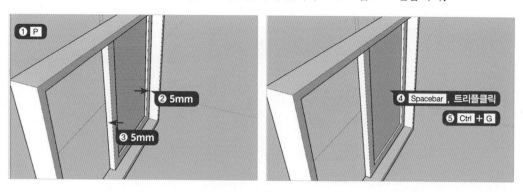

**09** ❶ 새시와 유리를 모두 선택한 후 ❷ 앞부분을 프레임의 중간점으로 배치합니다. ❸ 반대편으로 화면을 돌리고 ❹ 복사하여 반대편 창문을 만듭니다.

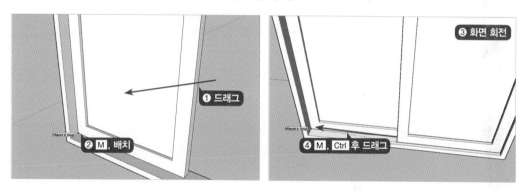

**10** 유리를 구분하기 위해 간단히 재질을 입혀보도록 하겠습니다. ❶ [Materials] 트레이에서 [Glass and Mirrors] 카테고리를 지정하고 ❷ 적당한 재질을 클릭합니다. ❸❹ 유리를 차례로 클릭해 재질을 지정합니다.

**11** ❶ 유리창과 프레임을 모두 선택합니다. ❷ 단축키 G를 눌러 컴포넌트를 만들고 ❸ 이름을 **미닫이창**으로 입력한 후 ❹ [Create]를 클릭합니다.

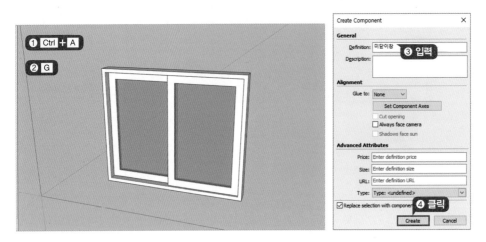

 **Basic Training** **Box Stretching을 활용해 창문 크기 조절하기**

Fredo Scale 확장 프로그램의 [Box Stretching] 명령을 활용하면 복잡한 객체를 일부분을 늘이거나 줄일 수 있어 창문이나 문의 크기를 조정하는 데 효과적입니다. 이번에는 앞에서 만든 창문을 [Box Stretching] 명령을 이용해 다양한 크기의 창문으로 변형하고, 다른 타입의 창문으로 만드는 방법을 학습하겠습니다. ExtensionStore에서 확장 프로그램을 설치하세요.

**01** ❶ 창문을 옆으로 복사한 후 ❷ 마우스 오른쪽 버튼을 클릭해 ❸ [Make Unique]를 실행합니다. 컴포넌트를 복사해 [Make Unique]를 실행하지 않고 형태를 변형하면 기존의 컴포넌트가 모두 함께 변형되니 주의해야 합니다.

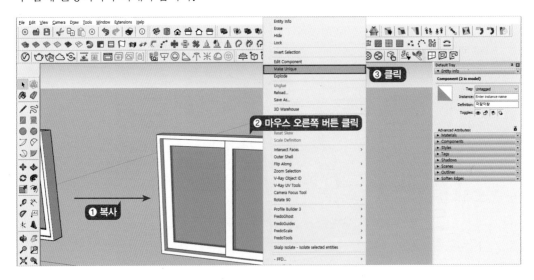

**02** ❶ 복사한 창문을 클릭한 후 ❷ [Box Stretching ✎]을 실행합니다. ❸ 화면에 표시되는 점 중에서 오른쪽의 점으로 마우스 포인터를 가져가면 창문에 중간에 빨간색 디바이더가 표시됩니다. ❹ 이 디바이더를 오른쪽 창문 방향으로 드래그합니다.

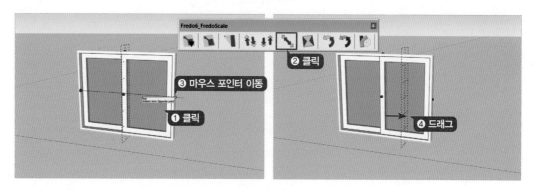

**Fredo Scale의 Box Stretching 알아보기**

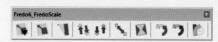

FredoScale에 포함된 다양한 명령 중 [Box Stretching]만 주로 사용되므로 도구바를 열어놓지 말고 [Box Stretching]에 단축키 Alt + S를 지정해 사용하세요. Box Stretching은 표시된 디바이더의 위치를 기준으로 객체를 늘이는 명령입니다. 컴포넌트와 그룹과 같이 구성 요소가 많은 객체를 특정 위치를 기준으로 늘이거나 줄일 때 사용하면 매우 편리합니다.

**03** ❶ Tab 을 누르면 [Box Stretching] 대화상자가 나타납니다. ❷ 새로운 길이로 **2400**을 입력하고 ❸ [OK]를 클릭하면 전체 창문의 길이가 2400mm가 되도록 오른쪽 창문의 길이가 늘어납니다.

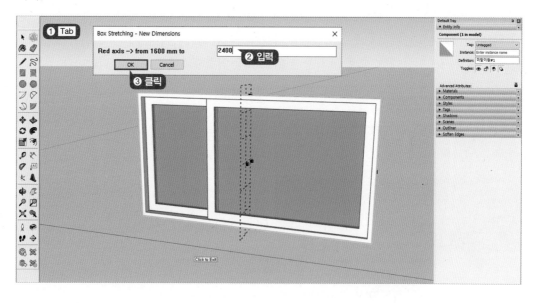

**04** ❶ 다시 앞에서 만든 창문을 하나 더 복사하고 ❷ [Make Unique]와 ❸ [Box Stretching ✎] Alt + S 을 실행합니다. ❹ 디바이더를 표시하고 ❺ 오른쪽으로 이동한 다음 ❻ Ctrl 을 한 번 누르면 반대편에도 디바이더가 표시됩니다.

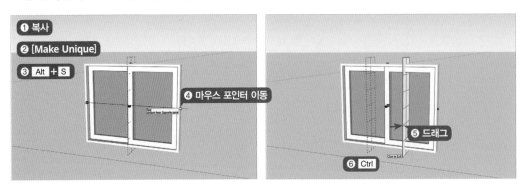

**05** ❶ Tab 을 누르면 [Box Stretching] 대화상자가 나타납니다. ❷ 새로운 길이 **2400**을 입력하고 ❸ [OK]를 클릭하면 창문의 총 길이가 2400mm 가 되도록 창문 양쪽이 같은 길이로 늘어납니다.

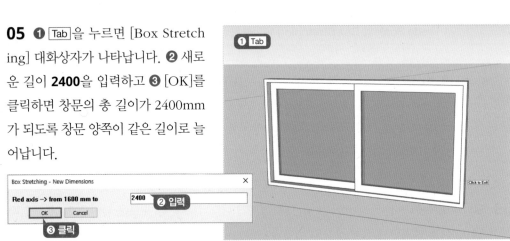

**06** ❶ 다시 앞에서 만든 창문을 하나 더 복사하고 ❷ [Make Unique]와 ❸ [Box Stretching]을 실행합니다. ❹ 위쪽 점 위로 마우스 포인터를 가져가면 파란색 디바이더가 표시됩니다. ❺ Tab 을 눌러 [Box Stretching] 대화상자를 표시한 후 ❻ **2200**을 입력하고 ❼ [OK]를 클릭합니다.

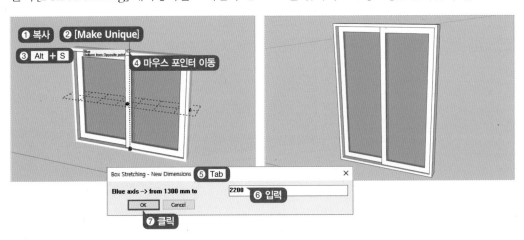

**07** ❶ 컴포넌트를 더블클릭해 열고 ❷ 프레임을 선택한 후 ❸ [Box Stretching ✎ Alt +S]을 실행합니다. ❹ 오른쪽 점으로 마우스 포인터를 이동해 빨간색 디바이더를 표시하고 ❺ Tab 을 눌러 [Box Stretching] 대화상자를 표시합니다. ❻ 길이를 **3000**으로 조정하고 ❼ [OK]를 클릭합니다.

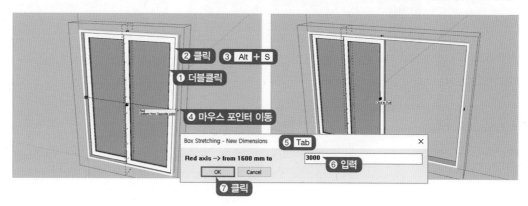

**08** [Tape Measure Tool ✎ T]을 실행하고 창문 두 개의 총 길이를 확인해보면 1520mm인 것을 확인활 수 있습니다. 프레임의 중간점으로부터 안쪽 모서리까지는 1460mm이므로 60mm를 더 줄이면 창문이 가운데 위치할 수 있다는 것을 확인할 수 있습니다.

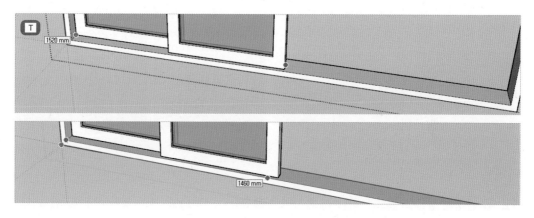

**09** ❶ 창문 두 개를 모두 선택한 후 ❷ [Box Stretching ✎ Alt +S]을 실행합니다. ❸❹ 빨간색 디바이더를 오른쪽 창문 위로 드래그하고 ❺ Ctrl 을 누른 후 Tab 을 눌러 ❻❼ 길이를 **1460 mm**로 수정합니다.

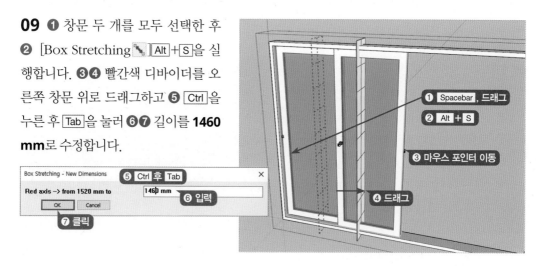

**10** 창문의 양쪽이 줄어들기 때문에 창틀과 조금 사이가 벌어집니다. 창문이 창틀에 맞게 위치를 이동합니다.

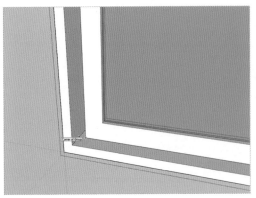 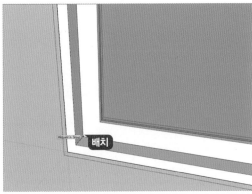

**11** ❶ [Curic Mirror ▲ Alt + M]를 실행하고 ❷ Ctrl을 한 번 눌러 복사 모드로 바꿉니다. ❸ 가운데 창문의 오른쪽 부분을 클릭해 반대편 창문을 완성합니다.

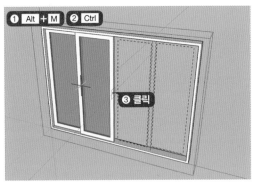 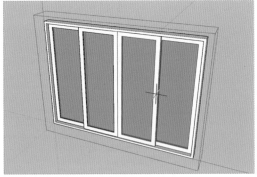

**12** ❶ 완성된 창문을 옆으로 하나 더 복사하고 ❷ [Make Unique]를 실행합니다. ❸ 컴포넌트를 더블클릭해 열고 ❹ 왼쪽에서 세 번째 창문을 선택해 삭제합니다. ❺ 두 번째 창문을 클릭하고 [Box Stretching ◣ Alt + S]을 실행합니다.

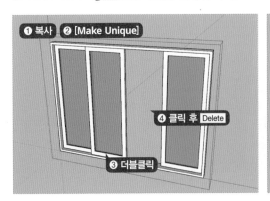 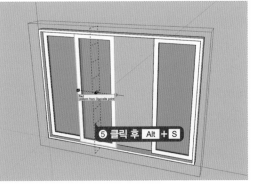

**13** 오른쪽 검은색 점을 드래그하여
오른쪽 창문의 세로 창틀에 겹치도록
늘입니다.

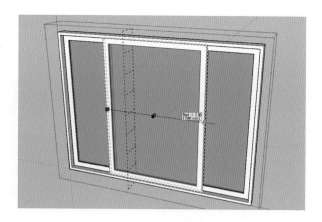

**14** ❶ 화면을 뒤쪽으로 돌리고 ❷ 프레임을 클릭해 [Box Stretching 🖊] Alt + S 을 실행합니다.
❸ 마우스 포인터를 가운데 검은색 점으로 이동하여 녹색 디바이더를 표시한 다음 ❹ Tab 을 눌러
❺ 길이를 **260mm**로 수정합니다. ❻ [OK]를 클릭합니다.

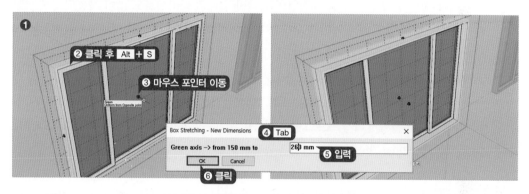

**15** ❶ 창문을 모두 선택한 후 ❷ 뒤쪽으로 복사하고 **110mm** 이동해 이중창을 만듭니다.

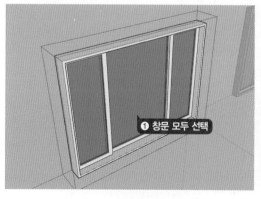
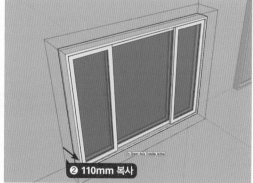

**16** 작업 과정에서 만든 가이드라인을 모두 삭제하고 완성된 파일을 모두 모아 정렬하여 파일을 저장합니다.

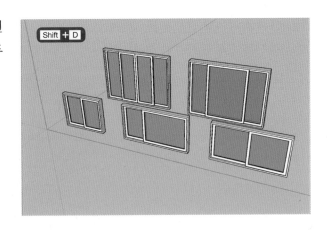

## Basic Training 1001bit-tools를 활용한 창호 멀리온 시스템 만들기

멀리온 시스템은 커튼월과 같은 건축 외장만이 아니라 실내의 칸막이로도 많이 사용되는 방식입니다. 멀리온 시스템을 만들 때 프레임을 하나씩 만들어서 복사한 후 그 사이에 유리를 끼우는 식으로 모델링을 하려면 많은 시간과 노력이 필요합니다. 이때 1001bit-tools 확장 프로그램의 [Divide selected face into panels] 명령을 활용하면 멀리온 시스템 형태의 창이나 문, 벽 등을 쉽게 만들 수 있습니다. 1001bit-tools 확장 프로그램에는 창틀이나 문틀을 만드는 명령도 포함되어 있지만 창틀이나 문틀까지 확장 프로그램을 이용할 필요는 없습니다. 기본 명령인 [Follow Me ], [Offset F], [Push/Pull P] 명령을 활용하는 것이 더 직관적이기 때문입니다.

**01** ❶ **6000mm×3000mm** 크기의 직사각형을 세워서 작도합니다. ❷ 면을 클릭한 후 ❸ [1001bit-tools]-[Divide selected face into panels ]를 클릭합니다.

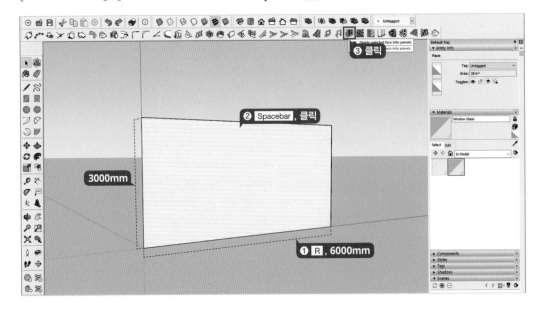

**02** ❶ [panel divide] 대화상자가 나타나면 [Number of rows]에 **2**, [Number of columns]에 **6**을 입력하고 ❷ [Frame depth]에 **100mm**, [Frame width]에 **50mm**을 입력합니다. ❸ [Panel location]-[back]을 클릭하고 ❹ [Create Window Frame]을 클릭합니다.

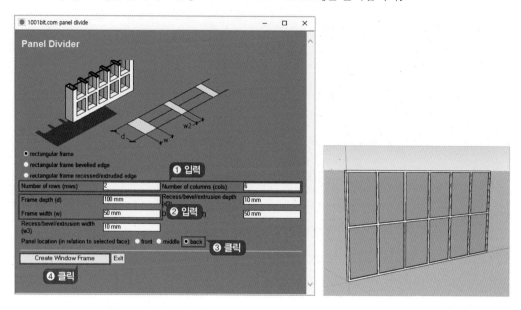

**03** ❶ 모델을 더블클릭해 열고 ❷ 프레임을 다시 트리플클릭한 후 ❸ 그룹으로 만듭니다.

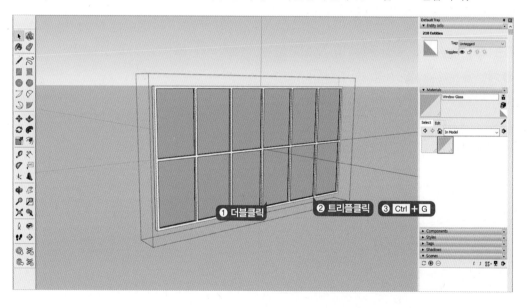

**04** 패널 모델은 이미 그룹으로 지정된 상태이므로 따로 그룹화하지 않아도 됩니다. ❶ 패널을 클릭하고 ❷ [Joint Push Pull ◆]을 실행합니다. ❸ [Offset]을 **10mm**으로 지정하고 ❹ [Finishing]-[THICKEN]을 활성화한 후 ❺ Enter 를 두 번 누릅니다.

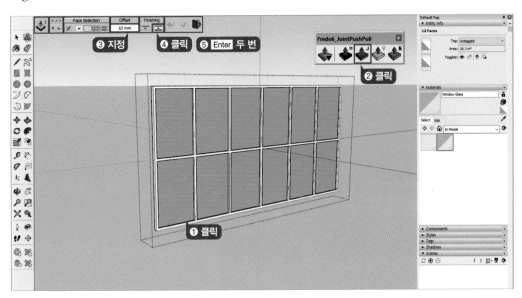

CORE TIP [Joint Push Pull] 명령은 꺾여 있는 여러 개의 면을 함께 돌출할 때 주로 활용되지만 이 예제처럼 떨어져 있는 여러 개의 면을 동시에 돌출할 때도 매우 편리합니다. 그룹이나 컴포넌트 상태에서 바로 실행할 수 있으므로 그룹을 열고 면을 선택하지 않도록 주의합니다.

**05** ❶ [Materials] 트레이에서 [In Model ⌂]을 클릭합니다. ❷ [Window Glass]를 클릭한 후 ❸ 패널에 유리 재질을 지정하여 완성합니다.

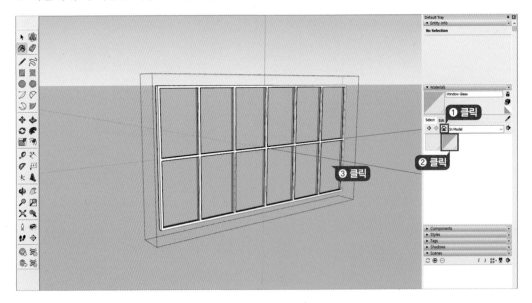

앞에서 학습한 창호 모델링과 다양한 모델링 기법을 활용해 다음 예제를 완성해보세요. 창호는 프레임의 크기나 유리의 크기를 일정하게 만드는 것이 중요하므로 등분할을 하거나 오프셋할 때 바깥 프레임이나 유리의 크기가 다르게 나오지 않도록 주의하세요.

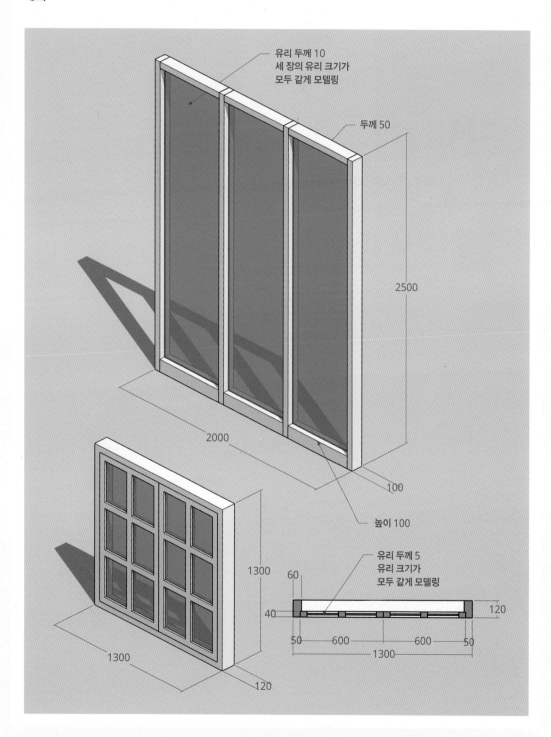

유리 두께 10
세 장의 유리 크기가
모두 같게 모델링

두께 50

2500

2000

100

높이 100

유리 두께 5
유리 크기가
모두 같게 모델링

60

40

120

50 · 600 · 600 · 50

1300

1300

1300

120

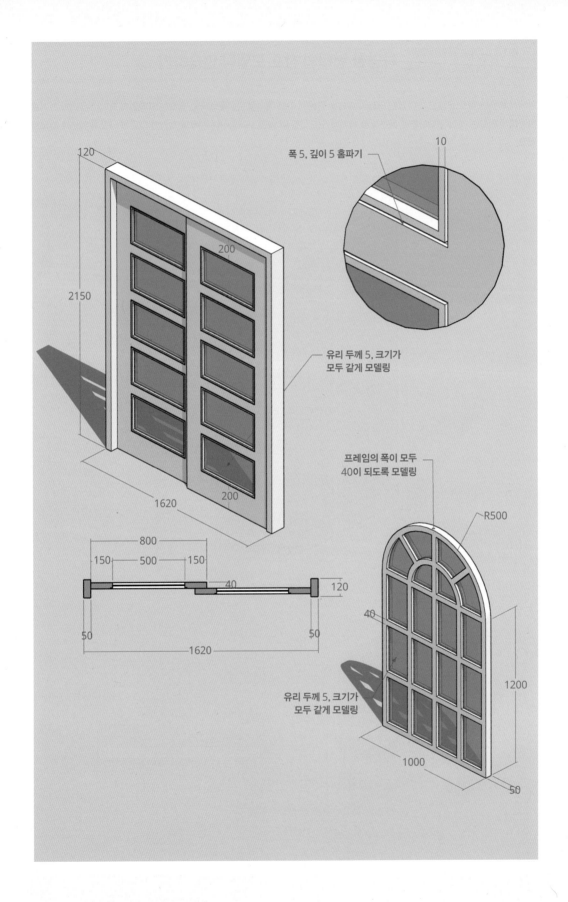

폭 5, 깊이 5 홈파기

10

120

200

2150

유리 두께 5, 크기가
모두 같게 모델링

1620

200

프레임의 폭이 모두
40이 되도록 모델링

R500

800

150 500 150

40 120

50 50

1620

40

1200

유리 두께 5, 크기가
모두 같게 모델링

1000

50

# 여닫이 문 모델링하고 다이나믹 컴포넌트로 여닫기

이번에는 여닫이 문을 모델링한 후 다이나믹 컴포넌트의 기능을 활용해 문을 열고 닫는 액션을 넣어보겠습니다. 창이나 문과 같은 모델은 이미 많은 모델링 자료가 있어 얼마든지 다운로드해 사용할 수도 있지만 매우 기초적인 모델링 요소이므로 직접 만드는 것이 좋습니다. 스케치업을 능숙하게 다루려면 문이나 창문과 같은 기본적인 모델조차 만들지 못해 모델링 소스를 다운로드해 사용하는 일은 없어야 합니다.

 **Basic Training** **여닫이 문 모델링하기**

일반적인 형태의 여닫이 문을 만들어보도록 하겠습니다. 창문과 마찬가지로 세세한 규격을 외워 만들 필요는 없지만 대략적인 크기 정도는 알아야 합니다. 비례가 맞지 않아 건축물이나 실내 공간 전체의 느낌을 이상하게 만드는 일이 없어야 하기 때문입니다.

**01** [Front] 뷰에서 원점을 기준으로 **900mm×2100mm** 크기의 사각형을 작도합니다. ❶ Spacebar 를 누른 후 ❷ 사각형의 아래 엣지 하나만 선택해 삭제합니다.

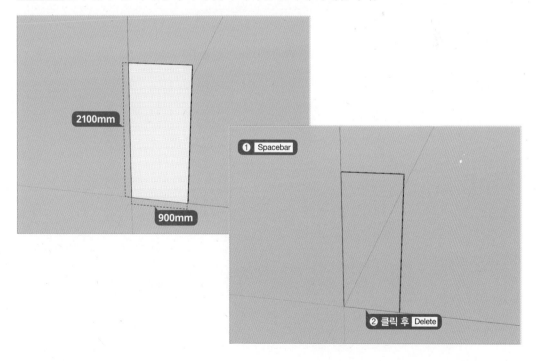

**02** ❶ 원점을 기준으로 **40mm**×**175mm** 크기의 사각형을 작도합니다. ❷ 이어서 바깥쪽 모서리를 기준으로 안쪽에 **10mm**×**50mm** 크기의 사각형을 작도합니다. ❸ 사각형의 겹쳐지는 부분모서리 엣지 두개를 선택해 삭제합니다.

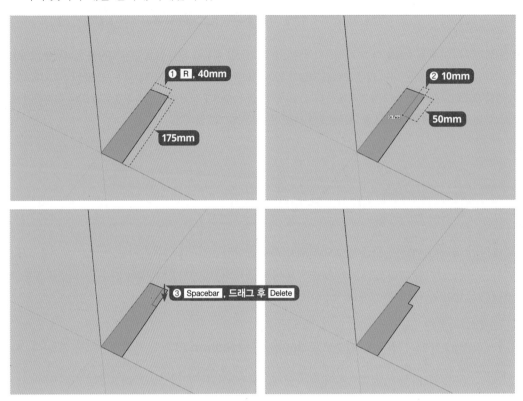

**03** ❶ 경로가 되는 선을 모두 선택한 다음 ❷ [Follow Me 🪣]를 클릭합니다. ❸ 아래의 문틀 단면을 클릭해 문틀을 만듭니다.

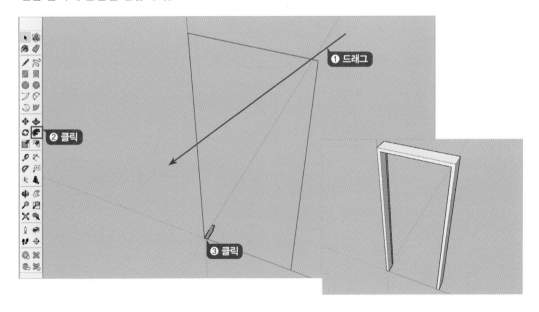

**04** ❶ 문틀을 모두 선택한 다음 ❷ 단축키 [Ctrl]+[G]를 눌러 그룹으로 만들고 ❸ [Entity Info] 트레이에서 [Instance]의 이름을 **Door_Frame**으로 지정합니다.

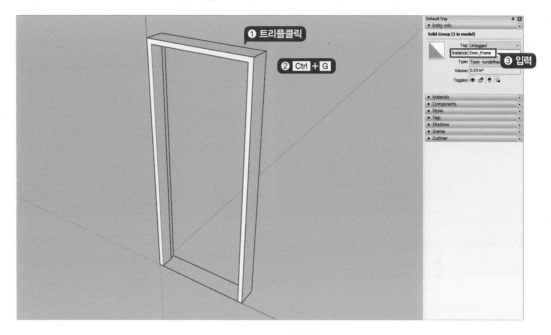

**05** ❶ 문틀의 뒷면이 보이게 화면을 돌린 다음 ❷ 문틀의 안쪽 홈에 맞게 사각형을 그립니다. ❸ 문과 문틀 사이 공간을 조금 띄우기 위해 [Offset 🖱️][F]을 클릭합니다. ❹ 테두리 엣지를 **3mm** 안쪽으로 모두 오프셋합니다. ❺ 문틀을 클릭해 [Hide][H]를 실행합니다.

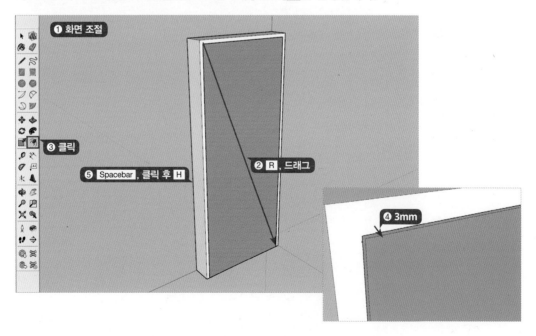

**06** ❶ 사각형의 안쪽 부분을 더블클릭해 면과 둘레의 엣지를 선택합니다. ❷ Ctrl + Shift + I 를
눌러 선택을 반전하면 바깥둘레의 엣지를 쉽게 선택할 수 있습니다. ❸ Delete 를 눌러 삭제합니다.

 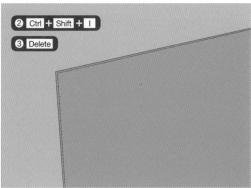

**07** ❶ [Push/Pull ◈ P]을 실행한 후
❷ 사각형의 안쪽을 **50mm**만큼 끌어
당겨 문을 만듭니다. ❸ U를 눌러 문틀
을 다시 표현합니다.

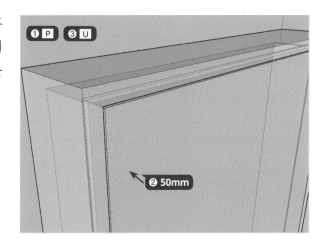

**08** ❶ 문을 트리플클릭해 모두 선
택한 다음 ❷ Ctrl + G를 눌러 그룹으
로 만듭니다. ❸ [Instance]의 이름을
**Door_Panel**로 지정합니다.

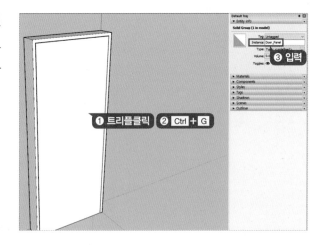

문 손잡이는 초보자가 아주 많이 실수하는 모델 중 하나입니다. 초보자는 모델링을 크고 두껍게 하는 경향이 있는데, 문 손잡이를 지나치게 크게 만들어 문 전체 또는 방 전체를 작아 보이도록 만드는 경우입니다. 잘 모르는 대상을 모델링할 때는 반드시 사전 조사를 꼼꼼히 하여 비례가 맞는 모델을 만들도록 합니다.

**01** ❶ 문을 보는 방향이 그림과 같이 되도록 뷰포트를 회전한 후 ❷ [Tape Measure Tool 🖊 T] 을 이용해 ❸ 문의 아래 모서리로부터 **1000mm** 떨어진 곳에 가이드라인을 만듭니다. ❹ 이어서 문의 옆 모서리로부터 **60mm** 위치에 가이드라인을 만듭니다.

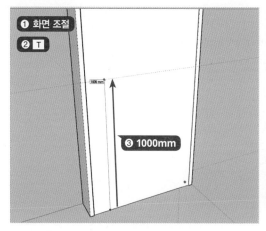 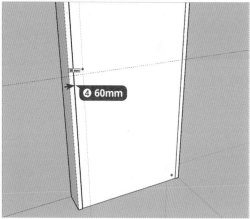

**02** ❶ [Circle ◉ C]을 실행하여 ❷ 가이드라인의 교차점을 중심으로 반지름 **34mm**의 원을 그립니다. ❸ [Push/Pull ◆ P]을 이용해 ❹ 앞으로 **7mm** 돌출시킵니다.

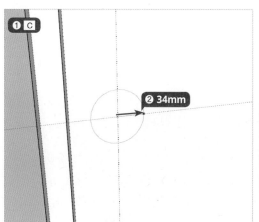 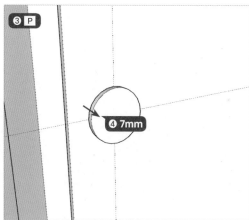

**03** ❶ [Offset 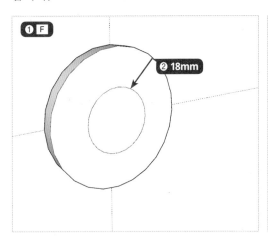F]을 실행하고 ❷ 윗면을 안쪽으로 **18mm** 오프셋합니다. ❸ 다시 안쪽으로 **0.2mm** 오프셋합니다. ❹ [Push/Pull 🔧P]을 실행하고 ❺ 얇은 부분의 면을 뒤로 **2mm** 밀어넣습니다.

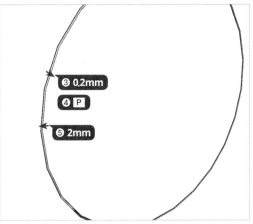

**04** ❶ 완성된 손잡이 부속을 모두 선택합니다. ❷ Ctrl+G를 눌러 그룹으로 만들고 ❸ [Entity Info] 트레이에서 솔리드 상태를 확인합니다.

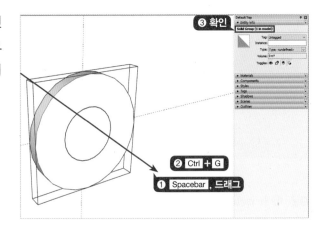

**05** ❶ [Rectangle ▣R]을 실행합니다. ❷ 원의 중심을 시작점으로 클릭한 후 ↑를 눌러 Z축을 기준으로 합니다. ❸ 다음과 같이 위쪽에서 아래를 바라보도록 뷰포트를 조정해 사각형이 문의 다른 부분에 스냅이 걸리지 않도록 합니다.

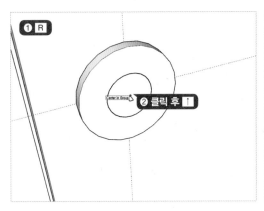

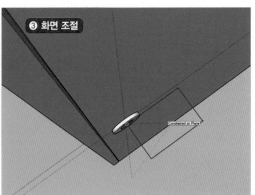

**06** ❶ 직사각형을 크기 **125mm**×**50mm**으로 만들고 ❷ [Tape Measure Tool 🔍][T]을 이용해 ❸ 왼쪽 모서리로부터 **25mm** 위치에 가이드라인을 만듭니다.

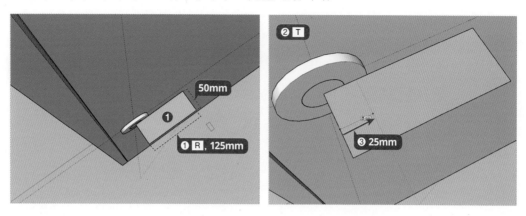

**07** ❶ [2 Point Arc 🔍][A]를 실행한 후 ❷❸ 가이드라인의 교차점과 이웃하는 모서리의 접점을 더블클릭해 모서리를 깎습니다.

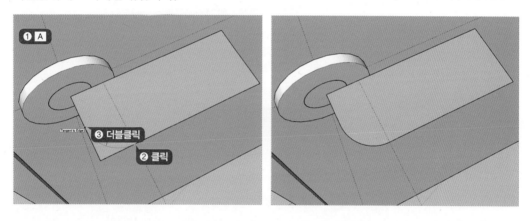

**08** ❶❷ 다음과 같이 엣지를 삭제해 손잡이의 경로가 될 선만 남깁니다.

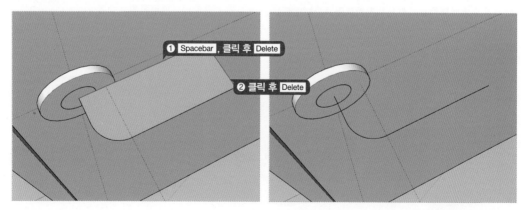

**09** ❶ 경로의 시작점에 반지름 **9mm**의 원을 그립니다. ❷ 경로를 트리플클릭해 모두 선택하고 ❸ [Follow Me 🖱]를 실행합니다. ❹ 면을 클릭해 그림과 같은 파이프 형태의 손잡이를 만듭니다.

**10** ❶ 손잡이가 완성되면 트리플 클릭해 모두 선택한 후 ❷ 그룹으로 만듭니다. ❸ ⓧ를 누른 후 ❹ 안쪽의 경로 선을 선택해 삭제합니다.

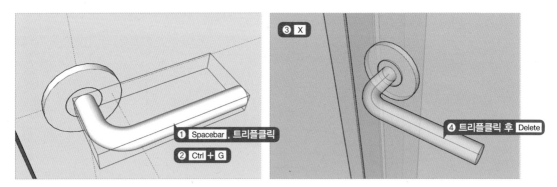

**11** ❶ 손잡이 부속품을 모두 선택한 다음 ❷ [Solid Tools]−[Outer Shell 🖱]을 실행해 하나로 합칩니다. ❸ [Entity Info] 트레이의 [Instance]를 **Door_Handle**로 지정합니다.

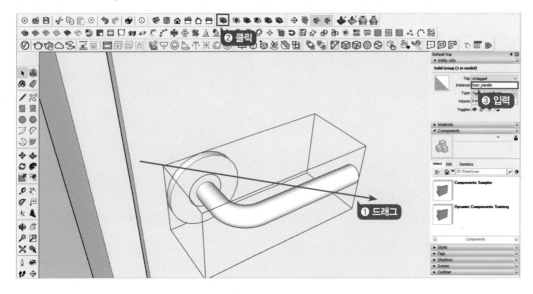

**12** ❶손잡이를 선택한 후 ❷[Curic Mirror ◩ Alt + M]를 실행합니다. ❸ Ctrl 을 눌러 복사 모드로 만들고 ❹문 아래쪽 모서리의 중간점을 클릭해 문의 반대편에도 손잡이를 만듭니다.

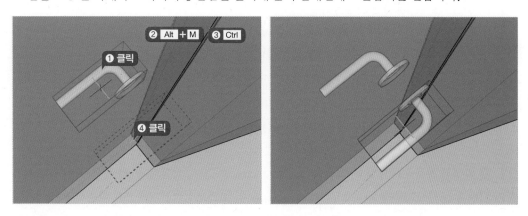

**13** ❶문들을 제외한 문과 손잡이를 모두 선택한 후 ❷그룹으로 만들고 ❸최종 [Instance]를 **Door_Panel_Handle**로 지정합니다.

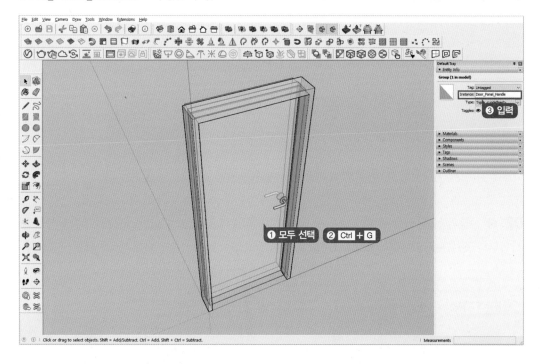

다이나믹 컴포넌트는 컴포넌트 객체에 파라미터를 추가해 컴포넌트의 크기를 조절하거나 이동하는 등 변형이 가능하도록 만든 것을 말합니다. 다이나믹 컴포넌트를 활용하면 컴포넌트 속성을 깨뜨리지 않은 채로 다양한 형태로 변형이 가능해 매우 편리합니다. 다이나믹 컴포넌트의 모든 내용은 분량이 방대하고 난이도가 높아 스케치업에 익숙하지 않은 초보자가 다루기에는 무리가 있으므로 여기서는 문을 열고 닫는 간단한 동작만을 구현해보겠습니다.

**01** ❶ 완성된 문을 더블클릭해 그룹을 열고 ❷ [Axes ✳]를 실행합니다. ❸ 문의 회전축을 지정하기 위해 문틀의 모서리를 원점으로 클릭합니다. ❹ 마우스 포인터를 X축으로 이동하면서 임의의 점을 클릭해 X축 방향을 지정하고 ❺ 다시 Y축 방향으로 이동하면서 임의의 점을 클릭해 Y축 방향을 지정하여 중심축 설정을 완료합니다.

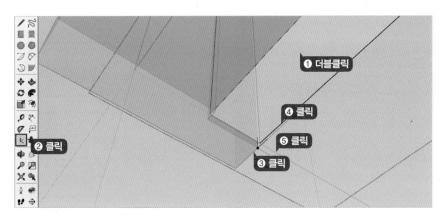

**02** ❶ 문틀과 문을 모두 선택한 다음 ❷ 단축키 G를 눌러 [Create Component] 대화상자를 표시합니다. ❸ [Definition]에 **Room Door**를 입력하고 ❹ [Create]를 클릭해 컴포넌트를 만듭니다.

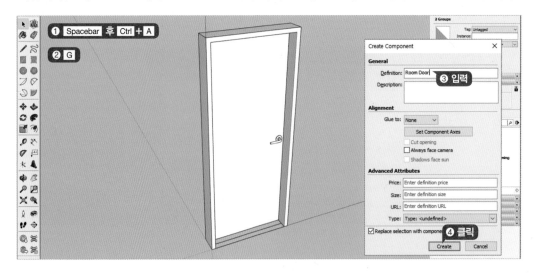

**03** ❶ 도구바의 빈 곳에서 마우스 오른쪽 버튼을 클릭한 후 ❷ [Dynamic Components]에 체크하여 도구바를 표시합니다.

**04** ❶ [Room Door] 컴포넌트를 더블클릭해 열고 ❷ 안쪽의 문만 클릭해 선택합니다. 이때 문을 더블클릭해 열지 않도록 주의하세요. ❸ [Dynamic Component]-[Component Attributes 🔁]를 실행합니다. ❹ 편집 중인 객체의 이름이 **Door_Panel_Handle**이 맞는지 확인한 후 [Add attribute]를 클릭합니다.

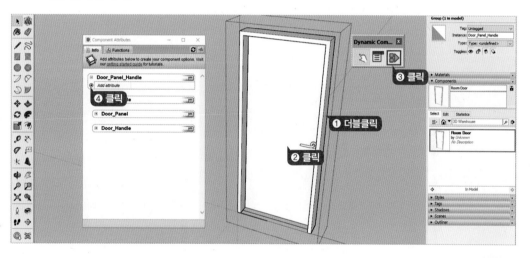

**05** ❶ [Behaviors]-[onClick]을 클릭한 후 ❷ **ANIMATE("ROTZ", 0,45,90)**을 입력합니다. ❸ 입력을 완료한 후 대화상자를 닫습니다.

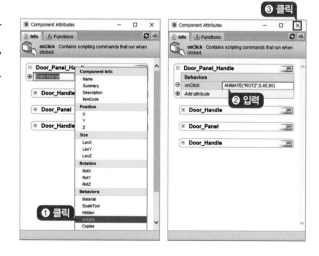

**06** ❶ Esc 를 눌러 컴포넌트를 모두 닫습니다. ❷ [Dynamic Component]−[Interact with Dynamic Components 🖑]를 실행합니다. ❸ 문을 클릭할 때마다 문이 0°, 45°, 90°로 반복해 애니메이션되는 것을 확인할 수 있습니다.

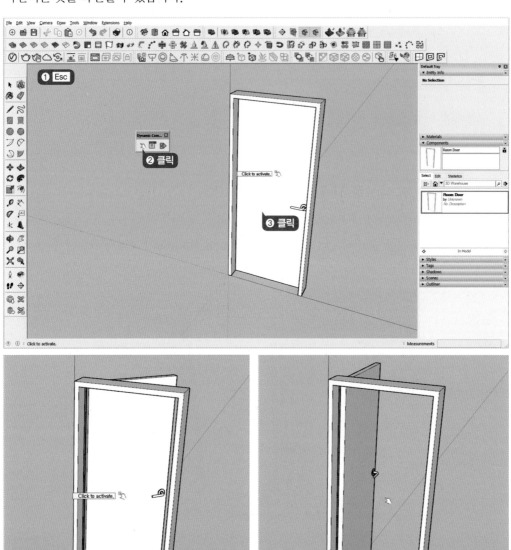

치수가 없는 부분은 비례에 맞게 임의로 모델링하고 가급적 실제 현관문을 관찰해 최대한 비슷하게 만듭니다. 도어락 역시 치수가 없는 부분은 비례에 맞게 모델링하세요. 면의 크기를 자유롭게 조절하거나 Round Corner, Solid Tools 등 다양한 확장 프로그램을 활용할 줄 알아야 합니다.

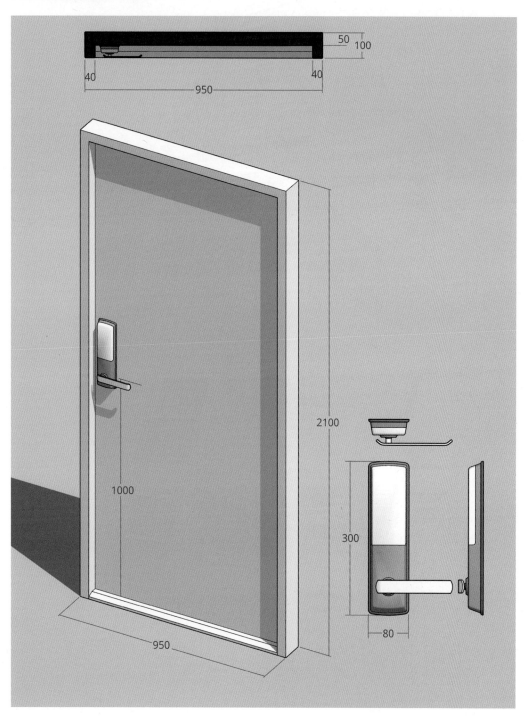

예제 폴더에서 **Apartment_Door.skp** 파일을 열고 앞에서 모델링한 문과 창문을 불러온 후 다이나믹 컴포넌트 등을 활용해 개구부의 크기에 맞춰 넣어보세요.

# LESSON 10

# Geo-location과 Sandbox로 지형 만들기

스케치업은 다양한 방법의 지형 만들기 도구를 제공하고 있습니다. 이를 활용하면 매우 빠르고 쉽게 복잡한 지형을 만들 수 있지만 기본적인 형태만을 만들고 이를 최종 결과물에 활용할 수는 없습니다. 따라서 최종적으로는 직접 원하는 형태를 일일이 수정해 만들어야만 합니다. 이 작업은 단순히 클릭 몇 번만으로 완료되지 않으므로 자연스러운 지형을 만들기 위해서는 많은 연습이 필요합니다.

 **Warm Up** 스케치업에서 지형을 만드는 방법

스케치업에서 지형을 만드는 데 사용되는 방법은 크게 세 가지로 나눌 수 있습니다.

첫째, Geo-location으로 지도를 불러와 3D 데이터로 활용한다.
둘째, 면을 잘게 나눈 후 Sandbox의 Smoove로 면을 끌어 올리거나 내려 직접 지형을 만든다.
셋째, 지형도를 불러와 Sandbox의 From Contour로 지형을 만든다.

첫 번째 방법은 가장 빠르고 쉽게 주변 지형을 만들 수 있으며 만들어진 지형 모델의 메시 형태가 사각형이라서 수정하기도 쉽습니다. 하지만 지형만을 데이터로 불러오므로 도로나 주변 건물 등은 별도로 모델링해야 합니다.

두 번째 방법은 잘게 나눈 평면을 볼록하거나 오목한 형태로 조금씩 끌어올리거나 내려 지형을 만드는 방법입니다. 대지의 고저차나 자연스러운 형태를 만들 때 사용합니다. 원 형태로 평면을 끌어올리거나 내리므로 균일한 형태의 표면을 만들기 어려우며 편집 방법도 다양하지 않아 원하는 형태를 제대로 표현하려면 많은 연습이 필요합니다.

세 번째 방법은 세밀한 지형도가 있을 경우 첫 번째 방법보다 정확한 지형 모델링이 가능합니다. 하지만 일반적으로 선택 가능한 지형도는 등고선의 간격이 넓고 연속적이지 않은 경우가 많아 원하는 만큼 세밀한 지형을 만들기 어렵습니다. 또한 생성된 메시 형태가 사각형이 아니기 때문에 대상지를 원하는 형태로 수정하기도 어렵습니다.

각각의 방법마다 장점과 단점이 있기 때문에 어떤 방법이 최선의 방법이라 말할 수는 없습니다. 상황에 맞게 여러 기능을 적절히 섞어 사용합니다.

Geo-location은 지도에서 선택한 지역을 스케치업으로 바로 불러와 지형 모델로 사용하는 기능입니다. 지도 데이터 외에 위치 데이터도 함께 불러오기 때문에 날짜와 시간에 따른 정확한 그림자 위치를 시뮬레이션할 수 있습니다. 이 기능은 설계를 시작할 때 설계 대상지를 정확히 지정해 작업을 진행하려는 경우 유용한 기능입니다. 실습을 통해 사용법을 알아보도록 하겠습니다.

**01** [File]–[Geo-location]–[Add Location] 메뉴를 차례로 클릭합니다.

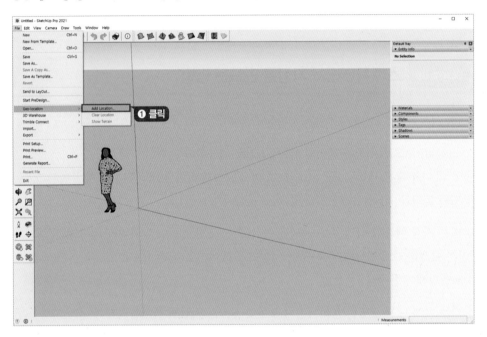

**CORE TIP** 이 기능은 [Location] 도구바에서 [Add More Imagery █]를 클릭해 실행할 수도 있습니다.

**02** ❶ 지도를 이동해 원하는 지역을 선택합니다. [Select Region]을 클릭하면 [Select Provider]로 바뀝니다. ❷ [Digital Globe]를 클릭한 후 ❸ [Import]를 클릭합니다. 지역이 넓을 경우 지도를 불러오는 데 시간이 많이 소요되므로 실습에서는 지역을 좁게 설정하세요.

 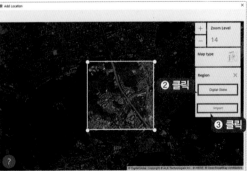

**03** [File]−[Geo−location]−[Show Terrain] 메뉴를 클릭하면 평면 지도가 지형으로 바뀝니
다.

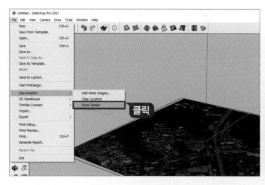

**04** ❶ 지도를 마우스 오른쪽 버튼으로 클릭한 후 ❷ [Unlock]을 클릭합니다. ❸ [Materials] 트
레이에서 [Colors] 카테고리를 지정하고 ❹ 회색을 클릭한 후 ❺ 지도를 클릭합니다. 필요에 따라
색을 바꾸거나 지형의 형태를 수정할 수 있습니다.

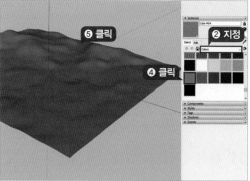

**05** 이렇게 지도를 불러오면 현재 모델의 위치 설
정도 함께 바뀌게 됩니다. 현재 위치 설정은 [Win-
dow]−[Model Info]−[Geo−location] 메뉴를 클
릭하면 나타나는 [Model Info] 대화상자에서 확인
할 수 있습니다.

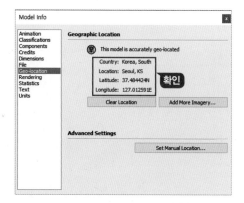

**06** ❷ 불러들인 지형 정보를 삭제하려면 [File]-[Geo-location]-[Clear Location] 메뉴를 클릭합니다.

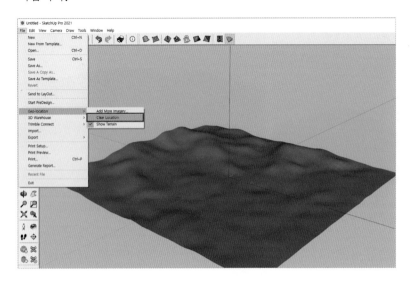

 **Basic Training** **Sandbox를 활용한 대지 모델링하기**

예제 파일 | PART03\대지만들기.skp

Sandbox의 다양한 도구를 활용해 대지와 도로를 만드는 방법을 알아보겠습니다. 이 도구들은 설정이 간단하고 기능 자체도 복잡하지 않아 모델링하기 쉽습니다. 하지만 모델링 과정에서 주의해야 하는 점이 있고 순서를 지켜야 하는 사항도 있으니 설명을 하나씩 정확히 따라 하기 바랍니다.

**01** ❶ 예제 파일을 불러옵니다. ❷ [Sandbox] 도구바를 불러옵니다.

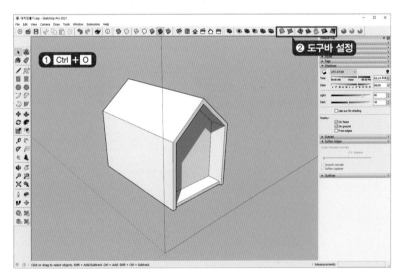

**CORE TIP** 새로운 도구바를 불러오는 방법은 42쪽을 참고하세요.

**02** ❶ F5 를 눌러 [Top] 뷰로 바꾸고 ❷ [From Scratch ▦]를 실행합니다. ❸ X축이나 Y축의 방향으로 한쪽 변을 그린 후 ❹ 나머지 축의 방향으로 마우스 포인터를 움직여 적당한 크기의 사각형을 만듭니다.

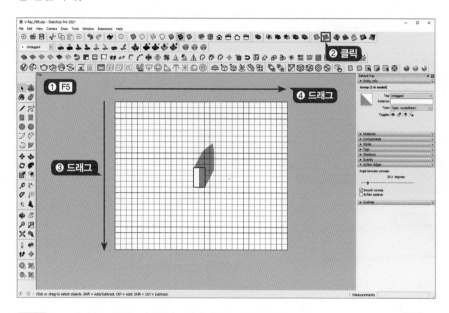

> **CORE TIP** 평면을 구성하는 사각형의 크기가 너무 크거나 작다면 새로운 크기를 먼저 입력하고 Enter 를 눌러 평면을 만듭니다.
> 여기서는 기본 크기인 3000mm를 그대로 사용하였습니다.

**03** ❶ 대지 평면을 클릭하고 ❷ [Soften Edges] 트레이에서 [Soften coplanar]에 체크해 그리드를 숨깁니다.

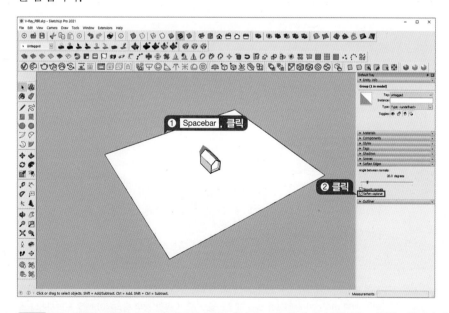

> **CORE TIP** 평면을 만든 후 그리드를 반드시 숨겨야 합니다. 그리드를 숨기지 않은 채로 작업을 진행하면 대지에 도로를 나누는 등의 작업을 할 때 대지를 부분으로 나누기가 어렵습니다.

**04** ❶ 평면을 더블클릭해 열고 ❷ 아무것도 선택되지 않은 상태에서 [Smoove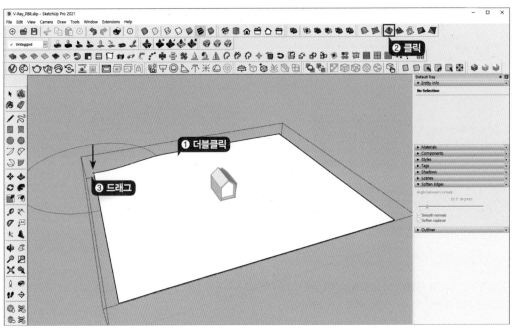]를 클릭합니다. ❸ 바깥쪽 부분을 조금씩 아래로 드래그해 전체적으로 볼록한 대지 형태를 만들어주세요. Smoove의 적용 범위를 조절하려면 새로운 반지름 값을 입력한 후 Enter 를 누릅니다. 조금씩 이동하도록 하고 대지의 중간 부분도 조금씩 위아래로 이동해 자연스러운 지형이 되도록 합니다.

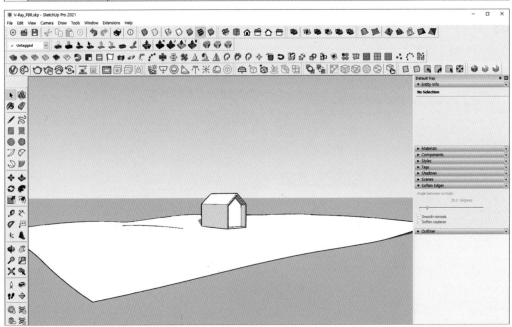

CORE TIP Smoove를 사용하기 전에 평면의 버텍스가 모두 선택되어 있지 않도록 주의하세요. 만일 버텍스가 선택되어 있다면 선택된 버텍스에만 Smoove가 적용되며 전체 버텍스가 선택되어 있을 때 Smoove를 사용할 경우 움직임이 매우 느려지거나 스케치업이 멈출 수 있습니다.

**05** ❶ 건물 부분의 대지를 자르기 위해 건물을 더블클릭해 열고 ❷ [Push/Pull ◈ P]을 실행하여 ❸ 바닥을 아래로 **1000mm** 내립니다.

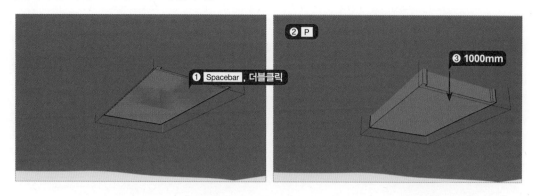

**06** ❶ 대지를 더블클릭해 열고 ❷ 평면을 클릭합니다. ❸ 마우스 오른쪽 버튼을 클릭한 후 ❹ [Intersect Faces]-[With Model]을 클릭합니다. 교차된 부분을 따라 엣지가 추가되어 바닥이 나뉘어지게 됩니다. ❺ 건물을 숨기고 바닥 부분의 대지를 선택해 삭제합니다.

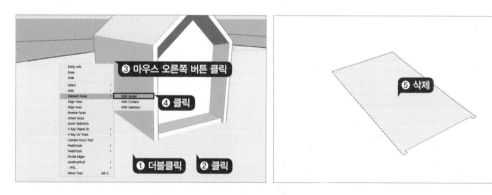

**07** ❶ 대지를 선택한 후 [Hide] H를 실행합니다. ❷ F5를 눌러 [Top] 뷰로 바꾸고 ❸ 그림과 같이 건물 주변의 둘레와 도로 부분에 해당하는 사각형을 그립니다. ❹ 안쪽에 포함된 엣지는 미리 삭제하도록 합니다.

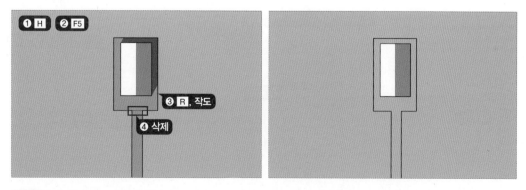

**CORE TIP** 설명의 그림은 내부 페이스를 삭제했지만 내부 페이스를 반드시 삭제할 필요는 없습니다. 하지만 내부에 포함된 엣지가 있으면 그 부분도 대지를 나누는 데 영향을 주기 때문에 불필요한 엣지는 미리 삭제하는 것이 좋습니다.

**08** ❶ 완성된 도로 부분을 충분히 위로 올린 뒤 ❷ [Unhide All Entities U]를 실행해 숨겨놓은 대지를 보이도록 합니다. ❸ [Drape ◍]를 실행하고 ❹ 대지를 클릭해 선택합니다.

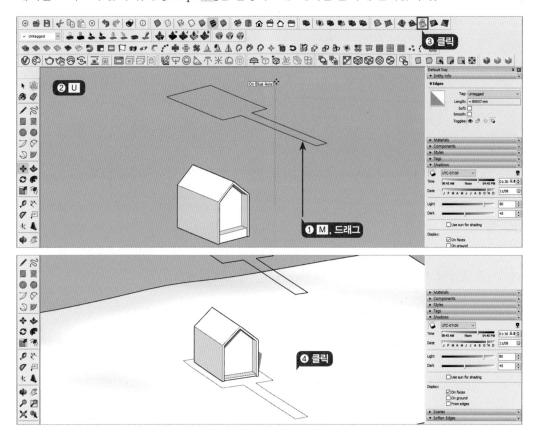

**09** ❶ 대지를 선택한 후 ❷ 마우스 오른쪽 버튼을 클릭합니다. ❸ [Explode]를 클릭한 후 ❹ 대지를 더블클릭해 선택한 다음 그룹으로 만듭니다. ❺ 도로 부분을 더블클릭해 선택한 다음 그룹으로 만들어 대지와 도로를 분리해 완성합니다.

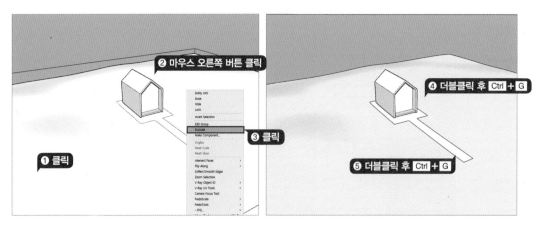

# PART 04

# V-Ray를 활용한
# 렌더링하기

이번 PART에서는 빛의 반사와 재질의 반사 등을 계산해 사실적인 이미지를 만들어내는 **V-Ray**를 학습하겠습니다. 스케치업에는 렌더링 프로그램이 포함되어 있지 않기 때문에 렌더링을 위해서는 추가적인 렌더링 프로그램을 사용해야만 합니다. **V-Ray**는 가장 많이 사용되는 렌더링 프러그램으로 사용법이 간단하고 다양한 기능을 지원해 보다 쉽게 사실적인 이미지를 만들 수 있습니다. **V-Ray**의 설정을 현실의 사진 찍는 과정과 연계해 생각해보면 더 쉽게 학습을 진행할 수 있을 것입니다.

# LESSON 01

# V-Ray 준비하고
# 실내 환경 렌더링하기

V-Ray가 어떤 프로그램인지 알아보고 프로그램을 설치해보겠습니다. 이 책에서는 **V-Ray 5, Update 1** 버전의 신기능과 향상된 조명 방식을 기준으로 학습을 진행하기 때문에 이전 버전의 **V-Ray**에서는 학습을 따라 진행할 수 없습니다. 반드시 최신 버전의 **V-Ray**를 설치한 후 학습을 진행하기 바랍니다.

 **Warm Up** **V-Ray 알아보기**

V-Ray는 빛의 반사와 재질의 반사, 굴절 등의 효과를 구현해 사실적인 이미지나 동영상을 제작하는 데 사용하는 프로그램입니다. 현실에서 사진을 찍는 것처럼 이미지를 만들기 때문에 배우기도 쉽습니다. 또 다양한 프리셋 재질과 모델을 제공해 초보자도 손쉽게 수준 높은 결과물을 만들 수 있습니다. 다만 프로그램의 특성상 최종 결과물을 계산하는 과정, 즉 렌더링에 소요되는 시간이 길어 높은 사양의 하드웨어가 필요하고 구독료 등 프로그램의 유지 비용이 비교적 높다는 단점이 있습니다.

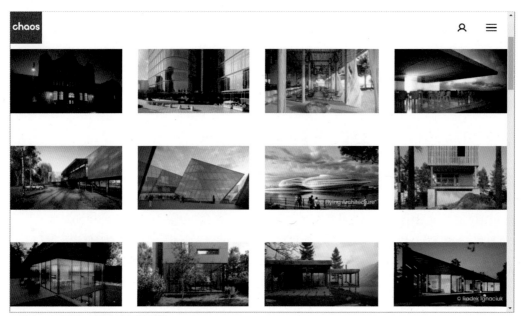

▲ **V-Ray**로 제작되는 렌더링 이미지의 예시

최근에는 컴퓨터 하드웨어가 더 발전했고 V-Ray의 렌더링 알고리즘도 개선되어 렌더링 속도가 점차 빨라지고 있습니다. 구독료 역시 월 단위나 연 단위의 다양한 구독 방식을 제공하여 유지비용의 부담을 줄이고 있습니다. 무엇보다 V-Ray는 빛의 반사, 굴절을 렌더러가 대신 계산하는 방식의 프로그램이므로 작업자가 작업에 들이는 시간과 노력을 대폭 줄일 수 있습니다. 이 점은 V-Ray의 가장 큰 장점으로 작업자가 현실과 같은 조명 상태를 설정하기만 하면 현실적이고 품질이 높은 이미지를 쉽게 만들어낼 수 있습니다. 또 최고 수준의 매핑 소스와 모델 자료를 자유롭게 활용할 수도 있습니다.

## Basic Training V-Ray 5 설치하기

V-Ray를 설치하기 전에 기존에 설치한 V-Ray가 있다면 제거하고 스케치업을 종료한 후 설치를 진행합니다. V-Ray의 Trial 버전은 30일간 기능의 제한 없이 사용할 수 있으며 기간이 만료된 이후에는 월 단위 혹은 연 단위 구독 라이선스를 구입해 사용해야 합니다.

**01** ❶ 카오스 그룹 웹사이트(www.chaosgroup.com)에 접속한 후 ❷ 오른쪽 상단의 [로그인하기]를 클릭해 로그인합니다.

**CORE TIP** 계정이 없다면 [로그인하기]를 클릭한 후 나타나는 페이지에서 [계정 생성하기]를 클릭해 계정을 생성합니다.

**02** 로그인한 후 오른쪽 상단의 [테스트하기]를 클릭합니다.

**03** ❶ 제품 목록이 나타나면 [V-Ray for SketchUp]을 찾은 후 [V-Ray for SkechUp trial 다운로드]를 클릭합니다. ❷ 사용자 유형에서 자신의 유형을 선택하여 클릭한 후 ❸ [지금 테스트버전 시작하기]를 클릭합니다.

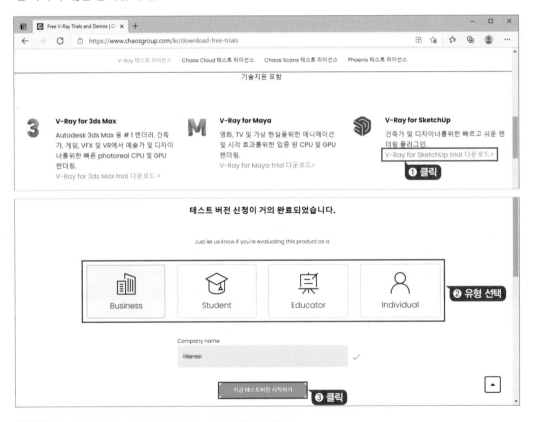

**CORE** **TIP** 일반적인 Trial 버전 사용자라면 [Individual]을 클릭합니다.

**04** ❶ [Download trial]을 클릭합니다. ❷ 목록에서 스케치업 버전에 따라 [다운로드]를 클릭하여 설치 프로그램을 다운로드합니다.

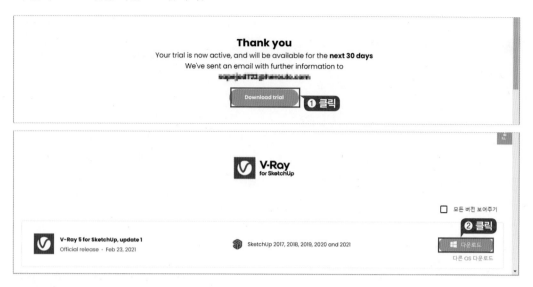

**05** ❶ 설치 프로그램을 실행한 후 [I Agree]를 클릭합니다. ❷ 설치할 스케치업 버전에 체크한 다음 ❸ [Install]을 클릭합니다.

**06** ❶ [Local]이 선택된 상태에서 ❷ [Install]을 클릭해 설치를 진행합니다.

**07** ❶ 설치가 끝나면 웹브라우저가 실행되며 다음과 같은 라이선스 서버의 웹페이지가 표시됩니다. ❷ [ENABLE ONLINE LICENSING]을 클릭한 후 ❸ 카오스 그룹 계정으로 로그인합니다.

**CORE TIP** 만약 라이선스 서버의 웹페이지가 나타나지 않는다면 웹브라우저를 열고 http://localhost:30304로 접속합니다.

**08** ❶ Trial 버전이 활성화되며 만료일이 표시됩니다. ❷ 설치 프로그램의 [Done]을 클릭하여 설치를 종료합니다.

**09** 스케치업을 다시 실행하면 V-Ray 도구바들이 나타납니다.

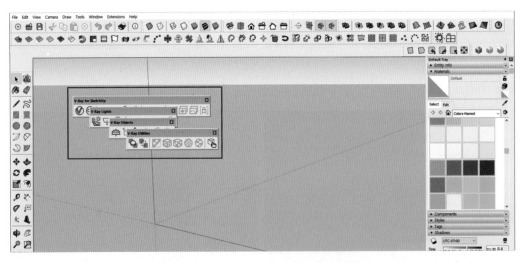

**CORE TIP** [V-Ray Asset Editor◎]에 단축키 F10, [Render◎]에 단축키 F9를 지정하여 사용하도록 합니다. 단축키 지정 방법은 54쪽을 참고합니다.

# LESSON 02

# 실내 공간 렌더링하기

실내 공간에 재질을 지정하고 햇빛을 설정해 렌더링하는 과정을 살펴보겠습니다. **V-Ray**를 활용해 렌더링 결과물을 만드는 전반적인 작업 과정을 완벽하게 숙지할 수 있도록 반복해서 연습하기 바랍니다.

 **V-Ray 머티리얼 매핑하기**

예제 파일 | PART04\실내렌더링연습.skp 완성 파일 | PART04\실내렌더링연습_완성.skp

모델의 표면에 재질을 지정하는 매핑(Mapping) 과정을 알아보겠습니다. 이 실습을 통해 V-Ray에서 재질을 만드는 방법과 재질을 모델에 매핑하는 기본적인 프로세스를 익혀봅니다. 아주 간단하고 쉬운 방법으로 재질을 만들고 매핑하면서 이 작업 과정 자체를 완벽하게 이해하고 앞으로의 작업에서 습관적으로 반복할 수 있도록 연습합니다.

**01** ❶ 예제 파일을 불러옵니다. ❷ 내부 매핑을 진행하기 위해 천장을 클릭하고 [Hide] H 를 실행합니다. 천장이 숨겨집니다.

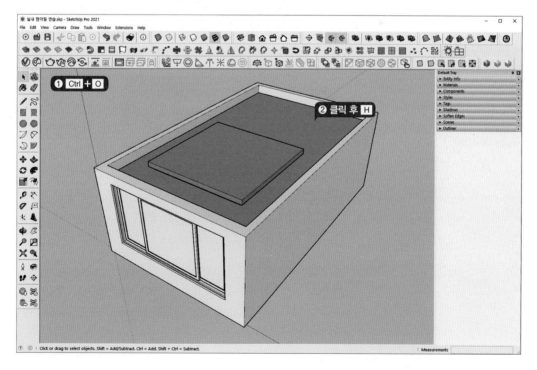

**02** ❶ 구조체를 더블클릭해 그룹을 열고 ❷ 다시 트리플클릭해 면을 모두 선택합니다. ❸ 단축키 F10 을 눌러 [V-Ray Asset Editor☑]를 불러옵니다. ❹ [Materials◉] 카테고리에서 마우스 오른 쪽 버튼을 클릭한 후 ❺ [Generic]을 클릭합니다. [Generic]은 일반적인 재질을 만드는 데 사용하는 머티리얼 유형입니다.

**03** ❶ 카테고리 패널에서 추가된 머티리얼을 더블클릭하여 **Wall_White**로 이름을 수정한 후 ❷ 마우스 오른쪽 버튼을 클릭하고 ❸ [Apply To Selection]을 클릭합니다.

**04** ❶ 카테고리 패널 오른쪽의 ▶을 클릭해 머티리얼 편집 옵션을 열고 ❷ [Diffuse]–[Color]에서 색상을 흰색으로 바꿉니다. ❸ 구조체의 바닥면만 클릭해 선택합니다.

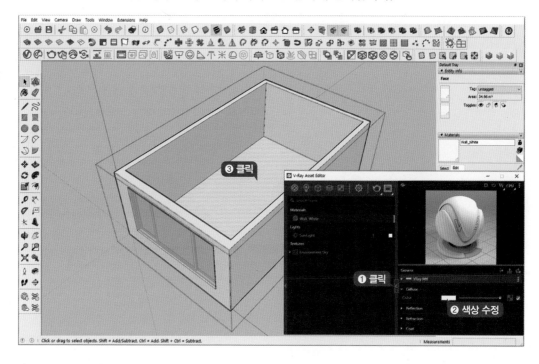

**05** ❶ 카테고리 패널 왼쪽의 ◀을 클릭해 머티리얼 프리셋을 열고 ❷ [Wood & Laminate]를 클릭합니다. ❸ [Flooring Luminate A Narrow 250cm] 머티리얼을 카테고리 패널의 [Materials]로 드래그합니다. ❹ 머티리얼에서 마우스 오른쪽 버튼을 클릭한 후 ❺ [Apply To Selection]을 클릭합니다.

**06** ❶ V-Ray 프리셋 머티리얼의 최초 크기는 스케치업 환경과 맞지 않아 스케치업에서 크기를 수정해야 합니다. ❷ [Materials] 트레이의 [Edit] 탭을 클릭한 후 ❸ [Texture]의 크기 조절 옵션에서 머티리얼 이름에 표시된 크기인 250cm, 즉 **2500**을 각각 입력합니다. ❹ Esc 를 눌러 그룹을 닫습니다.

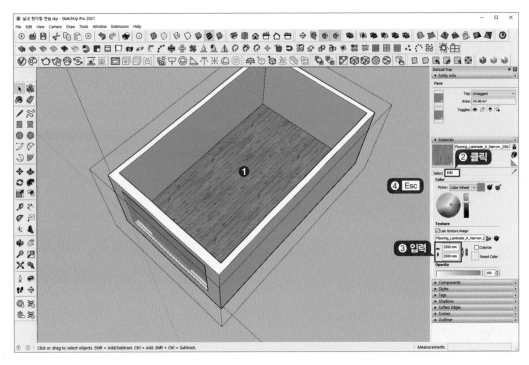

**CORE TIP** 현재 작업 환경의 크기 단위가 mm이므로 2500을 입력해야 합니다.

**07** ❶ [V-Ray Asset Editor ⚪ ] F10 의 [Materials ⬛ ] 카테고리에서 마우스 오른쪽 버튼을 클릭한 후 ❷ [Generic] 을 클릭합니다. ❸ 이름을 더블클릭해 **Window_Frame**으로 수정합니다.

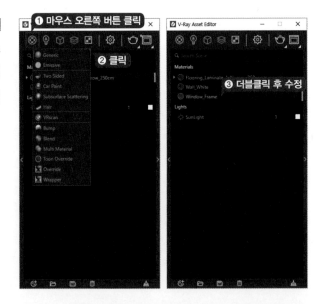

**CORE TIP** 하나의 장면을 완성하는 데는 아주 많은 머티리얼이 사용되는데 머티리얼에 이름을 지정하면 머티리얼을 찾기 쉽습니다. 이름은 알파벳 순서로 정리되며 분류에 해당하는 이름을 추가하면 같은 분류의 머티리얼을 한번에 찾을 수 있어 편리합니다.

**08** ❶ [Paint Bucket🎨][B]을 실행한 후 ❷ 프레임 모델을 차례대로 클릭해 [Window_Frame] 머티리얼을 지정합니다. ❸ 이중창이므로 안쪽의 새시에도 같은 머티리얼을 지정합니다.

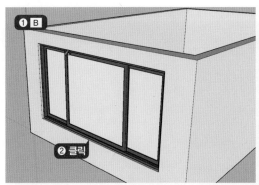
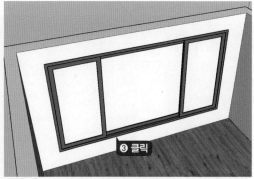

**CORE TIP** 앞의 구조체와 달리 그룹을 열지 않고 그룹 밖에서 머티리얼을 지정하고 있다는 점에 주목하기 바랍니다. 하나의 그룹 안에 여러 머티리얼을 지정할 경우에는 그룹을 열고 각각의 면에 머티리얼을 지정해야 합니다. 그룹이 모두 같은 재질이라면 그룹을 닫은 채로 머티리얼을 지정합니다. 물론 이 경우에도 그룹을 열고 면을 모두 선택해 머티리얼을 지정할 수도 있지만 그룹을 열고 닫는 불필요한 과정이 발생합니다. 또 그룹이 닫힌 상태로 머티리얼을 지정하면 객체의 일부에 머티리얼이 누락되는 문제를 방지할 수 있습니다.

**09** 머티리얼 편집 옵션에서 표면의 질감을 만들 수 있습니다. ❶ [Reflection]−[Color]의 슬라이더를 흰색에 가깝게 조절합니다. 이때 벽의 흰색과 색상 차이를 두기 위해 슬라이더를 끝까지 조절하지 않습니다. ❷ [Reflection Glossiness]는 **0.65** 정도로 조절합니다.

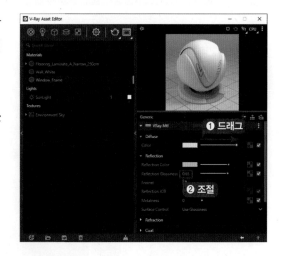

**10** ❶머티리얼 프리셋에서 [Glass]를 클릭합니다. ❷[Glass] 머티리얼을 찾아 카테고리 패널로 드래그해서 추가합니다.

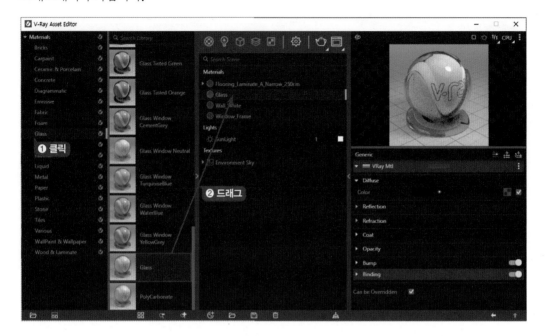

**11** ❶[Paint Bucket🪣][B]을 실행한 후 ❷유리창을 차례로 클릭해 머티리얼을 지정합니다. 이 중창이므로 안쪽의 유리창에도 모두 머티리얼을 지정해야 합니다.

V-Ray의 카메라 설정과 렌더링 과정은 현실의 카메라 조작 방법과 닮아 이해하기 쉽습니다. 또 설정 방법이 단순해 작업자가 일일이 조정하지 않아도 최상의 결과물을 만들 수 있습니다. 이 작업 과정을 실습을 통해 학습해보겠습니다.

**01** ❶[Position Camera]를 실행한 후 ❷[Top] 뷰에서 ❸ 그림과 같이 드래그해 카메라가 바라보는 방향을 지정합니다.

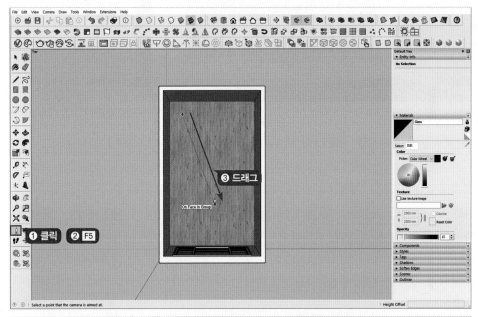

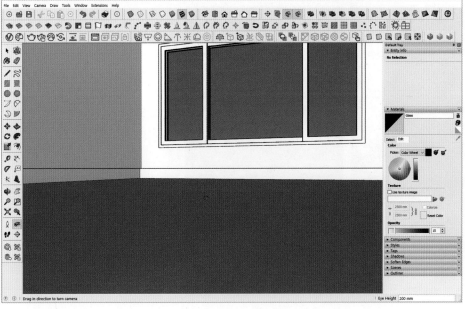

**02** ❶ 화면을 그림과 같이 보이도록 카메라의 위치와 방향을 조정해주세요. ❷ [Unhide All Entities]U를 실행해 숨겨놓은 천장을 표시합니다.

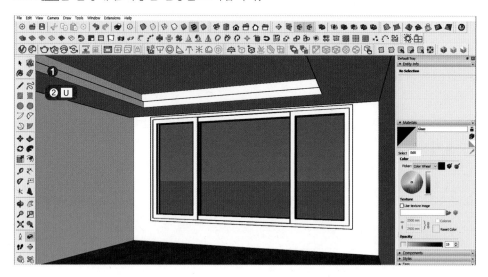

CORE TIP 카메라의 높이값을 입력하거나 Shift+마우스 휠 버튼 클릭으로 카메라의 높이를 조정할 수 있습니다. 이때 마우스 휠 버튼을 스크롤하면 카메라의 위치가 앞뒤로 이동해 건물 밖으로 나갈 수도 있으므로 주의합니다.

**03** 실제 최종 렌더링되는 이미지는 뷰포트 화면과 일치하지 않습니다. ❶ 렌더링되는 화면을 확인하기 위해 [V-Ray Asset Editor ⓥ F10]의 [Settings⚙]를 클릭합니다. ❷ [Render Output]-[Safe Frame]을 활성화합니다. ❸ 렌더링되는 이미지의 비율을 아래 [Aspect Ratio]에서 변경할 수 있습니다. 특정 비율로 지정하려면 [Custom]으로 지정한 후 ❹ [Aspect Width/Height]에서 비율을 지정합니다. 여기서는 **1.4:1** 비율로 지정합니다.

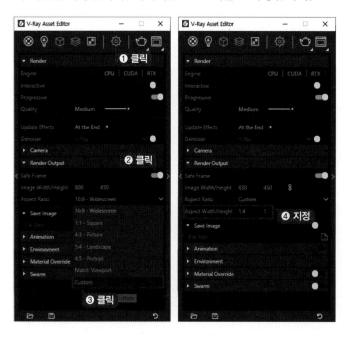

**04** 화면을 보면 가장자리 부분에 어두운 영역이 표시되는 것을 확인할 수 있습니다. 이 부분은 렌더링에서 제외되는 부분입니다. 렌더링 화면을 설정할 때는 항상 [Safe Frame]에 체크해 렌더링 영역을 확인하고, 모델링을 진행할 때는 다시 [Safe Frame]의 체크를 해제한 후 작업을 진행합니다.

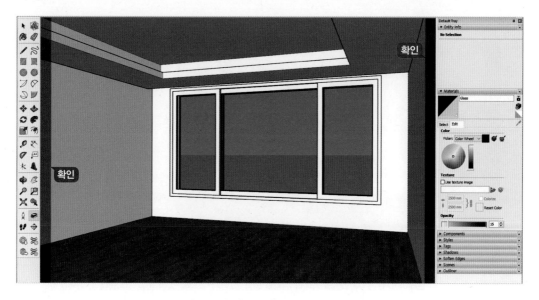

**05** ❶ [Zoom 🔍]을 실행한 후 ❷ Shift 를 누른 채로 화면을 드래그하면 카메라를 고정한 채 화각을 바꿔 보이는 범위를 조절할 수 있습니다. 다음 그림과 같은 뷰가 되도록 화각을 조절해주세요.

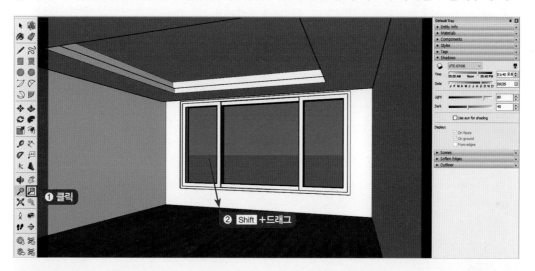

CORE TIP 화각은 직접 각도로 입력할 수도 있습니다. 60을 입력한 후 Enter 를 누르면 화각이 60°로 조정됩니다. 카메라 렌즈의 초점거리로 화각을 조절하려면 길이와 mm를 입력합니다. 다시 화각으로 조절하려면 60deg와 같이 각도와 deg를 입력합니다.

**06** 스케치업의 기본 설정으로 햇빛이 적용되고 있지만 화면에 보이지 않습니다. ❶ 그림자의 위치를 보려면 [Shadows] 트레이에서 [Show/Hide Shadows ☀]를 클릭합니다. ❷ [Time]과 [Date]의 슬라이더를 조절해 그림자의 위치를 그림과 같이 조정합니다. ❸ 현재 화면의 설정을 저장하기 위해 [Scenes] 트레이의 [Add ⊕]를 눌러 신으로 저장합니다.

**CORE TIP** [Scenes] 트레이에서는 현재 화면의 카메라 위치와 방향, 그림자, 스타일 설정 등을 저장합니다. 화면을 이동해 작업을 진행한 후 저장된 신을 더블클릭하거나 화면 위에 생성된 탭을 클릭해 적용할 수 있습니다. 카메라를 조정하거나 그림자의 위치를 바꾼 다음에는 [Update ↻]를 클릭해 신을 다시 저장해야 합니다.

**07** ❶ F9를 눌러 렌더링을 진행합니다. ❷ [V-Ray Frame Buffer]가 표시되며 빛의 반사와 재질의 반사 등을 계산해 사실적인 이미지를 만듭니다.

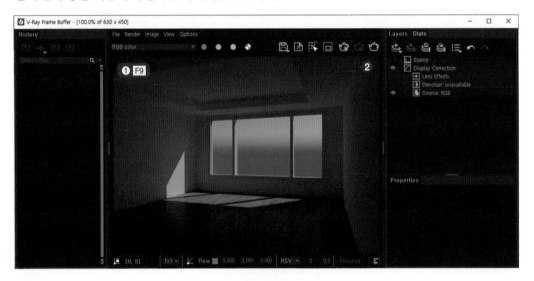

**CORE TIP** [V-Ray] 도구바에서 [Render ☉]를 직접 클릭해도 됩니다.

**08** ❶ 이미지의 밝기를 조절하려면 먼저 [V—Ray Asset Editor ☑] [F10]의 [Settings ⚙]를 클릭합니다. 여기서 [Camera]—[Exposure Value (EV)]의 값을 조절하면 밝기가 조절되지만 렌더링할 때마다 밝기를 조절하기는 매우 번거롭습니다. ❷ 슬라이더 오른쪽의 [Auto]를 클릭하면 자동으로 밝기를 조절합니다. ❸ [F9]를 눌러 렌더링하면 이미지가 더 밝아진 것을 확인할 수 있습니다.

**CORE** **TIP** [Exposure Value (EV)]의 슬라이더를 왼쪽으로 드래그하면 이미지는 더 어두워지고, 오른쪽으로 드래그하면 이미지는 더 밝아집니다.

**09** 현재는 렌더링된 이미지가 조금 노란 느낌으로 나타납니다. 태양의 고도에 따른 색온도의 변화와 실내 바닥 재질에서 반사된 빛의 영향을 받기 때문입니다. ❶ [White Balance]의 [Auto]를 클릭한 후 ❷ 다시 [F9]를 눌러 렌더링합니다.

**CORE** **TIP** 흰색의 벽이 좀 더 흰색에 가깝게 나오도록 색을 조절하는 것을 화이트 밸런스(White Balance)라고 합니다. [Auto]를 클릭하면 자동으로 조절되지만 극단적인 조명 환경이나 재질 환경에서 작업자의 의도와 다른 부정확한 이미지를 만들기도 합니다. 이때는 화이트 밸런스를 직접 수동으로 설정해야 합니다.

**10** ❶[Create Layer]를 클릭하고 ❷[Exposure]를 클릭해 추가합니다. ❸[Exposure]의 슬라이더를 조절해 밝기를 조절하고 ❹[Highlight Burn]의 슬라이더를 조절해 햇빛이 닿아 너무 밝게 렌더링된 부분의 밝기를 어둡게 조절합니다. ❺[Contrast]의 슬라이더를 조절해 이미지를 조금 더 진하고 선명하게 보이도록 합니다.

**11** ❶[Create Layer]를 클릭하고 ❷[White Balance]를 클릭해 추가합니다. ❸[Temperature]의 슬라이더를 조절해 색온도를 조절하고 ❹[Magenta – Green tint]의 슬라이더를 조절해 벽의 색이 좀 더 흰색이 되도록 합니다.

**12** ❶ 최종적으로 깨끗하고 해상도 높은 이미지를 만들어 활용하려면 [V-Ray Asset Editor ⓥ F10]에서 [Quality]의 슬라이더를 오른쪽으로 드래그해 [High]로 설정하고 ❷ 아래의 [Denoiser]를 활성화합니다. ❸ [Render Output]에서 출력물의 해상도를 지정합니다.

> **Power Up Note** 해상도 높은 이미지로 렌더링하기
>
> ① [Quality]는 이미지의 품질을 조절하는 옵션입니다. 재질을 매핑하거나 조명을 설치하는 등 작업을 진행하는 중에는 [Low]로 설정해 미리 보기 렌더링을 빠르게 하고, 최종 렌더링 시에는 노이즈가 없고 선명한 이미지를 만들기 위해 [High]로 설정한 후 렌더링합니다.
>
> ② [Denoiser]는 렌더링에 생긴 미세한 노이즈를 제거하는 옵션입니다. 깨끗한 이미지를 만들어줍니다.
>
> ③ 최종 이미지의 해상도는 출력물 1인치당 300px로 계산하는 것이 일반적입니다. 이를 cm로 환산하면 대략 1cm당 118px로 편의상 이보다 조금 더 작은 1cm당 100px로 계산할 수도 있습니다. 따라서 A4 용지 크기의 이미지를 인쇄하려면 29.7cm×100px=2970px의 가로 해상도와 21cm×100=2100px의 세로 해상도가 필요합니다.

**13** ❶ F9를 눌러 렌더링을 진행합니다. ❷ 렌더링이 완료되어 완성된 이미지는 [Save 💾]를 클릭해 저장합니다.

이번 연습에서는 공간의 최소 한 면 이상을 숨길 수 있도록 별개의 모델을 만들어야 합니다. 이 모델은 주로 천장에 해당합니다. 또 모든 모델은 항상 솔리드 상태가 되도록 합니다. 실내의 벽과 천장은 흰색으로 지정하고, 바닥은 V-Ray 프리셋 머티리얼 중 나무 바닥 머티리얼을 하나 선택해 사용하세요.

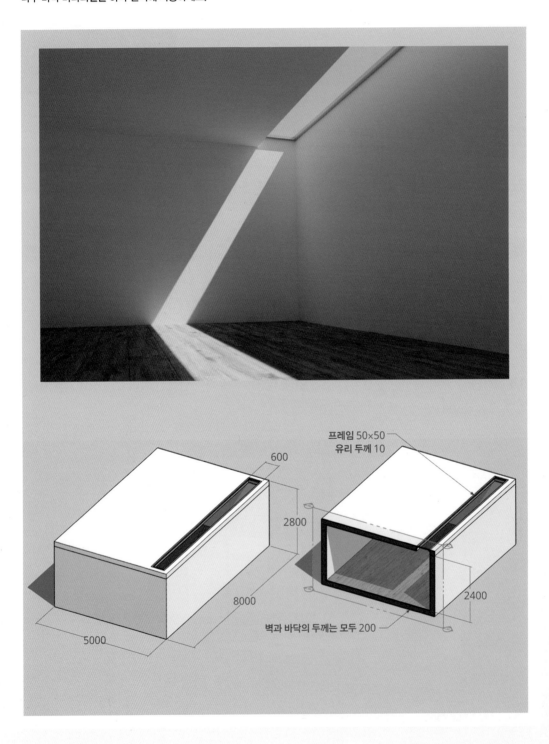

다음 모델에서 유리창의 크기는 모두 같습니다. 창문의 방향이 남쪽을 향하도록 모델링하고 바닥에는 V-Ray 프리셋 머티리얼 중 타일 머티리얼을 하나 선택해 사용하세요.

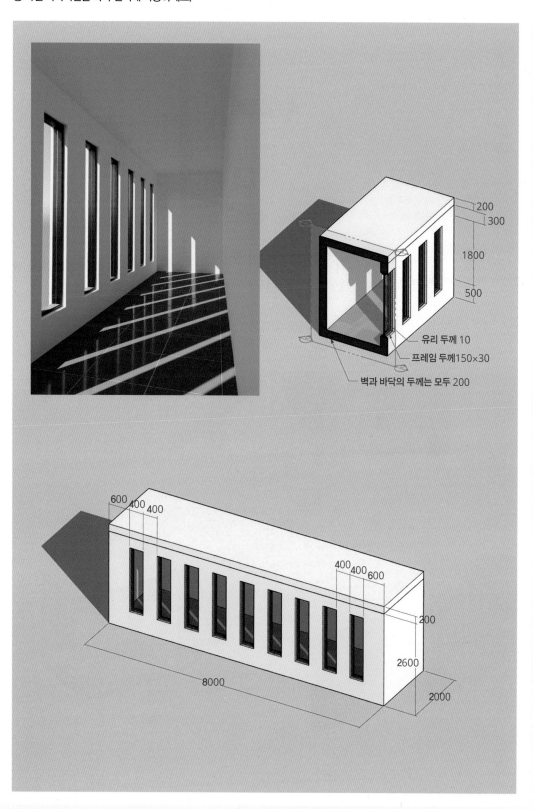

다음 모델에서 유리의 크기가 모두 같도록 모델링하고 바닥에는 V-Ray 프리셋 머티리얼 중 Concrete 바닥 머티리얼을 하나 선택해 사용하세요. 창문의 방향이 남쪽이 되도록 모델링하고 날짜와 시간을 다양하게 조절하면서 머티리얼이 가장 잘 표현되는 빛의 방향을 알아보세요.

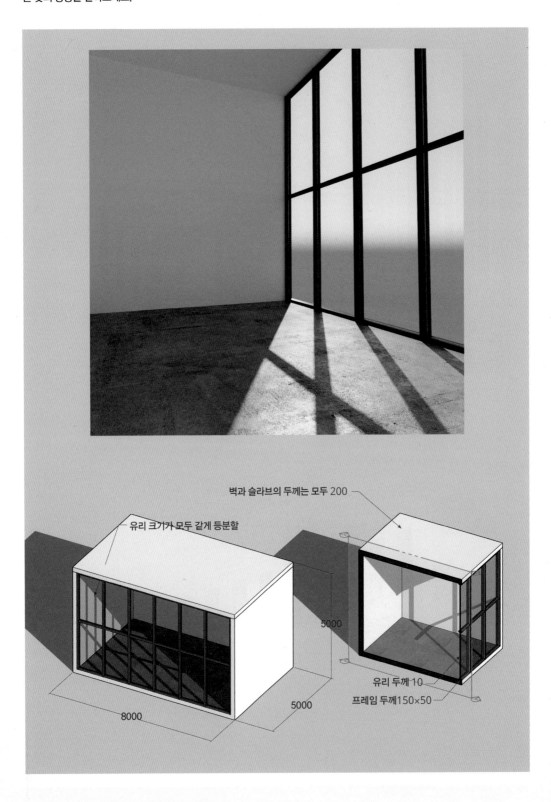

벽과 슬라브의 두께는 모두 200

유리 크기가 모두 같게 등분할

5000

8000

5000

유리 두께 10

프레임 두께150×50

지붕을 만들 때는 193쪽에서 학습한 Solid Tools를 활용하면 쉽게 모델링할 수 있습니다. 바닥과 벽, 지붕, 프레임, 유리가 별개의 모델이어야 하며 모두 솔리드 상태를 유지해야 합니다.

# LESSON 03
# 사실적인 렌더링을 위한 외부 환경 설정하기

이번 학습에서는 기본적인 스케치업 환경에 대해 이해하고 보다 자연스러운 하늘과 자연 환경을 만들면서 사실적인 렌더링 이미지를 만드는 방법을 학습해보겠습니다.

 **Warm Up** 스케치업과 V-Ray 기본 환경 이해하기

스케치업은 위도와 경도를 기반으로 날짜와 시간을 지정해 태양의 위치를 설정할 수 있습니다. 특히 위도는 태양의 위치를 결정하는 기본적인 요소입니다. 스케치업의 기본 설정 위도는 북위 40°이며 서울의 위도인 37°보다 조금 높지만 렌더링할 때는 큰 차이가 없어서 위도를 설정할 필요가 없습니다. 만약 보다 정확하게 위도와 경도를 설정해 일광 시뮬레이션을 하고 싶다면 [Model Info] 대화상자의 [Geo-location]에서 [Add Location]을 클릭하고 [Add Location]에서 지도를 통해 위치를 지정하면 해당 위치에 맞는 위도와 경도가 설정됩니다.

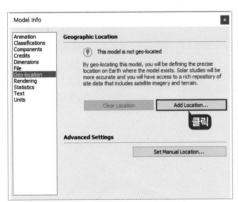 

V-Ray는 스케치업의 태양 위치 정보를 기반으로 태양광(SunLight)과 하늘 환경(Environment Sky)을 시뮬레이션합니다. SunLight는 태양에서 나오는 직사광선을 의미하고 Environment Sky는 대기에 의해 산란되는 하늘빛을 의미하는데, 이 두 가지 조명 요소가 결합되어 렌더링에 적용됩니다. 복잡하게 느껴지겠지만 이것은 지극히 당연한 원리에 의한 것입니다. 태양의 고도에 따라 하늘도 밝기가 변하기 때문에 이 두 가지를 분리해 생각할 수는 없습니다.

여름이 되면 태양의 고도가 높아지고 낮시간이 길어지며, 겨울이 되면 태양의 고도는 낮아지고 낮시간이 짧아집니다. 또 남쪽의 하늘보다 북쪽의 하늘이 더 푸른 빛을 띠고, 저녁에는 노을이 지며 하늘이 붉은 빛을 띠게 됩니다. 이런 자연 현상은 V-Ray에서도 그대로 적용되므로 작업자는 날짜와 시간을 지정하는 것만으로 하늘에 대한 모든 설정을 끝낼 수 있습니다.

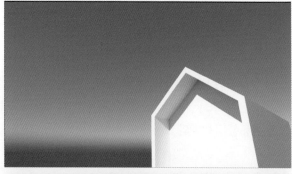

▲ 시간 변화에 따른 햇빛과 하늘의 변화

하지만 단순히 시간만 지정하여 만드는 하늘에는 구름과 같은 대기의 효과도 없으며, 사실적인 색감 때문에 오히려 밋밋한 느낌을 주기도 합니다. 이를 보완하기 위해서는 햇빛이나 하늘의 색감, 대기 효과, 안개 등을 표시하는 옵션을 조절합니다. 실제 촬영한 사진 등 환경 사진을 활용하면 주변 환경까지 함께 렌더링에 사용할 수 있어서 작업자가 원하는 어떤 이미지라도 자유롭게 만들어낼 수 있습니다.

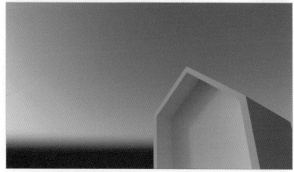

▲ 옵션을 조절하여 변화를 준 하늘

예제 파일 | PART04 \ V-Ray Sun설정.skp

V-Ray Sun과 V-Ray Sky를 활용하면 사실적인 하늘을 별도의 이미지 없이 만들어낼 수 있어 편리합니다. V-Ray Sun의 위치, 고도에 따른 색감과 그림자의 관계를 알아보고 V-Ray Sky의 옵션을 이용한 하늘빛의 표현 방법을 알아보겠습니다.

**01** ❶ 예제 파일을 불러옵니다. ❷ [Shadows] 트레이의 [Show/Hide Shadow]를 클릭해 그림자의 방향을 확인합니다. ❸ [Render Interactive 🔁]를 클릭해 인터랙티브 렌더를 실행합니다.

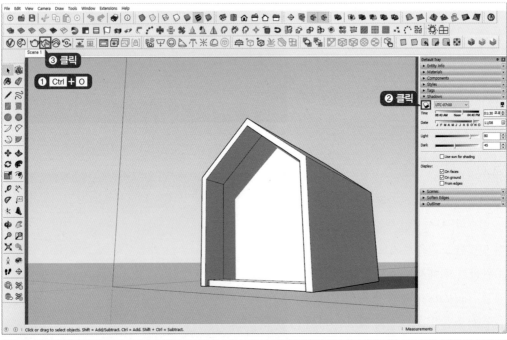

**Power Up Note** 실시간 렌더링 방식 알아보기

인터랙티브 렌더(Interactive Render)는 모델이나 렌더링 옵션의 수정 내용이 바로 적용되고 지속적으로 렌더링이 업데이트되는 실시간 렌더링 방식입니다. 수정 사항이 생길 때마다 새롭게 결과물을 렌더링하고 확인하는 번거로움을 덜어주어 주로 조명을 설정할 때 사용합니다. 하지만 이 명령은 CPU와 그래픽카드를 최대 성능으로 지속 활용하므로 연산이 필요한 다른 프로그램이나 명령의 실행이 느려지며 전력을 많이 소모합니다. 또 인터랙티브 렌더는 [Auto Exposure]와 [Auto White Balance] 옵션을 사용하지 못하므로 카메라 노출 등의 설정을 직접 해야 합니다. [Viewport Render 🖬]는 인터랙티브 렌더를 뷰포트에 바로 실행하는 명령으로 프리젠테이션용으로 활용하기 좋습니다.

**02** ❶[V-Ray Objects]-[Infinite Plane 🏠]을 실행하고 ❷ 건물 앞의 적당한 곳을 클릭해 인피니트 플레인을 설치합니다. ❸ Esc 를 눌러 완료합니다.

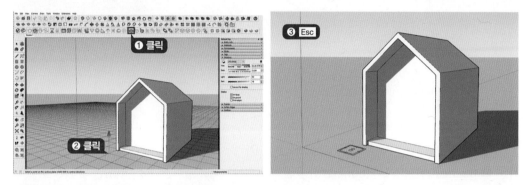

CORE TIP 인피니트 플레인(Infinite Plane)은 끝이 없는 평면을 만들어 지반이나 바다처럼 끝이 보이지 않는 넓은 평면을 표현합니다.

**03** ❶인피니트 플레인이 선택된 상태에서 단축키 F10 을 눌러 [V-Ray Asset Editor ⓥ]를 불러옵니다. ❷ 머티리얼 프리셋에서 [Ground]를 클릭합니다. ❸ [Asphalt A01 100cm]에서 마우스 오른쪽 버튼을 클릭한 후 ❹ [Apply to Selection]을 클릭합니다.

**04** ❶ [Materials] 트레이-[Edit] 탭에서 추가된 머티리얼의 크기를 **1000mm**로 수정합니다. ❷ 현재 작업 과정이 업데이트되어 실시간으로 렌더링되는 것을 확인할 수 있습니다.

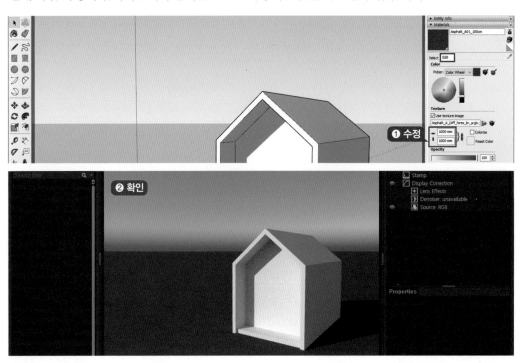

**05** ❶ [Lights] 카테고리의 [SunLight]를 클릭하고 ❷ [Custom Orientation]을 활성화합니다. ❸ 왼쪽의 원에서 태양의 방향을 설정하고(Y축이 북쪽) ❹ 오른쪽의 반원에서 태양의 고도를 설정합니다.

**CORE TIP** V-Ray Sun은 스케치업의 그림자 설정과 연동되어 기본적으로 태양이 북쪽을 향할 수 없습니다. 하지만 [Custom Orientation]을 활용하면 자유롭게 태양의 위치를 지정할 수 있습니다.

**06** [Size Multiplier]를 **10**으로 수정하면 태양에 의한 그림자의 경계를 흐릴 수 있습니다.

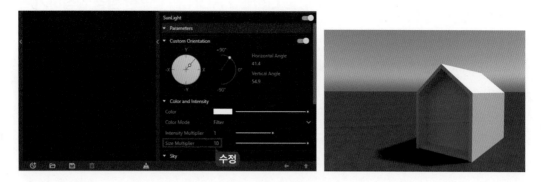

**07** 맨 위의 [SunLight]를 비활성화하면 태양에 의한 직사광선과 그림자를 없앨 수 있습니다. 이 때도 하늘의 밝기나 색감은 태양의 위치로 조절합니다.

**08** [Sky Model]을 [CIE Overcast]로 지정하면 구름이 낀 하늘을 표현할 수 있습니다. 이외에도 [Sky Model]을 바꿔 하늘의 색감을 조절할 수 있습니다.

예제 파일 | PART04\V-Ray_Dome_Light.skp

V-Ray Dome Light와 HDRI를 활용해 환경을 설정하는 방법을 학습해보겠습니다. HDRI(High Dynamic Range Image)는 실제 환경을 특수한 촬영 기법으로 360° 촬영해 만드는 이미지입니다. 이미지의 모든 방향을 배경으로 사용할 수 있고 이미지 안의 햇빛이나 주변 조명을 그대로 활용할 수 있어 환경 조명을 별도로 설치하지 않아도 됩니다. 실습을 따라 하며 HDRI를 활용하는 방법에 대해 정확히 이해하고 중요 옵션을 기억하도록 합니다.

**01** ❶ 예제 파일을 불러옵니다. ❷ [V-Ray Lights]-[V-Ray Dome Light ⬚]를 클릭하고 ❸ 건물 앞 적당한 위치를 클릭합니다.

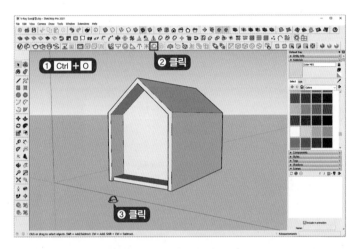

**CORE TIP** Dome Light는 위치에 관계 없이 환경을 만들므로 어디에 놓더라도 같은 결과물을 얻습니다. 따라서 선택하기 편한 곳에 클릭하여 놓도록 합니다.

**02** ❶ 단축키 F10 을 눌러 [V-Ray Asset Editor ⬚]를 열고 ❷ [Lights] 카테고리에서 ❸ [Dome Light]를 클릭합니다. ❹ [Texture Slot ⬚]을 클릭한 후 ❺ [File]-[Open]을 클릭해 예제 폴더에서 **oberer_ kuhberg_8k.exr** 파일을 불러옵니다.

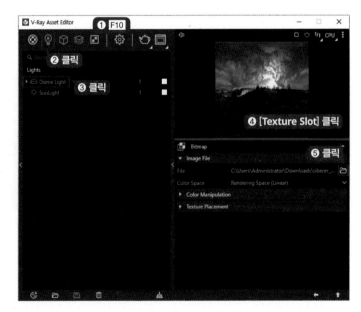

**03** F9 를 눌러 렌더링하면 다음 그림과 같은 결과물을 얻을 수 있습니다. V-Ray Sky를 대신해 V-Ray Dome Light가 적용되었지만 밝기가 매우 어둡습니다. 또 태양의 위치와 별개로 V-Ray Sun의 영향에 의해 전면에 그림자가 생겨 어색한 이미지를 만들게 됩니다. 지평선 아랫부분이 모두 회색으로 나타나 지평선의 경계도 어색합니다.

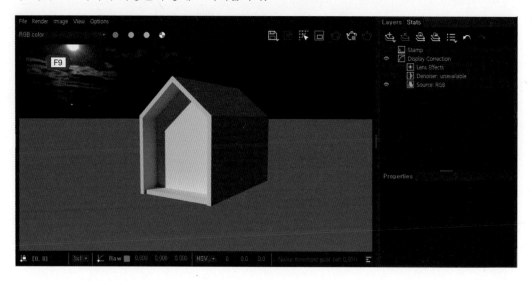

**04** ❶ [V-Ray Asset Editor✔ F10 의 [Lights] 카테고리에서 [SunLight]를 클릭하고 ❷ 비활성화합니다. ❸ [Dome Light]를 클릭하고 ❹ [Intensity]에서 밝기를 **100**으로 수정합니다. ❺ [Shape]를 [Sphere]로 지정해 지평선 아래의 이미지도 렌더링에 적용되도록 합니다.

**05** F9를 눌러 렌더링하면 다음 그림과 같은 렌더링 이미지를 확인할 수 있는데 배경의 방향과 바닥이 매우 어색하게 보입니다. 일반적인 건축 CG에서는 바닥과 가까운 거리의 환경(근경)을 직접 모델링하므로 이처럼 어색한 바닥은 모두 가려져 보이지 않습니다. 이때 기본 옵션을 수정하면 좀 더 어색하지 않은 바닥을 만들 수 있습니다.

**06** ❶ [V-Ray Asset Editor ✅ F10]에서 [Dome Light]의 [Use Transform]에 체크한 후 ❷ [Texture Slot ■]을 클릭합니다. ❸ [Texture Placement] 항목에서 [Ground]를 활성화합니다.

**07** ❶ [Render Interactive🔁]를 실행하면 뷰포트의 변화를 바로 렌더링으로 확인할 수 있습니다. ❷ 뷰포트에 설치한 [Dome Light]를 클릭한 후 ❸ [JHS Powerbar]–[Rotix🔁]를 클릭하면 뷰포트의 왼쪽 윗부분에 그림과 같은 아이콘이 표시됩니다. 이제 키보드의 ←, →를 누를 때마다 조명이 15°씩 회전하고 실시간으로 렌더링됩니다. ❹ 배경을 원하는 위치로 맞춘 다음 Spacebar 를 눌러 명령을 종료합니다.

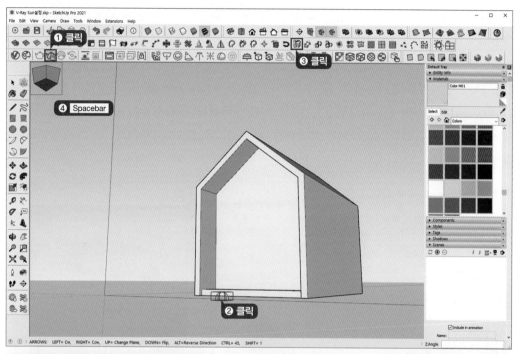

**Basic Training** **V-Ray Light Gen을 활용한 환경 설정하기**

예제 파일 | PART04\V-Ray_Light_Gen.skp

V-Ray Light Gen은 V-Ray Sun과 V-Ray Sky를 조합하거나 HDRI를 활용한 여러 가지 라이팅 시나리오를 제공하는 기능입니다. 이 기능을 활용하면 시나리오를 활용해 현재 장면에 가장 잘 어울리는 조명 상태를 빠르게 설정할 수 있어 매우 편리합니다. 실습을 통해 V-Ray Light Gen의 활용법에 대해 알아보겠습니다.

**01** ❶ 예제 파일을 불러옵니다. ❷ [V-Ray Light]-[Light Gen🖿]을 실행하고 ❸ [V-Ray Light Gen] 대화상자가 나타나면 [EXTERIOR]를 클릭합니다. ❹ [Light Source]에서 [SUN & SKY]를 클릭한 후 ❺ [Generate]를 클릭하면 [Altitude variations]와 [Azimuth variations]에 설정한 수의 곱만큼 시나리오 장면을 만듭니다.

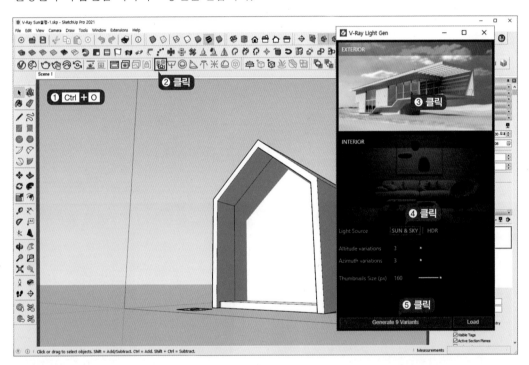

**CORE TIP** Altitude는 태양의 고도, Azimuth는 방위각을 의미합니다.

**CORE TIP** 최초 실행 시 시나리오 다운로드 여부를 확인합니다. 다운로드해야 정상적인 실습이 가능합니다.

**02** ❶ 시나리오가 모두 완성되면 원하는 이미지의 섬네일을 클릭해 설정을 적용합니다. ❷ 단축키 [F9]를 눌러 장면을 렌더링하면 섬네일과 같은 조명 상태의 이미지가 렌더링되는 것을 확인할 수 있습니다. ❸ 다음 학습을 위해 [Reset]을 클릭해 초기 화면으로 돌아갑니다.

**03** ❶ [HDR]을 클릭하고 ❷ 다시 [Generate]를 클릭합니다. HDR은 V-Ray에서 기본으로 제공하는 하늘 이미지를 활용하여 하늘을 생성합니다. 실제 하늘을 찍은 사진을 활용하므로 사실적인 하늘을 만들 수 있습니다. ❸ 시나리오가 모두 완성되면 원하는 이미지를 클릭해 장면에 적용합니다.

**04** F9를 눌러 렌더링하면 해당 HDRI가 적용되어 렌더링이 진행되는 것을 확인할 수 있습니다.

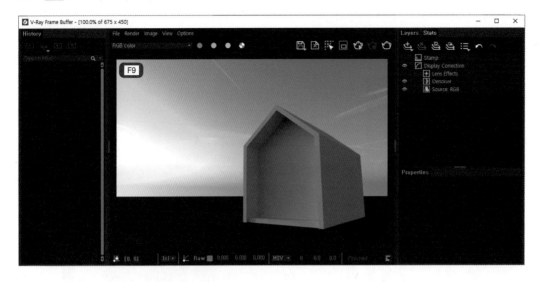

**HDRI를 다운로드할 수 있는 웹사이트**

HDRI를 다운로드할 수 있는 웹사이트는 매우 다양합니다. 특히 Poly Haven(Polyhaven.com)의 경우 자료의 양이 많고 이미지가 고품질입니다. 무엇보다 이미지가 모두 무료로 제공되고 가입 절차가 필요 없어 매우 편리합니다. 또한 1k(1,000px) 이미지부터 24k(24,000px) 이미지를 여러 가지 해상도로 제공하고 있어 필요에 따라 적절한 해상도의 이미지를 다운로드할 수 있습니다.

# LESSON 04

# 실내 공간 렌더링에 외부 환경 표현하기

Emissive 머티리얼을 활용해 실내에서 창밖으로 보이는 외부 환경을 표현하는 방법에 대해 알아보도록 하겠습니다. Emissive 머티리얼을 활용하면 HDRI를 활용한 외부 환경의 표현보다 작은 크기의 이미지를 활용할 수 있어 보다 효율적이며, 외부 환경에 쓰이는 이미지를 직접 만들어 쓰기도 편리합니다.

## Warm Up　Emissive 머티리얼 알아보기

Emissive 머티리얼은 빛을 내는 재질을 말합니다. Emissive 머티리얼에 배경 이미지를 추가해 창밖으로 보이는 환경을 만들거나 TV의 화면 등으로 주로 활용합니다. HDRI의 경우 창밖으로 보이는 작은 부분을 위해 매우 큰 용량의 이미지를 써야 하고 원하는 배경을 찾기 어려운 경우가 많습니다. 하지만 Emissive 머티리얼을 활용하면 창문 밖으로 보이는 환경 크기만큼의 사각형을 만들고 그 크기 정도의 배경 이미지를 머티리얼로 쓰면 되기 때문에 이미지의 크기를 많이 줄일 수 있습니다. 또한 HDRI를 만들기 위해서는 특수한 장비나 카메라가 필요하며 밝기가 다른 여러 장의 이미지를 하나의 이미지로 압축해 만들어야 하므로 제작 과정이 매우 복잡합니다. 반면 Emissive 머티리얼에 적용할 이미지는 원하는 배경을 한 장면만 찍어 적용하면 되므로 제작도 매우 간편합니다.

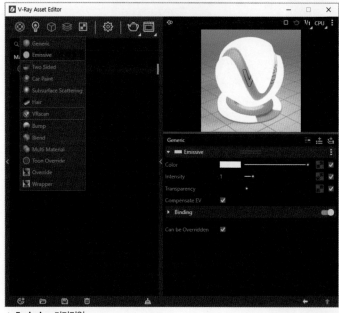

▲ **Emissive** 머티리얼

예제 파일 | PART04\실내 외부환경 표현.skp, 아파트배경.jpg

실습을 통해 Emissive 머티리얼을 만들고 머티리얼을 지정할 배경판을 카메라에 맞게 정렬해보겠습니다. 이미지를 장면으로 불러오고 컴포넌트를 활용하여 카메라를 향해 모델을 정렬시키는 과정입니다. 여기서 다루는 기능은 단순히 창밖의 환경을 만드는 작업 이외에도 활용할 수 있는 작업이 많은 기능이니 잘 알아두기 바랍니다.

**01** ❶ 예제 파일을 불러옵니다. ❷ 뷰포트를 정면에 가깝게 조정한 후 예제 파일 중 **아파트배경.jpg** 파일을 뷰포트로 드래그해 불러옵니다. ❸ 불러온 이미지에 마우스 오른쪽 버튼을 클릭한 후 ❹ [Explode] Shift + X 를 클릭합니다.

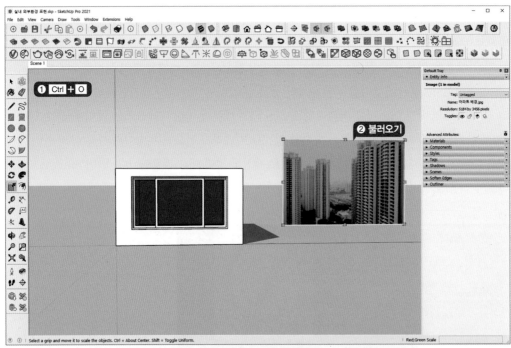

**02** ❶ 단축키 F10을 눌러 [V-Ray Asset Editor ☑]를 열고 ❷ [Materials] 카테고리에서 [아파트 배경]을 클릭합니다. ❸ [Add Layer ☕]를 클릭하고 ❹ [Emissive]를 클릭합니다.

**03** ❶ [Diffuse]-[Color]-[Texture Slot ▦]을 드래그해 [Emissive]-[Color]-[Texture Slot]으로 복사하고 ❷ [Paste as Instance]를 클릭합니다.

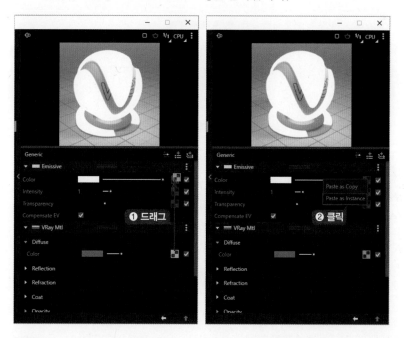

**CORE TIP** Instance로 복사한 이미지는 둘 중 아무거나 하위 항목을 수정하면 나머지가 동일하게 수정되어 편리합니다.

**04** [배경이미지] 머티리얼로 교체되면 크기가 지정되지 않은 상태로 변합니다. 면을 클릭합니다.

**05** [V-Ray Utilities]-[Tri-Planar Projection (Fit)🎲]을 클릭해 이미지를 기존 모델에 맞춥니다.

**06** ❶ 배경 모델을 클릭한 후 단축키 G를 눌러 [Create Component] 대화상자를 불러옵니다. ❷ [Always face camera]에 체크하고 ❸ [Create]를 클릭합니다. 이제부터 뷰포트를 회전하면 배경 모델이 계속 카메라를 향해 회전하는 것을 확인할 수 있습니다.

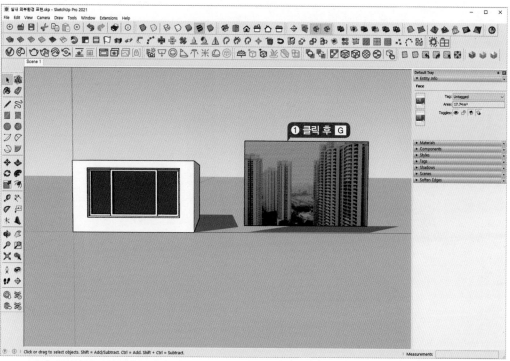

**07** ❶ 실내의 카메라 방향과 비슷한 방향으로 뷰포트를 회전시킨 후 배경 모델을 그림과 같이 배치하고 ❷ [Scale 🖼️] [S]을 실행하여 적당한 크기로 확대합니다. ❸ [Scene 1] 탭을 클릭해 실내 뷰와 외부를 번갈아 보면서 창밖으로 보이는 배경이 자연스럽게 매치되도록 합니다.

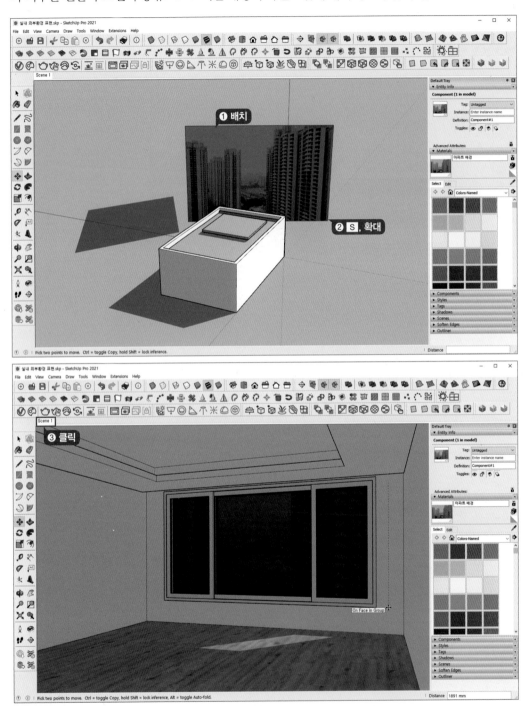

**08** 배경 모델 배치가 완료되면 [F9]를 눌러 장면을 렌더링합니다. 정상적으로 렌더링은 되었지만 유리가 투명해 배경이 너무 선명하게 보입니다.

**09** ❶ 단축키 [F10]을 눌러 [V-Ray Asset Editor☑]를 열고 ❷ [Glass] 머티리얼을 클릭한 후 ❸ [Diffuse]-[Color]에서 색상을 흰색으로 지정합니다. ❹ [Refrection Color]의 슬라이더를 조금 왼쪽으로 드래그해 투명도를 미세하게 낮춥니다. ❺ 다시 [F9]를 눌러 렌더링하면 보다 자연스러운 배경이 표현되는 것을 확인할 수 있습니다.

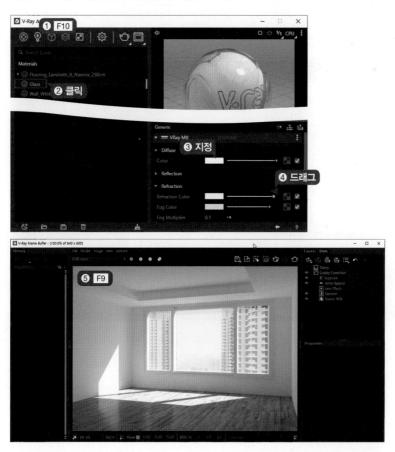

**10** ❶ [Shadows] 트레이의 시간과 날짜를 그림과 같이 조정한 후 ❷ F9 를 눌러 렌더링합니다. 렌더링 결과물을 보면 배경 모델의 그림자가 생겨 햇빛이 실내에 들어오지 않는 것을 확인할 수 있습니다.

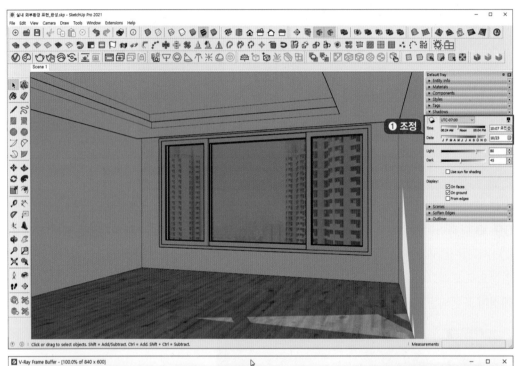

**11** ❶ 단축키 F10을 눌러 [V−Ray Asset Editor ✅]를 열고 ❷ [Materials] 카테고리에서 [아파트 배경]을 클릭합니다. ❸ [Add Attribute ➕]를 클릭하고 ❹ [Raytrace Properties]를 클릭해 추가합니다.

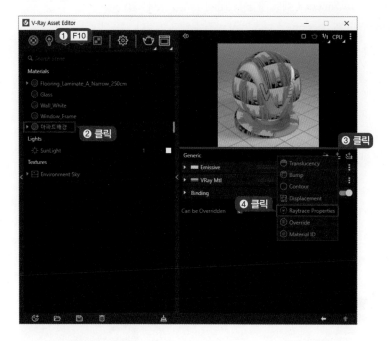

**12** [Raytrace Properties]−[Cast Shadows]의 체크를 해제합니다.

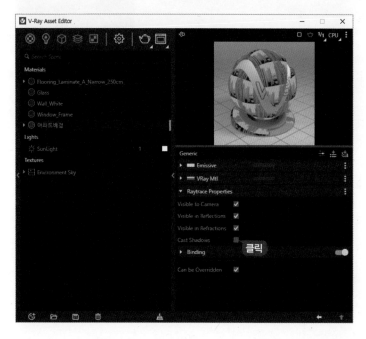

Raytrace Properties의 옵션은 다음과 같습니다. 체크를 해제하면 해당 기능을 반대로 사용합니다.

① Visible to Camera | 해당 재질이 적용된 개체를 렌더링합니다.

② Visible in Reflections | 다른 반사 재질에 해당 재질이 적용된 개체를 비추게 합니다. 이 옵션의 체크를 해제하면 재질이 적용된 개체가 거울과 같은 표면에 비추지 않습니다.

③ Visible in Reflections | 다른 굴절 재질의 바깥쪽에서 해당 재질이 적용된 개체를 보게 합니다. 이 옵션의 체크를 해제하면 유리 바깥으로는 재질이 적용된 개체가 보이지 않게 됩니다.

④ Cast Shadows | 그림자를 표현합니다.

**13** 배경 모델을 선택하고 다시 [Tri-Planar Projection (Fit)⬚]을 클릭해 머티리얼을 배경 모델의 크기에 맞게 늘입니다. F9 를 눌러 렌더링하면 그림과 같이 햇빛이 실내에 들어오는 것을 확인할 수 있습니다.

# V-Ray로 실내 조명 표현하기

V-Ray의 여러 가지 조명(Light)에 대해 알아보겠습니다. 조명의 종류가 다양해 다소 복잡하고 어렵게 느낄 수 있지만 기능은 모두 비슷하므로 함께 학습하면 보다 효율적으로 학습할 수 있습니다. V-Ray에서의 조명도 현실의 조명과 연계해 생각하면 이해하거나 기억하기 쉽습니다.

## Basic Training  Rectangle Light로 조명 표현하기

예제 파일 | PART04\실내 조명.skp

Rectangle Light는 직사각형이나 원반 형태의 조명을 만드는 데 사용합니다. 가장 많이 사용되는 조명으로 직부등, 매입등, 간접등 등 방향성을 가지는 대부분의 조명에 사용할 수 있습니다. Rectangle Light는 모델이 렌더링에 보이기 때문에 조명 모델을 따로 만들 필요가 없으며 크기에 따라 그림자의 경계가 흐려지는 등 현실의 조명과 같은 느낌을 줍니다. 현실의 비례를 생각하면서 크기에 맞는 조명을 설정하면 별다른 조절 없이 실제 같은 이미지를 만들 수 있어 편리합니다.

**01** ❶ 예제 파일을 불러옵니다. ❷ 천장의 모서리로부터 안쪽으로 **400mm** 떨어뜨려 가이드라인을 만듭니다.

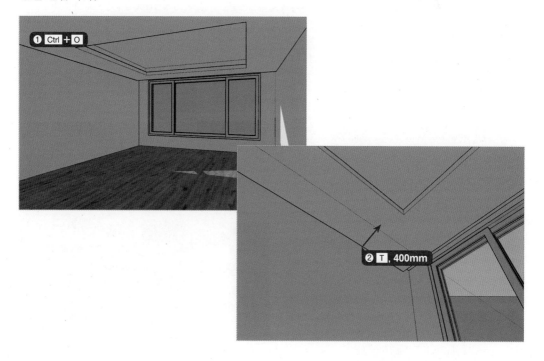

**02** ❶ 가이드라인 위에서 임의의 위치를 중심으로 원을 만듭니다. ❷ 이때 반지름을 **1.5"**로 입력해 지름이 3인치가 되도록 합니다. ❸ 원을 바깥으로 적당히 오프셋하고 ❹ 안쪽 면을 선택해 삭제합니다. ❺ 테두리 부분을 아래로 **2mm** 정도 돌출시킵니다.

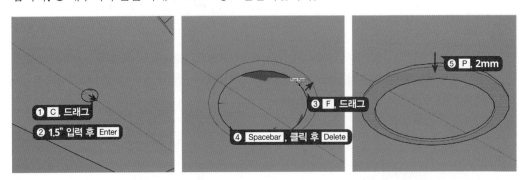

**CORE** **TIP** 조명의 크기는 지름을 인치 단위로 부르는 경우가 많습니다. 따라서 실제 크기대로 매입등을 만들려면 규격을 1/2로 나누어 반지름을 인치로 입력합니다. 여기서는 스케치업의 기본 단위를 mm로 설정했으므로 인치 단위로 반지름을 입력하기 위해서 반지름 뒤에 "(큰따옴표)를 입력하는 것입니다.

**03** ❶ 완성된 조명 기구를 그룹으로 만든 후 ❷ 단축키 F10을 눌러 [V-Ray Asset Editor ✔]를 엽니다 ❸ [Generic] 머티리얼을 추가하고 이름을 **DownLight**로 수정합니다. ❹ 머티리얼을 조명 기구에 매핑하고 ❺ [Reflection Color]와 [Reflection Glossiness]의 슬라이더를 조절해 표면의 반사를 설정합니다. ❻ [Diffuse]–[Color]의 슬라이더를 밝은 회색이 되도록 드래그해 재질을 완성합니다.

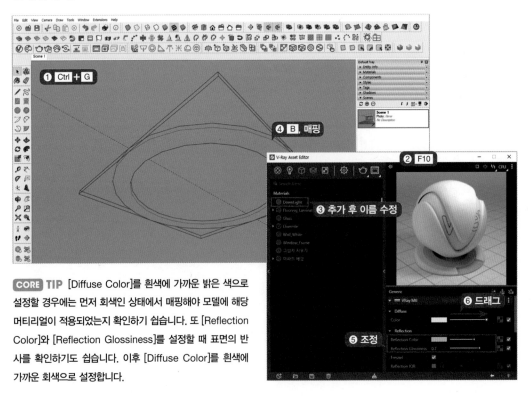

**CORE** **TIP** [Diffuse Color]를 흰색에 가까운 밝은 색으로 설정할 경우에는 먼저 회색인 상태에서 매핑해야 모델에 해당 머티리얼이 적용되었는지 확인하기 쉽습니다. 또 [Reflection Color]와 [Reflection Glossiness]를 설정할 때 표면의 반사를 확인하기도 쉽습니다. 이후 [Diffuse Color]를 흰색에 가까운 회색으로 설정합니다.

**04** ❶ [V-Ray Light]−[Rectangle Light 💡]를 실행하고 ❷ 그림과 같이 조명 기구의 안쪽에 적당한 크기로 드래그해 설치합니다. ❸ [V-Ray Asset Editor Ⓥ F10]의 [Lights] 카테고리에서 ❹ [Rectangle Light]를 클릭한 후 ❺ [Shape]를 [Disc]로 지정하고 ❻ [Size]를 **3**으로 수정합니다.

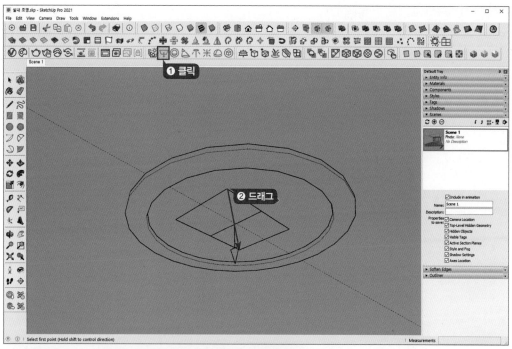

CORE TIP  V-Ray 조명의 크기 단위는 인치입니다. [Size]의 값 3은 지름이 3인치인 원반 형태라는 뜻입니다.

**05** ❶조명 기구와 라이트 모델을 모두 선택한 다음 ❷ [JHS Powerbar]−[Center on Red✚]와
❸ [Center on Green✚]을 실행해 모델의 중심을 맞춥니다. ❹❺ 단축키 G를 눌러 두 모델을 하
나의 컴포넌트로 만듭니다. 두 모델이 정렬되면서 중심이 가이드라인에서 벗어나면 컴포넌트를
선택해 가이드라인 위로 이동합니다.

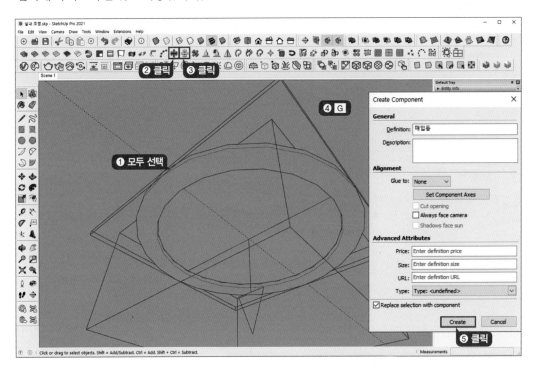

**06** 현재 상태로 단축키 F9를 눌러 렌더링 이미지를 확인하면 그림과 같이 정상적으로 매입등
형태의 조명이 렌더링된 것을 확인할 수 있습니다.

**07** ❶ 조명을 그림과 같이 옆으로 간격을 맞추어 두 개 더 배치하고 ❷ 다시 렌더링해보세요. 현재 이미지는 V−Ray Sun의 강도가 너무 높아 매입등에서 발산되는 조명이 표현되지 않습니다.

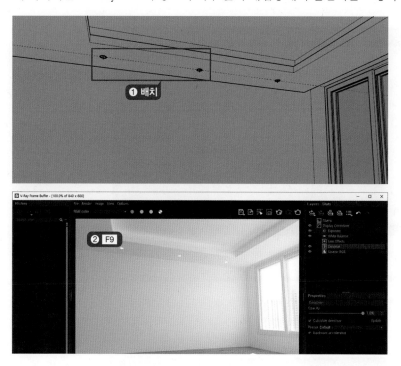

**08** ❶ [Lights] 카테고리에서 ❷ [SunLight]의 강도를 **0.01**로 수정합니다. ❸ [Rectangle Light]를 클릭한 다음 ❹ [Color/Texture]의 색상을 옅은 주황색으로 바꿉니다. ❺ 빛이 발산되는 폭을 좁히려면 [Directionality]를 **0.5**로 수정합니다.

**09** F9를 눌러 렌더링하면 그림과 같이 매입등에서 발산되는 빛이 정상적으로 보이는 것을 확인할 수 있습니다.

**10** ❶ [Rectangle Light]에 빛이 나는 효과를 넣기 위해 [Lens Effects] 레이어를 클릭하고 ❷ [Enable bloom/glare]에 체크합니다. ❸ [Size]와 [Intensity]의 슬라이더를 조절해 조명의 느낌을 표현해보세요.

**11** ❶ 조명을 모두 선택해 반대편에 복사합니다. ❷ 저장되어 있는 [Scene 1] 탭을 클릭해 화면을 되돌린 후 ❸ F9 를 눌러 렌더링해 전체 이미지를 확인합니다.

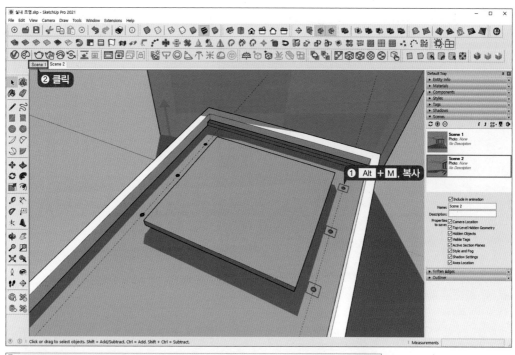

**Spot Light와 IES Light로 조명 표현하기**

Spot Light는 빛의 폭과 경계의 선명도를 작업자가 임의로 조절할 수 있는 조명이며, IES Light는 조명 기구의 배광 곡선과 빛의 강도 등을 그대로 시뮬레이션하는 데 사용하는 조명입니다. IES Light 조명을 설정하는 파일은 조명 기구 회사에서 제작해 배포합니다. 두 가지 조명은 모두 광원이 보이지 않는 조명입니다. 광원은 별도의 모델에 Emissive 머티리얼을 매핑하거나 다른 라이트 모델을 추가해 사용해야 합니다. 앞의 예제에 이어서 다음 실습을 진행하며 Spot Light와 IES Light의 사용법에 대해 알아보도록 하겠습니다.

**01** ❶ 단축키 F10을 눌러 [V-Ray Asset Editor ◎]를 열고 ❷ [Rectangle Light]을 클릭합니다. ❸ [Affect Diffuse]와 [Affect Specular]의 체크를 해제합니다. ❹ 매입등 중 하나를 더블클릭해 열고 ❺ [V-Ray Light]-[Spot Light ◢]를 실행합니다. ❻ 중심을 클릭해 조명을 추가합니다.

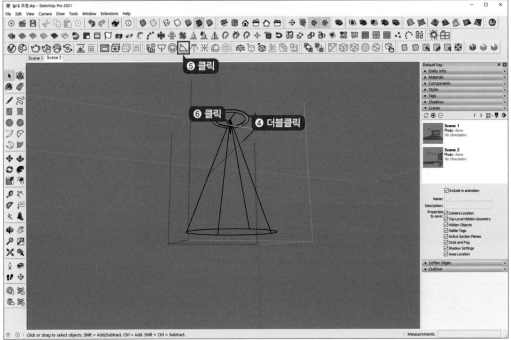

**CORE TIP** [Affect Diffuse]와 [Affect Specular]의 체크를 해제하면 해당 조명에서 빛을 내보내지 않고 광원이 보이기만 합니다. 이런 경우 Rectangle Light를 Spot Light나 IES Light의 광원으로 사용할 수 있습니다.

**02** ❶ [Spot Light]의 강도를 **50**으로 수정하고 ❷ [Rectangle Light]의 색상을 [Spot Light]의 색상으로 드래그해 복사합니다. ❸ [Spot Light]의 옵션 중 [Cone Angle]과 [Penumbra Angle]의 슬라이더를 조절해 빛의 폭과 경계의 선명도를 조절합니다. 이 과정은 정해진 값이 없으므로 렌더링을 해보면서 원하는 이미지가 나오도록 조정합니다.

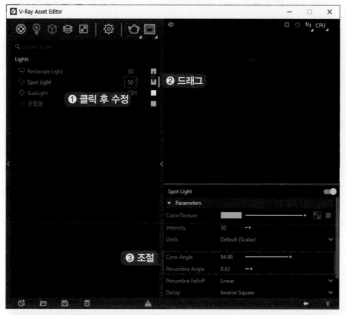

**03** ❶ 다시 매입등을 더블클릭해 열고 ❷ [Spot Light]를 선택해 삭제합니다. ❸ [V-Ray Light]-[IES Light ⬆]를 실행하고 ❹ 예제 폴더에서 **2350.ies** 파일을 선택합니다. ❺ 매입등의 중심 부분을 클릭해 IES Light를 설치합니다.

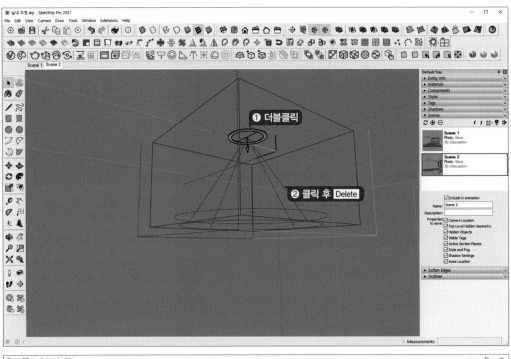

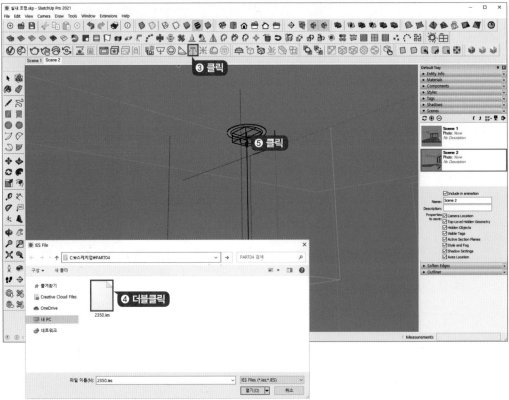

**04** ❶ 단축키 F10을 눌러 [V-Ray Asset Editor 🅥]를 열고 ❷ 기존 조명의 라이트 색상을 [IES Light]로 드래그해 복사합니다. ❸ [Intensity]에 체크해 값을 조절하면서 ❹ 렌더링을 실행해 적당한 조명 밝기를 찾습니다.

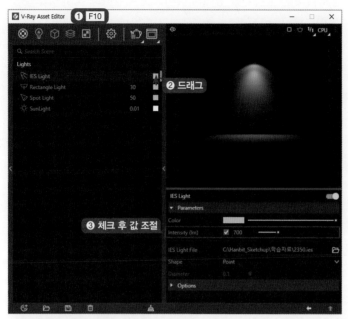

**CORE** **TIP** IES Light는 원래 조명값을 수정하지 않지만 사실적인 이미지를 위해 IES Light의 배광 곡선만을 사용할 경우에는 조명의 강도를 수정해 사용해도 됩니다. 조명의 강도는 lm(루멘) 단위이기 때문에 앞에서 설정한 조명값보다 훨씬 큰 값이 필요합니다.

간접 조명 역시 현실 조명의 위치를 생각하면서 비슷한 형태의 라이트를 배치하고 빛의 강도를 맞추면 실제와 같은 이미지를 만들 수 있습니다. 이처럼 V-Ray에서 작업자가 조명을 배치할 때 고려해야 하는 일은 실제 조명의 형태와 비슷한 라이트를 선택하는 일입니다.

**01** ❶ 천장을 더블클릭해 열고 ❷ 가운데 부분의 면을 클릭한 후 ❸ [Hide] Ⓗ를 실행합니다.

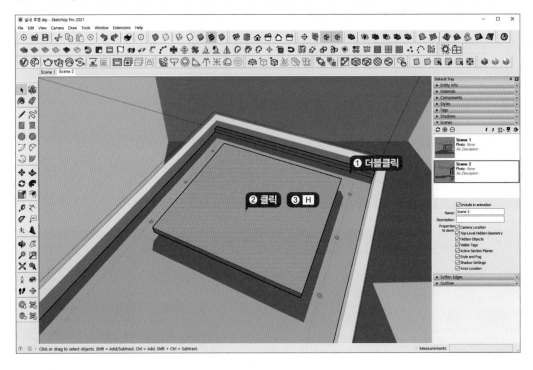

**02** ❶ [Rectangle Light ⬚]를 실행하고 ❷ 간접 조명이 들어갈 위치에 맞춰 그림과 같이 만듭니다. ❸ 반대편에 복사합니다.

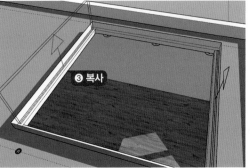

**03** ❶ 그림과 같이 총 네 개의 라이트를 배치합니다. ❷ 복사한 라이트를 모두 선택하고 ❸ 천장 면과 조금 떨어지도록 위쪽으로 미세하게 이동합니다.

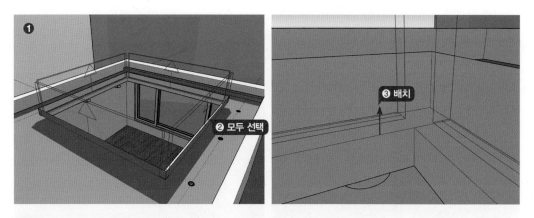

**CORE TIP** 면을 클릭해 라이트를 설치할 경우 V-Ray는 라이트를 면으로부터 0.01인치(0.254mm) 떨어뜨려 생성합니다. 이는 라이트가 면과 일치할 경우 정상적으로 빛을 발산하지 못하기 때문입니다. 라이트를 설치한 후 위치를 이동할 경우 스냅이 걸려 면과 붙어버리는 경우가 있는데, 이런 경우 정상적으로 빛이 나오지 못하므로 면으로부터 조금 떨어뜨린 것입니다.

**04** ❶ 단축키 F10 을 눌러 [V-Ray Asset Editor ✅]를 열고 ❷ 설치한 [Rectangle Light]의 이름을 더블클릭해 **간접등**으로 수정합니다. ❸ 앞에서 설치한 조명으로부터 색상을 드래그해 복사합니다. ❹ [Intensity]는 **2**, ❺ [V Size]를 **1**로 수정하고 ❻ F9 를 눌러 렌더링합니다. 현재는 렌더링을 하면서 적당한 값을 찾는 단계입니다. 제시하는 값이 정해진 값이 아니라는 것을 꼭 기억하세요.

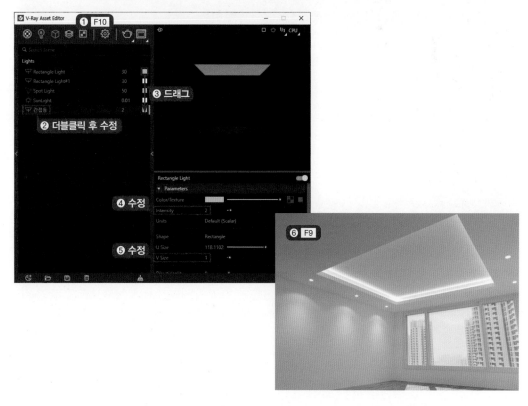

**05** 현재 장면에는 여러 가지 조명이 설치되어 있습니다. 렌더링이 끝난 후에도 조명의 강도나 색상을 개별적으로 조절하려면 ❶ [V-Ray Asset Editor ⓥ F10]의 [Render Elements]에서 [Light Mix]를 클릭해 추가합니다. ❷ [Group by]를 [Group Instances]로 바꿔 같은 종류의 조명이 함께 수정되도록 합니다.

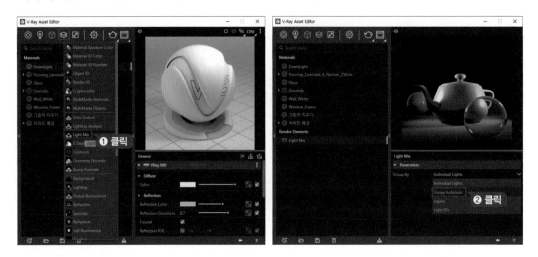

**06** 저장된 신의 구도를 그림과 같이 맞추고 해상도와 렌더링 품질을 설정한 후 렌더링을 진행합니다.

**07** ❶ 렌더링이 끝나면 [LightMix] 레이어를 클릭하고 ❷ 아래의 조명 리스트 중 [SunLight], [Environment], [Self Illumination]의 체크를 해제해보세요. 외부에서 들어오는 햇빛과 천공광, 배경 이미지가 모두 비활성화되면서 밤이 되는 것을 확인할 수 있습니다. ❸ 간접등의 색상을 클릭해 자유롭게 조절해보세요. 렌더링 이미지 전체에 걸쳐 효과가 적용되는 것을 확인할 수 있습니다.

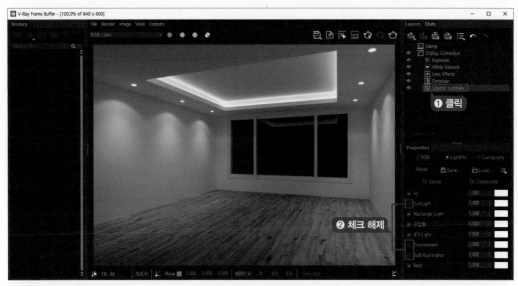

# LESSON 06

# 그룹과 컴포넌트 모델에 매핑 좌표 설정하기

모델에 지정한 무늬의 방향이 어색하거나 같은 무늬가 반복되어 보인다면 현실성이 떨어질 수밖에 없습니다. 이번 학습에서는 스케치업에서 매핑 좌표를 설정하는 원리를 이해하고 그룹, 컴포넌트 모델에 매핑 좌표를 설정하는 가장 기본적인 방법을 알아보겠습니다.

## Warm Up 매핑 좌표를 한번에 설정하기

매핑에 사용되는 무늬는 현실의 재료를 촬영한 사진이나 그래픽 합성으로 제작된 사각형의 이미지입니다. 이 이미지를 모델에 반복적으로 붙이고 렌더링하여 실제와 같은 재질을 표현합니다. 이때 모델에 붙이는 이미지의 위치, 크기, 방향을 매핑 좌표라고 말합니다. 매핑 좌표는 모델링 좌표계 (X,Y,Z)와 구별하기 위해 UVW라는 용어를 사용해 표현합니다.

스케치업의 기본 매핑 좌표를 설정하려면 ① 그룹이나 컴포넌트와 같은 모델 자체에 바로 매핑 좌표를 설정하거나 ② 모델 각각의 면 위에 개별적으로 매핑 좌표를 설정합니다. 여기서는 먼저 그룹이나 컴포넌트 모델에 바로 매핑하는 방법을 알아보겠습니다.

이 방법은 모델의 매핑 좌표와 모델의 로컬 좌표계가 일치하므로 모든 면의 매핑 좌표를 빠르게 설정할 수 있습니다. 모델 전체에 걸쳐 매핑 좌표를 한번에 설정하므로 간단하고 쉽습니다. 박스 형태의 단순한 모델에만 쓸 수 있는 방법이지만 건축이나 인테리어 분야에서 사용하는 자재의 대부분은 각재나 판재와 같은 형상이므로 자주 사용됩니다.

▲ 다양한 형태에 적용된 매핑 좌표

예제 파일 | PART04\**책장**.skp

나무 각재나 판재로 만드는 가구는 매핑 좌표의 영향을 가장 많이 받는 대상입니다. 예를 들어 나무 무늬가 같은 방향이거나 같은 위치에 있다면 매우 어색한 결과를 보여줍니다. 실제 제작되는 가구와 같이 나무 무늬의 방향을 설정하고 위치를 불규칙하게 만들어야 사실적인 이미지를 완성할 수 있습니다.

**01** ❶ 예제 파일을 불러온 후 ❷ F10을 눌러 [V-Ray Asset Editor]를 실행합니다. ❸ 머티리얼 프리셋에서 [Wood & Laminate]-[Laminate D01 120cm]을 카테고리 패널로 드래그해 등록합니다. ❹ 스케치업 [Materials] 트레이-[Edit] 탭에서 ❺ 머티리얼의 크기를 **1200**으로 수정합니다. ❻ 책장을 모두 선택하고 ❼ [Paint Bucket 🎨] B을 실행합니다. ❽ 책장에 현재 머티리얼을 지정하면 가로 판재의 매핑 좌표가 맞지 않아 어색한 상태가 됩니다.

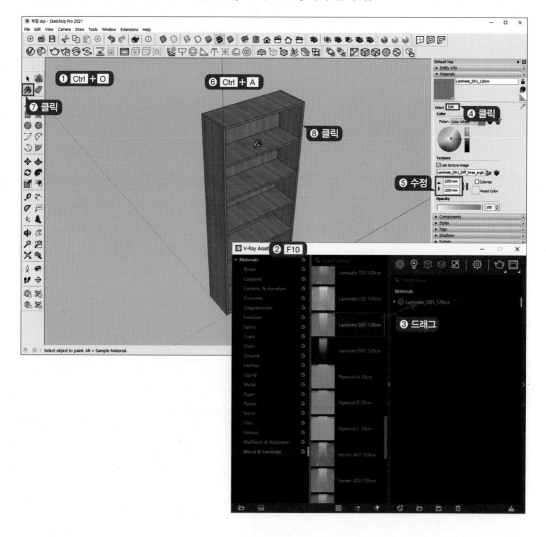

**02** ❶ 책장 맨 아래의 가로 각재를 선택한 후 ❷ 단축키 [I]를 눌러 나머지 모델을 모두 숨겨놓습니다.

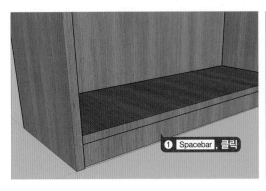
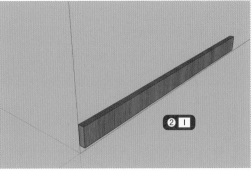

**03** ❶ 그룹을 더블 클릭해 열고 ❷ [Axes ⚹ Shift + A]를 실행한 후 ❸ 원점, ❹ X축, ❺ Y축을 차례로 클릭해 설정합니다. ❻ Esc 를 눌러 그룹을 닫고 ❼ 단축키 [U]를 눌러 모든 모델을 다시 보이도록 합니다.

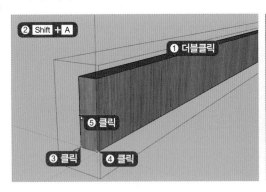
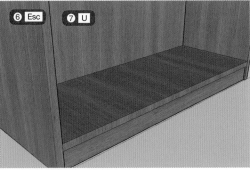

**04** ❶ 바닥의 선반 그룹 하나를 클릭하고 단축키 [I]를 누릅니다. ❷ 선반 모델을 더블클릭해 열고 ❸ [Axes ⚹ Shift + A]를 실행한 후 ❹ 원점, ❺ X축, ❻ Y축을 차례로 클릭해 설정합니다. ❼ Esc 를 눌러 그룹을 닫습니다

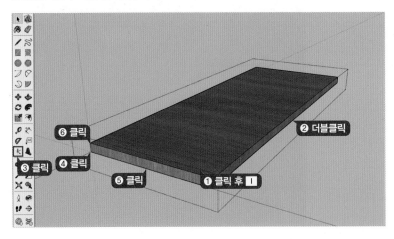

**05** 다른 선반도 같은 방법으로 로컬축을 다시 설정하거나 기존 선반을 삭제한 다음 바닥의 선반을 다시 복사해 넣습니다. 이렇게 로컬축을 설정하면 머티리얼의 방향을 올바르게 설정할 수 있지만 모든 선반에서 로컬축의 위치가 동일하다면 머티리얼의 위치도 동일해 어색한 모델이 됩니다.

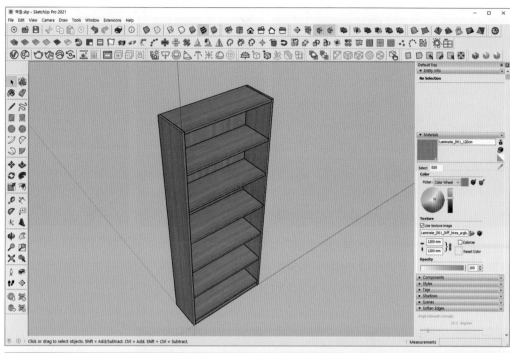

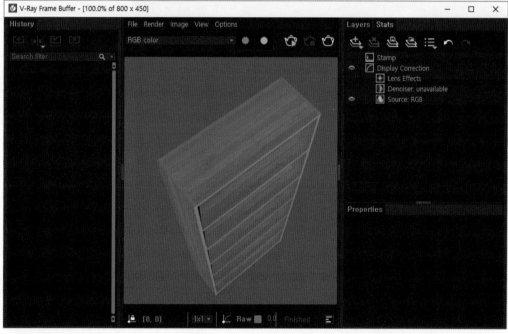

**06** ❶ [V-Ray Asset Editor ⓥ][F10]에서 [Diffuse]-[Texture Slot▣]을 클릭합니다. ❷ [Texture Placement]-[UVW Placement Slot]을 클릭합니다. ❸ [Randomization]-[By Node Handle]에 체크하고 ❹ [U Offset]-[To]를 **1**로 설정합니다.

**07** 뷰포트에는 표시되지 않지만 [F9]를 눌러 렌더링하면 맵의 위치가 조금씩 무작위로 이동되어 보다 자연스럽게 표현된 것을 확인할 수 있습니다.

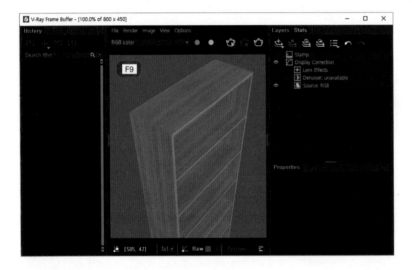

**Power Up Note** 사실적인 이미지를 위한 무작위화(Randomization) 기법 알아보기

모델의 텍스처로 사용되는 이미지는 크기가 한정적일 수밖에 없는데, 텍스처로 반복해 사용하다 보면 같은 자리에 같은 무늬가 반복되어 부자연스럽게 보입니다. 이때 무늬의 위치를 이동하거나 회전시켜 같은 무늬가 서로 다르게 보이도록 하는 기법을 무작위화(Randomization)라고 합니다. 이 기법은 다른 프로그램이나 기능으로도 활용할 수도 있지만, V-Ray를 사용하면 맵의 이음새(Seam)를 부드럽게 흐려주어 보다 자연스럽게 만드는 등 더 많은 기능을 활용할 수 있습니다.

예제 폴더에서 **매핑 좌표 설정하기.skp** 파일을 열어 적당한 머티리얼을 적용하고 모델을 구성하는 각 그룹의 로컬축을 수정해 나무결의 방향을 그림과 같이 맞춰보세요. 이 과정을 진행하면서 매핑을 좀 더 쉽게 할 수 있는 모델링 순서에 대해 생각해봅니다.

# LESSON 07
## 면(Face)에 매핑 좌표 설정하기

하나의 모델 안에 여러 종류의 머티리얼이 들어가거나 면(Face)마다 매핑 좌표가 다를 경우에는 각각의 면에 매핑 좌표를 따로 설정해야 합니다. 이번에는 면에 직접 매핑 좌표를 설정하는 방법과 보다 쉽게 매핑 좌표를 변경해주는 확장 프로그램에 대해 학습해보겠습니다.

### Warm Up  면 위에 매핑 좌표 설정하기

로컬축을 활용한 매핑 좌표의 설정 방법은 그룹이나 컴포넌트 모델 전체에 동일한 매핑 좌표를 설정하는 방법으로 스케치업의 기본적인 매핑 좌표 설정 방법입니다. 스케치업에서는 각각의 면에 직접 매핑 좌표를 설정하는 방법도 자주 사용됩니다. 이 방법을 사용하기 위해서는 머티리얼이 모델의 면에 직접 적용되어 있어야 하며 그룹이나 컴포넌트를 만든 상태에서 머티리얼을 적용한 경우 각각의 면에 매핑 좌표를 설정할 수 없습니다.

면 위에 매핑 좌표를 설정하려면 먼저 머티리얼이 적용된 면에 마우스 오른쪽 버튼을 클릭한 후 [Texture]-[Position]을 클릭해 실행합니다.

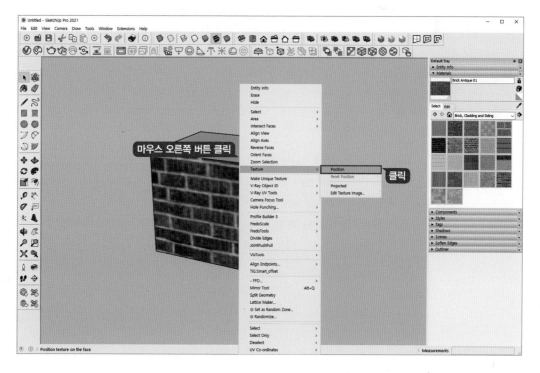

[Position]을 실행하면 이미지의 네 모서리에 빨강, 녹색, 파랑, 노랑의 네 가지 색상 핀이 표시됩니다. 빨강 핀은 이동 기능, 녹색 핀은 크기 조절과 회전 기능, 파랑 핀은 한쪽 방향이 고정된 상태의 크기 조절과 사선 변형 기능, 노랑 핀은 왜곡 기능을 담당합니다.

각각의 핀을 드래그해 이미지의 위치나 방향 또는 크기를 조정하며, 핀을 클릭해 핀의 위치를 바꿀 수도 있습니다. 하지만 이 명령에서는 빨강 핀을 활용한 이동 정도만 사용하고 다른 기능들은 별도의 확장 프로그램을 활용하는 것이 훨씬 효율적입니다. 빨강 핀을 이용한 이동 기능은 타일을 벽이나 바닥의 특정 모서리에 맞추는 것처럼 맵의 시작점을 정확히 맞춰야 하는 경우에 사용합니다.

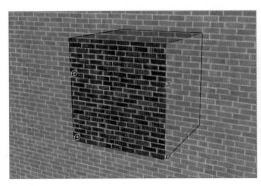 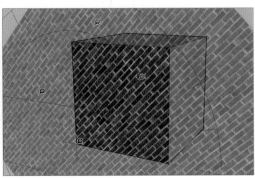

**Power Up Note** 텍스처의 위치와 방향을 조절하는 Texture Positioning Tools

텍스처의 위치나 방향을 조절하는 데 사용되는 확장 프로그램은 아주 많습니다. 이들 확장 프로그램에는 매핑 좌표를 설정하는 다양한 방식의 옵션을 제공하는데, 이런 기능을 활용하면 매우 쉽게 매핑 좌표를 설정할 수 있습니다. Texture Positioning Tools는 특히 대부분의 작업 과정에서 가장 많이 사용되는 매핑 회전과 불규칙 이동 관련 기능을 제공하는 필수 확장 프로그램입니다. Texture Positioning Tools 확장 프로그램은 Extension Warehouse에서 설치할 수 있습니다.

① Align Texture | 선택한 면의 아래 엣지를 기준으로 텍스처를 맞춥니다.

② Align Texture To Edge | 선택한 엣지를 기준으로 텍스처를 맞춥니다.

③ Rotate Counter Clockwise | 텍스처를 반시계 방향으로 90° 회전시킵니다.

④ Rotate Clockwise | 텍스처를 시계 방향으로 90° 회전시킵니다.

⑤ Rotate Custom angle | 텍스처를 지정한 각도로 회전시킵니다. 이때 회전 방향은 반시계 방향입니다.

⑥ Depatternize | 여러 면에 적용된 같은 텍스처의 위치를 불규칙하게 이동합니다.

예제 파일 | PART04\액자.skp

이번에는 외부 이미지를 매핑 소스로 활용하는 방법과 모델 내부의 면에 서로 다른 매핑 좌표를 설정하는 방법을 자세히 알아보겠습니다. 이번 예제에 사용되는 Texture Positioning Tools는 매핑 좌표를 설정할 때 작업 시간을 많이 줄일 수 있는 필수 확장 프로그램으로 반드시 설치한 후 사용 방법을 숙지합니다.

**01** ❶ 예제 파일을 불러옵니다. ❷ 모델을 더블클릭해 그룹을 엽니다.

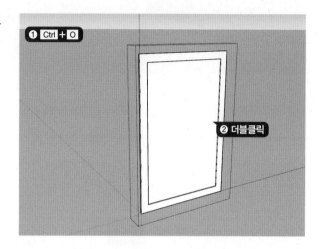

**02** ❶ [File]−[Import] 메뉴를 클릭하고 ❷ [Import] 대화상자가 나타나면 [파일 형식]을 [JPEG Image(*.jpg, *.jpeg)]로 지정합니다. ❸ 예제 폴더에서 **PhotoFrame.jpg** 파일을 찾아 선택하고 ❹ [Use Image As]−[Texture]에 체크한 후 ❺ [Import]를 클릭합니다.

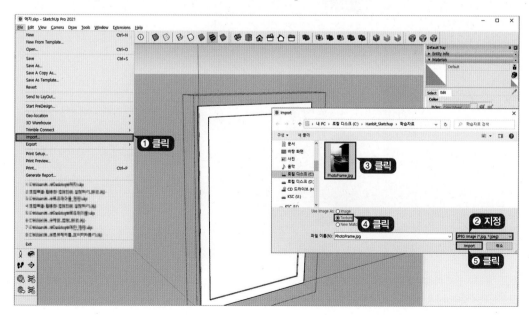

**03** ❶ 액자 가운데 면의 적당한 위치를 클릭한 후 ❷ 마우스 포인터를 이동해 사진의 크기를 조절하면서 적당한 크기가 되면 클릭합니다.

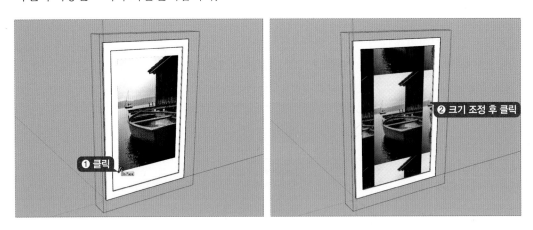

**04** ❶ 면에서 마우스 오른쪽 버튼을 클릭한 후 ❷ [Texture]-[Position]을 클릭합니다. ❸ 빨강핀을 드래그해 사진의 위치를 지정하고 ❹ 녹색 핀을 드래그해 사진의 크기를 조정합니다.

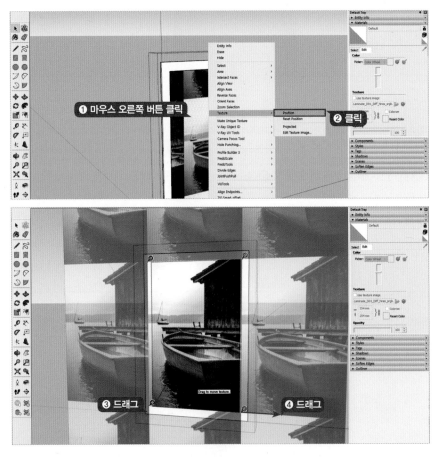

**CORE TIP** 핀을 이동해 이미지의 크기를 조절할 때는 클릭한 채로 드래그해야 합니다. 클릭한 후 마우스 포인터만 이동하면 핀만 이동되니 주의하세요.

**05** ❶ [V-Ray Asset Editor ✅ F10]를 열고 ❷ [Wood & Laminate]-[Veneer_D01_120cm]를 카테고리 패널로 드래그해 등록합니다. ❸ 스케치업 [Materials] 트레이-[Edit] 탭에서 ❹ 크기를 **1200**으로 수정합니다. ❺ [Paint Bucket 🖌 B]을 실행하고 ❻ Shift 를 누른 채 액자의 프레임 부분을 클릭합니다.

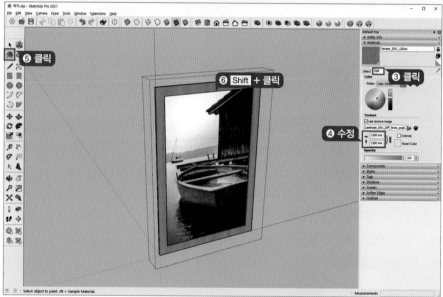

---

**Paint Bucket 모드 활용 방법 알아보기**

| ① Shift+클릭 | 같은 머티리얼의 모든 면을 선택한 머티리얼로 대체합니다. |
|---|---|
| ② Ctrl+클릭 | 연결되어 있는 면 중에 같은 머티리얼을 선택한 머티리얼로 대체합니다. |
| ③ Shift+Ctrl+클릭 | 모델 안에 있는 면 중에 같은 머티리얼을 선택한 머티리얼로 대체합니다. |
| ④ Alt+클릭 | 클릭한 머티리얼을 현재 머티리얼로 지정합니다. |

**06** 지정한 텍스처의 방향이 모두 한 방향으로 설정되어 어색합니다. ❶ [Line ✏ ][L]을 실행하고 ❷ 모서리에 그림과 같이 선을 그려 면을 나눕니다. ❸ 네 모서리 모두 같은 방법으로 면을 나눕니다.

**07** ❶ 위아래 프레임을 드래그해 모두 선택하고 ❷ Shift 와 Ctrl 을 누른 채 가운데 면을 클릭해 선택을 해제합니다.

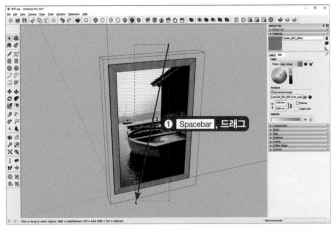

**08** ❶ [Texture Positioning Tools]−[Rotate Clockwise 📷]를 실행합니다. ❷ 위아래 프레임의 텍스처 방향이 프레임과 같은 방향으로 회전되어 자연스러운 상태가 된 것을 확인할 수 있습니다.

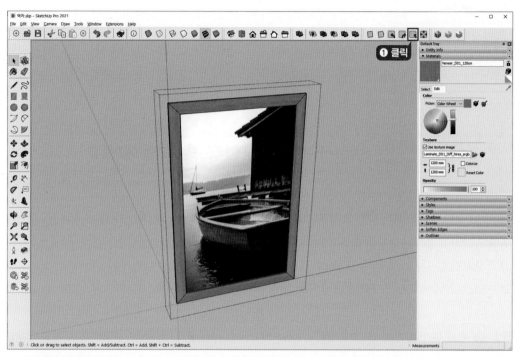

# LESSON 08 곡면의 매핑 좌표 설정하기

스케치업의 기본 기능만으로 곡면 모델에 매핑 좌표를 설정하려면 매우 번거롭거나, 아예 설정이 불가능한 경우도 많습니다. 이번 학습에서는 곡면 위에 매핑 좌표를 설정하기 위한 필수적인 확장 프로그램을 알아보겠습니다.

##  Basic Training SketchUV를 활용한 튜브형 모델 매핑하기

예제 파일 | PART04\PipeMapping.skp

SketchUV는 평면, 박스, 원기둥, 튜브 등의 몇 가지 기본적인 형태에 맞는 매핑 좌표를 빠르게 설정해주는 확장 프로그램입니다. 특히 곡면인 원기둥 튜브에 매핑 좌표를 설정할 때 매우 유용한 확장 프로그램입니다. 실습을 통해 SketchUV를 사용하는 방법에 대해 알아보겠습니다. Extension Warehouse에서 확장 프로그램을 설치한 후 다음 학습을 진행하세요.

**01** ❶ 예제 파일을 불러옵니다. ❷ [V-Ray Asset Editor ⓥ] F10 를 열고 ❸ [Wood & Laminate]–[Plywood C 50cm]를 카테고리 패널로 드래그해 등록합니다.

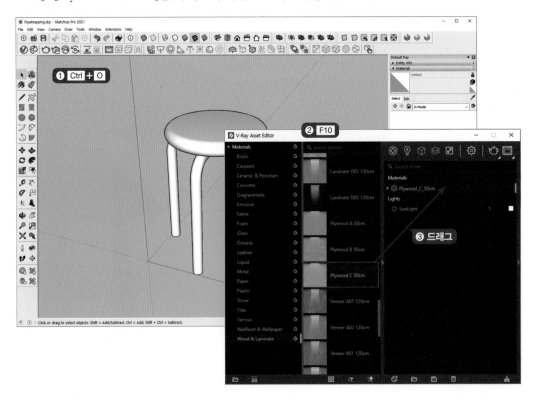

**02** ❶ 스케치업 [Materials] 트레이−[Edit] 탭에서 ❷ 머티리얼의 크기를 **500**으로 수정합니다. ❸ 의자 시트를 더블클릭해 그룹을 열고 ❹ [Paint Bucket🪣 B]을 실행합니다. ❺ 의자 시트를 클릭해 머티리얼을 지정합니다. 매핑된 의자 시트를 살펴보면 매핑 좌표가 어색하게 설정되어 있는 것을 확인할 수 있습니다.

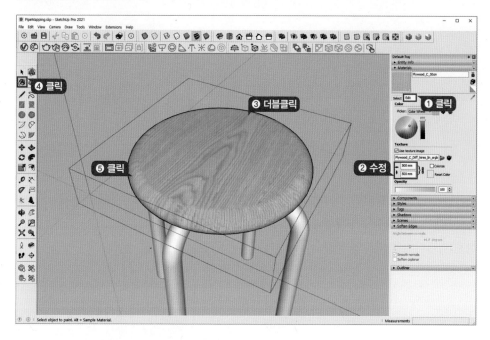

**03** ❶ 시트를 클릭한 후 ❷ [SketchUV]−[SketchUV Mapping Tools ▨]를 실행합니다. ❸ 마우스 오른쪽 버튼을 클릭하고 ❹ [Planar Map (View)]를 클릭합니다.

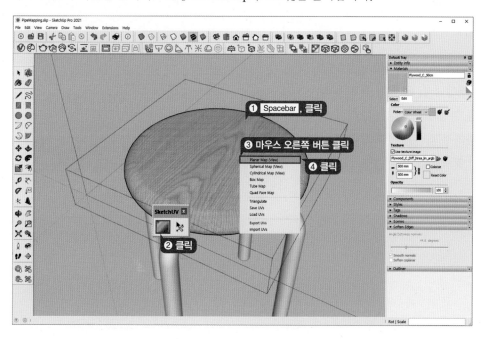

**04** [Planar Map]을 실행하면 모델 전체에 걸쳐 같은 방향으로 매핑 좌표가 설정되므로 뷰포트 의 방향에 따라 텍스처의 위치와 방향이 설정됩니다. 나무결과 같은 텍스처를 예제처럼 둥근 형태 의 모델에 적용할 때 사용하면 자연스러운 매핑 좌표를 손쉽게 설정할 수 있습니다.

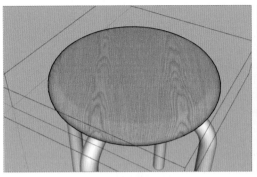 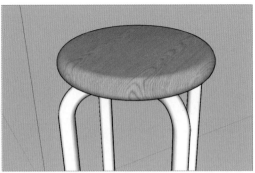

**05** ❶ 다리를 하나 더블클릭해 엽니 다. ❷ [Paint Bucket 🎨 ] B]을 실행한 다음 ❸ 현재 머티리얼을 다리에 적용 합니다.

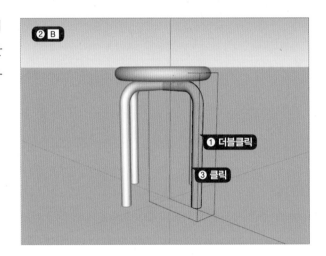

**06** ❶ [SketchUV Mapping Tools ▣]를 실행합니다. ❷ 매핑 좌표 원점 과 방향을 설정하기 위해서 다리 밑부 분 모서리의 버텍스를 클릭하고 ❸ 버 텍스 옆의 엣지를 클릭합니다.

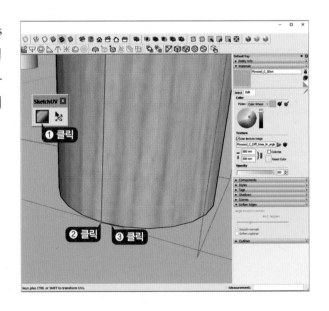

**07** ❶마우스 오른쪽 버튼을 클릭한 후 ❷[Tube Map]을 클릭하면 다리의 곡면을 따라 텍스처가 적용됩니다.

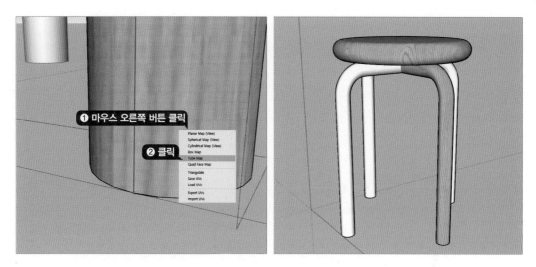

**08** 나머지 다리에도 같은 방법으로 머티리얼을 입히고 매핑 좌표를 설정해 완성합니다.

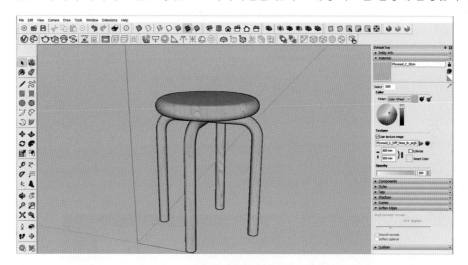

**CORE** **TIP** 이 예제는 다리가 모두 그룹 객체이기 때문에 각각의 다리에 매핑과 좌표 설정을 반복해야 합니다. 만약 다리를 컴포 넌트로 만들었다면 매핑과 좌표가 모두 동일하게 설정되기 때문에 이 작업을 한 번만 하면 됩니다.

**Power Up Note** **SketchUV 확장 프로그램의 단축키 활용하기**

① ←, →, ↑, ↓ | 무늬의 위치를 이동하기

② Shift + ←, →, ↑, ↓ | 무늬를 회전하기

③ Shift + ←, →, ↑, ↓ | 무늬의 크기를 조절하기

④ *값 입력 | 입력한 값으로 무늬의 크기 줄이기

⑤ /값 입력 | 입력한 값으로 무늬의 크기 늘이기

예제 파일 | PART04\RoundMapping.skp

ThruPaint는 사각형 면(Quad Face)으로만 구성된 곡면 위에 매핑 좌표를 빠르게 설정하는 확장 프로그램입니다. 따라서 모델을 구성하는 모든 면이 사각형 면으로 연속되어야 이 확장 프로그램을 사용할 수 있습니다. ThruPaint는 FredoTools 확장 프로그램에 포함되어 있으며 여기서는 Split Tools 확장 프로그램도 함께 사용됩니다. 두 확장 프로그램 모두 ExtensionStore에서 설치할 수 있습니다.

**01** ❶ 예제 파일을 불러옵니다. ❷ [V-Ray Asset Editor ⓥ F10]를 열고 ❸ [Wood & Laminate]-[Plywood_C_50cm]를 카테고리 패널로 드래그합니다.

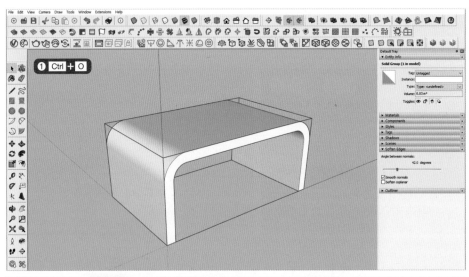

**02** ❶ [Materials] 트레이-[Edit] 탭을 열고 ❷ 크기를 **500**으로 수정합니다. ❸ [Paint Bucket ⑧][B]을 실행하고 ❹ 테이블을 클릭해보세요. 매핑된 텍스처의 방향이 일정하지 않고 면의 방향을 따라 정렬되지 않아 어색한 것을 확인할 수 있습니다. ❺ [V-Ray Utilities]-[Remove Material ⑳]을 클릭해 머티리얼을 제거합니다.

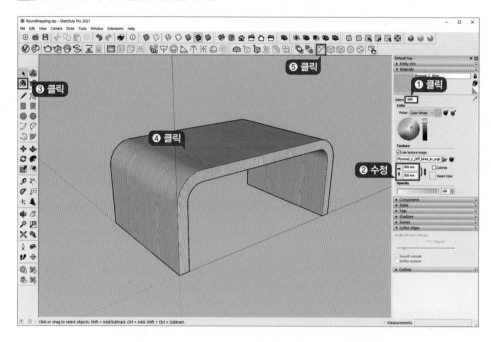

**03** 곡면 위에 매핑 좌표를 설정하려면 먼저 면이 사각형으로 나뉘어 방향성을 지정할 수 있어야 합니다. ❶ 테이블을 클릭한 후 ❷ [Soften Edges] 트레이의 슬라이더를 왼쪽 끝까지 드래그해 모서리 곡면 부분의·엣지가 보이도록 합니다.

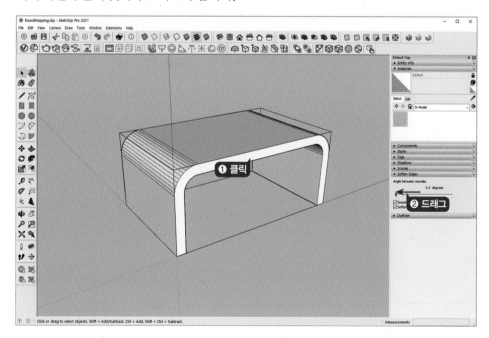

**04** 앞면의 모서리 부분도 곡면 구간이 사각형으로 나뉘어져 있어야 합니다. 앞에서 학습한 액자 프레임처럼 모서리를 일일이 선으로 연결할 수도 있지만 확장 프로그램을 활용하면 빠르게 모서리의 선을 연결할 수 있습니다. ❶ 모델을 더블클릭해 연 후 ❷ 앞면을 클릭합니다. ❸ Ctrl을 누른 채 아래의 엣지 하나를 클릭하여 추가로 선택하고 ❹ [Split Tools]-[SplitSausage⬚]를 클릭합니다.

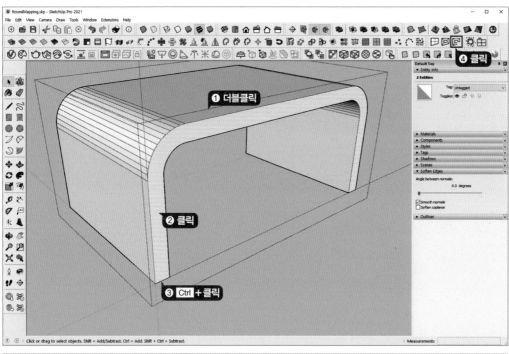

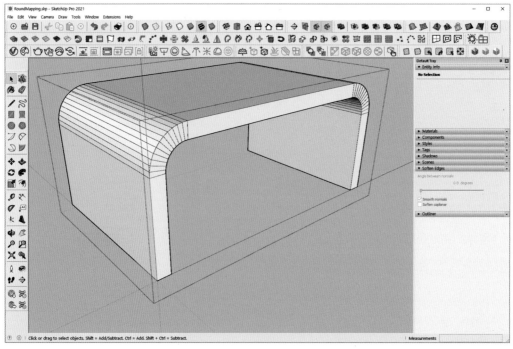

**05** ❶ 같은 방법으로 뒷면과 ❷ 아래 엣지 하나를 함께 선택한 다음 ❸ [SplitSausage⬚]를 클릭합니다.

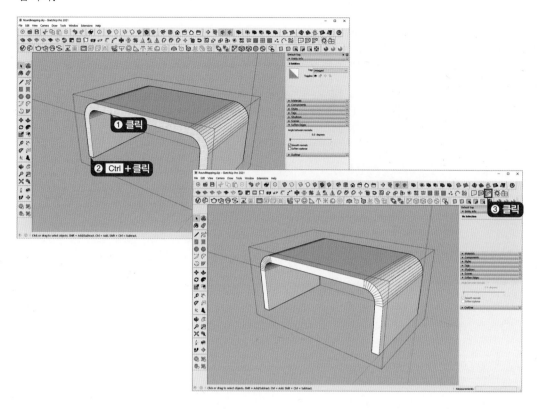

**06** ❶ 그림과 같이 옆면을 드래그해 모두 선택하고 ❷ [Fredo Tools]를 클릭합니다. ❸ [Fredo Tools] 창에서 [ThruPaint]를 클릭해 실행합니다.

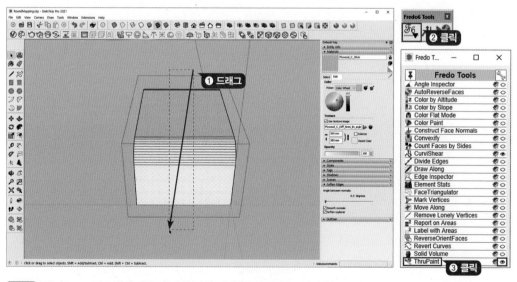

**CORE** **TIP** Fredo Tools에서 자주 쓰는 명령의 눈 아이콘을 클릭하면 도구바에 해당 명령 아이콘이 추가되어 사용하기 쉽습니다. 이때는 스케치업을 재실행해야 해당 명령을 사용할 수 있습니다.

**07** ❶ [Plywood_C_50cm] 머티리얼이 선택된 상태에서 ❷ 면을 클릭해 머티리얼을 지정합니다. ❸ 다시 한번 면을 클릭해 좌표가 표시되면 ❹ 대각선 방향의 선을 드래그해 텍스처의 크기를 적당히 조정합니다. 원점을 드래그해 위치를 조정할 수도 있습니다.

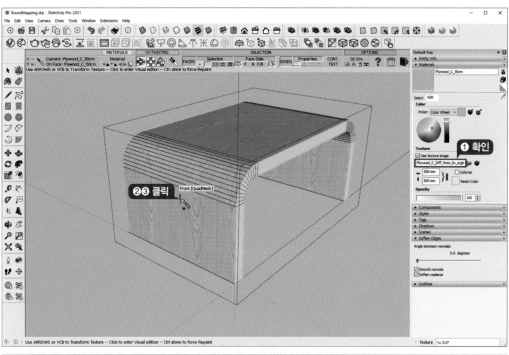

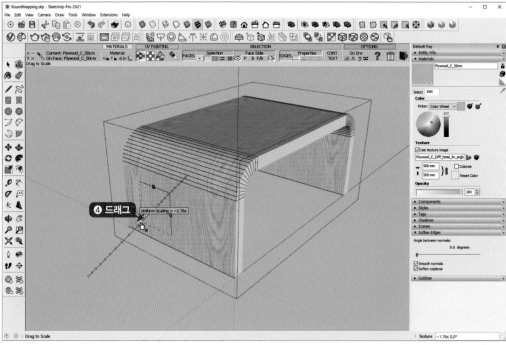

**08** ❶ 앞면을 드래그해 선택합니다. ❷ [ThruPaint 🖌]를 실행한 후 ❸❹ 앞면과 원점을 클릭합니다.

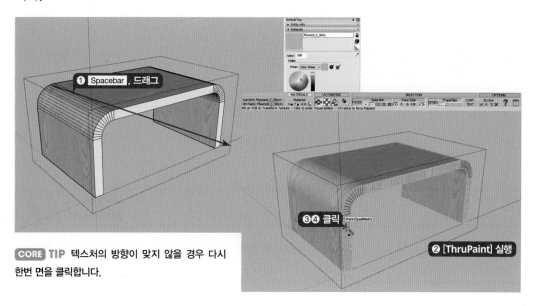

**CORE TIP** 텍스처의 방향이 맞지 않을 경우 다시 한번 면을 클릭합니다.

**09** ❶ [Texture Transformation] 창이 나타나면 [Rotation]의 [+90°] 또는 [−90°]를 클릭해 방향을 바꿉니다. ❷ 나무의 결을 좀 더 빽빽하게 하려면 X축 위의 빨간점을 드래그해 텍스처의 X축 크기를 줄인 후 ❸ 원점을 드래그해 텍스처가 원하는 패턴으로 보이도록 조정합니다.

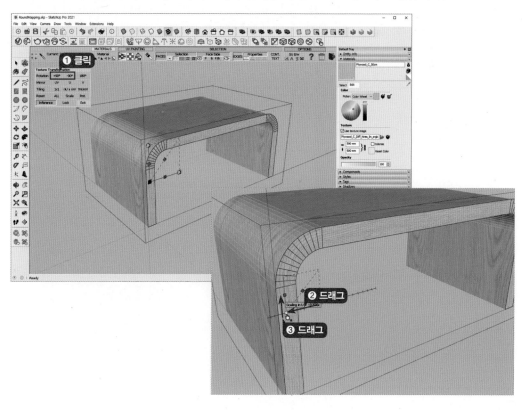

**10** ❶ 반대편도 같은 방법으로 면을 선택한 후 ❷ [ThruPaint ✎]를 실행해 ❸❹머티리얼을 지정하고 ❺ 텍스처의 방향과 크기를 조정합니다.

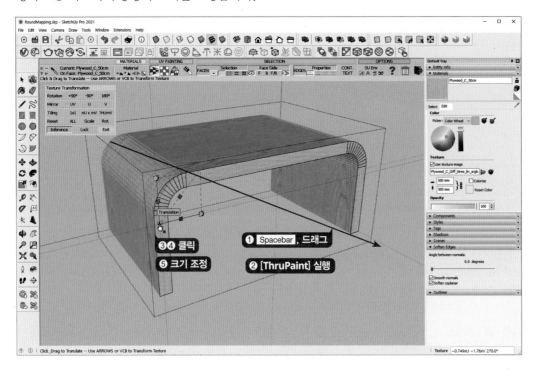

**11** ❶ Esc 를 눌러 그룹을 닫습니다. ❷ [Soften Edges] 트레이의 [Soften coplanar]에 체크한 후 ❸ 슬라이더를 오른쪽으로 드래그해 엣지가 보이지 않도록 조정하고 완성합니다.

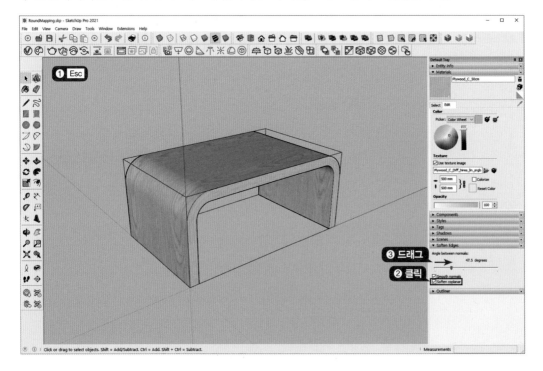

# LESSON 09
# Floor Generator를 활용한 타일 만들기

타일, 마루널, 루버 등은 박스 형태의 부재를 연속해서 붙여 만드는 마감재입니다. 이런 마감재를 모델링 하거나 자연스럽게 매핑하는 작업은 매우 번거로운 일입니다. 이때 확장 프로그램인 Floor Generator와 V-Ray의 UVW Placement을 활용하면 매우 쉽게 자연스러운 표현을 할 수 있습니다. 이번에는 Floor Generator와 UVW Placement에 대해 자세히 알아보겠습니다.

## Warm Up 박스 배열 모델에 활용하는 Floor Generator

Floor Generator는 다양한 형태의 마루널이나 바닥 타일을 만드는 용도로 사용하는 확장 프로그램입니다. 루버나 목재 프레임 등 박스가 배열되는 형태의 모델에도 다양한 방법으로 응용할 수 있습니다. Floor Generator는 예제 폴더의 **SDM_FloorGenerator_v140513.rbz** 파일을 활용해 설치합니다. 파일을 활용한 확장 프로그램의 설치는 51쪽을 참고합니다.

확장 프로그램을 설치한 후 실행하면 [Floor Generator] 창을 열 수 있습니다. 다양한 모양의 프리셋이 제공되며 원하는 형태를 선택하고 패턴을 만들 면을 클릭해 지정하는 것으로 모델링을 끝낼 수 있습니다.

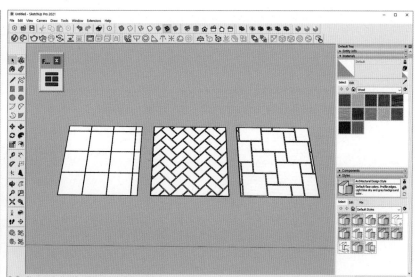

지정할 면의 형태에 맞게 타일이 생성되므로 타일을 다시 자르거나 할 필요가 없어 매우 편리합니다. 타일이 지정될 면은 반드시 평면이어야 하고 평면의 형태가 복잡할 경우에는 시간이 많이 소요됩니다. 스케치업이 멈추는 경우가 발생할 수도 있으니 Floor Generator를 사용하기 전에 항상 저장하는 습관을 들여야 합니다.

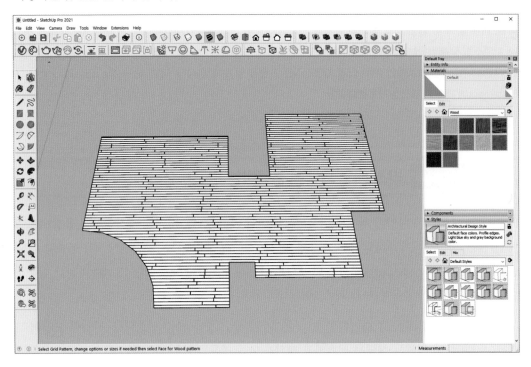

Floor Generator는 납작한 형태의 타일을 만드는 데만 사용하지 않습니다. 일정한 간격으로 박스 형태를 늘어놓는 모델이라면 모델을 배열 복사하는 것보다 훨씬 빠르고 편리하게 모델링할 수 있습니다.

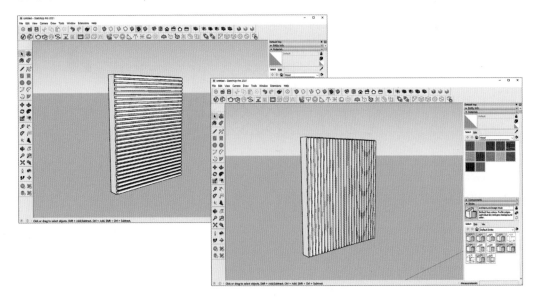

예제 파일 | PART04 \ 바닥대리석타일.skp

바닥의 타일을 표현할 수 있는 방법은 매우 많습니다. 매핑을 활용하는 방법이 보다 쉽고 간단하지만 원하는 재질의 타일 텍스처를 찾기 어렵고 다양하게 변형되는 디자인에 적용하기도 어렵습니다.

타일을 한 장씩 모델링해 붙이는 방식은 매핑을 활용하는 방법보다 번거롭지만 다양한 텍스처를 활용할 수 있습니다. 또 타일 중 일부를 다른 색상이나 재질로 바꾸는 등의 다양한 요구에 쉽게 대응할 수도 있습니다. 무엇보다 사실적인 표현이 가능하다는 것이 가장 큰 장점입니다.

타일을 모델링할 때도 Floor Generator를 활용하면 쉽게 해결할 수 있습니다. 실습을 통해 바닥을 대리석 타일로 마감하는 방법을 자세히 알아보겠습니다.

**01** ❶ 예제 파일을 불러옵니다. ❷ 바닥을 더블클릭해 열고 ❸ [Paint Bucket ⑧ B]을 실행합니다. ❹ Alt 를 누른 채 벽을 클릭하여 벽의 [Wall_White] 머티리얼을 불러옵니다. ❺ 바닥을 클릭해 적용합니다.

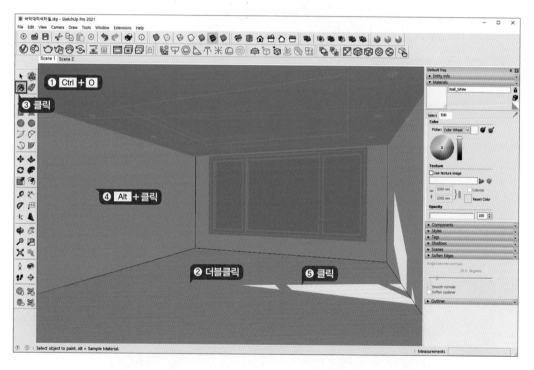

**02** ❶ [V-Ray Asset Editor ⓥ][F10]를 엽니다. ❷ [Generic] 머티리얼을 추가하고 이름을 **Floor_MableTile**로 수정합니다. ❸ 예제 폴더에서 **Marble004_4K_Color.jpg** 파일을 [Diffuse]-[Color]-[Texture Slot ▦]으로 드래그해 지정합니다. ❹ [Materials] 트레이-[Edit] 탭을 열고 ❺ 텍스처의 크기를 **2000**으로 수정합니다.

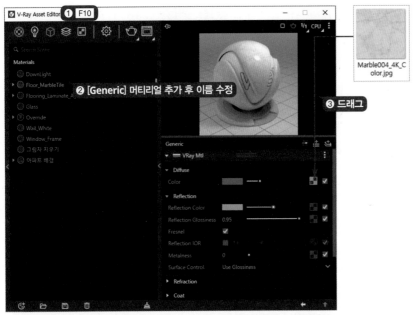

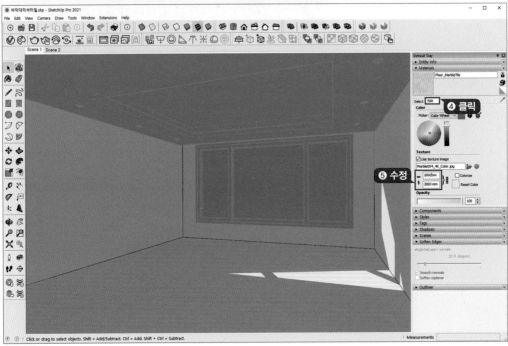

**03** [Floor Generator ]를 실행한 후 모든 옵션을 다음과 같이 지정합니다.

**Floor Generator 옵션 알아보기**

① Length | 타일의 길이를 지정합니다.

② Width | 타일의 폭을 지정합니다.

③ Gap Width | 줄눈의 폭을 지정합니다.

④ Gap Depth | 타일이 바닥면으로부터 돌출되는 두께를 지정합니다.

⑤ %Offset | 타일을 층지게 붙일 경우 타일이 이동하는 거리를 백분율로 지정합니다.

⑥ Grid Origin | 타일의 시작점을 모서리(Corner)나 중심(Center) 중에서 선택합니다.

⑦ Grid | 타일의 회전 각도를 설정합니다.

⑧ Random Imperfections | 타일을 조금씩 기울어지게 만들어 보다 자연스럽게 합니다.

⑨ Add Bevel to Tile | 타일의 모서리를 지정한 거리만큼 둥글게 처리합니다.

⑩ Create Behind Face | 타일을 지정한 면 아래에 만듭니다.

⑪ Create Individual Groups | 타일을 한 장씩 분리된 그룹으로 만듭니다.

**04** 바닥을 클릭하면 바닥에 지정한 크기의 타일이 현재 지정된 머티리얼로 적용되어 생성됩니다.

**CORE** **TIP** 만일 현재 머티리얼이 적용되지 않은 상태로 바닥 타일이 만들어졌다면 Ctrl+Z를 눌러 작업을 취소한 다음 다시 한 번 바닥을 클릭해 타일을 만들어보세요.

**05** ❶ 타일 무늬의 변화를 정확하게 확인하기 위해 그림과 같이 뷰포트를 설정하고 ❷ F9를 눌러 렌더링합니다.

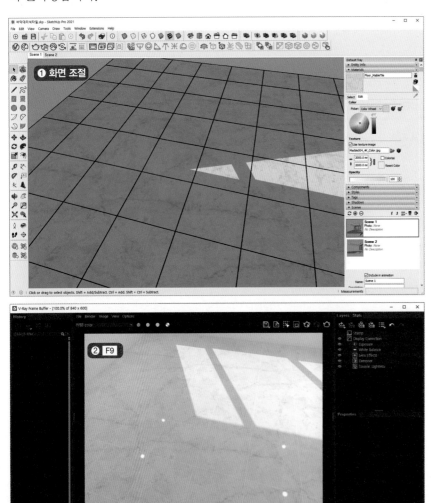

**06** ❶ [V-Ray Frame Buffer]에서 [Options]-[VFB settings]를 클릭합니다. ❷ [History] 탭의 ❸ [Enabled]에 체크하고 ❹ [History Folder]의 저장 경로를 임의로 지정합니다. ❺ [Save and close]를 클릭합니다.

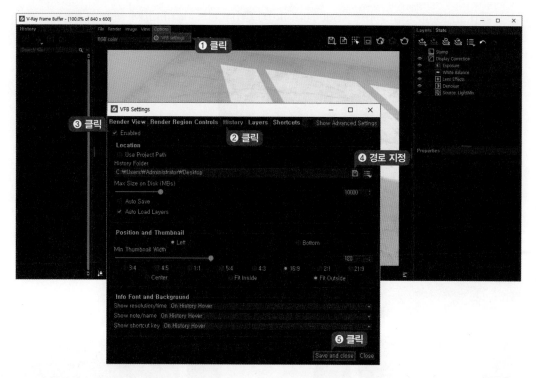

**07** [History] 패널의 [Save to History ⊞]를 클릭하면 현재 렌더링된 이미지가 임시로 저장됩니다.

**08** ❶ [V-Ray Asset Editor ⓥ F10]를 열고 ❷ [Floor_MarbleTile]의 ❸ [Diffuse]–[Texture Slot ▦]을 클릭합니다. ❹ [Texture Placement]–[Type]을 [Mapping Source]로 지정합니다. ❺ [UV Placement Source]–[UV Placement Slot]을 클릭하고 ❻ [UVW Placement]를 클릭합니다. ❼ [Randomization]–[By Node Handle]과 ❽ [Stochastic tiling]에 체크합니다.

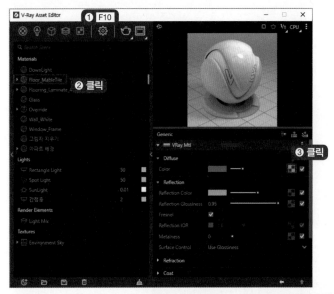

**09** ❶ F9 를 눌러 렌더링하고 렌더링이 끝나면 ❷ [History] 패널의 [Save to History ⊞ ]를 클릭해 렌더링된 이미지를 저장합니다. ❸ [A/B horizontal ⬚ ]을 클릭한 후 ❹ 첫 번째 이미지의 왼쪽 부분을 클릭해 A영역을 지정하고 ❺ 두 번째 이미지의 오른쪽 부분을 클릭해 B영역을 지정합니다. 화면 가운데의 세로선을 좌우로 드래그하면서 두 이미지를 비교해보세요. 왼쪽의 이미지는 각각의 타일의 무늬가 불규칙하게 지정되어 자연스럽지만 오른쪽의 이미지는 타일의 이미지가 연속적으로 연결되어 있어 전체가 하나처럼 보입니다.

**10** ❶ 저장된 신을 활용해 뷰포트를 원래 상태로 되돌린 후 ❷ F9 를 눌러 렌더링하고 ❸ [Exposure]와 [White Balance]를 수정해 이미지를 완성합니다.

예제 폴더에서 **FloorGen_Ex.skp** 파일을 불러와 다음과 같이 패널을 표현해보세요. Floor Generator는 면을 클릭하는 위치와 가까운 모서리를 기준점으로 패널을 배치하므로 면을 선택할 때는 클릭하는 위치에 주의해야 합니다.

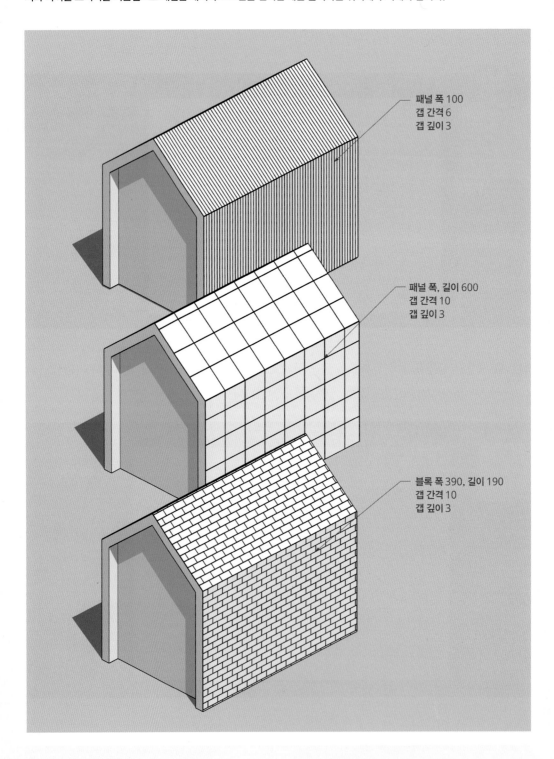

패널 폭 100
갭 간격 6
갭 깊이 3

패널 폭, 길이 600
갭 간격 10
갭 깊이 3

블록 폭 390, 길이 190
갭 간격 10
갭 깊이 3

# 외부 모델 자료 삽입하기

설계한 공간의 모델링 및 매핑, 조명 작업이 모두 완료된 후 모델 소스를 삽입하면 장면을 보다 풍부하게 꾸밀 수 있습니다. 이번 학습에서는 모델 자료를 찾고 삽입하는 과정에 대해 자세히 알아보겠습니다.

 **Warm Up** 모델 자료를 제공하는 3D Warehouse

스케치업은 3D Warehouse 웹사이트를 통해 자체적으로 모델 자료를 제공합니다. 이 웹사이트에서 누구나 쉽게 모델 자료를 찾고 다운로드해 사용할 수 있습니다. 3D Warehouse의 모든 자료는 무료로 제공되며, 자신이 만든 자료를 업데이트해 공유할 수도 있다는 것이 장점입니다. 다만 누구나 자유롭게 모델을 등록할 수 있어서 모델의 수준 차이가 심하고 불필요한 데이터가 포함되어 파일을 무겁게 만든다는 단점도 있습니다. 따라서 3D Warehouse의 모델을 다운로드해 사용할 때는 가급적 새 스케치업을 따로 실행한 상태에서 모델을 다운로드한 후 문제가 없는지 확인하고 재질을 수정합니다. 이후 원본 스케치업으로 복사해 작업 중인 파일에 붙여 넣는 방식으로 작업을 진행합니다.

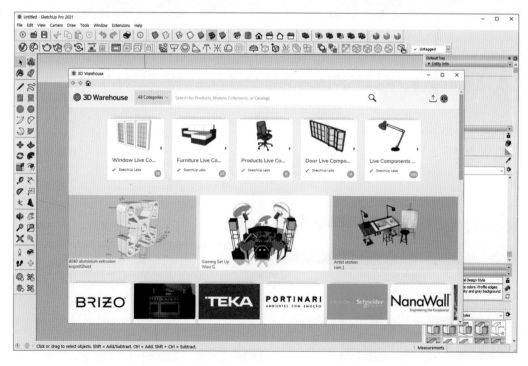

코스모스 브라우저(Chaos Cosmos Browser)는 V-Ray에 포함된 모델 프리셋 자료를 제공합니다. V-Ray 5.1 버전부터 지원하므로 반드시 최신 버전의 V-Ray를 사용해야 합니다. 여기서 제공하는 모델은 모두 높은 수준의 모델이며 V-Ray 머티리얼을 포함하고 있으므로 별도의 수정을할 필요가 없습니다. 또한 프록시(Proxy)를 사용하므로 파일 자체의 용량을 늘리지 않는다는 점도매우 큰 장점입니다. 제공하는 모델의 개수가 적어 다양한 신에 활용하기에는 부족하지만 지속적으로 업데이트되고 있습니다.

모델 자료를 판매하거나 공유하는 웹사이트는 매우 많습니다. 실무에서 가장 많이 활용되는 웹사이트 몇 가지를 소개합니다. 소개하는 웹사이트 외에도 다양한 웹사이트가 있으니 검색을 통해 더많은 자료를 찾아보세요.

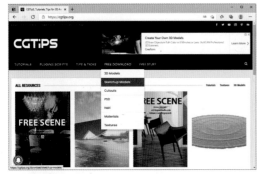

▲ CGTIPS(cgtips.org)

▲ CADdetails(www.caddetails.com)

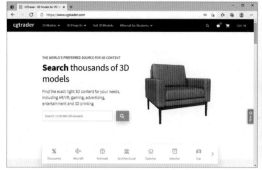

▲ cgtrader(www.cgtrader.com)

▲ SketchUp TEXTURE(www.sketchuptextureclub.com)

다운로드한 파일은 [File]–[Import] 메뉴를 클릭해 불러올 수 있습니다. 이 메뉴는 이미지나 캐드 도면 등을 불러올 때도 사용되는 메뉴입니다. 스케치업 파일을 찾으려면 [파일 형식]을 [Sketch-Up Files(*.skp)]로 지정해야 합니다.

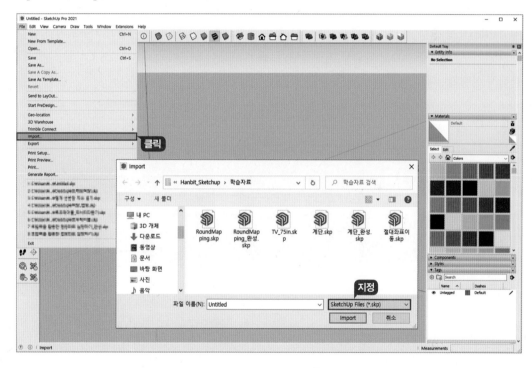

예제 파일 | PART04\모델자료넣기.skp

모델 자료를 삽입하는 작업은 항상 마지막 단계에서 진행되어야 합니다. 작업 도중에 모델 자료를 넣으면 파일의 용량이 늘어나 저장하거나 불러오는 데 시간이 걸립니다. 또 중간 결과를 확인하기 위한 렌더링에 많은 시간이 소요되며 뷰포트 자체가 느려져 작업 속도를 지연시킵니다.

모델 자료를 사용할 때는 비례가 잘 맞고 재질이 사실적인 수준인 고품질의 자료를 사용해야 합니다. 삽입한 모델 자료가 마음에 들지 않아 삭제했다면 중간에 [Purge Unused] 명령을 실행해 불필요한 자료가 파일에 남아 있지 않도록 해야 합니다. 실습을 따라 하며 최종 결과물을 만들어보세요.

**01** ❶ 예제 파일을 불러옵니다. ❷ [구조], [창호]를 제외한 나머지 태그를 모두 *끄고* ❸ 천장 모델에 [Hide]□를 실행합니다. ❹ [Add Tag]를 클릭해 태그를 추가하고 ❺ 이름을 **가구**로 수정합니다. ❻ [가구] 태그를 액티브 태그로 지정합니다. ❼ [V-Ray] 도구바에서 [Chaos Cosmos]를 클릭해 실행합니다.

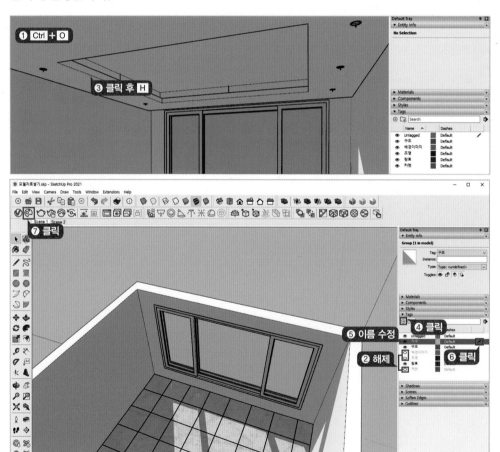

**02** ❶ [Chaos Cosmos Browser]에서 **Curtain**을 검색한 후 ❷ [Curtain 001] 모델을 클릭합니다. ❸ [Download]를 클릭해 모델을 다운로드합니다. ❹ 다운로드가 완료되면 [Import]를 클릭한 후 ❺ 현재 신에 삽입합니다.

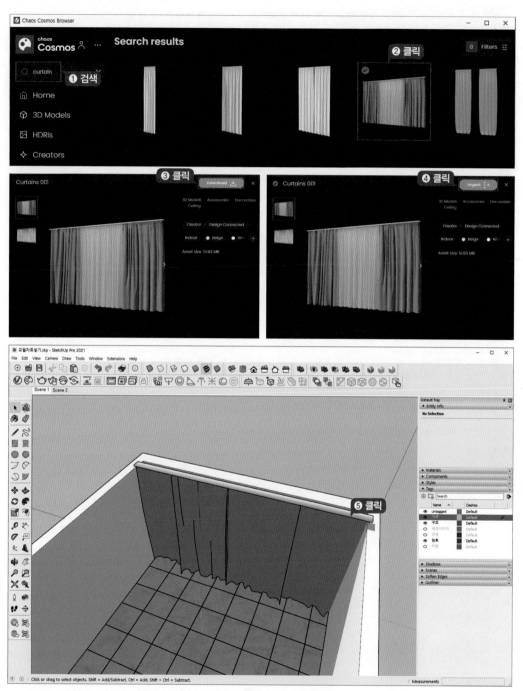

**CORE** **TIP** 처음으로 [Chaos Cosmos Browser]를 실행했을 때 왼쪽 카테고리 메뉴가 표시되지 않는다면 브라우저의 양쪽 가장자리를 드래그해 크기를 좌우로 늘여보세요.

**03** ❶ 커튼을 선택한 상태에서 [Curic Mirror ⬜ Alt + M]를 실행하고 ❷ ←를 눌러 Y축 방향으로 대칭 이동합니다. ❸ [Scale ⬜ S]을 실행하고 ❹ 벽의 크기에 맞춰 크기를 조절합니다.

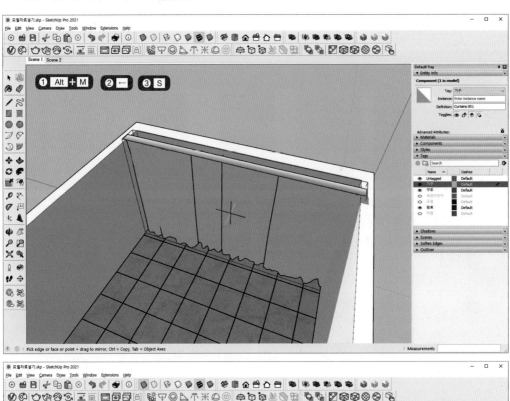

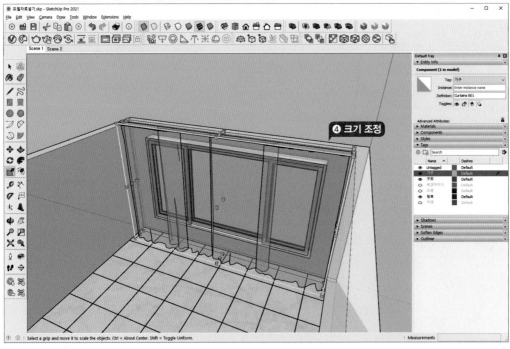

**04** ❶ F5 를 눌러 [Top] 뷰로 바꾸고 ❷ O 를 눌러 [Parallel Projection] 모드로 전환합니다. ❸ 커튼을 정확한 위치로 이동합니다. ❹ [Scene 1]을 클릭해 원 상태의 뷰로 되돌리고 ❺ [Render🖱] F9 를 실행해 렌더링합니다.

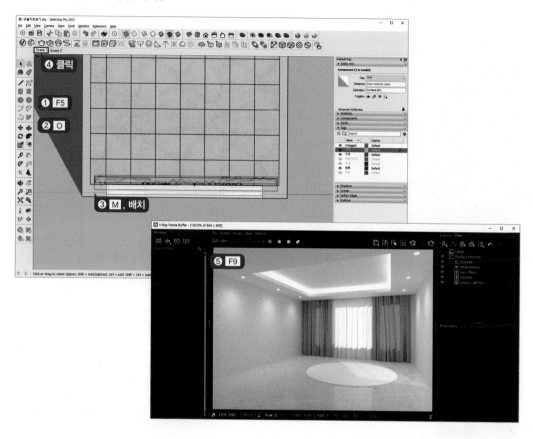

**05** ❶ 모델 자료의 재질을 수정하려면 [V-Ray Asset Editor 🅥 ] F10 를 열고 ❷ [Geometry] 카테고리에서 ❸ 해당 모델 자료를 클릭합니다. ❹ [Merge]를 클릭하면 머티리얼을 불러올 수 있습니다.

**06** [Materials] 카테고리를 살펴보면 병합된 재질들을 확인할 수 있습니다. ❶ [Curtains001_ Fabric_mtl_mtl_4]를 클릭한 후 ❷ [Diffuse]-[Color]를 클릭합니다. ❸ [V-Ray Color Picker] 에서 원하는 색상으로 조정합니다. ❹ F9를 눌러 렌더링하면서 원하는 색상의 커튼을 만들어보 세요.

**07** **02** 단계와 같은 방법으로 [Sofa 004] 모델을 다운로드한 후 현재 신에 삽입합니다. 삽입된 모델이 많아지면 뷰포트 속도가 느려져 작업이 힘들어 집니다. 삽입한 모델이 많거나 모델의 페이스가 많다면 모델의 프리뷰 타입 을 바꿔 뷰포트를 더 빠르게 할 수 있습 니다.

**08** ❶ [V-Ray Asset Editor ✅ F10]를 열고 ❷ [Geometry] 카테고리에서 ❸ 삽입한 소파 모델을 클릭합니다. ❹ [Representations]를 [Bounding Box]로 지정하면 뷰포트의 모델이 박스 형태로 보이게 됩니다. 물론 실제로는 정상적인 소파로 렌더링됩니다.

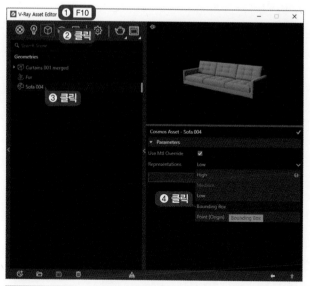

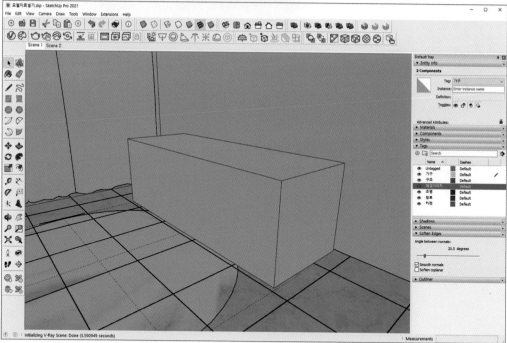

**09** 다양한 모델을 다운로드해 거실을 꾸며보세요. 다운로드한 모델이 마음에 들지 않아 삭제해도 모델 자료는 현재 파일에 저장된 상태로 유지됩니다. 따라서 작업이 끝나면 [Window]–[Model Info] 메뉴를 열고 [Statistics]–[Purge Unused]를 클릭해 사용하지 않는 컴포넌트나 머티리얼 등을 모두 소거하고 저장합니다.

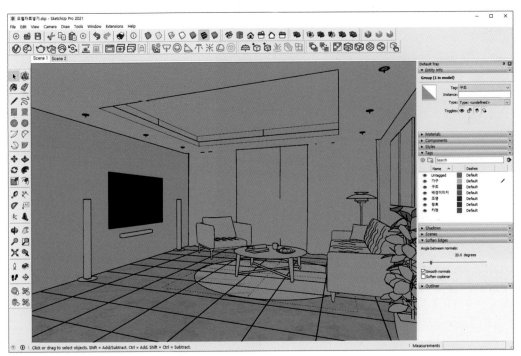

**CORE TIP** [Statistics]의 모델 정보에 대한 설명은 58쪽을 참고하세요.

**10** ① 최종 렌더링을 위해 [V-Ray Asset Editor ✅][F10]의 [Settings]를 클릭하고 다음과 같이 설정합니다. ② F9를 눌러 렌더링합니다. ③ 렌더링이 끝나면 [Exposure], [White Balance], [LightMix]의 설정을 원하는 느낌으로 보정해 완성합니다. ④ 이미지가 완성되면 [Save 💾]를 클릭해 이미지를 저장합니다.

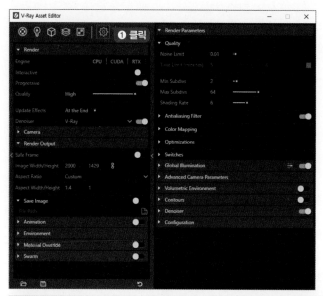

# Displacement를 활용한 자갈 표현하기

이번 학습에서는 재질을 직접 만들고 표면의 요철을 사실적으로 표현할 수 있는 Displacement의 사용법에 대해 알아보겠습니다. 재질은 여러 가지 맵을 복합적으로 사용해 만들어지는 만큼 만드는 과정이 다소 복잡합니다. 또 반드시 해야 하는 설정이 있어 주의해야 합니다.

## Warm Up  맵을 활용해 더 사실적인 머티리얼 만들기

지금까지의 학습에서는 V-Ray에 포함된 기본 프리셋 머티리얼을 위주로 재질을 사용했습니다. 무늬를 지정하거나 반사를 설정하는 등 간단한 머티리얼을 직접 만들기도 했지만 실무의 머티리얼은 단순히 무늬맵과 반사도를 설정하는 정도만으로 완성되지 않습니다.

현실의 재질은 같은 재질이라도 부분적으로 반사도나 매끄러운 정도가 다르며 울퉁불퉁한 요철을 가지고 있기도 합니다. 이런 재질을 사실적으로 표현하기 위해서는 다양한 맵을 복합적으로 활용해 머티리얼을 만들어야 합니다.

▲ 반사도를 사용한 콘크리트 바닥 표현

▲ 반사맵을 사용한 콘크리트 바닥 표현

맵은 실제 물체의 표면을 3차원 스캔으로 제작해야 하지만 현실적으로 불가능한 경우가 많습니다. 이때는 재질 표면의 이미지를 여러 가지 방법으로 수정해 반사 맵(Reflect Map)이나 범프 맵(Bump Map)을 만듭니다. V-Ray에 포함된 프로시저 맵(Procedural Map)을 활용해 비슷한 느낌의 맵을 직접 만들기도 합니다.

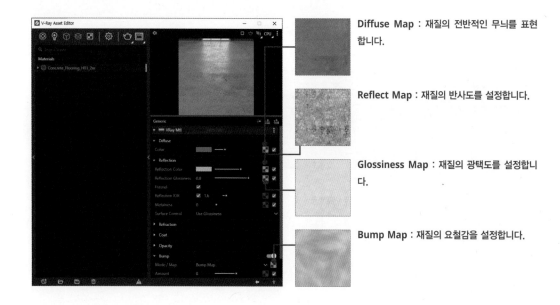

**Diffuse Map** : 재질의 전반적인 무늬를 표현합니다.

**Reflect Map** : 재질의 반사도를 설정합니다.

**Glossiness Map** : 재질의 광택도를 설정합니다.

**Bump Map** : 재질의 요철감을 설정합니다.

이외에도 유리나 물과 같은 투명한 물체의 투명도를 설정하거나 실제로 표면의 형태를 변형시키는데 사용되는 Displacement Map 등이 있습니다.

 **Basic Training** **PBR을 활용한 자갈 길 표현하기**

예제 파일 | PART04\V-Ray_PBR.skp

PBR(Physically Based Rendering)은 사실적인 렌더링을 위해 다양한 맵을 활용한 렌더링 방식을 말합니다. PBR 머티리얼은 컴퓨터 그래픽 분야에서 범용적으로 사용되고 있어 정보를 찾거나 활용하기 쉽다는 장점이 있지만, V-Ray에서 사용하려면 몇 가지 옵션을 수정해야만 정확한 표현이 이루어진다는 불편한 점도 있습니다. 재질의 제작 과정은 유사하지만 옵션 설정에 일부 차이가 있기 때문입니다. 예를 들면 V-Ray에서는 반사의 광택 정도를 조절하는 맵이 매끄러움을 의미하는 Glossiness 맵인 반면 PBR에서는 반대의 의미인 거칠기를 의미하는 Roughness 맵으로, 역상의 이미지를 사용합니다.

PBR의 실습 과정이 다소 복잡하게 느껴질 수도 있으니 여러 차례 반복해 머티리얼을 만드는 과정을 완벽히 익히기 바랍니다.

**01** 예제 파일을 불러옵니다.

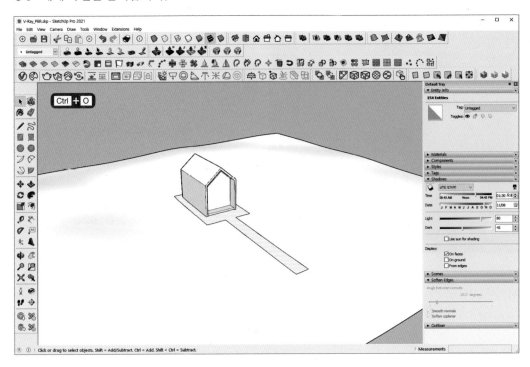

**02** ❶ 웹브라우저를 실행하고 ambientCG(ambientcg.com) 웹사이트에 접속합니다. ❷
[Assets]을 클릭한 후 ❸ **Gravel**을 입력해 검색합니다. ❹ [Gravel 008]을 찾아 클릭합니다. 다운
로드 이미지의 크기는 클수록 좋지만 최종 렌더링 이미지의 크기를 고려해 적당한 크기를 선택합
니다. ❺ 여기서는 [2K-JPG]를 다운로드하겠습니다. 다운로드한 파일의 압축은 해제해놓습니다.

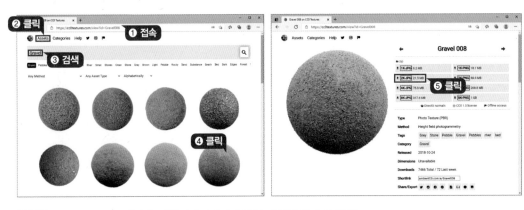

**CORE TIP** ambientCG 웹사이트에서 여러 가지 머티리얼을 다운로드할 수 있습니다.

**03** ❶ [V-Ray Asset Editor ✅ F10]를 열고 ❷ [Generic] 머티리얼을 하나 추가합니다. ❸ 이름을 **Ground_Gravel**로 수정합니다. ❹ [Reflection Color]의 색상은 흰색으로 지정하고 ❺ [Surface Control]을 [Use Roughness]로 지정합니다. ❻ [Bump]의 [Mode/Map]을 [Normal Map]으로 지정하고 ❼❽❾ 다운로드한 파일을 각각 맵의 [Texture Slot ▦] 위로 드래그해 적용합니다.

**04** ❶ [Reflection]-[Reflection Roughness]-[Texture Slot ▦]을 클릭하고 ❷ [Color Space]를 [Rendering Space (Linear)]로 지정합니다. ❸ [Up the Assets Hierarchy]의 단축키 Ctrl + ↑를 눌러 상위 계층 화면으로 되돌아갑니다. ❹ [Bump]-[Mode/Map]-[Texture Slot ▦]을 클릭하고 ❺ [Color Space]를 [Rendering Space (Linear)]로 지정합니다.

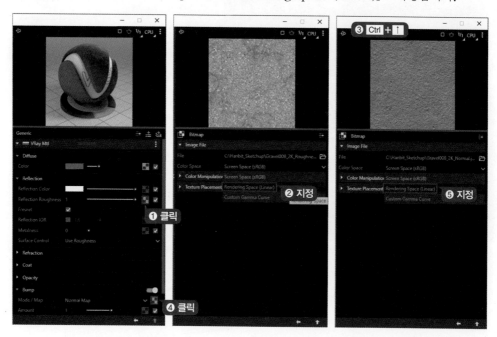

**05** ❶ 맵의 색상을 수정하기 위해 [Diffuse]−[Color]의 [Texture Slot 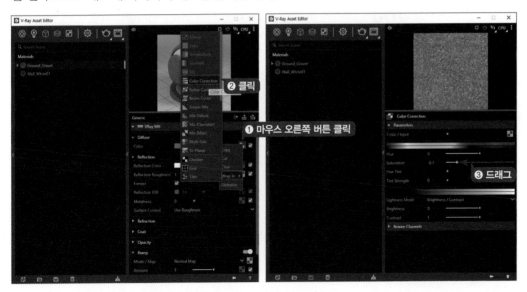]에서 마우스 오른쪽 버튼을 클릭한 후 ❷ [Wrap In]−[Color Correction]을 클릭합니다. ❸ [Saturation]의 슬라이더를 왼쪽으로 드래그해 이미지의 채도를 줄여줍니다.

**06** ❶ 맵의 밝기를 조절하기 위해서는 [Color/Input]−[Texture Slot 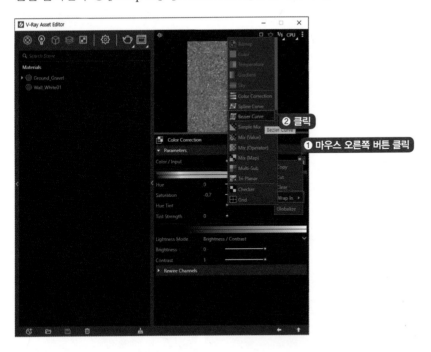]에서 마우스 오른쪽 버튼을 클릭한 후 ❷ [Wrap In]−[Bezier Curve]를 클릭합니다.

**07** ➊[Mode]를 [Mono]로 지정합니다. ➋ 그래프의 중간을 클릭한 후 ➌ 위로 드래그합니다. ➍ [Tangent Type]을 [Locked]로 지정합니다. 슬롯을 보며 적당히 밝은 상태가 되도록 곡선의 버텍스와 핸들을 조절해보세요.

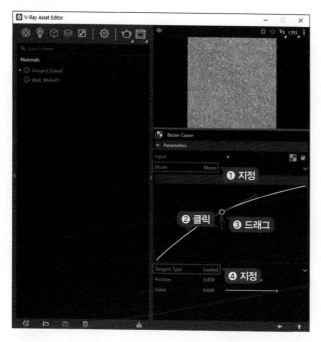

CORE TIP  Bezier Curve 맵은 맵의 색상이나 밝기를 곡선 그래프를 이용해 수정하는 맵입니다. 보다 세밀하게 원하는 느낌으로 밝기를 조절할 수 있어 유용합니다. 곡선을 위로 볼록하게 만들면 맵은 밝아지고, 아래로 오목하게 하면 맵은 어두워집니다. 또 버텍스를 두 개를 넣어 S자 형태의 곡선을 만들면 맵의 콘트라스트가 증가하고 반대 곡선을 만들면 콘트라스트가 감소합니다.

**08** [Ground_Gravel] 머티리얼을 펼치면 머티리얼의 계층 구조가 나타나며 원하는 맵을 클릭하여 이동할 수 있습니다. 최종 머티리얼을 보면서 맵을 수정해보세요.

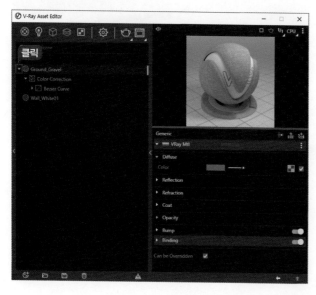

**09** ❶ 스케치업 [Materials] 트레이-[Edit] 탭에서 크기를 **3000**으로 수정하고 ❷ 도로 부분에 매핑합니다. ❸ 길을 확대한 후 F9를 눌러 렌더링 이미지를 확인합니다. 이미지의 색상이나 텍스처의 크기는 문제가 없지만 모델의 자갈이 울퉁불퉁하지는 않은 상태입니다. ❹ [V-Ray Objects]-[Displacement⊞]를 클릭합니다.

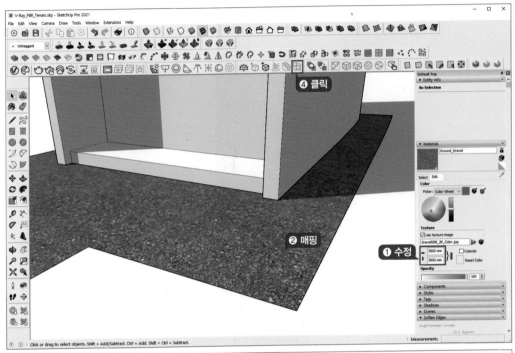

**10** ❶ [V-Ray Asset Editor☑][F10]에서 [Geometry] 카테고리를 클릭한 후 ❷ 추가된 [Displacement] 머티리얼의 이름을 **Displacement_Ground**로 수정합니다. ❸ **Gravel008_2K _Displacement.jpg** 파일을 [Mode/Map]-[Texture Slot■] 위로 드래그해 적용합니다. ❹ 파일이 적용된 [Texture Slot■]을 클릭합니다.

**11** ❶ [Color Space]를 [Rendering Space (Linear)]로 지정합니다. ❷ 렌더링해 이미지를 확인해보면 도로 부분이 조금 울퉁불퉁해진 것을 확인할 수 있습니다.

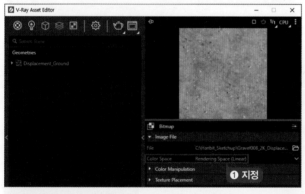

**12** ❶ Ctrl + ↑를 눌러 상위 계층으로 돌아간 후 ❷[Amount]를 **3**으로 수정합니다. ❸ 다시 렌더링해 이미지를 확인합니다. 도로가 자갈 모양대로 울퉁불퉁하게 변형된 것을 확인할 수 있습니다.

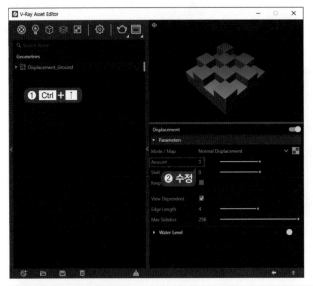

**13** Displacement 맵을 적용하면 면이 울퉁불퉁하게 변형되며 전체적으로 돌출됩니다. 이때는 [Shift]에 음숫값을 입력해 면을 다시 아래로 내려야합니다. 정해진 값은 없으며 렌더링을 하면서 적당한 값을 찾도록 합니다. ❶ 여기서는 **−0.3**으로 수정하였습니다. ❷ 다시 렌더링합니다.

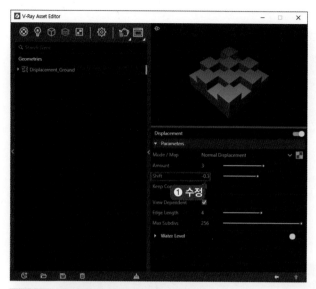

**14** [Shift]의 값을 조절해도 미세한 부분을 맞출 수 없을 때는 모델 자체에 두께를 줘서 해결할 수 있습니다. ❶ [Joint Push Pull◆]을 실행하고 ❷ [Offest]을 **8mm**로 지정한 후 ❸ 도로를 더블클릭합니다. ❹ 다시 렌더링합니다.

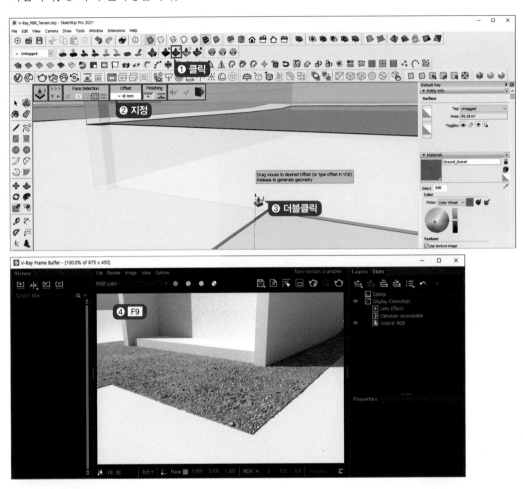

**15** 좀 더 멀리 떨어진 상태로 렌더링하면서 [Amount], [Shift] 등의 값을 조절해 완성합니다.

# V-Ray Fur를 활용한
# 잔디 표현과 조경 만들기

이번 학습에서는 V-Ray Fur를 활용해 잔디를 만들고 코스모스 브라우저를 활용해 조경을 표현하는 방법을 알아보겠습니다. 너무 많은 모델을 배치하면 화면 움직임이 급격히 느려지고 렌더링에도 많은 시간이 걸립니다. 따라서 자료 모델이나 조경 관련 명령은 배치되는 개수나 옵션 등을 효율적으로 관리하는 것이 중요합니다.

 **Warm Up** 잔디나 카펫을 표현하는 V-Ray Fur

V-Ray Fur는 모델의 표면에 원뿔 형태의 작은 모델을 붙이는 기능입니다. 이 원뿔의 크기가 작고 얇은 경우 털과 같은 느낌을 주기 때문에 잔디나 카펫을 표현할 때 많이 사용합니다. V-Ray Fur는 뷰포트 화면에 털이나 잔디 모델을 배치하지 않고 렌더링에서만 표현되어 작업 화면이 느려지지 않는다는 장점이 있습니다. 또 옵션을 수정하는 것만으로 다양한 모양의 잔디를 표현할 수 있어 편리합니다. 하지만 렌더링 단계에서 Fur 모델을 생성하는데 이때 시간이 많이 소요되므로 작업 중 자주 렌더링을 할 때는 가급적 비활성화한 후 작업을 진행하는 것이 좋습니다.

▲ **V-Ray Fur**로 표현된 잔디

V-Ray Fur의 다양한 옵션을 수정해 보다 사실적인 잔디를 만들어봅니다. 최상의 설정을 위한 특정값이 따로 없으므로 상황에 맞게 조금씩 조절해 원하는 형태의 Fur를 만들도록 합니다. 기본값을 너무 많이 변형하지 말고 렌더링 결과물을 확인하면서 설정값을 수정합니다.

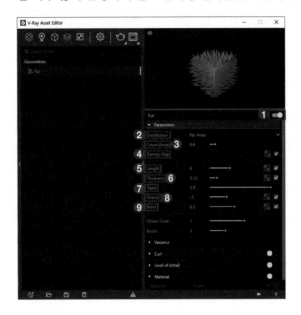

❶ **Fur** : 클릭해서 끄거나 켤 수 있습니다.

❷ **Distribution** : 일반적으로 단위 면적인 [Per Area]를 기준으로 합니다. [Per Face]는 각각의 면에 지정한 개수만큼 Fur를 배치합니다. 단위 면적은 설정한 단위와 상관없이 항상 1inch$^2$을 기준으로 합니다.

❸ **Count** : Fur의 개수를 지정합니다. 일반적으로 10 이하가 적당하므로 너무 큰 값을 넣지 않도록 해야 합니다.

❹ **Density Map** : 밀도를 조절하는 이미지를 넣어 Fur의 개수를 조절합니다.

❺ **Length** : 길이를 조절합니다. 맵을 추가해 길이를 다양하게 설정할 수 있습니다.

❻ **Thickness** : 두께를 조절합니다.

❼ **Taper** : 끝을 뾰족하게 표현합니다. 1에 가까울수록 더 뾰족한 상태가 됩니다.

❽ **Gravity** : Fur가 중력에 의해 휘어지는 정도를 설정합니다.

❾ **Bend** : Fur가 구부러지는 정도를 설정합니다.

**Power Up Note** **V-Ray Fur 사용 시 주의 사항**

V-Ray Fur 사용 시 다음의 주의 사항을 꼭 확인합니다.

① V-Ray Fur는 반드시 그룹이나 컴포넌트 객체에 적용해야 하며 면에 직접 적용할 수 없습니다.

② Fur가 전혀 렌더링되지 않는다면 Fur가 켜져 있는지 다시 확인해보고 면의 방향도 확인해보세요. 면의 방향이 뒤집힌 상태라면 Fur가 반대편에 생성되니 주의하세요.

③ 모델링 단위를 꼭 확인하세요. 단위가 mm가 아닌 경우 매우 큰 공간이 만들어지기 때문에 학습한 옵션 설정이 맞지 않게 됩니다.

④ Fur의 적용 면적이 늘어날수록 렌더링에 많은 시간이 소요됩니다. 너무 먼 곳이나 렌더링에 보이지 않는 주변까지 Fur를 적용하지 마세요.

⑤ 보다 사실적인 Fur를 표현하기 위해서는 맵을 적극적으로 활용해야 합니다. 기본 옵션 상태에서는 너무 균일한 상태의 Fur가 만들어지므로 부자연스럽습니다.

예제 파일 | PART04\V-Ray_Fur_Grass.skp

V-Ray Fur를 활용해 잔디를 표현해보겠습니다. 보다 사실적인 잔디를 표현하기 위한 옵션의 설정 방법을 차례대로 학습할 것입니다. 단순히 순서만 외우기보다는 정확히 이해하고 자유롭게 설정을 조절할 수 있도록 연습하기 바랍니다.

**01** ❶ 예제 파일을 불러옵니다. ❷ [Materials] 트레이-[Select] 탭에서 카테고리를 [Landscaping, Fencing and Vegetation]으로 지정합니다. ❸ [Groundcover Sand Smooth]를 찾아 클릭한 후 ❹ 대지에 적용합니다. ❺ 대지를 클릭하고 ❻ [V-Ray Fur 🔥]를 클릭합니다.

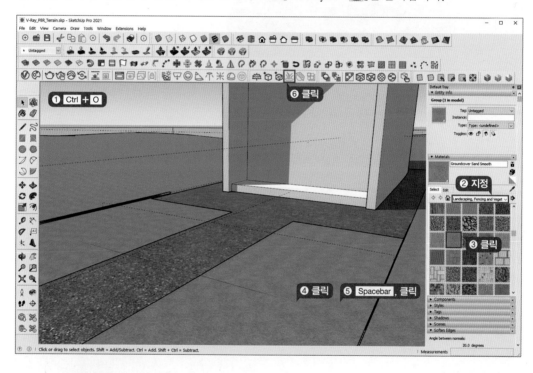

**02** ❶ [Vegetation Grass Artificial]을 찾아 섬네일에서 마우스 오른쪽 버튼을 클릭한 후 ❷ [Add to Model]을 클릭해 잔디로 사용할 재질을 등록합니다.

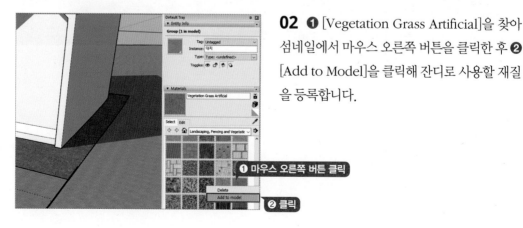

**03** ❶ [V-Ray Asset Editor ⓥ] F10를 열고 ❷ [Geometry] 카테고리에서 ❸ [Fur]를 클릭합니다. ❹ 옵션 중 맨 아래의 [Material]을 [Vegetation Grass Artificial]로 지정합니다. ❺ F9를 눌러 렌더링해 결과를 확인합니다. Fur가 지정한 재질로 표현되는 것을 확인할 수 있습니다.

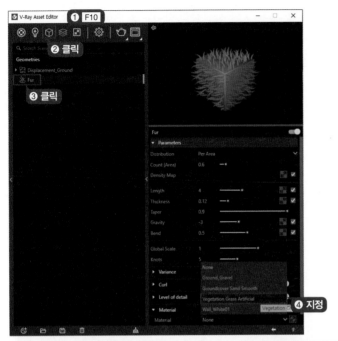

**04** ❶ 이어서 [Count(Area)]를 **5**로 수정하고 ❷ [Length]−[Texture Slot■]을 클릭한 후 ❸ [Noise A]를 클릭해 적용합니다. ❹ [Frequency]를 **1**로 수정한 후 ❺ 렌더링해 결과를 확인합니다. 잔디의 밀도가 높아져 더 조밀한 상태가 되고, 길이 맵에 적용한 Noise의 효과로 잔디의 길이가 짧아져 바닥이 보이는 곳도 생겼습니다.

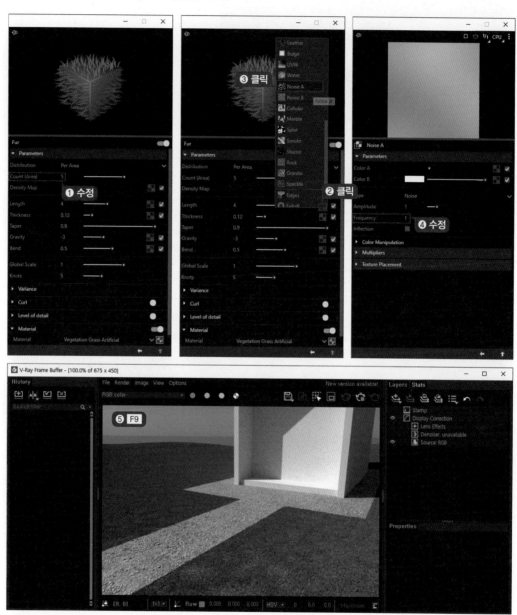

**05** ❶[Fur]를 다시 클릭하고 ❷[Length]를 **8**로 수정해 잔디의 길이를 늘인 후 ❸ 렌더링해 결과
를 확인합니다.

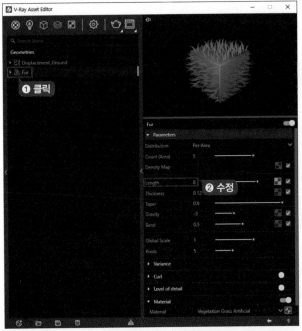

**06** ❶ 잔디의 색을 수정하기 위해 [Diffuse]–[Color]–[Texture Slot▣]에서 마우스 오른쪽 버튼을 클릭한 후 ❷ [Wrap In]–[Color Correction]을 클릭합니다. ❸ [Hue]와 [Saturation]을 조금씩 조정해 잔디의 색상을 조금 더 자연스럽게 수정합니다.

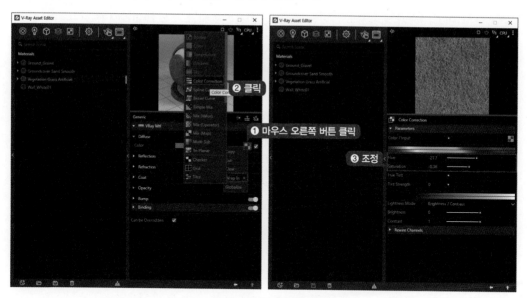

**07** 렌더링 결과물을 확인하면서 옵션을 자유롭게 수정해 잔디를 표현해보세요.

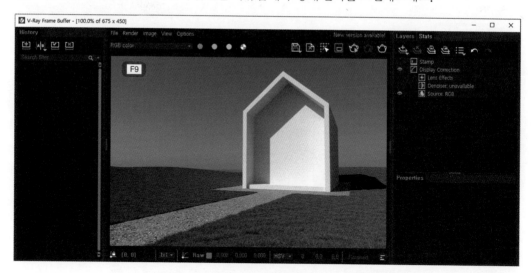

예제 파일 | PART04\V-Ray_Tree.skp

코스모스 브라우저에서 제공하는 다양한 수목 자료를 활용해 조경을 배치해보겠습니다. 모델 자료는 원하는 자료를 선택하고 위치를 지정하는 것으로 마무리되는 매우 단순한 작업입니다. 하지만 작업의 중간 단계에서는 모델 자료를 사용하지 않는 것이 좋습니다. 모델 자료를 넣는 만큼 파일의 용량이 증가하고 화면 이동이 느려집니다. 또 중간 렌더링에도 더 많은 시간이 걸려 결과적으로 전체 작업 시간이 급격히 늘어납니다. 따라서 모델 자료는 반드시 작업의 맨 마지막 단계에 추가하도록 합니다. 또 별도의 태그를 지정해 전체 모델 자료를 필요에 따라 끄거나 켤 수 있도록 하고, 프록시 모델의 프리뷰를 적절히 설정해 화면 이동 속도가 느려지지 않도록 해야 합니다.

**01** ❶ 예제 파일을 불러옵니다. ❷ [Tags] 트레이의 [Add Tag]를 클릭해 태그를 추가하고 ❸ 이름을 **Tree**로 수정합니다. ❹ [Tree] 태그의 맨 오른쪽 부분을 클릭해 액티브 태그로 지정합니다.

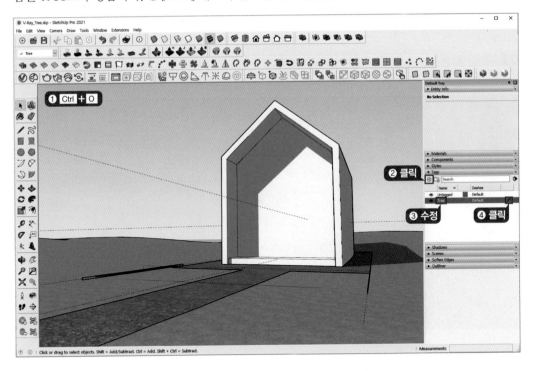

**02** 조경 모델 자료를 배치하고 중간 렌더링하는 과정에서는 불필요하게 렌더링 시간을 늘리지 않아야 합니다. ❶ [V-Ray Asset Editor ✅] F10 를 실행하고 ❷ [Geometry] 카테고리를 클릭합니다. ❸ [Fur]를 클릭하고 ❹ 비활성화합니다.

**03** ❶ [Advanced Camera Tools]−[Create Camera 🎥]를 클릭해 카메라를 추가합니다. ❷ [Camera Name] 대화상자에서는 이름을 지정할 수 있습니다. 여기서는 [OK]를 클릭합니다. ❸ [Lock Camera 🎥]를 클릭해 현재 신이 변하지 않도록 잠급니다.

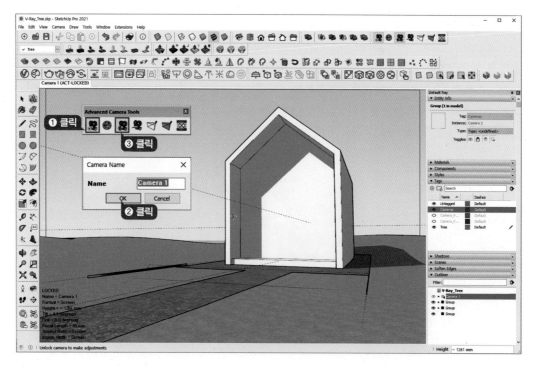

**04** ❶ 아래 그림과 같이 화면을 회전시킨 후 ❷ [Shows/Hides Camera Frustum Volumes 🔲]를 클릭합니다. ❸ 대지에서 마우스 오른쪽 버튼을 클릭한 다음 ❹ [Intersect Face]−[With Model]을 클릭합니다.

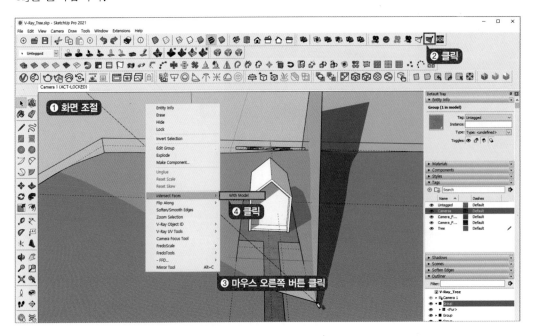

**05** ❶ 다시 [Shows/Hides Camera Frustum Volumes 🔲]를 클릭해 카메라 볼륨 모델을 끄면 ❷ 대지에 선이 그어진 것을 확인할 수 있습니다. 이 선은 렌더링되는 범위를 나타내므로 수목 자료를 렌더링 범위 안에 쉽게 배치할 수 있습니다.

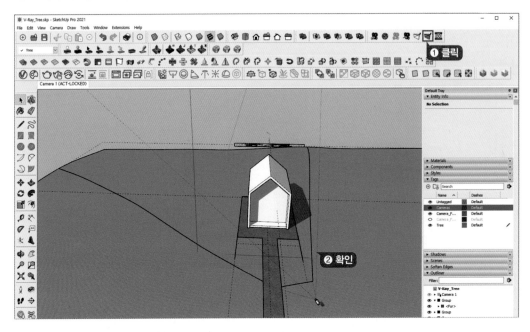

**06** ❶ [V-Ray]-[Chaos Cosmos ⚙]를 클릭해 실행합니다. ❷ [Vegetation] 카테고리를 클릭하고 적당한 크기의 나무를 선택해 ❸ 화면에 배치합니다. 여기서는 [Manna Ash 003]을 선택하여 배치했습니다.

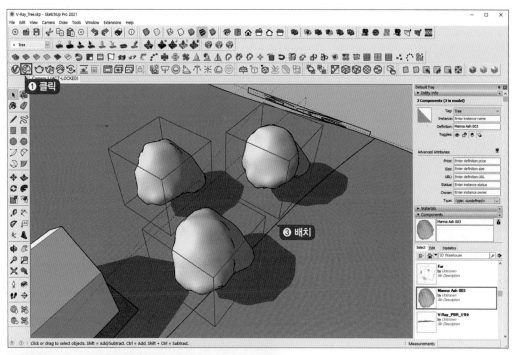

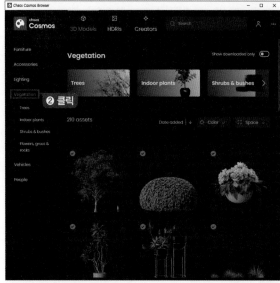

**07** ❶ 배치한 나무를 모두 선택한 후 ❷ [JHS Powerbar]-[Random Scale_Rotate 🐟]를 클릭합니다.

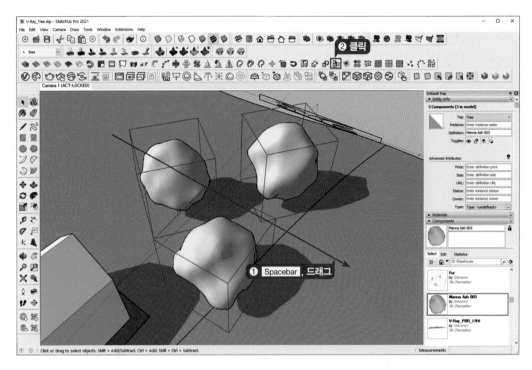

> **CORE TIP** [Random Scale_Rotate]는 선택한 모델을 랜덤하게 방향과 크기를 바꾸는 명령입니다. 같은 모델 자료를 반복해 사용하더라도 이 명령을 실행하면 크기와 방향이 다양하게 바뀌어 서로 다른 모델 자료처럼 보이게 할 수 있습니다.

**08** ❶ [V-Ray Asset Editor ✅] F10를 열고 ❷ [Geometry] 카테고리에서 ❸ 추가한 모델 자료를 클릭합니다. ❹ [Representations]를 [Bounding Box]로 지정합니다.

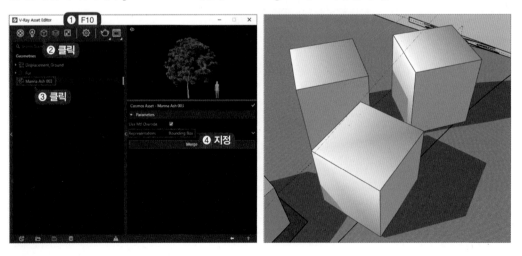

> **CORE TIP** 신에 추가한 모델 자료가 많아 화면이 느려질 경우 이 옵션을 수정해 모델을 간단한 형태로 표시할 수 있습니다.

**09** 같은 방법으로 다양한 모델 자료를 불러와 배치해보세요. 관목과 교목을 적절히 섞어 배치하고, 건물의 앞쪽으로는 카메라 영역을 벗어나더라도 몇 그루의 나무를 배치해 건물쪽으로 그림자나 반사가 생길 수 있도록 합니다.

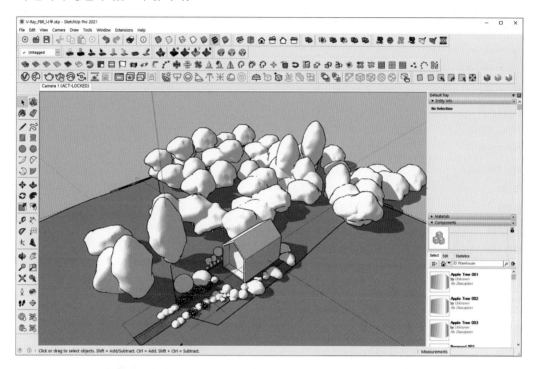

**10** 렌더링을 하면서 뒤쪽의 대지 경계선이나 지평선이 보이지 않도록 나무를 배치합니다. 최종 렌더링을 하기 전에 V-Ray Fur를 다시 활성화하고 완성된 파일을 저장합니다. 렌더링 후에는 [Correction Control]을 추가하고 노출 등을 조절해 완성합니다.

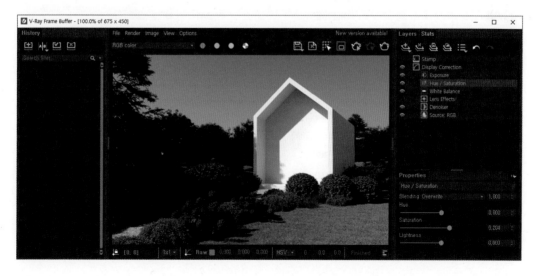

# 찾아보기